Ideologia e Currículo

A648i   Apple, Michael W.
          Ideologia e currículo / Michael W. Apple ; tradução Vinicius Figueira. –
        3. ed. – Porto Alegre : Artmed, 2006.
          288 p. ; 23 cm.

          ISBN 978-85-363-0598-1

          1. Educação – Sociologia. I. Título.

          CDU 37.015.4

Catalogação na publicação: Júlia Angst Coelho – CRB 10/1712

Ideologia e Currículo

MICHAEL W. APPLE

Professor na Universidade de Wisconsin, Madison.

3ª edição

Tradução:
Vinicius Figueira

Consultoria, supervisão e revisão técnica desta edição:
Maria Clara Bueno Fischer
*Doutora em Educação pela
Universidade de Nottingham*

Reimpressão 2008

2006

Obra originalmente publicada sob o título
Ideology and curriculum, 3rd Edition
ISBN 0-415-94911-4

© 2004 by Taylor & Francis Books, Inc.
All rights reserved
Authorized translation from english language edition published by Routledge.
Part of Taylor & Francis Group, LLC.

Capa
Amarílis Barcelos

Preparação do original
Jô Santucci

Leitura final
Kátia Michelle Lopes Aires

Supervisão editorial
Mônica Ballejo Canto

Projeto gráfico e editoração eletrônica
Armazém Digital Editoração Eletrônica – rcmv

Reservados todos os direitos de publicação, em língua portuguesa, à
ARTMED® EDITORA S.A.
Av. Jerônimo de Ornelas, 670 - Santana
90040-340 Porto Alegre RS
Fone (51) 3027-7000 Fax (51) 3027-7070

É proibida a duplicação ou reprodução deste volume, no todo ou em parte, sob quaisquer formas ou por quaisquer meios (eletrônico, mecânico, gravação, fotocópia, distribuição na Web e outros), sem permissão expressa da Editora.

SÃO PAULO
Av. Angélica, 1091 - Higienópolis
01227-100 São Paulo SP
Fone (11) 3665-1100 Fax (11) 3667-1333

SAC 0800 703-3444

IMPRESSO NO BRASIL
PRINTED IN BRAZIL
Impresso sob demanda na Meta Brasil a pedido de Grupo A Educação.

Sumário

Prefácio à edição de 25º aniversário (terceira edição) 7
Agradecimentos da terceira edição 19
Prefácio à segunda edição 21
Agradecimentos da segunda edição 33

1. Sobre a análise da hegemonia 35
2. A ideologia e a reprodução cultural e econômica 61
3. A economia e o controle no dia-a-dia da vida escolar 81
4. História do currículo e controle social 101
5. O currículo oculto e a natureza do conflito 125
6. O modelo sistêmico de gestão e a ideologia do controle 151
7. As categorias do senso comum e as políticas de rotulação 173
8. Para além da reprodução ideológica 209
9. Pedagogia, patriotismo e democracia 223
10. Sobre a análise das novas relações hegemônicas 241

Índice 273

Prefácio à edição de 25º aniversário (terceira edição)

A CONTEXTUALIZAÇÃO DE *IDEOLOGIA E CURRÍCULO*

Qualquer análise das maneiras pelas quais o poder desigual é reproduzido e discutido na sociedade não pode deixar de levar em conta a educação. As instituições de ensino representam um dos maiores mecanismos pelos quais o poder se mantém ou, então, é enfrentado. Essas instituições, e os modos sob os quais estão organizadas ou são controladas, relacionam-se integralmente às maneiras pelas quais determinadas pessoas têm acesso a recursos de ordem econômica e cultural e ao poder. Além disso, pelo fato de a educação ser, em geral, parte da esfera pública e regulada pelo Estado, é também um ponto de conflito, já que em muitos países se questiona seriamente o quanto o Estado está ou não organizado o suficiente para trazer benefícios à maioria de seus cidadãos. Os atuais e aparentemente incessantes ataques realizados pelas forças conservadoras sobre qualquer coisa que seja "pública" em nossa sociedade documentam o quanto o processo se tornou politizado.

Há, é claro, outras questões igualmente importantes que podem ser levantadas. A educação é também um ponto de conflito sobre o tipo de conhecimento que é e deve ser ensinado e sobre como o ensino e a aprendizagem devem ser avaliados. Assim, como sustento ao longo deste livro, um estudo verdadeiramente crítico da educação precisa ir além das questões técnicas de como ensinar eficiente e eficazmente – que são em geral as questões dominantes ou únicas questões levantadas pelos educadores. Esse estudo deve pensar criticamente a relação da educação com o poder econômico, político e cultural.

Durante mais de três décadas, busquei desvelar as complicadas conexões entre conhecimento, ensino e poder no campo da educação. Tenho sustentado a idéia de que há um conjunto muito real de relações entre quem, de um lado, tem poder econômico, político e cultural na sociedade e, de outro, os modos pelos quais se pensa, organiza e avalia a educação. Como mencionei no Prefácio à edição anterior, *Ideologia e currículo* é o primeiro volume de uma longa série de livros que escrevi sobre tais questões. É o primeiro volume do que algumas pessoas chamam de as duas "trilogias de Michael Apple", embora a segunda tenha agora se ampliado, comportando quatro livros. Como a primeira, volta-se em grande parte à dinâmica da dominação ideológica. Os livros mais recentes dedicam maior atenção às realidades de luta contra a dominação e às maneiras por que novas articulações de poder estão agora operando.[1] É muito interessante, e certamente gratificante, que *Ideologia e currículo* tenha sido selecionado como um dos livros mais importantes da história da educação ocidental. Acredito que isso se deva à longa história de grupos que têm se empenhado por uma educação mais crítica e democrática em muitos países, ou seja, o livro por si só responde aos anseios de milhões de pessoas em um número considerável de países que acreditam não ter tido acesso a um dos mais básicos dos direitos humanos: o direito a um processo de ensino verdadeiramente livre e democrático. Sob muitos aspectos, são essas pessoas as autoras deste livro.

O livro também responde às convicções de muitos especialistas em educação de que são necessárias perspectivas novas e socialmente mais críticas para revitalizar o campo da pesquisa educacional. Importa lembrar que aquilo que de fato *conta* como pesquisa educacional é uma construção. Os limites acadêmicos são eles próprios produzidos culturalmente e em geral resultam de ações complexas de "policiamento" de parte de quem tem o poder para impingi-las. Essa ação de "policiamento" traz consigo o poder de declarar o que é ou não matéria de pesquisa "legítima" ou o que é ou não uma abordagem "legítima" para entendê-la. Além disso, como digo no Prefácio à segunda edição de *Ideologia e currículo*, e de acordo com o sociólogo francês Pierre Bourdieu, é a capacidade de "trespassar" que pode levar nossa compreensão a maiores ganhos.[2]

O contínuo desenvolvimento de um campo – especialmente um campo tão diverso quanto a educação – em geral depende de *breaks* epistemológicos e conceituais nos quais as tradições anteriores sejam rompidas, deslocadas e reagrupadas sob uma nova problemática. São esses *breaks* que tendem a transformar as questões a serem feitas e a maneira pela qual são respondidas. O *break* que *Ideologia e currículo* ofereceu se centrou no desenvolvimento e no uso de um instrumental crítico e teórico e de análises culturais e políticas que nos permitiram entender o real funcionamento do currículo, do ensino e da avaliação de uma maneira muito mais honesta do que antes. Esse instrumental teve como base dois grandes conceitos – a ideologia e a hegemonia –, que não tinham ainda uma história muito longa no conhecimento educacional do Ocidente.

Ao longo do processo de elaboração dos muitos livros que escrevi depois deste que você está prestes a ler, aperfeiçoei tanto os conceitos quanto o seu uso. Contudo, os conceitos ainda são responsáveis pela fundamentação essencial das análises críticas da política de conhecimento "legítimo" e "ilegítimo". É necessário dizer que meus argumentos estão aqui baseados em uma compreensão de determinado grupo de países. Assim, não podem ser automaticamente transferidos para países com histórias diferentes, embora, ao longo dos anos, tenham encontrado eco nas experiências de muitos educadores dissidentes e críticos em um número considerável de nações. Esses educadores também continuam a ser meus professores, e a eles agradeço publicamente.

Embora *Ideologia e currículo* não incorpore o estilo de contar histórias que caracterizou muitos dos livros que vieram depois dele, relê-lo fez com que me lembrasse da minha própria biografia como professor e ativista político/pedagógico. Sendo alguém que havia lecionado ou trabalhado em escolas localizadas na região central e decadente de algumas cidades e em escolas rurais, o livro me levou de volta às realidades que ajudaram na minha formação, muitas das quais confrontam educadores, alunos, pais e ativistas dessas comunidades todo o dia. Essas memórias foram tanto impositivas quanto, às vezes, dolorosas. Comecei minha carreira de professor nas escolas de um bairro urbano decadente da cidade em que nasci, a qual era em grande parte pobre e habitada pela classe trabalhadora. Foi nessas escolas que também estudei. É uma experiência estranha reler meu próprio livro e reviver as experiências que nelas tive como aluno e professor.

No livro *Educating the "right" way*,[3] conto a história de uma dessas experiências, sobre um de meus alunos, um menino sensível, mas às vezes perturbado, chamado Joseph. Quero contá-la de novo aqui, pois fala de muitas das razões pelas quais *Ideologia e currículo* tomou a forma que tem e por que motivo enfatiza o poder diferencial e o papel que a educação desempenha em sua legitimação. Aqui está a história:

> Joseph soluçava em minha mesa. Era um menino durão, um caso difícil, alguém que sempre tornava difícil a vida de seus professores. Já tinha bem uns 9 anos, mas aqui estava ele, soluçando e se abraçando a mim em público. Joseph estivera na minha turma da quarta série o ano inteiro, numa sala de aula de um prédio decadente de uma cidade que estava entre as mais empobrecidas do país na costa leste dos Estados Unidos. Havia momentos em que eu seriamente me perguntava se conseguiria acabar aquele ano. Havia muitos Josephs naquela turma, e eu constantemente me sentia esgotado pelas exigências, pelas regras burocráticas, pelas lições diárias que os alunos proporcionavam em profusão. Ainda assim, era algo satisfatório, instigante e importante, muito embora o currículo recomendado e os livros que o acompanhavam deixassem muito a desejar. Eram livros tediosos para os alunos, e também para mim.
>
> Eu deveria ter percebido já no primeiro dia o que iria acontecer quando li as sugestões do município para os primeiros dias de aula: começavam com uma sugestão para que, como "professor novo", devesse pedir aos alunos que fizessem um círculo com suas mesas e se apresentassem uns aos outros, falando um pouco de si próprios. Não que eu fosse contra essa atividade; apenas não dispunha de

mesas (ou mesmo cadeiras) inteiras o suficiente para todos os alunos. Alguns dos alunos não tinham onde sentar. Essa foi a primeira lição que tive – mas, com certeza, não a última – para aprender que o currículo e as pessoas que o planejam viviam em um mundo irreal, um mundo *fundamentalmente* desconectado da minha vida com aquelas crianças, em uma sala de aula localizada em uma região urbana, central e decadente.

Mas ali estava Joseph. Ainda chorando. Eu trabalhara muito com ele durante o ano. Almoçamos juntos; lemos histórias; passamos a nos conhecer. Havia momentos em que ele fazia com que me desesperasse e havia momentos em que ele estava entre as crianças mais sensíveis de minha turma. Não tinha como abandonar esse menino à própria sorte. Joseph, agora, acaba de receber seu boletim de desempenho, o qual diz que terá de repetir a 4ª série. O sistema escolar tem uma política segundo a qual a reprovação em duas disciplinas quaisquer (incluindo o aspecto comportamental) determina que o aluno refaça aquela série. Joseph foi reprovado em educação física e em aritmética. Embora demonstrasse melhoras, ele não conseguia manter-se acordado durante as aulas de aritmética – obtendo um resultado insatisfatório nos exames municipais – e odiava educação física. Sua mãe trabalhava em horário noturno, e Joseph, em geral, ficava acordado, na esperança de passar mais tempo com ela. As coisas que pediam para os alunos fazer nas aulas de educação física eram, para ele, "idiotas".

O fato é que o menino havia melhorado bastante naquele ano, mas me recomendaram reprová-lo. Eu sabia que as coisas piorariam no próximo ano. Não teríamos também o número suficiente de mesas. A pobreza daquela comunidade ainda continuaria a ser horrível; os planos de saúde e os fundos para treinamento profissional e outros serviços seriam diminuídos. Eu sabia que os empregos disponíveis nessa antiga cidade operária pagavam salários deploráveis, e que, mesmo com o pai e mãe trabalhando, a renda da família de Joseph era insuficiente. Também sabia que, dado o que eu já havia feito durante todos os dias pela turma e às noites, preparando as aulas para o dia seguinte, seria praticamente impossível trabalhar mais do que já trabalhara com Joseph. E havia mais cinco crianças no grupo que eu deveria reprovar.

Então Joseph soluçava. Ambos sabíamos o que isso significava. Eu não receberia – e nem as crianças como Joseph – nenhuma ajuda adicional no ano seguinte. As promessas continuariam a ser simplesmente retóricas. Os problemas seriam enfrentados somente com palavras. Os professores e os pais seriam os culpados. Todavia o sistema escolar pareceria manter-se como algo que sempre buscasse atingir padrões mais altos, e a estruturação do poder econômico e político daquela comunidade e do Estado continuariam "de vento em popa".

No ano seguinte, Joseph simplesmente desistiu. A última informação que tive dele foi a de que estava na cadeia.

O relato pessoal que dei aqui fala sobre o que mudou e o que não mudou entre a primeira e a segunda edições deste livro. O relato pode ser chamado de uma história do presente, um presente tão bem ilustrado em livros recentes como *High stakes education*, de Pauline Lipman, e em *The contradictions of school reform*, de Linda McNeil.[4] Uma demanda incansável – talvez mais bem representada pelas políticas de George W. Bush no programa *No child left behind* ("Nenhuma criança deixada para trás") – composta por testes, modelos redutores de responsabilidade final (*accountability*), padronização e controle rigoroso da pedagogia e dos currículos é agora a ordem do dia em escolas de todo o país. Nas escolas urbanas, em especial, essas políticas têm sido consideradas não como uma alternativa, mas como a *única* opção. Em muitos sentidos, reformas desse tipo servem como "espetáculo político", e não como um conjunto de iniciativas sérias e bem pensadas que lidem de maneira honesta com a profundidade dos problemas com que as escolas se deparam.[5] Na verdade, estamos cada vez mais cientes dos efeitos negativos e realmente prejudiciais de tais políticas.[6] A história de Joseph está se repetindo agora nas vidas de milhares de crianças que freqüentam escolas sem recursos. A reestruturação global dos mercados, do trabalho assalariado e não-assalariado, da habitação e da saúde, das pequenas e grandes comunidades e muitas outras coisas – tudo isso está causando efeitos de diferenciação no que diz respeito à raça, classe e gênero. Tudo isso tem causado efeitos profundos no financiamento e na direção das escolas, no que se deve considerar "conhecimento oficial" e "bom ensino", e ainda nos muitos Josephs que caminham pelos corredores das escolas de nossas cidades.

O neoliberalismo e o neoconservadorismo estão na posição de comando agora, e não apenas na educação. Em seu percurso de desmantelamento dos programas sociais e econômicos que permitiam a muitos de nossos cidadãos terem uma vida melhor, as políticas econômicas e sociais de hoje, segundo Michael Katz, "estratificaram os norte-americanos em cidadãos de primeira e segunda classes, tendo arruinado a prática eficaz da democracia".[7]

Não conseguiremos entender o que aconteceu se não relacionarmos isso às transformações nas políticas econômicas urbanas (embora tendências destrutivas similares tenham atualmente um efeito poderoso sobre as áreas rurais e muitas áreas suburbanas também). As estruturas sociais e de trabalho das grandes cidades se dividiram basicamente em "duas economias amplamente desiguais, mas intimamente relacionadas". Essas economias estão intimamente relacionadas porque empregos menos bem pagos, em geral de meio turno, e com poucos benefícios e trabalhadores não-sindicalizados são necessários para tornar a vida urbana atraente para quem tem muito dinheiro. Isso se deve não só a um setor corporativo cada vez mais globalizado que joga os trabalhadores uns contra os outros e exige encargos cada vez mais baixos, independentemente de quais sejam os custos sociais para as comunidades locais, algo crucial para qualquer explicação séria. Também se deve às necessidades de trabalhadores urbanos ricos "que criaram estilos de vida dependentes de um amplo contingente de trabalhadores que recebam baixos salários". Nas palavras de Katz, o resultado é uma nova "classe servil". "Como nas corporações, os moradores urbanos ricos terceirizaram suas tarefas domésticas em muitos sentidos pela mesma razão de economia e flexibilidade e com resultados muito próximos" – salários de pobreza e um freqüente sofrimento derivado da exposição aos riscos que se associam à ausência de serviços de saúde, a não se estar coberto por nenhum tipo de seguro, a nenhum serviço de amparo às crianças e a nenhum benefício social.[8]

Entretanto as relações de classe não explicam integralmente as razões para essa situação. A economia política racial aparece de maneira bastante forte. Como Charles Mills alerta, o que sustenta muito da estrutura social da vida norte-americana é um *contrato racial*[9] não reconhecido abertamente. As políticas neoliberais e neoconservadoras em quase todas as esferas da sociedade – mercantilização, currículos nacionais e exames nacionais representam essas políticas na educação – têm efeitos discriminatórios e raciais. Embora em geral se diga que tais políticas "ajudem os pobres", dêem maior autonomia para que governem suas próprias vidas, melhores "escolhas", etc., a estrutura racial de seus resultados é difícil de tolerar no que diz respeito a empregos decentes (ou à falta deles), à saúde pública, à educação e a muitas outras coisas. Por questões de economia, saúde, educação, nutrição, etc., as cidades norte-americanas são em geral um lugar perigoso para as crianças negras e para as crianças "latinas", não só para o seu presente, mas também para o futuro.[10] Ainda assim, pedimos à escola que resolva todos esses problemas.

Meus argumentos aqui expressos são ratificados no livro *High stakes education*, de Pauline Lipman, que oferece um exame detalhado dos efeitos do desmantelamento e da reconstrução das economias políticas urbanas e das redes sociais nas escolas de nossas cidades, especialmente nas escolas que atendem crianças pobres não-brancas. Uma melhor compreensão de alguns dos efeitos menos comentados e mais obscuros presentes nas reformas sociais, já largamente reproduzidas, e que vá além do modismo do "não há outra alternativa" é absolutamente essencial para os educadores do país e do mundo industrializado. Lipman e outros autores, como Linda McNeil, demonstraram o que de fato acontece aos professores e às crianças quando se instituem políticas que envolvem uma rígida responsabilidade final, quantidades maciças de testes e similares. Os resultados impressionam e deveriam causar sérias preocupações para quem acredita que nessas políticas tenhamos encontrado *as* respostas para os problemas que afligem nossas escolas. Os resultados certamente não serão uma educação mais crítica e democrática que esteja conectada aos princípios da democracia e da justiça social. Em vez disso, tais políticas podem recriar condições que espelham muito aquelas que são criticadas neste livro.

Tendemos a esquecer que as "revoluções podem andar para trás". O que estamos testemunhando na educação e em muitas outras instituições econômicas, políticas e culturais é exatamente isso – uma política que quer mudar radicalmente nossa sociedade para que ela espelhe um paraíso que teria supostamente existido um dia. Bem, esse "paraíso" foi a época que alguns comentaristas mais atentos chamaram de "moinho satânico" e de uma política de controle cultural que de fato marginalizou as vidas, os sonhos e as experiências das pessoas. Vivemos uma época perigosa e precisamos enfrentar esses perigos caso não queiramos reproduzir as histórias, tendências ideológicas e condições que aponto neste livro.

O retorno a compreensões rasas de ciência, a busca de soluções técnicas baseadas nessas compreensões, um novo gerenciamento que se baseia no aspecto massificante de um regime em que se "mede qualquer coisa que aconteça nas salas de aula", a redução da educação às habilidades voltadas ao mercado de trabalho e a cultura do poder – essas coisas não são ficção. Deparamo-nos com elas todos os dias, com o apoio de um governo que parece ter a intenção de dar aos mais poderosos segmentos da sociedade – que poderíamos chamar simplesmente de mais vorazes – tudo o que as pessoas comuns lutaram para adquirir ao longo dos anos. Isso deve ser interrompido, e a educação tem um papel a desempenhar nesse processo.

"REALMENTE" ALÉM DA REPRODUÇÃO IDEOLÓGICA

Os argumentos acima levam a uma questão crucial: é possível fazer algo diferente, que interrompa as políticas e ideologias neoliberais e neoconservadoras, que tenha uma política muito diferente de conhecimento legítimo e seja baseado em um real compromisso de criar escolas intimamente relacionadas a um projeto maior de transformação social? Penso que sim.

A primeira e segunda edições de *Ideologia e currículo* terminam com um capítulo intitulado "Para além da reprodução ideológica", o qual fala sobre isso em termos gerais; porém, com o passar do tempo, aprendemos mais sobre como uma política contra-hegemônica pode e de fato está presente na educação e fora dela. Deixe-me dar um exemplo, acontecido no Brasil, um país em que tenho trabalhado há décadas com educadores progressistas e socialmente críticos. Meu trabalho intenso com os ativistas brasileiros, e o que aprendi com eles, começou no meio da década de 1980, logo depois que se extinguiu o governo militar apoiado pelos Estados Unidos. Esse trabalho continuou por meio da intensa interação que tive com Paulo Freire e tornou-se ainda mais intenso, pois ajudei o Partido dos Trabalhadores – e com eles aprendi – a construir uma educação digna no Brasil.

Um dos argumentos das forças de direita é que as escolas não mantêm contato com os pais e com as comunidades. Essas críticas não são totalmente erradas, e precisamos encontrar maneiras de conectar nosso trabalho educacional às comunidades locais, especialmente aos membros da comunidade que tenham menos poder – mas maneiras que sejam mais verdadeiramente democráticas do que as idéias de democracia "magra" visada pelos neoliberais. Se não fizermos isso, as definições neoliberais de democracia – as quais discuto de maneira bem mais detalhada no último capítulo desta nova edição e que se baseiam em um individualismo possessivo no qual a cidadania está reduzida a simples práticas de consumo – prevalecerão. Embora precisemos ser muito honestos sobre o fato de que seja realmente mais difícil manter e expandir uma visão verdadeiramente democrática da educação – especialmente se considerarmos as transformações atuais na educação, os ataques sobre a autonomia do professor, suas condições de trabalho e salários e as ideologias atuais da sociedade –, nada é impossível.

O que está acontecendo em Porto Alegre nos dá um exemplo muito forte do que é possível fazer quando nos organizamos ao redor de um conjunto de políticas democráticas coerentes. Depois de muitos anos de perdas nas eleições, o Partido dos Trabalhadores ganhou quatro eleições consecutivas na cidade e durante alguns anos teve o controle do Estado do Rio Grande do Sul. Uma das razões pelas quais o partido ganhou foi ter posto em andamento uma visão e um conjunto de políticas muito diferentes para um número mais substancial de instituições democráticas. O ensino mais democratizado e participativo constituiu parte fundamental de suas plataformas, assim como um aumento imediato e substancial dos salários dos professores, pois se sabia que estes não apoiariam propostas que simplesmente os fizessem trabalhar ainda mais por salários que baixavam todo o ano.[11]

As políticas colocadas em prática pelo Partido dos Trabalhadores, como o Orçamento Participativo e a Escola Cidadã, estão ajudando a construir políticas mais progressistas e democráticas diante do poder crescente de movimentos neoliberais em nível nacional. O Partido dos Trabalhadores conseguiu ampliar o número de simpatizantes inclusive entre pessoas que antes votavam em partidos defensores de programas educacionais e sociais muitos mais conservadores, pois tem se comprometido a capacitar mesmo os cidadãos mais pobres a participar de deliberações sobre as próprias políticas adotadas e sobre onde e como o dinheiro deve ser gasto. Ao dar atenção a formas mais substanciais de participação coletiva e, da mesma forma, dedicar recursos para incentivar tal participação, Porto Alegre tem demonstrado que é possível termos uma democracia mais substancial, mesmo em uma época de crise econômica e de ataques ideológicos de parte de partidos neoliberais e da imprensa conservadora. Programas como a Escola Cidadã e o ato de compartilhar o poder com quem vive nas favelas, e também com as classes trabalhadora e média, profissionais e outros – professores, por exemplo –, dão-nos amplas evidências de que uma democracia substancial oferece alternativas reais à versão eviscerada da democracia com que estamos acostumados no neoliberalismo.

De muitas formas, as políticas e práticas que estão sendo construídas em Porto Alegre se estendem, poderosa e sistematicamente, a um número similar de reformas que estão ocorrendo em outros países. Tão importante quanto isso é a função pedagógica dos programas lá adotados. Eles desenvolvem a capacidade democrática das pessoas, para que elas possam continuar a envolver-se na administração democrática e a controlar suas vidas. Isso toma tempo, mas o tempo que se gasta nessas coisas acaba por provar-se extremamente bem investido, mais tarde.[12]

As políticas da administração popular de Porto Alegre são explicitamente elaboradas para mudar de maneira radical tanto as escolas municipais quanto as relações entre as comunidades, o Estado e a educação. Esse conjunto de políticas e os processos de acompanhamento de suas implementações são partes constitutivas de um projeto claro e explícito, cujo objetivo é construir não apenas uma melhor escola para os excluídos – e para os professores que tanto trabalham por ela –, mas também um projeto maior de democracia radical. Embora as reformas construídas em Porto Alegre ainda estejam em processo, o que se faz lá pode ser crucial não "apenas" para o Brasil, mas para todos nós, em diferentes países, que lutamos nas salas de aula e nas escolas com o objetivo de criar uma educação que sirva a *todas* as crianças e comunidades. Mais uma vez, Joseph se coloca em primeiro plano em minha consciência enquanto escrevo estas palavras.

Não temos apenas de nos voltar a Porto Alegre, porém. Nos Estados Unidos, há exemplos excelentes do que se pode fazer para se opor às tendências direitistas e construir uma educação que responda ao que há de melhor em nós, e não ao que há de pior. Revistas especializadas, como a Rethinking schools, documentam o que se pode fazer e está sendo feito nas escolas e nas comunidades de verdade. O livro amplamente lido que James Beane e eu escrevemos, *Democratic schools*, contém exemplos honestos e detalhados de como os educadores críticos, membros da comunidade e outros – trabalhando em conjunto – construíram possibilidades contra-hegemônicas que passaram pelo teste do tempo.[13] Entretanto, sejamos honestos: o fato de tais possibilidades existirem, de a educação poder ir além da reprodução do padrão dominante, é exatamente isso – uma possibilidade. Se não continuarmos a construí-las, quem detém o domínio mais uma vez reproduzirá as condições de seu próprio poder.

É por isso que, neste novo prefácio, tentei ser franco sobre as forças complexas que têm impacto em nossas escolas. Enfiarmos nossas cabeças na areia, como avestruzes, não fará com que tais forças se dissipem. Os movimentos neoliberais e neoconservadores estão – agressivamente – alterando nossos empregos e nossas escolas. Seus efeitos são cada vez mais perigosos. Todavia, os exemplos de Porto Alegre, das escolas descritas em *Democratic schools* e dos esforços da Rethinking schools demonstram que esta não é uma época somente para o pessimismo. De fato existe a possibilidade de construir e defender de maneira muito mais crítica as escolas democráticas. Os professores, os sindicatos, as comunidades, os alunos e os ativistas sociais se uniram para construir tais escolas por todo o mundo. Mantenhamos a esperança de que o mesmo aconteça em outros lugares, inclusive nos Estados Unidos, onde vivo.

ENTENDENDO O PRESENTE E O FUTURO

Por questões históricas e por outras que discuto no prefácio à segunda edição, o qual está incluído aqui, o texto básico da edição original de *Ideologia e currículo* permanece inalterado. Contudo, esta nova edição contém importante material adicional. Incluí dois novos capítulos: o primeiro, "Pedagogia, patriotismo e democracia: ideologia e educação depois do 11 de setembro", associa os conflitos e as tensões para a educação, depois dos terríveis acontecimentos de 11 de setembro, aos problemas que discuto neste livro. Este capítulo é bastante pessoal, porque acredito que as questões de conflito ideológico e de lutas pelo poder com as quais este livro lida, embora às vezes escritas de forma abstrata, não são nada abstratas. O capítulo fala tanto sobre minhas próprias experiências durante e depois da tragédia quanto dos efeitos não-explícitos que o ressurgimento direitista que a acompanhou tiveram nas lutas ideológicas no ensino e no controle deste, mesmo localmente. Como demonstrarei, as questões raciais precisam desempenhar um papel crucial na compreensão dos efeitos reais do 11 de setembro em escolas reais, não-idealizadas.

O outro capítulo adicional é uma entrevista realizada comigo, por Michael F. Shaughnessy, Kathy Peca e Janna Siegel, para uma publicação internacional. Os entrevistadores me pediram para refletir sobre várias tendências cruciais e relações diferenciais de poder que atualmente empurram a educação em geral para a direita – algo que tenho chamado de "modernização conservadora".

Incluí essa entrevista por várias razões. Primeiro, há uma intenção pedagógica. As entrevistas forçam os autores a serem claros, porque falar não é a mesma coisa que escrever. É difícil esconder-se sob a linguagem acadêmica quando nos deparamos com pessoas que realmente querem saber como e por que se questiona de maneira crítica uma realidade desigual. Pelo fato de os entrevistadores me pedirem para dar meu depoimento sobre algumas das mais significativas transformações ideológicas e materiais que afetam agora a política e a prática educacionais, e para explicar as coisas sobre as quais escrevi intensivamente em livros vindos depois, como *Cultural politics and education*, *official knowledge* e especialmente *Educating the "right" way* e *The state and the politics of knowledge*, a entrevista pode servir como uma boa e breve introdução a essas análises.

Há outra razão para incluir a entrevista, relacionada com as respostas positivas que recebi por uma entrevista incluída como apêndice em *Official knowledge*. Muitos leitores a acharam bastante útil, pois ajudou a esclarecer vários pontos sobre os quais eu falava, e porque seu estilo mais informal permitiu que percebessem o autor por trás das palavras. Nenhum livro existe sem a presença física do autor. São pessoas reais, com seus próprios históricos, vidas, intuições, argumentos, preocupações e talvez não poucas falhas, que escrevem livros. E não é uma má idéia que os leitores percebam isso.

Como em outros livros, quero deixar aqui um modo de me encontrarem, a fim de que possa aprender com seus pensamentos, questões, pontos de vista iguais e opostos aos deste livro. Aqui está meu e-mail: apple@education.wisc.edu. Assim como muitas outras pessoas, tenho certeza de que uma das maneiras pelas quais aprendo é por meio de discussões e debates com quem, assim como eu, se interessa profundamente pelas vidas e futuros dos alunos e de seus educadores, à medida que tentamos todos criar experiências educativas que façam a diferença nas escolas e na sociedade como um todo. *Ideologia e currículo* não deixa de ser um livro que finalizei há 25 anos, mas representa ainda boa parte de mim. Nenhum livro (e nenhum autor) jamais está completo. Seus comentários são bem-vindos.

NOTAS

1. Na ordem em que foram escritos, os livros publicados após *Ideologia e Currículo* são *Education and Power* (New York: Routledge, 1982; revised Ark Edition, 1985; 2. ed., 1995), *Teachers and Texts* (New York: Routledge, 1986), *Official Knowledge* (New York: Routledge, 1993; 2. ed., 2000), *Cultural Politics and Education* (New York: Teachers College Press, 1996), *Educating the "Right" Way: Markets, Standards, God, and Inequality* (New York: Routledge Falmer, 2001), e de Michael W. Apple et al., *The State and the Politics of Knowledge* (New York: Routledge Falmer, 2003). Este último volume foi um projeto coletivo, que estende e aprofunda as discussões feitas em *Educating the "Right" Way*. Há um volume de outros ensaios meus que também pode ser proveitoso consultar. Veja *Power, Meaning and Identity* (New York: Peter Lang, 1999).
2. Pierre Bourdieu, *The State Nobility* (Stanford: Stanford University Press, 1996).
3. Apple, *Educating the "Right" Way*.
4. Pauline Lipman, *High Stakes Education* (New York: Routledge Falmer, 2004), e Linda Mc-Neil, *The Contradictions of School Reform* (New York: Routledge, 2000).
5. Mary Lee Smith et al., *Political Spectacle and American Education* (New York: Routledge Falmer, 2004).
6. Ver Apple, *Educating the "Right" Way*; McNeil, *The Contradictions of School Reform*; David Gillborn e Deborah Youdell, *Rationing Education* (Philadelphia: Open University Press, 2000).
7. Michael B. Katz, *The Price of Citizenship* (New York: Metropolitan Books, 2001, p. 2).
8. Ibid., p. 37.
9. Charles Mills, *The Racial Contract* (Ithaca: Cornell University Press, 1997).
10. Katz, *The Price of Citizenship*, p. 43-44.
11. Para um exame muito mais detalhado sobre esse aspecto, ver Apple et al. *The State and the Politics of Knowledge*.
12. Ibid.
13. Michael W. Apple e James A. Beane (eds.), *Democratic Schools* (Alexandria, VA: Association for Supervision and Curriculum Development, 1995).

Agradecimentos da terceira edição

Esta nova edição de *Ideologia e currículo* chega em um momento em que o livro é celebrado como um "clássico" na literatura sobre educação. Embora o texto seja amplamente associado a mim, é importante dizer que Barry Franklin e Nancy King desempenharam um papel significativo em fazer deste livro uma contribuição duradoura.

Ao longo dos anos, desde que a primeira edição foi publicada, muitas pessoas de diferentes países foram meus professores no que diz respeito a como devemos analisar criticamente os limites e as possibilidades da educação em sociedades como as nossas. Agradeci a elas em outros livros e assim não preciso fazê-lo aqui. Contudo, nesta edição, há amigos e colegas que realmente precisam ser citados: Rima Apple, James Beane, Diane Hess, Bob Lingard, Steven Selden, Amy Stuart Wells e Kenneth Zeichner fizeram, todos, sugestões úteis sobre diferentes partes dos novos capítulos incluídos no livro. Como sempre, os integrantes do Friday Seminar na Universidade de Wisconsin merecem agradecimento por suas críticas balizadas e pelo apoio.

Deixe-me também fazer algo incomum aqui. Um autor sabe que causou um certo impacto quando seus oponentes têm de responder a ele. Por isso mesmo, gostaria de paradoxalmente agradecer aos autores conservadores da Fordham Foundation e das páginas do The Wall Street Journal por seus comentários um tanto quanto cáusticos acerca de meus argumentos referentes ao novo material aqui publicado. Estranhamente, o fato de eles terem respondido do modo que responderam me dá esperanças para o futuro.

Finalmente, agradecimentos especiais a Catherine Bernard, minha editora na Routledge. Em uma época em que o trabalho de todos se intensificou, inclusive o trabalho de editor de uma grande empresa, os conselhos de Catherine e sua dedicação foram excepcionais.

Dedico esta edição a Alexander Seth Apple e Alyssa Lee Cotton. Espero que o ensino pelo qual passam e a sociedade em que vivem os capacitem a se tornarem pessoas que valorizam a igualdade.

Prefácio à segunda edição

Spencer não estava errado quando lembrou aos educadores uma das questões mais fundamentais a fazer sobre o processo educacional: "Qual é o conhecimento de maior valor?". Trata-se, contudo, de uma questão enganosamente simples, pois os conflitos sobre o que devemos ensinar são agudos e profundos. Não é "apenas" uma questão educacional, mas inerentemente ideológica e política. Quer a reconheçamos ou não, o currículo e as questões educacionais de cunho mais geral sempre estiveram presentes nas histórias de conflitos de classe, raça, gênero e religião nos Estados Unidos e em outros países.

Por causa disso, eis uma maneira de melhor fazer a pergunta, uma maneira que destaca a natureza profundamente política do debate educacional: "De quem é o conhecimento de maior valor?". Que essa não é simplesmente uma questão acadêmica fica muito claro pelo fato de os ataques da direita à escola, os pedidos de censura e as controvérsias sobre os valores que estão e não estão sendo ensinados terem feito o currículo tornar-se o que pode ser mais bem descrito como um futebol político. Quando se acrescenta a essa situação uma imensa pressão para que o sistema educacional de muitos países torne os objetivos da área de negócios e da indústria seus próprios objetivos fundamentais ou únicos, a questão adquire um destaque ainda maior.

Os educadores testemunharam uma tentativa avassaladora – que obteve mais sucesso do que menos – de exportação da crise, na economia e nas relações de autoridade, das práticas e políticas de grupos dominantes para as escolas. A tese era a de que, se os professores e os currículos fossem controlados mais de perto, estando mais intimamente relacionados às necessidades do mundo empresarial e industrial, mais tecnicamente orientados, com mais ênfase aos valores tradicionais e às normas e disposições do mercado de trabalho, então os problemas de alcance de resultados, de desemprego, de competitividade econômica internacional, de desintegração das áreas centrais das grandes cidades, etc., desapareceriam em grande parte – pelo menos é o que diz a cantilena comumente aceita.[1] Previ um aumento rápido dessas tendências conservadoras quando escrevi *Ideologia e currículo* pela primeira vez. Embora todo o autor fique satisfeito quando vê suas previsões se cumprirem, não é com nenhuma sensação de alegria que observo esses fatos, pois a restauração conservadora que está por trás deles está trazendo efeitos trágicos para muitas pessoas, não apenas nos Estados Unidos, mas também em outros países.

Essas alterações e tendências verdadeiramente esclarecem muito bem, contudo, o fato de que as discussões sobre o que acontece, pode acontecer e deveria acontecer nas salas de aula não são o equivalente lógico de conversas sobre as condições do tempo. Trata-se, isto sim, de esperanças, sonhos, medos e realidades – das próprias vidas – de milhões de crianças, pais e professores. Se isso não vale nossa máxima dedicação – intelectual e prática –, então nada vale.

Como ativista político, antigo professor de escolas de ensino fundamental e médio e como ex-presidente do sindicato dos professores, essa dedicação passou a se voltar cada vez mais para a natureza política do currículo, do ensino e da educação em geral. *Ideologia e currículo* representou uma das grandes sínteses dessas questões políticas. Pareceu-me, quando o escrevi – algo de que estou ainda mais certo agora –, que, enquanto não levarmos a sério o quanto a educação está inserida no mundo bem real das relações de poder cambiantes e desiguais, estaremos vivendo em um mundo divorciado da realidade. As teorias, políticas e práticas envolvidas na educação *não são* técnicas. São inerentemente éticas e políticas, e envolvem – desde que se reconheça – principalmente escolhas pessoais sobre o que Markus Raskin (1986) chama de "o bem comum".[2]

Estar voltado para questões de poder – no meu caso com o modo pelo qual as desigualdades de classe, raça e gênero atuam nas escolas para controlar os professores e alunos, bem como no conteúdo e na organização do currículo – é apoiar-se no conhecimento anterior de pessoas que ajudaram a formar quem trabalha por uma sociedade mais democrática. Muito embora eu acreditasse ser essencial que politizássemos essas questões muito mais do que haviam sido no passado, as questões que elaboro neste livro têm suas raízes em uma longa tradição – nas tentativas de Dewey e Count de definição da educação democrática, em momentos anteriores da reforma democrática do currículo, e no esforço que fizeram por ensinar "o conhecimento de todos" nas escolas, em vez de apenas o conhecimento da elite,[3] na insistência eloquente de Huebner de que não expurguemos o pessoal, o ético e o político do discurso do currículo, nos fortes argumentos de Greene pela "situação existencial" de nós mesmos como educadores. Devemos escolher e devemos agir. Realmente não há outra escolha.[4]

É claro que nunca agimos no vácuo. A própria percepção de que a educação está profundamente implicada na política da cultura deixa isso claro. Afinal de contas, a decisão de definir o conhecimento de alguns grupos como digno de passar para gerações futuras, enquanto a cultura e a história de outros grupos mal vêm a luz do dia, nos informa algo extremamente importante sobre quem tem poder na sociedade. Pensemos nos textos de estudos sociais que continuam a falar em "Dark Ages" (Idade das Trevas, Idade Média) em vez de usar uma frase que, em inglês, soe menos racista e seja historicamente mais precisa, como "Idade da Ascendência Africana e Asiática", ou livros que tratam Rosa Parks como uma mera afro-americana que estava apenas muito cansada para ir à parte de trás do ônibus, em vez de discutir o treinamento que recebera sobre desobediência civil organizada, na Highland Folk School. Perceber que o ensino, especialmente da educação básica, tem em grande parte sido definido como trabalho pago feminino (com 90% dos professores do ensino fundamental e mais de 65% dos professores em geral sendo mulheres) documenta a conexão entre o ensino e a história da política de gênero.[5] Assim, gostemos ou não, o poder diferenciador está presente na alma do currículo e do ensino.

Ao pedir que vejamos a educação de maneira racional, que reconheçamos suas íntimas conexões com as desigualdades na sociedade como um todo, estou conscientemente me alinhando com um programa dirigido ao que antes chamei de "o bem-comum". Esse programa de crítica e de renovação afirma o princípio de que "nenhum ato desumano deve ser usado como um atalho para um dia melhor", e, especialmente, que a cada passo do caminho qualquer programa social "será julgado de acordo com a probabilidade de que resulte na conexão entre igualdade, compartilhamento, dignidade pessoal, segurança, liberdade e cuidado".[6] Isso significa que aqueles que buscam um programa como esse "devem (...) certificar-se de que a trajetória que seguem, o que questionam e o que analisam dignificarão a vida humana, reconhecendo os aspectos lúdicos e criativos das pessoas", vendo os outros não como objetos, mas como sujeitos "co-responsáveis" envolvidos no processo de construir e deliberar democraticamente sobre os fins e meios de todas as suas instituições.[7]

Como alguns de vocês talvez saibam, *Ideologia e currículo* é o volume inicial de uma trilogia, cujos segundo e terceiro volumes foram *Education and power*[8] e *Teachers and texts*,[9] aos quais se seguiu uma série de volumes editados que ampliaram a problemática inicial e exploraram muito mais profundamente as questões levantadas pelo livro, seu verdadeiro conteúdo, organização e controle de currículo e de ensino, e as respostas do aluno e do professor a essas questões.[10] Como primeiro volume, contudo, *Ideologia e currículo* estabeleceu a problemática. Preparou o caminho para tudo o que veio depois.

Ao escrever *Ideologia e currículo*, busquei fazer um certo número de coisas. Primeiro, queria que os educadores, especialmente os interessados naquilo que acontece nas salas de aula, examinassem criticamente as hipóteses que tinham sobre o que a educação faz. Essas hipóteses dizem respeito a algumas pressuposições profundamente arraigadas sobre ciência, a natureza do homem e da mulher, e a ética e a política do dia-a-dia de nossas teorias e práticas pedagógicas. Acreditava fortemente e ainda acredito que a melhor maneira de realizar esse exame crítico é perceber o lugar que nossas instituições de ensino formal ocupam na sociedade desigual e mais ampla de que são parte.

Segundo, queria que a abordagem adotada nessa tarefa fosse conceitual, empírica e política. Essa abordagem tinha de esclarecer como a educação se ligava fortemente à reprodução das relações sociais existentes. Tinha também que, ao mesmo tempo, evitar alguns dos erros das investigações prévias sobre a educação escolar em uma economia como a nossa. Tinha de ser crítica e ainda resistir à tendência de lidar *apenas* com os controles econômicos e com as "determinações" econômicas. Tinha de falar diretamente às dinâmicas cultural e ideológica que não se reduziam totalmente às relações econômicas, muito embora fossem influenciadas por elas.

Finalmente, senti que era necessário adentrar a escola e investigar rigorosamente o currículo – tanto o aberto quanto o oculto – que de fato dominava a sala de aula, e depois compará-lo às hipóteses inerentes ao senso comum defendidas pelos educadores. Meu objetivo foi o de sintetizar e reconstruir, indo, depois, além das investigações anteriores sobre o papel social de teorias e práticas educacionais amplamente aceitas. Meus pontos de vista baseavam-se em aspectos da "teoria crítica" e em alguns trabalhos sociais e culturais excepcionalmente críticos realizados na Europa, para complementar trabalhos já realizados por mim e por outros nos Estados Unidos.

Por trás de todos esses temas, reside um conjunto de questionamentos. Qual a relação entre cultura e economia? Como a ideologia funciona? Não é suficiente responder a essas perguntas de maneira abstrata. Sendo pessoas voltadas à educação, precisamos respondê-las em relação a uma instituição em especial: a escola. Assim, precisamos investigar rigorosamente a forma e o conteúdo do currículo, as relações sociais da sala de aula e as maneiras pelas quais conceitualizamos essas coisas, como expressões culturais de determinados grupos em determinadas instituições e em determinada época.

Simultaneamente, e isso importa para a minha argumentação em *Ideologia e currículo*, é importante perceber que, embora nossas instituições de ensino de fato distribuam valores ideológicos e conhecimento, isso não é tudo o que fazem. Como um sistema de instituições, elas também ajudam principalmente a reproduzir o tipo de conhecimento (como uma espécie de mercadoria) necessário para manter os arranjos econômicos, políticos e culturais existentes. Chamo isso de "conhecimento técnico". Trata-se da tensão entre a distribuição e a produção que parcialmente conta para que as escolas atuem de determinada maneira a fim de legitimar a distribuição de poder econômico e cultural.

Meu tratamento dessas questões está apenas em sua fase inicial neste livro, mas é ampliado significativamente em *Education and power* e *Teachers and texts*. Entretanto espero que o livro seja claro o suficiente para que o leitor comece a perceber que o que as escolas fazem ideológica, cultural e economicamente é algo muito complicado e não pode ser entendido em sua inteireza pela aplicação de uma simples fórmula. Há mesmo relações muito fortes entre o conhecimento formal e o conhecimento informal na escola e na sociedade como um todo, com todas as suas desigualdades. Pelo fato de as pressões e demandas dos grupos dominantes serem altamente mediadas pelas histórias internas das instituições educacionais e pelas necessidades e ideologias das pessoas que realmente trabalham nelas, os objetivos e resultados em geral serão também contraditórios. Quaisquer que sejam os objetivos e os resultados, porém, teremos pessoas de verdade ou recebendo ajuda ou sendo prejudicadas em nossas escolas. O pensamento ingênuo e a não-confrontação do que talvez seja um dos mais poderosos efeitos do sistema educacional não farão com que os problemas desapareçam.

Desde a primeira publicação de *Ideologia e currículo*, tenho me sentido mais do que satisfeito com a receptividade ao livro. O fato de ele ter sido traduzido para muitos idiomas, ser muito lido, visto como um livro que abre caminhos, falar de maneira eloqüente, penso eu, à honestidade e à abertura com que muitos educadores, cientistas sociais, elaboradores de políticas de ação, ativistas políticos e culturais e outras pessoas encaram seus trabalhos. O livro também documenta a luta constante dessas mesmas pessoas no que diz respeito ao questionamento de sua condição atual, o qual realizam a fim de que possam agir de maneira mais responsável. Não se engajar nesse questionamento é anular suas próprias responsabilidades para com a vida atual e futura de milhares de alunos, que passam muitos anos na escola. A auto-reflexão e a reflexão social estão unidas aqui.

As perspectivas incluídas no livro que você está prestes a ler são mais voltadas às forças da reprodução ideológica. O que se trabalha em menor detalhamento é um conjunto de preocupações referentes ao que tem sido chamado de tendências contraditórias, resistências e conflitos em relação a essas forças ideológicas. Isto é, a reprodução cultural e econômica não é tudo o que acontece em nossas instituições de ensino. Apesar de *Ideologia e currículo* concentrar-se majoritariamente em um momento de uma grande progressão histórica – o da política da dominação –, não consigo conceber que possamos entender "como as relações de dominação, sejam elas materiais, sejam simbólicas, poderiam operar sem implicar ou ativar alguma resistência".[11] Em geral, encontramos pessoas que, isoladamente ou em grupos, estão agora agindo de maneira a oferecer bases significativas para um trabalho "contra-hegemônico". Isso deve nos dar alguma razão para que sejamos otimistas, um otimismo (sem ilusões) que se expressa e desenvolve em meus livros seguintes. O reconhecimento desse trabalho "contra-hegemônico", porém, significa que analisar a maneira pela qual operam os poderosos interesses conservadores é ainda mais importante para que possamos entender melhor tanto a condição sob a qual a educação opera quanto as possibilidades para a alteração de tais condições.

Outra questão precisa ser levantada neste prefácio. O livro não só se volta de maneira mais forte às formas de reprodução na educação: ele também tende a enfatizar as relações de classe. As dinâmicas de classe são imensamente significativas e não podem ser ignoradas. Contudo, tenho cada vez mais me convencido de que as relações de *gênero* – e as que envolvem *raça* (algo muito importante nos Estados Unidos e em muitos outros países) – são também igualmente significativas para que compreendamos quais são os efeitos sociais da educação e como e por que o currículo e o ensino são organizados e controlados. Esses argumentos também são elaborados mais profundamente em outros textos.[12] Penso que seja suficiente agora observar como a problemática estabelecida primeiramente em *Ideologia e currículo* se expandiu, incluindo as maneiras pelas quais as dinâmicas contraditórias de gênero, raça e classe operam em toda a sua complexidade em nossas instituições e como podem estar apontando para direções progressistas, e não apenas retrógradas.

Parte dos argumentos deste livro baseia-se em uma crítica ao liberalismo como modelo para as políticas sociais e para a teoria e a prática educacionais. Embora essas críticas ao liberalismo sejam essencialmente corretas, o próprio liberalismo está sob ataque da direita, a partir da coalizão de neoconservadores, "modernizadores econômicos" e de novos grupos de direita que têm buscado construir um novo consenso acerca de seus próprios princípios. Seguindo uma estratégia mais bem identificada como "populismo autoritário", essa coalizão combina uma "ética de livre-mercado" com uma política populista. Os resultados têm sido o desmantelamento das políticas da democracia social que em geral beneficiavam trabalhadores, pessoas de cor e mulheres (esses grupos obviamente não se excluem mutuamente), a construção de uma relação mais íntima entre o governo e a economia capitalista, um declínio radical das instituições e do poder da democracia política, e tentativas de cortar liberdades adquiridas no passado. Tudo isso tem sido associado de maneira muito inteligente às necessidades, aos medos e às esperanças de muitos grupos de pessoas que se sentem ameaçadas durante uma época de crise aberta na economia, nas relações de autoridade, na família e em outros aspectos.[13]

Esses ataques e a facilidade com que determinadas conquistas foram perdidas levaram a uma reaproximação parcial com as posições "liberais" da social-democracia. Apesar de as políticas liberais em geral terem atuado para encobrir a profundidade de nossos problemas na educação, na economia e em outros setores, ainda de fato incluíam alguns ganhos reais. Por causa disso, nossa abordagem ao liberalismo tem de ser mais branda. Nossa tarefa é defender os ganhos parciais e os direitos conquistados sob a bandeira social-democrática, expandi-los e ir além deles, chegando a uma economia, a um sistema de governo e a uma cultura mais inteiramente democratizados.[14] Assim, embora ainda concorde com minha análise das principais deficiências das posições liberais neste livro, tenho de registrar que o contexto mudou. Em um contexto em que mesmo as políticas liberais e os direitos são atacados, precisamos concentrar nossa atenção nas ameaças que vêm do populismo autoritário da direita.

Deixe-me discutir esse assunto um pouco mais. O ressurgimento das posições conservadoras é uma tentativa de reconquistar o poder hegemônico, ameaçado por mulheres, pessoas de cor e outros. Basta apenas ler os pronunciamentos de William Bennett, o antigo secretário da Educação dos Estados Unidos – com sua ênfase em uma cultura comum baseada em "nossa" herança ocidental e em um passado romantizado no qual os alunos, sentados e imóveis, internalizavam "nossos" valores –, para entender o quanto é poderosa a urgência atual em reconquistar um consenso perdido acerca do que conta como conhecimento legítimo.[15] O ponto central deste livro são as questões que cercam o que importa como conhecimento legítimo e uma análise da tentativa de criar um falso consenso cultural e político. Isso faz muitos de seus argumentos sobre ideologia talvez até mais importantes hoje do que quando foram escritos.

O apelo atual para que "retornemos" a uma "cultura comum", na qual todos os alunos recebem os valores de determinado grupo – em geral os do grupo dominante –, não diz, em absoluto, respeito a uma cultura comum a todos. Tal abordagem pouco toca a superfície das questões políticas envolvidas. Uma cultura comum a todos jamais pode ser a imposição daquilo que uma minoria é e acredita. Ao contrário, deve fundamentalmente não exigir a estipulação de listas e conceitos que nos façam todos "culturalmente letrados", *mas a criação das condições necessárias para que todas as pessoas participem na criação e recriação de significados e valores*. É necessário um processo democrático no qual todas as pessoas – não apenas aquelas que sejam as guardiãs intelectuais da "tradição ocidental" – possam estar envolvidas na deliberação do que é importante. É óbvio que isso requer a remoção de obstáculos materiais muito reais – poder, riqueza e tempo para reflexão desiguais – que se colocam no caminho de tal participação.[16] Como Williams aponta:

> A idéia de uma cultura comum a todos não é de forma alguma a idéia de um simples consentimento, e certamente também não é a de uma sociedade que a tudo se conforma. [Esta idéia implica] uma determinação comum de significados por parte de todas as pessoas, agindo às vezes como indivíduos, às vezes como grupos, em um processo que não tem um fim determinado, e do qual jamais se pode esperar que tenha finalmente se realizado, que tenha se completado. Nesse processo comum, o único absoluto será manter abertos os canais e as instituições de comunicação, para que todos possam contribuir e sejam ajudados a fazê-lo.[17]

Ao falar em uma cultura comum, não deveríamos nos referir a algo uniforme, algo a que todos nós nos conformemos. Ao contrário, o que deveríamos reivindicar é "precisamente aquele *processo* livre, contributivo e comum de participação na criação de significados e valores".[18] É o bloqueio desse processo em nossas instituições formais de educação e seus efeitos negativos muito reais que eu quis abordar em *Ideologia e currículo*.

Nosso discurso atual faz referência a como esse processo está sendo redefinido. Em vez de pessoas que participam na luta para construir e reconstruir nossas relações educacionais, políticas e econômicas, somos definidos como consumidores. Esse é um processo verdadeiramente excepcional, pois considera as pessoas em grande parte como se fossem ou estômagos ou receptáculos.[19] Apenas usamos e reutilizamos o que está disponível. Não criamos. Quem faz isso são outras pessoas. Isso já é perturbador o bastante, mas em educação passa a ser verdadeiramente incapacitante deixar tudo a cargo dos guardiães da tradição, dos especialistas em eficiência e responsabilidade final, dos detentores do "conhecimento real". Como demonstrei neste livro, deixar tudo a cargo dessas pessoas é correr um grande risco, especialmente para aqueles alunos que já são economicamente e culturalmente alijados por nossas instituições.

Algumas das razões pelas quais considerei – e ainda considero – muito importantes essas questões de política cultural e de poder são autobiográficas. Cresci em uma família pobre (mas *apenas* no sentido econômico da palavra), em um bairro muito pobre de uma cidade industrial agonizante no nordeste dos Estados Unidos – Paterson, Nova Jersey. As lutas e inseguranças bastante reais da vida da classe trabalhadora, suas formas de solidariedade e sua política e cultura em face disso, tudo foi importante para a minha formação. Tenho muitas memórias dos modos pelos quais essa rica cultura foi degradada na mídia, nas instituições de ensino e em outros lugares. Tenho plena consciência de que tudo que fiz tem suas raízes nos sentimentos, na sensibilidade e nos significados altamente contextualizados de mulheres e homens daquele bairro, e não posso me sentir à vontade em um sistema econômico em que o lucro é mais importante do que as vidas das pessoas e em um sistema educacional que – apesar do trabalho imensamente pesado e muito pouco respeitado das pessoas que atuam nele – ainda aliena milhões de crianças para quem a educação tanto poderia significar.

Não posso aceitar uma sociedade na qual uma em cada cinco crianças nasce na pobreza, condição que piora a cada dia. Também não posso aceitar como legítima uma definição de educação na qual nossa tarefa é preparar os alunos para "funcionarem" facilmente nos "negócios" de tal sociedade. Um país não é uma empresa.[20] A escola não é parte dessa empresa, e sua função não é buscar produzir incessantemente o "capital humano" necessário para administrá-la. Realmente acabamos com nosso próprio conceito de bem-comum se pensarmos na situação dramática da educação sob esses termos. É algo que diminui o papel dos professores e cria um processo educacional que permanece desconectado das vidas de muitas crianças.

Essas questões são, é claro, complicadas e, por causa disso, partes de *Ideologia e currículo* são bastante densas, e às vezes faço uso de conceitos desconhecidos. Termino um de meus livros mais recentes – *Teachers and texts* – chamando a atenção para a política da escrita, para escrever de forma que as considerações de quem escreve sejam mais acessíveis ao leitor. Por outro lado, é importante perceber que a realidade é muito complicada, assim como são as relações de domínio e de subordinação que a organizam. Às vezes, entender tais relações exige que desenvolvamos uma nova linguagem, talvez desconfortável quando a usamos pela primeira vez. Aprender como utilizar esse conjunto de conceitos para ver com novos olhos nossas vidas cotidianas será um trabalho árduo, mas de fato necessário se quisermos progredir no reconhecimento (e não no nosso já bastante usual não-reconhecimento) dos modos contraditórios pelos quais a educação funciona em nossa sociedade.

Ideologia e currículo foi o resultado de quase uma década de longas lutas para entender a política da realidade educacional, e demonstra as marcas dessa luta em seus conceitos, linguagem e análise. Ainda assim, muito do livro ainda parece ser acurado, e muitas de suas questões e assuntos examinados continuam fundamentais em um período de restauração conservadora[21] – do que Aronowitz e Giroux chamam de "uma era de sonhos perdidos"[22] –, por isso penso que, em retrospectiva, foi escrito como deveria ter sido.

Em *Ideologia e currículo*, busquei integrar ao discurso educacional um conjunto de conceitos e preocupações que, acredito, continuam a ser essenciais a nossas deliberações sobre qual conhecimento e o conhecimento de quem tem maior valor. Muito da minha vida como ativista, pesquisador e professor foi utilizado para tentar ligar as fronteiras artificiais entre, digamos, política e educação, entre currículo e ensino, de um lado, e questões de poder cultural, político e econômico, de outro. Essas fronteiras, como Pierre Bourdieu diria, são "produtos puros da reprodução acadêmica".[23] Os fundamentos de tais fronteiras são instáveis, no que diz respeito à base conceitual, e imensamente incapacitantes quando lidamos de maneira honesta com as realidades políticas do ensino. Portanto, parte do meu método neste livro consiste em "trespassar", usando um instrumental construído na teoria crítica, na sociologia do conhecimento, na filosofia, etc., aplicando-o aos pensamentos e às ações de senso comum que temos como educadores. Novamente, de acordo com Bourdieu, "trespassar (...) é um pré-requisito para (...) avançarmos".[24]

Esse avanço exige que os sistemas de significados e valores que essa sociedade gerou – sistema cada vez mais dominado por um "ética" de privatização, individualismo intransitivo, ganância e lucro – têm de ser contestados de muitas maneiras diferentes. Entre as mais importantes, está o trabalho intelectual e educacional sustentado e detalhado.[25] Este trabalho não será realizado com facilidade, pois muito do aparato cultural dessa sociedade é organizado de forma que não obtenhamos um quadro claro do que se esconde por debaixo da superfície. Notícias dadas em 10 segundos não conseguem demonstrar isso. É importante que façamos o trabalho de escavação cultural, de descoberta dos momentos positivos e negativos do poder, de restauração em nossa memória coletiva do que o poder cultural diferencial significa em uma sociedade em crise.

Corremos, é claro, alguns riscos quando fazemos isso. A crítica deixa as pessoas em situação desconfortável e em geral precisa ser dirigida a um indivíduo. Além disso, contestar políticas e práticas comumente aceitas pode afetar a carreira de quem o faz, e isso já aconteceu recentemente, várias vezes, com educadores críticos em universidades e em outros lugares.

Que o fato de levar a sério esses argumentos seja em si um ato político foi algo que ficou, para mim, muito claro quando houve a demissão de um professor que escreveu uma resenha sobre *Ideologia e currículo* em uma revista especializada para professores em um país da Ásia, cujo histórico é o de regimes repressivos. Ficou outra vez claro quando fui colocado sob uma situação de prisão domiciliar e impedido de falar com determinadas pessoas no mesmo país. As idéias são armas (peço que seja desculpado o tom de certa forma militar e machista da frase): espalhá-las em um contexto autoritário é um ato subversivo, às vezes perigoso e ainda assim totalmente essencial.

Poderíamos nós, educadores, fazer menos do que isso? Nossa tarefa é ensinar e aprender; levar nossos questionamentos tão a sério quanto o assunto merece; considerar respeitosa e abertamente as críticas sobre o que escrevemos; buscar isso de maneira incessante para que também possamos ser instigados a questionar e a reformular nossas próprias opiniões quando pedimos a outras pessoas – como você, leitor – que questione as suas. A jornada em que estamos embarcando – que Raymond Williams chamou muito corretamente de "longa revolução"[26] – exige contestação e reformulações. Trata-se de uma jornada de esperança, mas que tem como base uma avaliação não-romântica do que nos confronta como educadores, para quem a democracia não é um *slogan* a que se apele apenas quando os "grandes negócios" de nossa sociedade tiverem acabado, mas um princípio constitutivo que deve ser integrado a nossas vidas cotidianas. *Ideologia e currículo* – tendo suas limitações e silêncios reconhecidos – é parte de minha jornada rumo à democracia cultural. Se, além disso, o livro lhe for útil, o que mais um autor poderia desejar?

Michael W. Apple

NOTAS

1. Ver, por exemplo, Michael W. Apple, *Teachers and Texts* (New York: Routledge, 1986).
2. Marcus Raskin, *The Common Good* (New York: Routledge, 1986).
3. Ver Kenneth Teitelbaum, "Contestation and Curriculum: The Efforts of American Socialists, 1900-1920", em Landon E. Beyer e Michael W. Apple (eds.), *The Curriculum: Problems, Politics and Possibilities* (Albany: State University of New York Press, 1988), p. 32-55.
4. Isso é discutido em maior profundidade em Landon E. Beyer e Michael W. Apple, "Values and Politics in Curriculum", em Beyer and Apple (eds.), *The Curriculum*, p. 3-16.
5. Apple, *Teachers and Texts*.
6. Raskin. *The Common Good*, p. 8.
7. Ibid.
8. Michael W. Apple, *Education and Power* (Boston: Routledge, ARK Edition, 1985).
9. Apple, *Teachers and Texts*.
10. Michael W. Apple (ed.), *Cultural and Economic Reproduction in Education* (Boston: Routledge, 1982); Michael W. Apple e Lois Weis (eds.), *Ideology and Practice in Schooling* (Philadelphia: Temple University Press, 1983); Beyer e Apple (eds.), *The Curriculum*.
11. Pierre Bourdieu, citado em Loie J. D. Wacquant, *Toward a Reflexive Sociology: A Workshop With Pierre Bourdieu*, Sociological Theory 7 (primavera, 1989), p. 24. Para uma análise detalhada de algumas limitações até mesmo desta reformulação, ver Philip Wexler, *Social Analysis of Education* (New York: Routledge, 1987).

12. Ver, por exemplo, Apple, *Education and Power*; Apple, *Teachers and Texts*; Cameron McCarthy e Michael W. Apple, "Class, Race and Gender in American Educational Research", em Lois Weis (ed.), *Class, Race and Gender in American Education* (Albany: State University of New York Press, 1988), p. 9-39.
13. Analisei esse aspecto com profundidade consideravelmente maior em Michael W. Apple, "Redefining Equality", *Teachers College Record 90* (inverno, 1988), p. 167-184.
14. Ver Herbert Gentis, "Communication and Politics", *Socialist Review 10* (março/junho, 1980), p. 189-232; Samuel Bowles e Herbert Gintis, *Democracy and Capitalism* (New York: Basic Books, 1986); Ernesto Laclau e Chantal Mouffe, *Hegemony and Socialist Strategy* (London: Verso, 1985).
15. William Bennett, *Our Children and Our Country* (New York: Simon & Schuster, 1988).
16. Raymond Williams, *Resources of Hope* (New York: Verso, 1989), p. 35-36.
17. Ibid., p. 37-38.
18. Ibid., p. 38
19. Ibid., p. 216.
20. Ibid., p. 14.
21. Ver Ira Shor, *Culture Wars* (New York: Routledge, 1986).
22. Stanley Aronowitz e Henry Giroux, "Schooling, Culture, and Literacy in the Age of Broken Dreams", *Harvard Educational Review*, n. 58 (maio, 1988), p. 172-194.
23. Pierre Bourdieu citado em Wacquant, "Toward a Reflexive Sociology", p. 46.
24. Ibid.
25. Williams, *Resources of Hope*, p. xxi.
26. Raymond Williams, *The Long Revolution* (London: Chatto and Windus, 1961).

Agradecimentos da segunda edição

Como em qualquer obra, e nesta em especial, várias pessoas contribuem ao concordar ou discordar dela. Portanto, nem todas concordarão com o que está escrito aqui, mas todas têm uma característica em comum: ensinaram-me alguma coisa que contribuiu para o texto final. Entre elas estão: Ann Becker, Basil Bernstein, Roger Dale, John Eggleston, Walter Feinberg, Michael Flude, Barry Franklin, Maxine Greene, Dwayne Huebner, Carl Kaestle, Daniel Kallos, Nancy King, Herbert Kliebard, Alan Lockwood, James Macdonald, Steve Mann, Vandra Masemann, Fred Newmann, Michael Olneck, Daniel Pekarsky, Francis Schrag, Steven Selden, Jonas Soltis, Robert Tabachnick, Gary Wehlage, Philip Wexler, Geoff Whitty e Michael F. D. Young. Também devo muito a David Godwin, da editora Routledge & Kegan Paul. Bonnie Garski e Barbara Sefrood como sempre provaram a qualidade de seu trabalho, amizade e humanidade ao digitarem o manuscrito, oferecendo sugestões e sendo pacientes com minhas segundas versões.

Devo também falar um pouco dos indivíduos que participam do seminário contínuo Ideologia e Conhecimento Escolar na Universidade de Wisconsin. Muito do escrito aqui foi influenciado por eles, que são mais do que alunos, amigos e participantes de uma busca coletiva por uma apreciação mais crítica e minuciosa sobre o que as escolas fazem.

É comum nos agradecimentos dizer algumas palavras sobre a dedicação da esposa e dos filhos, mas receio que as palavras não sejam suficientes para demonstrar o quanto devo à minha esposa, Rima, cujo apoio, crítica e orientação, tanto sobre a história da mulher quanto sobre a história da ciência, têm sido muito importantes para meu próprio crescimento. Seu apoio, juntamente com os membros da minha família, cujas origens e lutas políticas contra a opressão levaram à busca de minhas próprias raízes na esquerda norte-americana, fizeram deste livro uma realidade.

Finalmente, quero dedicar este livro a meus filhos, Peter e Paul. Que eles e nós sejamos fortes o suficiente para capacitá-los a erguerem-se sobre o que construímos politicamente!

Versões prévias de alguns destes capítulos apareceram em outros volumes: o Capítulo 2, em *Comparative education review,* XXII (outubro, 1978); o Capítulo 3, em *Curriculum inquiry,* VI (nº 4, 1977); o Capítulo 4, em *Community participation in education,* Carl Grant (ed.) (Boston: Allyn & Bacon, 1979); o Capítulo 5, em Interchange, II (nº 4, 1971); o Capítulo 6, em *The Journal of Educational Research,* LXVI (setembro, 1972), e o Capítulo 7, em *Schools in search of meaning,* James B. Macdonald e Esther Zaret (eds.) (Washington: Association for Supervision and Curriculum Development, 1975). Devo agradecimentos também a Raymond Williams e à *New left review* por permitirem citar trechos de *Base and superstructure in marxist cultural Theory* (1973).

1

Sobre a análise da hegemonia

INTRODUÇÃO

Há alguns anos, pediram-me para escrever uma declaração de cunho pessoal para uma publicação que iria reimprimir alguns de meus artigos. Em tal declaração, tentei documentar os tipos de compromisso político e pessoal que em minha opinião forneceriam um conjunto mínimo de princípios irredutíveis que orientaram meu trabalho como educador.[1] Em resumo, defendi muito fortemente a idéia de que a educação não era um empreendimento neutro e de que, pela própria natureza da instituição, o educador estava envolvido em um ato político, estivesse ciente ou não disso. Sustentei a tese de que, em última análise, os educadores não teriam como separar totalmente sua atividade educacional das diferentes reações dos sistemas institucionais e das formas de consciência que dominam economias altamente industrializadas como a nossa.

Desde que escrevi tal declaração, as questões se tornaram ainda mais provocativas para mim. Tenho a esperança de haver progredido um pouco no que diz respeito a entender mais profundamente a relação entre educação e estrutura econômica, assim como as conexões entre conhecimento e poder. Em essência, o problema tornou-se cada vez mais uma *questão estrutural*. Tenho buscado também cada vez mais fundamentá-lo em um conjunto de questões críticas geradas a partir de uma tradição neomarxista de argumentação – tradição que me parece oferecer o modelo mais convincente para organizar o pensamento e a ação relativos à educação.

Em termos gerais, a abordagem que acho mais proveitosa busca "explicar os reflexos manifestos e latentes ou codificados dos modos de produção material, dos valores ideológicos, das relações de classe e das estruturas de poder social – racial, sexual e também político-econômico – sobre o nível de consciência das pessoas em uma determinada situação histórica ou socioeconômica".[2] Essa é uma frase um pouco complexa, eu sei, mas a problemática subjacente é mesmo bastante complicada. A frase busca demonstrar as maneiras concretas por que os sistemas estruturais prevalecentes (e eu diria alienantes) – as maneiras fundamentais pelas quais as instituições, as pessoas e os modos de produção, distribuição e consumo são organizados e controlados – dominam a vida cultural. Isso inclui práticas do cotidiano, como as escolas e o ensino e os currículos que adotam.[3]

Considero isso excepcionalmente importante quando pensamos sobre as relações entre o conhecimento aberto (ou manifesto) e o conhecimento encoberto (ou oculto) ensinados nas escolas, os princípios de seleção e organização desses conhecimentos e os critérios e modos de avaliação utilizados para "medir o sucesso" do ensino. Como Bernstein e Young, entre outros, provocativamente sustentam, a estruturação do conhecimento e do símbolo em nossas instituições de ensino está intimamente relacionada aos princípios de controle social e cultural de uma sociedade.[4] Falarei mais sobre isso em breve. Deixe-me apenas afirmar agora que um dos nossos problemas básicos como educadores e seres políticos é começar a encontrar maneiras de entender como os tipos de recurso cultural e símbolos que as escolas escolhem e organizam estão dialeticamente relacionados aos tipos de consciência normativa e conceitual "exigidos" por uma sociedade estratificada.

Outros autores, especialmente Bowles e Gintis (1976),[5] concentraram-se em estudar as escolas de uma forma que enfatiza o papel econômico das instituições de ensino. Mobilidade, seleção, reprodução da divisão de trabalho e outros efeitos tornam-se, portanto, o foco principal de sua análise. Consideram como elemento determinante a manipulação econômica consciente realizada por quem está no poder. Embora isso seja sem dúvida importante, apresenta-nos, para dizer o mínimo, apenas um lado da moeda. O enfoque de cunho econômico nos oferece uma apreciação menos adequada das maneiras pelas quais esses resultados *são criados* pela escola, e não pode esclarecer totalmente o que os mecanismos de dominação de fato são e como funcionam na vida cotidiana da escola. Além disso, devemos complementar a análise de cunho econômico com uma abordagem que se incline mais fortemente a uma orientação cultural e ideológica, a fim de entendermos completamente as complexas maneiras pelas quais as tensões e contradições sociais, econômicas e políticas são "mediadas" nas práticas concretas dos educadores quando realizam seus trabalhos nas escolas. O foco, então, deve também estar nas mediações ideológicas e culturais que existem entre as condições materiais de uma sociedade desigual e a formação da consciência de seus indivíduos. Assim, quero aqui voltar-me às relações entre a dominação econômica e a dominação cultural, isto é, ao que aceitamos como dado e que parece produzir "de modo natural" alguns dos resultados parcialmente descritos por quem tem se concentrado na economia política da educação.

SOBRE A ANÁLISE DA HEGEMONIA

Acho que estamos começando a enxergar mais claramente coisas que antes eram obscuras. À medida que aprendemos a entender a maneira pela qual a educação atua no setor econômico de uma sociedade, reproduzindo aspectos importantes de sua desigualdade,[6] também aprendemos a desvendar uma segunda esfera em que a escolarização opera. Não há apenas a propriedade econômica; há também a propriedade simbólica – capital cultural –, que as escolas preservam e distribuem. Assim, podemos agora começar a entender mais perfeitamente como as instituições de preservação e distribuição cultural, como as escolas, criam e recriam formas de consciência que permitem a manutenção do controle social sem a necessidade de os grupos dominantes terem de apelar a mecanismos abertos de dominação.[7] Aumentar nossa compreensão desse processo é o ponto central deste livro.

Entretanto, essa não é uma questão fácil, é claro. O que tentarei fazer no capítulo introdutório é demonstrar, em lances muito rápidos, os tipos de questões incorporadas na abordagem e no programa de análise que orienta este livro. Em minha argumentação, usarei com freqüência a obra do crítico social e cultural Raymond Williams. Embora não seja muito conhecido entre os educadores (o que é de se lamentar), seu trabalho sobre as relações entre o controle da forma e do conteúdo da cultura e o crescimento das instituições e práticas econômicas que nos cercam pode servir como modelo, tanto pessoal quanto conceitualmente, pelos tipos de argumentos e compromissos progressistas inerentes à sua abordagem.

Há três aspectos do programa de análise deste livro que precisam ser articulados desde o princípio: (1) a escola como instituição, (2) as formas do conhecimento, e (3) o próprio educador. Cada um desses aspectos deve ser *situado* em uma relação maior, da qual é parte constitutiva. A palavra-chave aqui é, obviamente, "situado". Da mesma forma que os analistas econômicos, como Bowles e Gintis, quero dizer com esse termo, tanto quanto possível, que precisamos localizar e contextualizar o conhecimento que ensinamos, as relações sociais que dominam as salas de aula, a escola como mecanismo de preservação e distribuição cultural e econômica e, finalmente, nós mesmos como pessoas que trabalham nessas instituições. Tudo isso está sujeito a uma interpretação de seus respectivos lugares em uma sociedade complexa, estratificada e desigual. Contudo, devemos ter cuidado para não usar mal essa tradição de interpretação. Com excessiva freqüência, esquecemos a sutileza necessária para começarmos a desvelar essas relações. Situamos a instituição, o currículo e nós mesmos de uma maneira excessivamente determinista. Dizemos que há uma correspondência direta entre economia e consciência, em que a base econômica determina "automaticamente" a superestrutura. Isso é, infelizmente, muito fácil de dizer e também muito mecanicista,[8] pois se considera que há, na verdade, uma relação dialética entre cultura e economia. Também se pressupõe uma idéia de manipulação consciente da escolarização por um número muito pequeno de pessoas que detenham o poder. Embora isso tenha acontecido e continue a acontecer – algo que na verdade documentarei no tratamento que o Capítulo 4 dá a algumas das origens históricas do currículo –, o problema é muito mais complexo. Assim, a fim de ir adiante, devemos primeiramente esclarecer o que significa a noção de que as relações estruturais "determinam" esses três aspectos das escolas. Como defendo, uma das chaves para a compreensão disso é o conceito de *hegemonia*.

Importa observar que há duas tradições no uso de conceitos como "determinação". De um lado, a noção de que o pensamento e a cultura são determinados pela estrutura social e econômica foi usada para implicar o que mencionamos há pouco, uma relação direta entre consciência social e, digamos, o modo de produção. Nossos conceitos sociais são aqui totalmente prefigurados ou predicados a partir de um conjunto preexistente de condições econômicas que controlam a atividade cultural, incluindo tudo o que há nas escolas. De outro lado, há uma posição bem mais flexível que fala de determinação como uma rede complexa de relações que, no final, tem suas raízes na economia, exerce pressões e estabelece limites sobre a prática cultural, inclusive as escolas.[9] Assim, a esfera cultural não é um "mero reflexo" das práticas econômicas. Ao contrário, a influência, reflexo ou determinação, é altamente mediada pelas formas humanas de ação. É mediada pelas atividades, contradições e relações entre homens e mulheres de verdade – como nós – à medida que exercem suas atividades cotidianas nas instituições que organizam suas vidas. O controle das escolas, do conhecimento e da vida cotidiana pode ser, e é, mais sutil, pois admite até situações aparentemente inconseqüentes. O controle está investido dos princípios constitutivos, dos códigos e, especialmente, da consciência e das práticas do senso comum que atuam de maneira subjacente em nossas vidas, além de também estar investido da divisão econômica e da manipulação explícitas.

A argumentação de Raymond Williams sobre a hegemonia, conceito mais amplamente desenvolvido na obra de Antonio Gramsci, apresenta um excelente resumo desses pontos.[10]

> A ênfase à hegemonia é uma grande contribuição de Gramsci, além de ele também tê-la entendido em um nível profundo que é, penso eu, raro. A hegemonia supõe a existência de algo verdadeiramente total, não meramente secundário ou superestrutural (como o sentido deficiente de ideologia), mas vivido em tal profundidade, saturando a sociedade de um modo tal e – como Gramsci observa – chegando a constituir o limite do senso comum para a maior parte das pessoas sob sua influência, que termina por corresponder à realidade da experiência social muito mais claramente do que qualquer noção derivada da fórmula "base e superestrutura". Se a ideologia fosse apenas alguma noção abstrata imposta, se nossas idéias, suposições e hábitos sociais, políticos e culturais fossem meramente o resultado de determinada manipulação, de um tipo de treinamento aberto que pudesse ser simplesmente encerrado, então seria muito mais fácil mudar a

sociedade do que tem sido na prática. Essa noção de hegemonia como algo que satura profundamente a consciência de uma sociedade parece ser fundamental (...) enfatiza os fatos da dominação.

A idéia fundamental engastada nessa citação é a de como a hegemonia atua para "saturar" nossa própria consciência, de maneira que o mundo educacional, econômico e social que vemos e com o qual interagimos, bem como as interpretações do senso comum que a ele atribuímos, se torna o mundo *tout court*, o único mundo. Assim, a hegemonia se refere não à acumulação de significados que estão em um nível abstrato em algum lugar "da parte superior de nossos cérebros". Ao contrário, refere-se a um conjunto organizado de significados e práticas, ao sistema central, eficaz e dominante de significados, valores e ações que são *vividos*. Precisa ser entendida em um nível diferente do que o da "mera opinião" ou da "manipulação". Williams deixa isso claro em seus argumentos referentes à relação entre hegemonia e o controle dos recursos culturais. Ao mesmo tempo, ele indica como as instituições de ensino podem agir nesse processo de saturação. Gostaria de citar um de seus trechos mais longos, que, em minha opinião, começa a captar a complexidade e vai além da idéia de que a consciência é apenas o mero reflexo da estrutura econômica, sendo inteiramente determinada por uma classe que conscientemente a impõe à outra. Simultaneamente, a passagem apanha o ponto crucial sobre como a agregação de significados e práticas ainda leva ao controle social e econômico desigual, sendo também proveniente dessa desigualdade.[11]

> [Hegemonia] é todo um conjunto de práticas e expectativas; nossa energia empregada em diferentes tarefas, nossa compreensão comum do homem e de seu mundo. É um conjunto de significados e valores que, quando experimentados como práticas, parecem confirmar-se reciprocamente. Ela assim constitui um sentido de realidade para a maior parte das pessoas na sociedade, um sentido de ser absoluta porque experimentada [como uma] realidade a que a maior parte dos membros de uma sociedade dificilmente conseguirá ir além. Mas não se trata, exceto quando se dá um momento de análise abstrata, de um sistema estático. Pelo contrário, só podemos entender uma cultura dominante e de fato existente se entendermos o real processo social do qual ela depende: o processo de incorporação. Os modos de incorporação são de grande significação e, além disso, têm significação econômica considerável em nosso tipo de sociedade. As instituições de ensino são geralmente os principais agentes de transmissão de uma cultura dominante eficaz e representam agora uma atividade importante tanto econômica quanto culturalmente. São, na verdade, as duas coisas ao mesmo tempo. Além disso, em nível filosófico, no verdadeiro nível da teoria e no nível histórico de várias práticas, há um processo que chamo de *tradição seletiva*: aquele que, nos termos de uma cultura efetivamente dominante, é sempre passado como "a tradição", *o* passado significativo. Entretanto a questão é sempre a seletividade; a maneira pela qual, de toda uma área possível do passado e do presente, somente determinados significados e práticas são escolhidos para ênfase, enquanto outros significados e práticas são negados e excluídos. Mais crucialmente ainda: alguns desses significados são reinterpretados, diluídos, ou postos sob formas que sus-

tentam ou pelo menos não contradizem outros elementos da cultura efetivamente dominante.

O processo de educação, os processos de uma educação social muito mais ampla em instituições como a família, as definições práticas e a organização do trabalho, a tradição seletiva em nível intelectual e teórico – todas essas forças estão envolvidas em um processo contínuo de constituição e reconstituição de uma cultura efetivamente dominante, e delas, de acordo com o modo como as experimentamos e como se inserem em nossas vidas, depende a realidade. Se o que aprendemos fosse meramente uma ideologia imposta, ou apenas significados e práticas isoláveis da classe governante, ou de parte dela, que se impusessem a outros significados e práticas, ocupando lugar superior em nossas mentes, seria – e ficaríamos felizes com isso – uma coisa muito mais fácil de se derrotar.

Observe o que Williams está dizendo sobre as instituições de ensino. É similar ao que apresentei antes sobre as relações possíveis entre a escola como instituição e a recriação da desigualdade. As escolas, nas palavras dos sociólogos britânicos do currículo, não apenas "produzem pessoas"; também "produzem o conhecimento".[12] São agentes da hegemonia cultural e ideológica – nas palavras de Williams, agentes da tradição seletiva e da "incorporação" cultural. Todavia, como instituições, não são apenas um dos principais agentes da distribuição da cultura efetivamente dominante; entre outras instituições, e aqui algumas das interpretações econômicas podem parecer bastante potentes, ajudam a criar pessoas (com os significados e valores adequados) que não vêem outra possibilidade séria ao contexto econômico e cultural existente. Isso faz dos conceitos de ideologia, hegemonia e tradição seletiva elementos fundamentais para a sustentação política e analítica deste livro.

Por exemplo, como argumentarei a seguir, as questões que envolvem o conhecimento que é de fato ensinado nas escolas, que envolvem o que é considerado como conhecimento socialmente *legítimo*, não são de pouca significação para entendermos a posição cultural, econômica e política da escola. Aqui, o ato fundamental envolve tornar problemáticas as formas de currículo encontradas nas escolas, de maneira que seu conteúdo ideológico latente possa ser desvelado. As questões sobre a tradição seletiva, tais como as que se apresentam a seguir precisam ser levadas muito a sério. De quem é o conhecimento? Quem o selecionou? Por que é organizado e ensinado dessa forma? E a este grupo em particular? Apenas formular essas questões não é, porém, suficiente. Orientamo-nos, também, pela tentativa de conectar essas investigações a concepções concorrentes de poder econômico e social e de ideologias. Dessa forma, podemos começar a ter uma apreciação mais concreta das conexões entre poder econômico e político e o conhecimento *que é disponibilizado* (e o *que não é disponibilizado*) aos alunos.[13]

O movimento, por exemplo, na área de estudos sociais por um currículo "orientado ao processo de formação" é um desses casos. Ensinamos a "investigação" social como um grupo de "habilidades", como uma série de métodos que capacitarão os alunos "a aprender como investigar por conta própria".

Embora isso seja com certeza melhor do que os modelos de memorização automática de ensino que prevaleciam nas décadas anteriores, pode também ao mesmo tempo despolitizar o estudo da vida social. Pedimos a nossos alunos que vejam o conhecimento como uma construção social e, nos programas mais voltados às disciplinas, para ver como os sociólogos, historiadores, antropólogos e outros constroem suas teorias e conceitos. Contudo, ao fazê-lo, não os preparamos para investigar o *porquê* da existência de determinada forma de coletividade social, *como* ela se mantém e *quem* se beneficia com ela.

Existe no desenvolvimento do currículo, e no ensino, algo como uma falta de ousadia. Desejamos preparar os alunos para assumirem "algumas responsabilidades por sua própria aprendizagem". O fato de esses objetivos serem ou não atingidos, dado o que Sarason[14] chamou de regularidades comportamentais da instituição, é algo interessante, mas não está em questão aqui. Importa o fato de que aquilo sobre o que se está "refletindo criticamente" é em geral vazio, anistórico, parcial e ideologicamente enviesado. Assim, como demonstrarei no Capítulo 5, o modelo constitutivo da maioria dos currículos das escolas gira em torno do consenso. Há poucas tentativas sérias de lidar com o conflito (conflito de classes, conflito científico, ou outros). Em vez disso, fazemos nossas "investigações" dentro de uma ideologia consensual que tem pouca semelhança para com as relações e contradições complexas que cercam o controle e a organização da vida social. Por isso, a tradição seletiva impõe de maneira ditatorial que não lecionemos – ou ela tudo reinterpretará seletivamente (e conseqüentemente esquecerá logo) – uma história séria do trabalho ou da mulher. Sempre lecionamos a história da elite ou a história militar. Qualquer economia ensinada é dominada por uma perspectiva que deriva da nobre National Association of Manufacturers (Associação Nacional das Indústrias) ou algo equivalente. É difícil encontrar informação honesta sobre os países que tenham se organizado a partir de princípios sociais alternativos. Esses, é claro, são apenas alguns dos exemplos do papel da escola na criação de um consenso falso.

NEUTRALIDADE E JUSTIÇA

O próprio fato de que tendamos a reduzir nossa compreensão das forças sociais e econômicas subjacentes que compõem nossa sociedade desigual a um conjunto de habilidades, a uma seqüência de vários "como fazer", reflete uma questão muito maior. Deixe-me apresentar alguns dos argumentos que desenvolverei mais detalhadamente nos Capítulos 6, 7 e 8. Essa redução de nossa compreensão está relacionada à tecnicização da vida nas economias industriais avançadas. Nos termos de Habermas, as formas de pensamento e ação objetivo-racionais, ou instrumentais, substituem os sistemas de ação simbólica. O debate político e econômico, e mesmo o debate educacional, entre pessoas reais em suas vidas diárias é substituído por considerações de eficiência, de habilidade técnica. A "responsabilidade final" (*accountability*) atribuída por meio da análise comportamental, o modelo sistêmico de gestão e outras coisas tornam-se representações hegemônicas e ideológicas. Ao mesmo tempo, as considerações sobre a *justiça* da vida social são progressivamente despolitizadas e transformadas em problemas supostamente neutros que podem ser resolvidos pela acumulação de fatos empíricos neutros,[15] os quais, quando reinseridos em instituições neutras como as escolas, poderão ser orientados pela instrumentação neutra dos educadores.

A defesa da neutralidade é importante nessa representação, não somente na vida social como um todo, mas na educação em particular. Presumimos que nossa atividade é neutra e que, por não adotarmos uma postura política, estejamos sendo objetivos. Isso, contudo, é uma distorção significativa, sob dois aspectos. Primeiro, há uma crescente acumulação de provas de que a própria instituição do ensino não é um empreendimento neutro em termos de seus resultados econômicos. Como eu próprio observarei, como Basil Bernstein, Pierre Bourdieu e outros têm tentado demonstrar, e como as citações de Williams indicam neste capítulo introdutório, as escolas, embora de fato sirvam aos interesses de muitos indivíduos – o que não pode ser negado –, também parecem empiricamente atuar como poderosos agentes na reprodução cultural e econômica das relações de classe de uma sociedade estratificada como a nossa. Essa é uma questão bastante complicada, mas, como será discutido na próxima seção deste capítulo e no Capítulo 2, a literatura sobre o papel que as escolas desempenham na estratificação econômica e cultural torna-se cada vez mais abundante.

Deixe-me agora observar, na verdade reiterar, a segunda razão pela qual a defesa da neutralidade tem menos peso do que poderia ter. Tal defesa ignora o fato de que o conhecimento agora presente nas escolas já é uma escolha feita a partir de um universo muito maior de conhecimento e princípios sociais disponíveis. É uma forma de capital cultural que vem de alguma parte, que freqüentemente reflete as perspectivas e crenças de segmentos poderosos de nossa coletividade social. Em sua própria produção e disseminação como mercadoria pública e econômica – livros, filmes, materiais, etc. –, é repetidamente filtrado por meio de comprometimentos ideológicos e econômicos. Valores sociais e econômicos, portanto, já estão engastados no projeto das instituições em que trabalhamos, no "*corpus* formal do conhecimento escolar" que preservamos em nossos currículos, em nossos modos de ensinar e em nossos princípios, padrões e formas de avaliação. Pelo fato de atuarmos, freqüentemente de forma inconsciente, *como veículos* para a manifestação desses valores, a questão não está em como fazer para ficar acima da escolha, mas nos valores que devemos afinal escolher.

Isso traz também à baila outra parte do problema – aqueles valores arraigados que não residem na parte superior, mas no "fundo" de nossa mente, valores que mencionei anteriormente. As próprias categorias que usamos para abordar nossas responsabilidades para com os outros, as regras do senso comum ou constitutivas que empregamos para avaliar as práticas sociais que dominam nossa sociedade, estão freqüentemente em pauta. Entre as mais fundamentais dessas categorias estão nossa visão de "ciência" e, de forma igualmente importante, nosso compromisso para com o indivíduo abstrato. O caso é, pois, que as raízes de nosso sentido de comunidade estão secando e morrendo. Encontramos maneiras de fazer do indivíduo concreto uma abstração e, ao mesmo tempo, divorciamos o indivíduo de movimentos sociais mais amplos que poderiam conferir significado a desejos, necessidades e visões "individuais" de justiça.[16] Esse procedimento recebe apoio muito forte da noção de que a pesquisa sobre os currículos é uma "atividade científica neutra" que não nos liga aos outros de maneira estruturalmente importante.

Nossa incapacidade de pensar em termos que não sejam individualistas e abstratos é muito bem expressa mais uma vez por Raymond Williams (1961) em seu argumento de que a dominância do indivíduo burguês distorce a compreensão de nossas verdadeiras relações sociais com os outros e do quanto deles dependemos.[17]

> Lembro-me de um mineiro me falar o seguinte sobre alguém: "Ele é o tipo de homem que acorda de manhã, aperta um interruptor e fica na expectativa de que a luz venha". Estamos todos, de certa forma, nesta condição, no sentido de que nossos modos de pensar habitualmente suprimem grandes áreas de nossas verdadeiras relações, incluindo nossa dependência, também verdadeira, dos outros. Pensamos em *meu* dinheiro, *minha* luz, nesses termos ingênuos, porque partes de nossa própria concepção de sociedade secaram na raiz. Quase não temos uma concepção, em nosso sistema atual, do financiamento das metas sociais a partir do produto social – método que nos mostraria continuamente, em termos reais, o que nossa sociedade é e faz. Em uma sociedade cujos produtos dependem quase que inteiramente de uma cooperação intricada e contínua e da organização social, temos a expectativa de consumir como se fôssemos indivíduos isolados, criando nosso próprio caminho. Somos então forçados à comparação burra entre dois termos: o consumo individual e os impostos sociais – o primeiro, algo desejável e a ser ampliado; o outro, algo lamentavelmente necessário e a ser limitado. O que decorre desse tipo de pensamento é um inevitável desequilíbrio físico. A não ser que cheguemos a um sentido realista de comunidade, nosso verdadeiro padrão de vida continuará a ser distorcido (...) Questões não apenas referentes ao equilíbrio na distribuição de esforços e recursos, mas também aos efeitos de determinados tipos de trabalho sobre os usuários e sobre os produtores poderão então ser adequadamente negociadas (...) É precisamente a falta de um sentido adequado de sociedade que nos está mutilando.

São muitos os argumentos de Williams, mas entre eles estão os seguintes. Nossa preocupação com o indivíduo abstrato em nossa vida social, econômica e educacional é exatamente isso – uma mera abstração. Ela não situa a vida do indivíduo (nem a dos educadores), como ser econômico e social, nas relações estruturais que produziram o conforto apreciado pelo mesmo indivíduo. Ela pode atuar como uma pressuposição ideológica que nos impede de estabelecer qualquer associação genuína com quem produz nosso conforto, tornando mais difícil suplantar a atrofia do compromisso coletivo. Assim, a ênfase exagerada no indivíduo em nossa vida educacional, emocional e social é idealmente designada, tanto para manter uma ética bastante manipulativa do consumo quanto para aprofundar mais o enfraquecimento da sensibilidade política e econômica. Os efeitos latentes da absolutização do indivíduo e da definição de nosso papel como sendo o de técnicos neutros a serviço do aperfeiçoamento fazem com que seja praticamente impossível para os educadores e outros desenvolverem uma boa análise da ampla injustiça social e econômica. Fazem com que suas práticas curriculares e de ensino sejam relativamente impotentes na compreensão da natureza da ordem social de que são partes.

Um elemento excepcionalmente importante nesse tipo de argumento é a idéia de *relação*. O que estou invocando é o que poderia ser chamado de "análise relacional". Esta envolve compreender a atividade social – sendo a educação uma forma particular dessa atividade – como algo ligado ao grande grupo de instituições que distribuem recursos, de forma que determinados grupos e classes têm historicamente sido ajudados, ao passo que outros têm sido tratados de maneira menos adequada. Em essência, a ação social, os eventos e artefatos culturais e educacionais (que Bourdieu chamaria de capital cultural) são "definidos" não pelas suas qualidades óbvias, que podemos ver imediatamente. Em vez dessa abordagem bastante positivista, as coisas recebem significados relacionais, pelas conexões e laços complexos com o modo pelo qual uma sociedade é organizada e controlada. As próprias relações são as características definidoras.[18] Assim, para entender, digamos, as noções de ciência e de indivíduo, do modo que as empregamos na educação, precisamos vê-las como sendo primeiramente categorias ideológicas e econômicas que são essenciais tanto para a produção de agentes que preencham os papéis econômicos existentes, quanto para a reprodução de disposições e significados que "causarão", nesses próprios agentes, a aceitação desses papéis alienantes sem muito questionamento.[19] Eles se tornam, então, aspectos da hegemonia.

Para entender as relações hegemônicas, precisamos lembrar algo que Gramsci sustentava: que há duas exigências para a hegemonia ideológica. Não é que nossa ordem econômica simplesmente "crie" categorias e estruturas de sentimento que saturam nossas vidas diárias. Acrescente-se a isso um grupo de "intelectuais" que empregam e dão legitimação a essas categorias, que fazem as formas ideológicas parecerem neutras.[20] Assim, um exame das próprias categorias e procedimentos que "intelectuais" como os educadores empregam precisa ser um dos primeiros enfoques de nossa investigação.

Até agora tenho relatado de maneira bastante ampla o que percebo ser a realidade por trás das escolas como instituições, as formas de conhecimento que seletivamente preservamos, reinterpretamos e distribuímos, algumas das categorias que usamos para pensar sobre essas coisas e o papel do educador como participante "neutro" nos resultados de grande escala da escolarização. Há ainda alguns comentários finais a serem feitos sobre aquele último aspecto do programa de análise e da abordagem que estou realizando aqui – o que diz respeito ao próprio educador como ser político. Essa é uma questão muito pessoal, de longe a mais difícil. Estou bastante ciente da dificuldade, ou melhor, da real tortura que devemos enfrentar para responder à pergunta "Qual é meu lugar nisso tudo?", ou mesmo para elaborá-la. Essa espécie de pergunta já pressupõe pelo menos ter uma consciência inicial das respostas a minhas outras indagações sobre a relação entre capital cultural e controle econômico e social. Requer uma análise de quais grupos sociais e econômicos e classes parecem ser ou não protegidos pela forma como as instituições de nossa sociedade são organizadas e controladas.[21]

O fato de que seja mesmo tão difícil lidar com essa questão e a sensação de desamparo que temos ao fazê-lo (o que posso, como educador, fazer agora?) apontam para a extrema importância dos argumentos de Gramsci e de Williams sobre a natureza da hegemonia. Submeter nossas atividades diárias a um exame político e econômico minucioso e considerar a escola como parte de um sistema de mecanismos voltados à reprodução econômica e cultural, não significam obrigatoriamente desafiar as práticas predominantes na educação. Se fosse "somente" isso, poderíamos talvez mudar tais práticas por meio do treinamento de professores, melhores currículos, etc. Essas práticas podem, é claro, precisar de mudanças, e ainda há espaço para essas reformas que visam ao aperfeiçoamento, algumas das quais deverei propor mais adiante neste livro. Contudo, os tipos fundamentais de exame minucioso que defendo desafiam todo um sistema de valores e ações "fora" da instituição de ensino. Esta é exatamente a questão que, se tomada a sério, deve poder conduzir a um conjunto de compromissos totalmente diferente daquele que muitos de nós, em consonância com o senso comum, aceitamos. Requer a articulação progressiva de uma ordem social – e o compromisso para com ela – que tenha em seus próprios fundamentos não a acumulação de bens, lucros e créditos, mas a maximização da igualdade econômica, social e educacional.

Tudo isso está centrado na teoria da justiça social. Minha própria inclinação é defender algo que fique à esquerda de John Rawls (1971). Para que uma sociedade seja justa, precisa, tanto em termos de princípios quanto de ações, contribuir ao máximo para o benefício daqueles que estão em situação de desvantagem.[22] Isto é, suas relações estruturais devem ser tais que tornem iguais não só o simples acesso, mas o controle de fato das instituições culturais, sociais e, especialmente, econômicas.[23] Isso exigiria mais do que um mero ajuste da máquina social, pois implica a reestruturação de instituições e uma reformulação fundamental do contrato social que supostamente nos une. A teoria da justiça social que está por trás de um programa como esse precisa ser gerada a partir de algo maior do que a ideologia pessoal. Tem sua base em reivindicações empíricas também. Por exemplo, a lacuna entre ricos e pobres nas nações industrialmente avançadas está aumentando. A distribuição e o controle dos bens e serviços de saúde, nutricionais e educacionais são fundamentalmente desiguais nessas mesmas nações.[24] O poder econômico e cultural está cada vez mais centralizado em grandes corporações que não respondem nem um pouco a necessidades sociais, mas ao lucro. Depois de alguns ganhos iniciais, o progresso relativo das mulheres e de muitos grupos minoritários está estagnado ou se atrofiando lentamente. Por causa dessas e de outras razões, estou cada vez mais convencido de que tais condições são "naturalmente" geradas a partir de determinada ordem social. Como documentarei neste livro, nossos dilemas educacionais, a realização desigual, o retorno desigual, a tradição e a incorporação seletivas são também "naturalmente" gerados por esse conjunto de fatores sociais. Pode ser que essas instituições sejam organizadas e controladas de tal forma que requeiram mudanças de grande escala em suas relações, caso queiramos progredir na eliminação de qualquer dessas condições.

Sei que isso é, no mínimo, bastante controverso. Também não espero que todos aceitem tudo o que escrevi aqui. Todavia, algo que não fiz foi primeiro dizer que as nossas questões educacionais são, *na raiz*, éticas, econômicas e políticas, para, depois, buscar documentação para provar o que disse. Ao contrário, e isso é importante, fui convencido pelas evidências disponíveis a todos que estão dispostos a procurar e a questionar, bem como a aprender a analisar a hegemonia. Isso faz, na verdade, parte do programa de análise que gostaria de desenvolver aqui. Uma coisa deve ficar clara: esse programa exige também uma boa dose do bom e velho trabalho "intelectual". Envolve mais do que uma pequena quantidade de leitura, estudos e debate honesto sobre áreas de que muitos de nós temos apenas um conhecimento limitado. Não estamos acostumados a considerar a atividade educacional a partir de uma perspectiva ética, política e econômica, para não dizer crítica, dada a própria dificuldade inerente de ser um bom educador (algo que toma tempo e é emocionalmente desgastante). Essa tarefa torna-se ainda mais difícil por causa do que poderíamos chamar de política de distribuição do conhecimento. Isto é: os tipos de instrumental e modelos que tenho mencionado aqui não são prontamente distribuídos pelas instituições de preservação e distribuição cultural dominantes, como são as escolas e os meios de comunicação de massa. Essas tradições críticas são elas próprias vítimas da tradição seletiva. Se estiverem corretos meus argumentos, aqui e em outros trechos deste livro, sobre a origem do conhecimento ensinado nas escolas, isso será de se esperar, ainda que não de comemorar. Se não chamarmos para nós mesmos a responsabilidade por essas tradições, por reaprendê-las, estaremos ignorando o fato de que os tipos de sistematização institucional e cultural que nos controlam foram construídos por nós mesmos, e que podem também ser reconstruídos.

Tenho defendido até aqui que qualquer apreciação crítica do papel da educação em uma sociedade complexa deve ter pelo menos três elementos como parte majoritária de seu projeto. É preciso situar o conhecimento, a escola e o próprio educador nas verdadeiras condições sociais que "determinam" esses elementos. Tenho também sustentado que esse ato de situar, para ser significativo, precisa ser orientado por uma visão de justiça social e econômica. Portanto, tenho também defendido que a posição do educador não é neutra nem nas formas de capital cultural distribuído e empregado pelas escolas e nem nos resultados econômicos e culturais do próprio empreendimento de escolarização. Essas questões são mais bem analisadas por meio dos conceitos de hegemonia, ideologia e tradição seletiva, e só podem ser totalmente entendidas por meio de uma análise relacional.

Como mencionei, contudo, há uma tradição crescente entre os pesquisadores da educação que quer levar a sério este programa de análise relacional. Observemos o que ela diz e o que este livro examina em maiores detalhes.

A INTELECTUALIDADE EDUCACIONAL E O ATO DE "SITUAR"

No seu prefácio à tradução inglesa do clássico de Karl Mannheim, *Ideologia e utopia*, Louis Wirth (1936) afirma que "As coisas mais importantes (...) que podemos saber a respeito de um homem são aquelas que ele toma como dadas, e os mais elementares e importantes fatos sobre a sociedade são aqueles que raramente são debatidos e geralmente tidos como algo já estabelecido".[25] Em outras palavras, para ter um maior *insight*, para entender a atividade de homens e mulheres de determinado período histórico, devemos começar por questionar o que, para eles, é inquestionável. Como Marx diria, não devemos aceitar as ilusões de uma época, as apreciações oriundas do próprio senso comum dos participantes acerca de suas próprias atividades intelectuais e programáticas (embora sejam, com certeza, importantes); ao contrário, o investigador deve *situar* essas atividades em um âmbito maior de conflito econômico, ideológico e social.

Como observei, a educação como campo de estudo não tem uma forte tradição de realizar esse "situar". Na verdade, se tivéssemos de apontar uma das áreas mais negligenciadas pela intelectualidade educacional, esta seria exatamente o estudo crítico da relação entre as ideologias e o pensamento e a prática educacionais, o estudo da variação das hipóteses do senso comum que orientam nossa área já tecnicamente dominada. Essa atitude crítica desnudaria os interesses e compromissos políticos, sociais, éticos e econômicos aceitos sem maior questionamento, ou seja, aceitos como se disséssemos "é assim que a vida é", em nosso cotidiano como educadores.

O estudo das interconexões da ideologia com o currículo e da ideologia com a argumentação educacional tem importantes implicações para a área do currículo e para a teoria e política educacionais em geral. De acordo com o que defenderei ao longo deste livro, precisamos examinar criticamente não apenas *como um aluno adquire mais conhecimento* (a questão dominante em nossa área, voltada que é à eficiência), mas *por que e como determinados aspectos da cultura coletiva são apresentados na escola como conhecimento objetivo e factual*. Como, *concretamente*, o conhecimento oficial representa as configurações ideológicas dos interesses dominantes de uma sociedade? Como as escolas legitimam esses padrões limitados e parciais de saber como verdades intocáveis?

Tais questões devem ser feitas sobre pelo menos três áreas da vida escolar: (1) *como as normas diárias da escola contribuem para que os alunos aprendam essas ideologias*; (2) *como as formas específicas do conhecimento curricular tanto no passado quanto hoje refletem essas configurações, e* (3) *como essas ideologias se refletem nas principais perspectivas que os próprios educadores empregam para ordenar, orientar e dar significado à sua própria atividade.*

A primeira dessas questões refere-se ao currículo oculto das escolas – o ensino tácito de normas, valores e inclinações aos alunos, ensino que permanece pelo simples fato de os alunos viverem e lidarem com as expectativas institucionais e rotinas das escolas todos os dias durante vários anos. A segunda questão pede que problematizemos o próprio conhecimento educacional, que prestemos muito mais atenção às "coisas" do currículo, de onde o conhecimento vem, de quem é o conhecimento, que grupos sociais ele apóia, etc. A última pergunta busca fazer com que os educadores sejam mais conscientes dos compromissos ideológicos e epistemológicos que tacitamente aceitam e promovem pelo uso de certos modelos e tradições – digamos, um positivismo vulgar, o modelo sistêmico de gestão, o funcionalismo estrutural, um processo de rotulação social, ou de modificação de comportamentos – em seu próprio trabalho. Sem o entendimento desses aspectos da vida escolar – entendimento que os conecta seriamente a distribuição, qualidade e controle do trabalho, poder, ideologia e conhecimento cultural externo às nossas instituições de ensino –, a teoria educacional e a elaboração de políticas educacionais provavelmente tenham um impacto menor do que poderíamos esperar.

Para ser mais claro, há um número crescente de exemplos atuais desse ato de situar, de colocar a argumentação educacional e as técnicas em um contexto mais amplo e abrangente. Determinados historiadores da educação, como Katz, Karier, Kaestle, Feinberg e outros, deram-nos quadros da relação existente, digamos, entre os interesses burocráticos, econômicos e ideológicos e o ensino que são menos auto-indulgentes do que algumas de nossas noções anteriores. Acrescentem-se a isso as análises atuais tanto da economia política da educação quanto das possibilidades de reforma educacional realizadas por Bowles e Gintis, Carnoy e Levin, e outros. Menos familiares talvez, embora igualmente importantes, têm sido as investigações sociológicas relativamente recentes dos laços que unem o conhecimento escolar e tais interesses. Todos esses estudos são orientados, tacitamente ou de maneira bastante aberta, pela crença que uma avaliação mais minuciosa e honesta das questões educacionais pode ser obtida pela inserção delas em um modelo de concepções concorrentes de justiça, de igualdade social e econômica, e do que é e quem deve ter poder legítimo.

Por exemplo, em uma recente análise crítica da sociologia da educação, *The sociology of education: beyond equality*, Philip Wexter (1976) clama por uma reorientação minuciosa da pesquisa sociológica nas escolas.[26] Usando algumas das obras atuais européias e norte-americanas sobre a relação entre ideologia e currículo, e entre as escolas e a criação de desigualdade, ele aponta para o fato de que, para entender completamente como as escolas funcionam, devemos estudá-las como instituições que "produzem conhecimento", como instituições que têm uma função ideológica. A sociologia da educação está por tornar-se, em grande parte, a sociologia do conhecimento escolar. A pesquisa curricular, a compreensão sociológica e o estudo das ideologias políticas e econômicas, portanto, misturam-se em uma perspectiva unificada que nos permite sondar o lugar das escolas na reprodução *cultural*, e também *econômica*, das relações de classe nas sociedades altamente industrializadas.

A percepção de Wexler é bastante provocativa por uma série de motivos. Vê a pesquisa social e educacional em grande parte como um ato político, algo que discutirei em maior profundidade mais tarde neste livro. Também nos pede para centrar nossa atenção no conhecimento e nos símbolos que as escolas e outras instituições culturais abertamente e não-abertamente legitimam. Isso não significa contrapor-se ao fato de que as escolas, como diz o velho ditado, não simplesmente "ensinam conhecimento", mas também "ensinam as crianças". Em vez disso, Wexler clama por uma compreensão de como os tipos de símbolos que as escolas organizam e selecionam estão dialeticamente relacionados a como determinados tipos de alunos são organizados e selecionados e principalmente estratificados econômica e socialmente. Tudo isso é cercado por um interesse pelo poder. Quem o tem? Será que determinados aspectos do ensino – a organização e seleção da cultura e das pessoas (porque é isso que as escolas de fato fazem) – contribuem para uma distribuição mais equânime de poder e de recursos econômicos ou preservam as desigualdades existentes? Qualquer que seja a resposta dada a essas questões, para entender como as escolas atuam é essencial que façamos duas coisas. Primeiro, devemos ver como as escolas funcionam. O pesquisador deve compreender como as regularidades cotidianas de "ensino e aprendizagem nas escolas" produzem esses resultados. Segundo, devemos ter aquela sensibilidade peculiarmente marxista ao presente como história, para entendermos as raízes históricas e os conflitos que fazem com que essas instituições sejam o que são hoje. Sem esse duplo entendimento, será muito mais difícil compreender completamente as "funções" econômicas e culturais de nossas instituições de ensino.

Uma maneira de pensar sobre a cultura na sociedade é empregar uma metáfora de distribuição. Isto é, podemos pensar sobre o conhecimento como algo distribuído de maneira desigual entre as classes sociais e econômicas, grupos profissionais, diferentes grupos etários e grupos com diferentes poderes. Assim, alguns grupos têm acesso ao conhecimento distribuído a eles, e não aos outros grupos. O inverso também é provavelmente verdadeiro. A *falta* de determinados tipos de conhecimento – o lugar em que determinado grupo se encontra no complexo processo de preservação cultural e de distribuição – se relaciona, sem dúvida, à ausência, no mesmo grupo, de determinados tipos de poder político e econômico na sociedade.

Essa relação entre distribuição cultural e a distribuição e controle do potencial econômico e político – ou, mais claramente, a relação entre conhecimento e poder – é admitidamente bem difícil de compreender. Entretanto a compreensão de como o controle das instituições culturais amplia o poder de determinadas classes sobre outras pode nos oferecer o *insight* necessário para que entendamos a maneira pela qual a distribuição da cultura se relaciona à presença ou ausência de poder nos grupos sociais.

A maior parte, se não a maioria, dos educadores não está bastante familiarizada com esse problema. Temos a tendência a perceber o conhecimento como um "artefato" relativamente neutro. Fizemos dele um "objeto" psicológico ou um "processo" psicológico (que ele de fato é, em parte). Ao fazê-lo, contudo, quase que totalmente despolitizamos a cultura que as escolas distribuem. Todavia há um grupo crescente de estudiosos do currículo e de sociólogos da educação que está levando muito mais a sério as questões "De quem é a cultura?", "A que grupo social pertence esse conhecimento?" e "No interesse de que determinado conhecimento (fatos, habilidades, propensões e inclinações) é ensinado em instituições culturais como as escolas?". Como observei em outro lugar,[27] os melhores exemplos desse trabalho são encontrados em textos recentes dos ingleses. Entre eles, está o livro de Michael F. D. Young, *Knowledge and control*; o de Richard Brown, *Knowledge, Education and cultural change*; o de Basil Bernstein, *Class, codes and control: towards a theory of educational transmissions*; o de Michael Flude e John Ahier, *Educability, schools and ideology*, e, finalmente, o de Rachel Sharp e Anthony Green, *Education and social control*.[28]

O programa de pesquisa desses livros e a perspectiva que estou articulando aqui foram influenciados pela afirmação de Raymond Williams de que a educação não é um produto como pão ou cartões, mas deve ser vista como uma seleção e organização de todo o conhecimento social disponível em determinada época. Pelo fato de essa seleção e organização envolverem escolhas sociais e ideológicas conscientes e inconscientes, a tarefa primordial dos pesquisadores do currículo é relacionar esses princípios de seleção e organização do conhecimento a seus ambientes institucional e interacional nas escolas e depois a um âmbito mais amplo de estruturas institucionais que cercam as salas de aula.[29] Essas questões têm certas implicações quando aplicadas ao que se costuma chamar, cada vez mais, de sociologia do conhecimento escolar. Significam que, por razões metodológicas, não assumamos que o conhecimento curricular é neutro. Em vez disso, devemos buscar os interesses sociais incorporados na própria forma do conhecimento. As questões também implicam que devamos estudar o currículo utilizado nas escolas. Em vez de estudos do tipo *input-output* sobre o desempenho escolar, o pesquisador precisa "viver" nas salas de aulas, ver as formas complexas de interação que lá ocorrem. Dessa forma, podem-se obter quadros mais precisos sobre que "tipos" particulares de alunos recebem que tipos particulares de conhecimento e inclinações. Isso faz as análises dos processos de rotulação nas escolas algo importante, obviamente. Além disso, podemos agora entender como o conhecimento é de fato criado e usado nos ambientes escolares.

Finalmente, o ensino tácito de um currículo menos aberto, ou oculto, pode ser documentado.

Todos esses dados são importantes para compreendermos como as escolas agem na distribuição de cultura popular e de elite. Todavia, a fim de levar mais a sério a argumentação de Williams, é preciso dar um passo à frente. O pesquisador deve pensar estruturalmente ou em uma perspectiva relacional. Deve ligar esse processo de distribuição cultural a questões de poder e controle fora da escola. Isso, então, trará elementos políticos e econômicos ao centro da investigação educacional. Trata-se de uma ruptura significativa para com os momentos anteriores da pesquisa social e educacional, muitos dos quais (imprecisamente) alegavam que suas posições subjacentes eram apolíticas e não tinham nenhuma relação com a forma pela qual o poder e os recursos eram distribuídos na sociedade. Na verdade, embora eu venha a explorar esse assunto em maiores detalhes no Capítulo 2, em geral a posição defendida pelas pessoas preocupadas, digamos, com a reprodução cultural e econômica é a de que a pesquisa sobre o conhecimento escolar, além de outras formas mais gerais de pesquisa educacional, configura pelo menos tacitamente um ato político. Contudo, ao mesmo tempo que argumentam *a favor* de um compromisso político, querem argumentar *contra* determinada afiliação política que passou a dominar o discurso das políticas educacionais e do currículo, a da tradição liberal.

Na verdade, algumas das semelhanças entre esses indivíduos preocupados com uma apreciação mais crítica da escola uma força reprodutiva pode ser vista apenas nisso, no seu tratamento da teoria liberal educacional, com sua dependência da ciência, da neutralidade e da educação como uma forma de aperfeiçoamento social. Segundo observa Feinberg (1975), por exemplo, uma das grandes deficiências da teoria liberal deriva da sua incapacidade de ver os eventos como sinais de questões estruturais sérias. Ela transforma as preocupações educacionais em "problemas" administrativos, mais do que instâncias de conflito econômico, ético e político.[30]

Embora haja diferenças entre elas, essas pessoas que, assim como eu, têm buscado situar o fenômeno da escola em seu contexto social e econômico parecem concordar sobre uma coisa importante: a maior parte dos grandes aspectos da visão liberal da sociedade e da educação precisa ser questionada. Embora essa visão certamente não seja homogênea nem unitária, nem a única base sobre a qual a política educacional e curricular é gerada, o liberalismo como forma de melhoramento social recebe atenção porque suas "pressuposições e dimensões penetraram os padrões da prática educacional mais decisivamente do que qualquer outra ideologia".[31] A política educacional liberal – com sua ética de sucesso individual baseada supostamente no mérito – é vista como uma linguagem de justificação, como uma forma ideológica, em vez de ser uma descrição bastante precisa de como a educação funciona. Embora explique determinados aspectos do ensino (determinados indivíduos e grupos de fato têm bom desempenho na escola), não consegue enxergar a conexão entre, digamos, a "produção" de determinados tipos de pessoa e do conhecimento, de um lado, e a reprodução de uma sociedade desigual que estabelece os papéis para os quais esses agentes são produzidos, de outro.

O que é que está sendo de fato questionado?[32]

> Talvez o mais importante e mais isolado suporte da ideologia liberal da educação seja o de que a educação cria e sustenta a mudança social. Essa crença reside em várias suposições críticas (...) A primeira é a de que o ensino afeta criticamente o nível de crescimento econômico e de progresso por meio de sua conexão com a tecnologia. O nível de crescimento tecnológico é usado para determinar o nível de crescimento econômico e é ele mesmo visto como dependente do nível de escolarização. O sistema educacional oferece pessoal tanto para expandir as fronteiras do conhecimento técnico quanto para consolidar essa expansão e colocá-la em nossa vida cotidiana. Por meio do planejamento da força de trabalho os imperativos manifestos do processo de produção técnica exercem uma pressão sobre o sistema escolar para que produza uma força de trabalho diversamente habilitada e qualificada. A expansão e diferenciação das instituições educacionais têm como base uma crença no papel de apoio que a educação pode desempenhar para o crescimento tecnológico, e isso tem levado a não apenas um rápido crescimento da educação superior na década de 1960, mas também a uma ênfase contínua na educação técnica e voltada aos negócios.
>
> A segunda suposição implica uma visão de educação que seja capaz de disfarçar as desigualdades sociais, de suplantar – por meio da equalização de oportunidades educacionais – a distribuição injusta de chances na vida. O sistema educacional é visto como algo que oferece uma escada e uma avenida para a mobilidade social, implementando procedimentos seletivos objetivos para o estabelecimento de uma meritocracia, na qual a única qualificação para avanço pessoal é a "capacidade". O sistema educacional torna-se o principal mecanismo para a seleção social, para o benefício tanto da sociedade quanto do indivíduo.
>
> Finalmente, a educação e a cultura que ela produz e transmite são vistas como características independentes e autônomas de nossa sociedade. As políticas educacionais são dirigidas para a produção tanto de conhecimento quanto de indivíduos que conhecem por meio do patrocínio das pesquisas acadêmicas e da reforma do currículo. O idealismo da tradição liberal apresenta tanto a cultura quanto o ensino como forças politicamente neutras para a mudança social.

Em oposição a esse conjunto de suposições sobre a educação e sua relação para com a ordem social, os aparatos cultural e educacional são interpretados como elementos de uma teoria de *controle social* por aqueles indivíduos que estão preocupados com a reprodução cultural e econômica.[33] Portanto, pelo menos três noções, que se inter-relacionam, são atacadas: os processos de seleção são neutros; a "capacidade" (mais do que o envolvimento dos alunos com as normas e valores socialmente e economicamente relacionados) é o que as escolas *realmente* focalizam; as escolas são de fato organizadas para ensinar as habilidades curriculares técnicas e informações para todos os alunos de maneira que cada um deles tenha uma chance igual de recompensa econômica.

Assim, em um nível, como Bowles e Gintis (1976) têm apontado e como devo argumentar mais tarde, as escolas podem não estar preparadas para selecionar e produzir de maneira neutra uma "força de trabalho diversamente habilitada e qualificada". Em vez disso, elas parecem estar menos preocupadas com a distribuição de habilidades do que estão com a distribuição de normas e disposições que se encaixem ao lugar de alguém na sociedade hierárquica. Todavia devemos ter bastante cuidado aqui para não exagerar esse caso de uma maneira muito determinista, pois nem todas as suposições liberais são totalmente incorretas. Como demonstrarei no Capítulo 2, por exemplo, a educação está de fato relacionada ao crescimento técnico, mas de uma maneira mais complexa e, principalmente, menos justa e equânime do que imagina o senso comum. Essa própria conexão entre o conhecimento técnico e o ensino ajuda a *gerar*, e não a reduzir, a desigualdade. Analisados juntos, porém, esses tipos de crítica dirigidos contra a tradição liberal oferecem um modelo subjacente para uma análise mais crítica do ensino e da "sabedoria" convencional que o orienta. Todas elas envolvem a alegação de que uma boa parte da teoria curricular e da teoria educacional mais geral tem atuado como um conjunto de anteolhos ideológicos que impedem uma investigação mais séria e minuciosa tanto das estruturas institucionais desiguais da sociedade norte-americana quanto da relação entre a escola e tais estruturas.

Entretanto como algo que busca tão fervorosamente ajudar – como a teoria da educação liberal e a prática tão claramente buscam fazer – pode ser uma forma ideológica que encobre a realidade da dominação? Afinal de contas, são muito poucos os educadores que se prontificam a fazer algo que não seja oferecer serviços à sua clientela. Será que seus motivos, suas ações podem ser tão ideologicamente enviesados? Para desvelar esse problema, a própria noção de ideologia é significativa e requer um tratamento mais cuidadoso.

SOBRE A NATUREZA DA IDEOLOGIA

O que a ideologia significa é em geral algo problemático. A maior parte das pessoas parece concordar que se pode falar de ideologia quando se fala sobre algum tipo de "sistema" de idéias, crenças, compromissos fundamentais, ou valores sobre realidade social, mas aqui termina a concordância.[34] A interpretação difere de acordo com o *alcance* ou extensão dos fenômenos que são presumidamente ideológicos e a *função* – o que as ideologias de fato fazem para as pessoas que as "têm". As interpretações sobre o *alcance* da ideologia variam muito. Os fenômenos que estão sob esse alcance da ideologia podem ser agrupados em pelos menos três categorias: (1) racionalizações ou justificações bastante específicas das atividades de grupos ocupacionais particulares e identificáveis (ou seja, ideologias profissionais); (2) programas políticos e movimentos sociais mais amplos; (3) visões de mundo e perspectivas abrangentes, ou o que Berger, Luckmann (1966) e outros chamaram de universos simbólicos.

Funcionalmente, a ideologia foi avaliada historicamente como uma forma de falsa consciência que distorce o quadro que temos da realidade social e serve aos interesses da classe dominante de uma sociedade. Todavia, também foi tratada, como afirma Geertz, como "sistemas de símbolos que interagem" e oferecem as principais maneiras de tornar "significativas situações sociais antes incompreensíveis".[35] Em outras palavras, a ideologia foi também tratada como criações inevitáveis que são essenciais e funcionam como convenções compartilhadas de significado, a fim de tornar compreensível uma realidade social complexa.

Essas distinções sobre a função da ideologia são, é claro, não mais do que tipos ideais, pólos entre os quais recai a maior parte das opiniões sobre a questão do que a ideologia é e sobre o que faz. Essas duas posições ideais típicas derivam da tradição e têm seus proponentes modernos. A primeira, que tem sido chamada de "teoria do interesse" da ideologia, enraizada como está na tradição marxista, percebe o papel principal da ideologia como a justificação de interesses dos quais estão investidos os grupos econômicos ou políticos (ou outros grupos) existentes ou em luta. O último pólo, a tradição da teoria da anomia ("teoria da tensão social"), com Durkheim e Parsons como seus proponentes mais conhecidos, mais freqüentemente considera a função mais importante da ideologia o seu papel de dar significado a situações problemáticas, como dar uma "definição da situação" que seja utilizável, fazendo, dessa forma, que seja possível aos indivíduos e aos grupos agirem.

Mesmo nessas orientações um tanto quanto divergentes, parece haver algo em comum entre quem se interessa pelo problema da ideologia, pois ela é em geral tomada como se tivesse três características distintivas. Sempre lida com a legitimação, o conflito de poder e um estilo especial de argumentação. McClure e Fischer (1969) descrevem cada uma dessas características de maneira bastante clara.[36]

> 1. Legitimação – Os sociólogos parecem concordar que a ideologia se interessa pela legitimação – a justificação da ação de grupo e sua aceitação social. Isso se aplica quando os autores falam de racionalização de interesses investidos, tentativas de "manter determinado papel social", ou uma atividade justificativa e apologética (...) voltada ao estabelecimento e à defesa de determinados pontos de vista. Em cada caso, os escritores tratam como questão primordial a legitimação de como uma atividade se organiza socialmente (...) Quando as pressuposições básicas que subjazem ao sistema social parecem ser seriamente enfrentadas, a necessidade resultante de legitimação pode muito bem tomar a forma de preocupação com o sagrado (...) "A ideologia busca santificar a existência trazendo-a para o domínio dos princípios considerados corretos".
> 2. Conflito de poder – Toda a literatura sociológica conecta a ideologia aos conflitos entre as pessoas que buscam ou detêm o poder. Mas alguns autores têm em mente o poder ou a política em sentido mais restrito, e outros em sentido mais amplo. No sentido mais restrito, esses termos se referem à

distribuição formal, em uma sociedade, de autoridade e de recursos que em sua maioria absoluta ocorrem em uma esfera – a da política. Em um sentido mais amplo, o poder e a política envolvem qualquer esfera de atividade, e todos os aspectos que lidam com a distribuição de alguma espécie de recompensa (...) O conflito de poder está sempre em jogo nas disputas ideológicas, independentemente de os envolvidos no processo reconhecerem isso.
3. Estilo de argumentação – Muitos escritores observam que uma retórica bastante especial e um sentimento mais exagerado marcam a argumentação ocorrida na esfera da ideologia (...) A retórica é vista como algo altamente explícito e relativamente sistemático (...) Pelo menos duas razões podem explicar essa espécie de retórica.

Primeiro, a importância fundamental das pressuposições em questão para a própria sobrevivência de um grupo cria uma dificuldade em relação a uma explicação mais articulada das pressuposições que marcam esse grupo individualmente e que reforçam a solidariedade e os acordos entre seus membros. Pareceria também haver uma tendência de articular as hipóteses que são compartilhadas – ou que são compatíveis – com aquelas contidas em sistemas rivais de pensamento. Nesse caso, a explicitação é uma tática que busca persuadir, mobilizar o apoio e converter pessoas de fora.

Segundo, qualquer explicação das pressuposições e idéias implícitas em um modo de organização de atividade provavelmente irá disfarçar a qualidade dessas pressuposições e idéias quando elas são usadas na prática.

Essas características variadas da ideologia têm implicações importantes para a análise tanto da teoria liberal quanto da educação como uma forma hegemônica, pois apresentam razões para ver como a linguagem e a visão de mundo da ciência, da eficiência, da "ajuda" e do indivíduo abstrato desempenham essas funções ideológicas para a área do currículo de maneira limitada. Podemos notar, a partir dessa discussão relativamente breve, que a ideologia não pode ser tratada como um fenômeno simples. Nem pode ser empregada meramente como uma clava com que batemos na cabeça de nossos oponentes (como nesta espécie de pensamento: "ah! seu pensamento não é nada mais do que ideologia e pode, portanto, ser ignorado") sem que percamos alguma coisa no processo. Ao contrário, qualquer tratamento sério tem de lidar com seu alcance e com sua função, com seu papel duplo como conjunto de regras que dão significado e com a potência retórica em discussões sobre poder e recursos.[37]

Por exemplo, nos últimos capítulos examinarei o papel desempenhado pelos modelos dominantes de gerenciamento, avaliação e pesquisa do currículo. Deverei explorar como cada um deles parece ajudar a dar sentido, e talvez organizar, nossa atividade como educadores de uma forma que pensamos ser, em geral, econômica e culturalmente neutra e útil; como esses modelos dominantes e tradições servem a funções retóricas dando às agências de financiamento e ao "público" uma visão de nossa aparente sofisticação, e, finalmente, como esses modelos ao mesmo tempo disfarçam os valores reais, os interesses e o funcionamento social que estão em sua base. Tanto o alcance quanto a função terão de ser integrados aqui para que possamos ir em frente.

A maneira mais útil de pensar as características complexas, o alcance e as funções variadas da ideologia se encontra no conceito de hegemonia. A idéia de que a saturação ideológica permeia nossa experiência vivida nos capacita a ver como as pessoas podem empregar modelos que tanto as ajudam a organizar seus mundos quanto as preparam para acreditar que são participantes neutras na instrumentalização neutra do ensino (como veremos, muito da linguagem empregada pelos educadores faz isso), embora ao mesmo tempo esses modelos sirvam a determinados interesses econômicos e ideológicos que lhes são ocultados. Como Wexler (1976) notou, a fim de ver como isso acontece, devemos combinar as análises curriculares, sociopolíticas, econômicas e éticas de maneira que demonstrem as sutis conexões existentes entre a atividade educacional e tais interesses.

Nos capítulos seguintes, devo começar essa tarefa examinando mais detalhadamente três grandes áreas de investigação que defendi na segunda seção deste capítulo preliminar, porque são essenciais para entender completamente as relações entre ideologia e experiência escolar. Eram elas: (1) as regularidades básicas da experiência escolar e qual ensino ideológico encoberto ocorre por causa delas; (2) que comprometimentos ideológicos estão engastados no currículo explícito; e (3) a sustentação ideológica, ética e de valores das maneiras pelas quais ordinariamente pensamos, planejamos e avaliamos essas experiências. Os capítulos seguirão uma ordem, de certa forma, dialética quando for necessário reiterar e tornar mais sutis determinados argumentos críticos, desenvolver outros a partir dos já existentes e às vezes oferecer sugestões concretas para a ação de parte dos educadores.

O último aspecto, oferecer sugestões concretas, remete a uma contradição deste livro, da qual estou muito ciente. Pelo próprio fato de eu escrever este livro como um *educador* que fala a outros educadores e, não há dúvida, a um grupo interessado de cientistas sociais, analistas de políticas de ação e também filósofos, estou consciente de que sou compreendido. Todavia, quando uma pessoa se envolve na análise crítica séria, pode ainda ter a obrigação ética de fazer a vida mais vivível, mais poética e significativa, para os alunos que vivem nas instituições analisadas aqui. Assim, algumas reformas são incorporadas neste volume – reformas que se voltam aos direitos dos alunos, ao uso de modos mais éticos e politicamente conscientes de pesquisa curricular e à sugestão de formas curriculares mais honestas. Todas são apresentadas com cautela, quase de maneira relutante, embora sejam também importantes taticamente. Utilizá-las pode levar ao esclarecimento das reais possibilidades da alteração dos aspectos da vida escolar e, talvez mais importante, a uma necessidade de ação mais estruturalmente orientada e coletiva no futuro. São também apresentadas na esperança de que outros educadores percorram o caminho que me levou, pessoalmente, de uma preocupação com a compreensão ética e poética do currículo ao que talvez sejam os primórdios de uma busca mais madura por uma ordem social justa que capacitará tal compreensão a ser novamente parte constitutiva de nossa experiência.

Como o sumário brevemente indica, os capítulos a seguir cobrem a relação entre, de um lado, a ideologia, a política e a economia e, de outro, tanto o currículo aberto quanto o oculto e teorias educacionais dominantes. A primeira grande área ou questão (como as regularidades básicas ou o currículo oculto das escolas representam e ensinam as configurações ideológicas) é abordada nos Capítulos 2, 3 e 5. A segunda área (as relações entre ideologia e o próprio conhecimento curricular aberto) é analisada nos Capítulos 2, 3, 4 e 5. A última questão (como os compromissos ideológicos, políticos, éticos e econômicos se refletem em nossa teorias e políticas e práticas de melhorias) é examinada nos Capítulos, 4, 6, 7 e 8. Dessa forma, o leitor recebe uma oportunidade bastante completa de ver como a sociedade no todo tem um grande impacto em coisas como as teorias educacionais, o conhecimento aparente e nem tão aparente que as escolas ensinam, e os modos de avaliação e aperfeiçoamento que empregam.

Examinaremos primeiro o papel da escola na criação e recriação da hegemonia nos alunos. Quando isso estiver claro, examinaremos de que forma a hegemonia opera "nas cabeças" de "intelectuais" como os educadores. Os capítulos tratarão individualmente dessas tarefas da seguinte maneira.

O Capítulo 2, "A ideologia e a reprodução cultural e econômica", apresenta com mais profundidade as tradições que agora dominam o discurso do currículo. Concentra-se mais na sociologia e na economia do currículo pela análise do papel desse no intercâmbio da reprodução cultural com a econômica. O capítulo explorará as conexões entre, de um lado, o acesso à distribuição de conhecimento "legítimo" e a carência dessa distribuição e, de outro, a recriação de desigualdades culturais e econômicas, por meio do exame de alguns dos papéis da escolarização no crescimento técnico.

O Capítulo 3, "A economia e o controle no dia-a-dia da vida escolar" (escrito juntamente com Nancy King), aborda o outro lado da moeda. Focalizando as relações sociais e os currículos informais, bem como os currículos formais, aborda o ensino ideológico ou hegemônico que continua a ocorrer por si só pelo simples fato de os alunos passarem longos períodos na escola. O capítulo tem dois tópicos. Primeiro, apresenta uma breve análise histórica de como determinados tipos de conhecimento escolar com um interesse explícito pelo controle social se tornaram o modelo subjacente para a organização da vida escolar cotidiana. Segundo, oferece provas empíricas de experiências da pré-escola para documentar o papel da escola no ensino de conhecimento econômico e ideológico e de disposições que geram um resultado bastante conservador.

O Capítulo 4, "História do currículo e controle social" (escrito com Barry Franklin), busca tomar seriamente a importância de se ter uma "sensibilidade ao presente como história", investigando mais a fundo as maneiras pelas quais essas tradições conservadoras, especialmente o comprometimento com o consenso e o pensamento único, penetraram neste campo. Este capítulo continua e aprofunda consideravelmente o breve exame histórico feito na seção anterior do livro. Investiga as raízes das forças sociais concretas e econômicas e os comprometimentos que estabeleceram no contexto ideológico para a seleção de princípios e práticas que ainda dominam a área do currículo e a educação em geral.

O Capítulo 5, "O currículo oculto e a natureza do conflito", examinará os interesses sociais ainda presentes nas formas dominantes de conhecimento curricular encontrado nas escolas de hoje, interesses que refletem um número de pressuposições ideológicas analisadas no Capítulo 4. Analisa o conhecimento aberto nas propostas curriculares e nos materiais amplamente aceitos nas áreas de ciências e de estudos sociais, prestando atenção particular novamente à ideologia do consenso que impregna o conhecimento nas escolas e à falta de distribuição de conhecimento curricular politicamente mais forte. É um estudo de como a tradição seletiva opera para manter uma cultura efetivamente dominante.

O Capítulo 6, "O modelo sistêmico de gestão e a ideologia de controle", dirige nossa investigação a como a hegemonia opera no fundo da mente dos educadores por meio de sondagem do papel das ideologias de administração na organização das escolas e na seleção de conhecimento curricular. Aponta tanto para a ausência de neutralidade ética, social e econômica de tais ideologias quanto para o seu uso enquanto mecanismos de aquiescência política, consenso e controle social.

O Capítulo 7, "As categorias do senso comum e as políticas de rotulação", continua a investigação sobre a saturação ideológica da consciência dos educadores. Concentra-se em como o capital cultural dos grupos dominantes resulta no emprego de categorias que "culpam a vítima", a criança, em vez de culpar a escola ou a sociedade produtoras das condições materiais para o fracasso e o sucesso. O capítulo documenta como as escolas, por meio de um complexo processo de rotulação social, desempenham um papel fundamental na distribuição de diferentes tipos de conhecimento e inclinações para diferentes tipos de classes de pessoas. Este capítulo analisa a maneira pela qual a rotulação acontece na escola e como é produzida a partir de pressuposições ideológicas. Apresenta um modelo analítico neomarxista para a conexão do conhecimento escolar aos rótulos e às instituições que cercam a escola, mostrando que o desvio, os "problemas de aquisição de conhecimento", etc., são "produzidos naturalmente" a partir do funcionamento da instituição.

O Capítulo 8, "Para além da reprodução ideológica", tenta esclarecer os papéis – políticos e também educacionais – que podemos desempenhar se quisermos nos contrapor a algumas das forças culturais e econômicas analisadas neste livro. Aponta novamente para a importância da compreensão das complexas inter-relações existentes entre as escolas e os aspectos da reprodução cultural e também econômica, a fim de que ajamos adequadamente. O capítulo sugere vários caminhos para pesquisas futuras sobre o problema da sociologia e da economia do conhecimento escolar. Conclui-se com a redefinição do educador – redefinição que não é baseada nas compreensões produzidas a partir do papel do indivíduo abstrato, mas que está enraizada na definição de um intelectual orgânico cuja compreensão e cuja ação se unem por meio do envolvimento ativo contra a hegemonia. Continuemos, agora, justamente com a procura dessa compreensão adequada.

NOTAS

1. Michael W. Apple, "Personal Statement", *Curriculum Theorizing: The Reconceptualists* (Berkeley: McCutchan, 1975), p. 89-93.
2. Donald Lazere, "Mass Culture, Political Consciousness, and English Studies", *College English*, XXXVIII (abril, 1977), 755.
3. Ibid.
4. Ver, por exemplo, Basil Bernstein, *Class, Codes and Control: Towards a Theory of Educational Transmissions* (London: Routledge & Kegan Paul, 1975), p. 158.
5. Samuel Bowles e Herbert Gintis, *Schooling in Capitalist America* (New York: Basic Books, 1976).
6. A pesquisa sobre esse assunto está mais claramente explicada em Caroline Hodges Persell, *Education and Inequality* (New York: Free Press, 1977).
7. Roger Dale et al., (eds.), *Schooling and Capitalism: A Sociological Reader* (London: Routledge & Kegan Paul, 1976), p. 3.
8. Ver a análise da noção de Althusser de "sobredeteminação" em Miriam Glucksmann, *Structuralist Analysis in Contemporary Social Thought* (London: Routledge & Kegan Paul, 1975).
9. Raymond Williams, "Base and Superstructure in Marxist Cultural Theory", *Schooling and Capitalism,* Roger Dale et al. (eds.), op. cit., p. 202.
10. Ibid., p. 204-205.
11. Ibid., p. 205.
12. Ver, por exemplo, Michael F. D. Young (ed.), *Knowledge and Control* (London: Collier-Macmillan, 1971).
13. Michael W. Apple, "Power and School Knowledge", *The Review of Education III* (janeiro/fevereiro, 1977), p. 26-49, e Capítulos 2 e 3, a seguir.
14. Seymour Sarason, *The Culture of the School and the Problem of Change* (Boston: Allyn & Bacon, 1971).
15. O relato de Trent Schroyer sobre esse processo é útil aqui. Ver seu livro *The Critique of Domination* (New York: George Braziller, 1973).
16. Parte do que se segue aqui aparece de forma mais desenvolvida em Michael W. Apple, "Humanism and the Politics of Educational Argumentation", *Humanistic Education: Visions and Realities,* Richard Weller (ed.) (Berkeley: McCutchan, 1977), p. 315-330.
17. Raymond Williams, *The Long Revolution* (London: Chatto & Windus, 1961) p. 298-300.
18. Apple, "Power and School Knowledge", op. cit.
19. Ian Hextall e Madan Sarup, "School Knowledge. Evaluation and Alienation: Society, State and Schooling", Michael Young e Geoff Whitty (eds.) (Guildford, England: Falmer Press, 1977), p. 151-171.
20. Carl Boggs, *Gramsci's Marxism* (London: Pluto Press, 1976), p. 9, e Persell, op. cit. p. 7-11.

21. Ver Paul Baran e Paul Sweezy, *Monopoly Capital* (New York: Monthly Review Press, 1968). Ver também uma análise exemplar em Vicente Navarro, *Medicine Under Capitalism* (New York: Neale Watson Academic Publications, 1979).
22. John Rawls, *A Theory of Justice* (Cambridge, Mass.: Harvard University Press, 1971).
23. Para uma discussão interessante sobre o debate que ocorre na educação acerca do princípio social de igualdade de oportunidades, ver Walter Feinberg, *Reason and Rhetoric: The Intellectual Foundations of Twentieth Century Liberal Educational Policy* (New York: John Wiley, 1975). Ver também, em *Working Papers for a New Society*, os artigos publicados nos últimos anos sobre o controle do local de trabalho pelo trabalhador.
24. Navarro, op. cit.
25. Louis Wirth, "Prefácio" a Karl Mannheim, *Ideology and Utopia* (New York: Harcourt, Brace & World, 1936), p. xxii-xxiii.
26. Philip Wexler, "The Sociology of Education", *Beyond Equality* (Indianapolis: Bobbs-Merrill, 1976).
27. Michael W. Apple, "Curriculum as Ideological Selection", *Comparative Education Review*, XX (junho, 1976), p. 209-215, e Michael W. Apple e Philip Wexler, *Cultural Capital and Educational Transmissions*, *Educational Theory*, XXVII (inverno, 1978).
28. Michael F. D. Young (ed.), *Knowledge and Control* (London: Collier-Macmillan, 1971); Richard Brown (ed.), *Knowledge, Education and Cultural Change* (London: Tavistock, 1973); Basil Bernstein, *Class, Codes and Control: Towards a Theory of Educational Transmission* (2. ed. London: Routledge & Kegan Paul, 1977); Michael Flude e John Ahier (eds.), *Educability, Schools and Ideology* (London: Halstead, 1974); Rachel Sharp e Anthony Green, *Education and Social Control: A Study in Progressive Primary Education* (London: Routledge & Kegan Paul, 1975). Um exame de boa parte desse trabalho pode ser encontrado em John Eggleston, *The Sociology of the School Curriculum* (London: Routledge & Kegan Paul, 1977).
29. Young, op. cit., p. 24.
30. Feinberg, op. cit., p. vii.
31. Roger Dale et al., op. cit., p. 1.
32. Ibid., p. 1-2.
33. Ibid., p. 2.
34. No exame que se segue, estou usando a excelente análise da ideologia feita por Helen M. McClure e George Fischer, *Ideology and Opinion Making: General Problems of Analysis* (New York: Columbia University Bureau of Applied Social Research, julho, 1969, mimeografado).
35. Ver, por exemplo, Clifford Geertz, *Ideology as a Cultural System: Ideology and Discontent*, David Aptered (ed.) (New York: Free Press, 1964), p. 47-76.
36. McClure e Fischer, op. cit., p. 7-10.
37. Para mais discussões sobre o problema da ideologia, uma das abordagens analíticas mais interessantes é a de Nigel Harris, *Beliefs in Society: The Problem of Ideology* (London: C.A. Watts, 1968).

2

A ideologia e a reprodução cultural e econômica

A REPRODUÇÃO CULTURAL E ECONÔMICA

Muitos economistas e não poucos sociólogos e historiadores da educação têm uma maneira peculiar de olhar para as escolas. Eles vêem a instituição de ensino como se fosse uma caixa preta. Mede-se o *input*, antes de os alunos entrarem nas escolas, e, depois, o *output*, ao longo do processo ou quando, "adultos", ingressam na força de trabalho. O que de fato acontece dentro dessa caixa-preta – o que se ensina, a experiência concreta da criança e dos professores – é menos importante do que as considerações globais e macroeconômicas da taxa de retorno do investimento, ou, mais radicalmente, do que a reprodução da divisão do trabalho. Embora essas considerações sejam importantes (em especial aquela que diz respeito a lidar com o papel da escola como força reprodutora de uma sociedade desigual, conforme assinalei no Capítulo 1), pela própria natureza de uma visão da escola como caixa preta, não conseguem demonstrar como esses efeitos são construídos *dentro* da escola. Portanto, esses profissionais são menos precisos do que poderiam ser na explicação de parte do papel das instituições culturais na reprodução que pretendem descrever. Entretanto, como argumentarei aqui, tais explicações *culturais* precisam ser abordadas – o que exige uma orientação diferente e que seja um complemento àquelas que esses outros estudiosos empregam.

Há uma combinação única de cultura de elite e cultura popular nas escolas. Como instituições, elas oferecem áreas bastante interessantes, política e economicamente potentes, para a investigação dos mecanismos de distribuição cultural na sociedade. Pensar nas escolas como mecanismos de distribuição cultural é importante, pois, como o marxista italiano Antonio Gramsci observou, um elemento crítico para a ampliação da dominação ideológica de determinadas classes sobre outras é o controle do conhecimento que preserva e produz as instituições de determinada sociedade.[1] Assim, talvez precisemos, nas palavras de Mannheim (1936),[2] particularizar a "realidade" que as escolas e outras instituições culturais selecionam, preservam e distribuem, de maneira que essa realidade possa ser vista como uma "construção social" que não necessariamente serve aos interesses de todos os indivíduos e grupos da sociedade.

Hoje se tornou uma espécie de lugar-comum na literatura sociológica e educacional falar da realidade como construção social. Por essa expressão, os estudiosos, especialmente aqueles de inclinação fenomenológica, querem dizer duas coisas: (1) tornar-se uma pessoa é um ato social, um processo de iniciação no qual o neófito aceita determinada realidade social como realidade *tout court*, como a maneira que a vida "realmente é"; (2) em maior escala, os significados sociais que sustentam e organizam uma coletividade são criados pelos padrões contínuos da interação do senso comum das pessoas à medida que vivem suas vidas.[3] Essa inserção do elemento social no que se tornou um problema psicológico na sociedade anglo-ocidental é certamente uma melhoria se comparada à visão de muitos educadores segundo os quais os padrões de significados que as pessoas usam para organizar suas vidas e tentam transmitir por meio de suas instituições culturais não dependem de influências sociais ou ideológicas. A noção de que haja uma "construção social da realidade" é um pouco generalista, e não tão útil quanto poderíamos pensar para a compreensão das relações que existem entre as instituições culturais, especialmente as escolas, e o modelo e a textura das formas sociais e econômicas em geral. Como Whitty (1974) sucintamente diz:[4]

> A ênfase exagerada na noção de que a realidade é construída socialmente parece ter levado a negar a consideração de como e por que a realidade passa a ser construída de determinadas maneiras e de como e por que determinadas construções da realidade parecem ter o poder de resistir à subversão.

Assim, o princípio geral da construção social da realidade não explica por que determinados significados sociais e culturais, e não outros, são distribuídos por meio das escolas; nem explica como o controle do conhecimento que preserva e produz instituições pode estar relacionado ao predomínio ideológico de grupos poderosos em uma coletividades social.

O princípio oposto, de que o conhecimento não está relacionado de maneira significativa à organização e ao controle da vida econômica e social, é também problemático – embora tal fato seja uma surpresa para muitos teóricos do currículo. Isso é mais bem colocado por Raymond Williams (1961) em sua análise crítica da distribuição social da cultura.[5]

> O padrão de significados e valores pelos quais as pessoas conduzem suas vidas inteiras pode ser visto, durante um tempo, como algo autônomo, que evolui de acordo com seus próprios termos. Contudo, é bastante irreal, sem dúvida, separar esse padrão de um sistema político e econômico determinado, que pode estender sua influência às mais inesperadas regiões de sentimento e comportamento. A prescrição comum da educação como chave para a mudança ignora o fato de

que a forma e o conteúdo da educação são afetados e, em alguns casos, determinados pelos sistemas reais de decisão [política] e de manutenção [econômica].

Tanto Whitty como Williams levantam questões um tanto quanto difíceis sobre o que pode ser chamado de relação entre ideologia e conhecimento escolar, embora o contexto a que se refiram seja geralmente o britânico. Não nos deve surpreender que haja uma história bastante extensa de lidar com questões relativas às conexões entre cultura e controle na Europa e na Inglaterra. De um lado, têm-se um conjunto de antagonismos de classe menos oculto do que o dos Estados Unidos. Todavia, o fato de a tradição de análise ideológica ser menos visível na vida acadêmica educacional e cultural norte-americana nos remete a duas outras preocupações: a natureza anistórica da maior parte das atividades educacionais e a predominância, na maioria dos discursos sobre currículo, de uma ética de melhoramento por meio de modelos técnicos.[6] A natureza anistórica da área do currículo é bastante interessante aqui. Qualquer pessoa familiarizada com a intensa discussão que ocorreu tanto no interior quanto no exterior da Progressive Education Association (Associação para a Educação Progressista) durante sua história sabe que um dos principais pontos de contenda entre os educadores progressistas foi o problema do doutrinamento. As escolas devem ensinar, orientadas por uma visão de uma sociedade mais justa, determinado conjunto de significados sociais a seus alunos? Elas devem apenas preocupar-se com técnicas pedagógicas progressistas, em vez de adotar determinada causa social e econômica? Questões desse tipo foram como "pragas" para os educadores democráticos no passado, e a controvérsia continua – embora com vocabulário diferente – até hoje.

Na verdade, como Stanwood Cobb, um dos primeiros organizadores da Progressive Education Association, disse, muitos educadores progressistas ao longo das primeiras décadas do século XX eram bastante cautelosos até mesmo quanto a levantar a questão de que conteúdo real deveria ser ensinado e avaliado nas escolas. Em geral preferiam preocupar-se primeiramente com os métodos de ensino – em parte porque a determinação do currículo foi percebida como uma questão política inerente que poderia dividir o movimento.[7] A compreensão de Cobb sobre as causas estruturais maiores que estavam por trás das escolhas, feitas pelos educadores, das arenas em que deveriam agir pode ou não ter uma precisão histórica. Continua ainda valendo, porém, a questão, pelo menos fenomenologicamente, de que muitos educadores reconheceram que a cultura preservada e difundida pelas escolas, e também por outras instituições, não era necessariamente neutra. Perceberam que suas próprias ações derivavam de tal reconhecimento. Infelizmente, como observei, essas questões historicamente significativas, recorrentes, não alimentaram a atual discussão sobre o currículo nos Estados Unidos tanto quanto o fizeram, digamos, na Inglaterra e na França. Ainda assim, como também já vimos, há um reconhecimento crescente de que as escolas nas sociedades industriais avançadas como a nossa podem servir bem a determinadas classes, mas não tão bem a outras. Assim, posso pensar apenas em poucas áreas de investigação em que haja mais pressão do que aquela que busca desvelar as ligações entre significado e controle em nossas instituições culturais.

Embora eu não possa apresentar uma teoria totalmente comprovada sobre a cultura e o controle neste momento (mas Raymond Williams, Pierre Bourdieu e Basil Bernstein já começaram essa tarefa),[8] gostaria de desenvolver algumas questões por aqui. Primeiro, quero oferecer uma discussão mais profunda do modelo básico de pressupostos sob os quais operam os trabalhos recentes acerca da relação entre ideologia e experiência escolar. Isso será comparado às tradições que agora predominam na pesquisa do currículo. Tomarei então um aspecto da discussão sobre as ligações entre currículo e estrutura ideológica e econômica e delinearei algumas proposições gerais sobre ela. Tais proposições devem ser vistas mais como hipóteses do que como provas finais e, sem dúvida, exigirão investigações históricas, conceituais e empíricas – para não dizer nada sobre comparação – para demonstrar sua fecundidade. Essas hipóteses vão se voltar à relação entre qual conhecimento curricular assume um alto *status* em nossa sociedade e seus efeitos econômicos e culturais. Devo argumentar que é difícil pensar os problemas passados e presentes da forma e do conteúdo do currículo sem tentar descobrir as complexas relações que ligam a reprodução cultural à econômica. Comecemos pelo breve exame das tradições existentes – como tipos ideais – que tendem a oferecer o pano de fundo hipotético de boa parte do trabalho atual sobre o currículo.

AS TRADIÇÕES DE DESEMPENHO E DE SOCIALIZAÇÃO

Uma grande proporção da teoria e da erudição educacional e curricular de hoje deriva seu ímpeto programático e sua logicidade das várias psicologias de aprendizagem agora disponíveis. Embora Schwab (1970) e outros tenham demonstrado que é um erro lógico tentar derivar uma teoria curricular (ou pedagógica) de uma teoria da aprendizagem[9] – algo que muitos teóricos do currículo ainda não parecem ter percebido –, há outra dificuldade mais pertinente à argumentação que faço aqui. Como devo demonstrar em maior detalhe mais tarde, a linguagem da aprendizagem tende a ser apolítica e anistórica, escondendo assim as complexas relações de poder político e econômico e de recursos subjacentes a boa parte da organização e da seleção curriculares. Em poucas palavras, não se trata de um instrumental linguístico adequado para lidar com o que pode ser um conjunto de questões curriculares já existentes acerca de algumas das possíveis raízes ideológicas do conhecimento escolar. Nos seus aspectos mais simples, essas questões podem ser reduzidas às seguintes questões: "O que de fato se ensina nas escolas?" "Quais são as funções manifestas e latentes do conhecimento ensinado nas escolas?" "Como os princípios de seleção e organização, que são usados para planejar, ordenar e avaliar esse conhecimento, atuam na reprodução cultural e econômica das relações de classe em uma sociedade industrial avançada como a nossa?"[10] Essas questões não são em geral parte do jogo de linguagem da psicologia. Examinemos o modelo conceitual, o tabuleiro sobre o qual os jogos de linguagem desse tipo acontecem. Parece haver duas maneiras bastante distintas pelas quais os educadores (e psicólogos, sociólogos e economistas) têm investigado o conhecimento escolar. Uma delas centra-se na questão das realizações acadêmicas. A segunda volta-se menos a questões de desempenho acadêmico do que ao papel das escolas como mecanismos de socialização.[11]

No modelo de desempenho acadêmico, o conhecimento curricular não é considerado algo problemático. Em vez disso, o conhecimento que encontra seu lugar na escola é em geral aceito como dado, como neutro, de maneira que comparações podem ser feitas entre os grupos sociais, as escolas, as crianças, etc. Assim, o desempenho acadêmico, a diferenciação e a estratificação, baseados em pressuposições relativamente não examinadas do que se deve construir como conhecimento valioso, são os interesses orientadores que estão por trás da pesquisa. O foco tende a ser a determinação de variáveis que têm um impacto maior no sucesso ou fracasso do indivíduo ou do grupo na escola, como é o caso da "subcultura adolescente", a distribuição desigual de recursos educacionais ou, digamos, o histórico social dos alunos. A meta social é a maximização da produtividade acadêmica.

Ao contrário do modelo de desempenho acadêmico, a abordagem da socialização não necessariamente deixa o conhecimento escolar sem exame. Na verdade, um de seus primeiros interesses é explorar as normas e os valores sociais ensinados na escola. Contudo, por causa desse interesse, essa abordagem se restringe ao estudo do que se poderia chamar de "conhecimento moral". Estabelece como dado o conjunto de valores da sociedade e questiona como a escola, então agente da sociedade, socializa os alunos ao seu conjunto "compartilhado" de regras e disposições normativas. O pequeno livro, bastante conhecido, de Robert Dreeben (1968), *On what is learned in schools*,[12] é um excelente exemplo disso.

Essas abordagens não são totalmente erradas, é claro, e contribuíram no passado para a nossa compreensão das escolas como mecanismos sociais e culturais, embora não talvez como tenham pretendido. Na verdade, uma vantagem dos longos relatos feitos por Dreeben e outros sobre, por exemplo, a socialização é a de que eles aumentam nossa capacidade de esclarecer o que se toma por certo, como senso comum, como dado – isso para que aceitemos de fato essa abordagem como uma explicação convincente.[13] As abordagens em pauta apontam, para além de si próprias, à natureza do significado e ao controle das escolas. É importante observar o que aceitam de maneira tácita e o que, portanto, deixam de questionar, pois, em inspeção mais próxima, ambas as tradições de pesquisa são, a seu modo, problemáticas. O modelo de desempenho acadêmico, influenciado cada vez mais fortemente pelas preocupações gerenciais do controle técnico e da eficiência, tem negligenciado o real conteúdo do próprio conhecimento, falhando assim em considerar com seriedade as possíveis conexões entre a economia e a estrutura do conhecimento escolar, atendo-se apenas à defesa da importância da "produção" dos alunos em uma linha disciplinar muito forte para que também a "democracia continue a ser forte", e assim por diante. Por sua vez, a tradição da socialização, embora de visão profunda, tem como foco o consenso social e os paralelos que existem entre os valores "dados" de uma coletividade e as instituições educacionais. Ignora, assim, em grande parte o contexto político e econômico no qual tais valores sociais funcionam e pelos quais determinados grupos de valores sociais se tornam os (mas de acordo com a definição de quem?) valores dominantes.[14] Além disso, ambas as tradições, ou abordagens, desconsideram quase que integralmente algumas das funções latentes da forma e do conteúdo do currículo escolar. É isso exatamente o que a tradição do que se passou a chamar de "sociologia do conhecimento escolar" quer investigar.[15]

A SOCIOLOGIA E A ECONOMIA DO CONHECIMENTO ESCOLAR

Um ponto de partida fundamental nessa terceira e mais crítica tradição é aquele articulado por Young (1971) em sua defesa de que há "uma relação dialética entre o acesso ao poder e a oportunidade de legitimar determinadas categorias dominantes, e os processos pelos quais a disponibilização de tais categorias a alguns grupos capacita-os a afirmar seu poder e controle sobre os outros".[16] Assim, para colocar de outra forma, a problemática implica que se examine como um sistema de poder desigual em uma sociedade se mantém, e é parcialmente recriado, por meio da transmissão da cultura.[17] A escola, como agente bastante significativo da reprodução cultural e econômica, se torna, obviamente, uma instituição importante (afinal de contas, toda criança freqüenta a escola, e a escola tem efeitos importantes como instituição de referência e socialização).

Da mesma forma que ocorre na tradição de socialização, o enfoque dessas investigações se volta para o modo pelo qual a sociedade se estabiliza. Qual é o lugar das escolas na manutenção do modo pelo qual os bens e serviços econômicos e educacionais são controlados, produzidos e distribuídos? Essas questões, contudo, são orientadas por uma postura mais crítica do que, por exemplo, a de Dreeben (1968). Muitos dos compromissos dos indivíduos com esse tipo particular de problema derivam de uma afiliação aos movimentos socialistas. Começam com algo similar à posição que tomei no Capítulo 1. Isso é bastante parecido com a teoria da justiça de Rawlsian, isto é, para uma sociedade ser verdadeiramente justa, deve maximizar as vantagens dos menos privilegiados.[18] Assim, qualquer sociedade que aumenta a lacuna entre, digamos, ricos e pobres, no que diz respeito ao controle do "capital" cultural e econômico (como relatos econômicos recentes demonstram, nossa sociedade de fato faz isso) precisa ser questionada. Como essa desigualdade é legitimada? Por que é aceita? Como Gramsci diria, como essa hegemonia se mantém?

Para muitos desses pesquisadores, essa aparente estabilidade social e ideológica é vista em parte como "algo dependente da internalização freqüentemente inconsciente e profunda de princípios que governam a ordem social existente".[19] Contudo, esses princípios não são aqui considerados neutros: são vistos como algo intimamente interconectado com a estratificação econômica e política.

Por exemplo, nas análises, norte-americanas, britânicas e francesas, feitas recentemente por Bowles e Gintis, Bernstein, Young e Bourdieu, a percepção subjacente que o indivíduo tem da ordem social da qual faz parte nos oferece o lócus para a compreensão. Assim, para dar um exemplo, nas palavras de um comentador britânico do livro interessante, mas muito mecanicista, de Bowles e Gintis:[20] "Na obra de Bowles e Gintis, dá-se ênfase à importância da escolarização para a formação de diferentes tipos de personalidade que correspondem às exigências de um sistema de relações de trabalho de um modo econômico de produção".[21] Dessa forma, para Bowles e Gintis, a educação não somente aloca os indivíduos em um conjunto relativamente fixo de posições na sociedade – alocação determinada por forças políticas e econômicas –, mas o próprio processo de educação, o currículo formal e oculto, socializa as pessoas de modo a fazer com que aceitem como legítimos os papéis limitados que de fato ocupam na sociedade.[22]

Outros autores de mesma orientação assumem uma perspectiva comparativa ao examinarem o efeito que as escolas podem ter na formação da consciência dos indivíduos. Assim, por exemplo, Basil Bernstein argumentou, de maneira consideravelmente significativa, que, "por meio da educação, as 'estruturas mentais' do indivíduo (isto é, as categorias de pensamento, linguagem e comportamento) são formadas, e que essas estruturas mentais derivam da divisão social do trabalho". Na França, a investigação da relação entre a reprodução cultural e econômica está sendo realizada, em linha paralela, por Bourdieu. Ele analisa as regras culturais, o que chama de *hábito*, que conectam o controle econômico e cultural à distribuição econômica e cultural.[23]

Bourdieu concentra-se na capacidade que o aluno tem de lidar com o que poderíamos chamar de "cultura de classe média". O autor francês argumenta que o capital cultural armazenado nas escolas atua como um mecanismo eficaz de filtragem na reprodução de uma sociedade hierárquica. Por exemplo, as escolas recriam parcialmente as hierarquias sociais e econômicas da sociedade por meio do que é aparentemente um processo neutro de seleção e instrução. Tomam o capital cultural, o *hábito,* da classe média como sendo algo natural e o empregam como se todas as crianças tivessem chances iguais de acesso a ele. Todavia, "ao considerar todas as crianças iguais, enquanto implicitamente favorecem aqueles que já adquiriram as competências lingüísticas e sociais para lidar com a cultura da classe média, as escolas tomam como natural o que é essencialmente uma dádiva social, isto é, o capital cultural".[24] Bourdieu nos leva, portanto, a pensar o capital cultural como pensaríamos o capital econômico. A forma pela qual as instituições econômicas dominantes são estruturadas para que aqueles que herdem ou já tenham capital econômico se dêem melhor, se repete no que diz respeito ao capital cultural. O capital cultural ("bom gosto", determinados tipos de conhecimento anterior, capacidades e formas de linguagem) é distribuído de forma desigual por meio da sociedade, e isso depende em grande parte da divisão do trabalho e do poder nessa mesma sociedade. "Ao selecionar tais propriedades, as escolas servem para reproduzir a distribuição de poder da sociedade".[25] Segundo Bourdieu, para entendermos completamente o que as escolas fazem, quem tem sucesso e quem não tem, não devemos ver a cultura como algo neutro, como algo que necessariamente contribui para o progresso. Ao contrário, devemos ver a cultura como algo tacitamente preservado pelas escolas e que contribui para a desigualdade fora de tais instituições.

Por trás disso tudo, portanto, está um argumento segundo o qual devemos reconhecer que, da mesma forma que a pobreza, o fraco desempenho *não* é uma aberração. Tanto a pobreza quanto os problemas curriculares, como os baixos desempenhos, são *produtos* integrais da vida econômica, cultural e social.[26] Terei mais a dizer sobre ver tantos problemas curriculares, tais como o do desempenho, como sendo "produzidos naturalmente" por nossas instituições, quando considerarmos o *corpus* formal do conhecimento escolar logo a seguir, na próxima seção desta análise.

Dados os argumentos desse tipo, o que é que esta terceira tradição tem a dizer?[27]

> A hipótese subjacente à maior parte das teorias da "reprodução" é a de que a educação desempenha um papel de mediação entre a consciência do indivíduo e a sociedade como um todo. Esses teóricos sustentam a tese de que as regras que governam o comportamento social, as atitudes, as morais e as crenças são filtradas a partir do nível macro de estruturas políticas e econômicas, chegando ao indivíduo por meio da experiência de trabalho, dos processos educacionais e da socialização familiar. O indivíduo adquire uma consciência e uma percepção próprias da sociedade em que vive. São essa compreensão e essa atitude para com a ordem social que (em grande parte) constituem sua consciência.

As escolas, portanto, "produzem" ou "processam" tanto o conhecimento quanto as pessoas. Em essência, o conhecimento formal e informal é utilizado como um filtro complexo para "produzir" ou "processar" pessoas, em geral por classes; e, ao mesmo tempo, diferentes aptidões e valores são ensinados a diferentes populações, freqüentemente também de acordo com a classe (e o sexo e a raça). Na verdade, para essa tradição mais crítica, as escolas recriam de maneira latente disparidades culturais e econômicas, embora isso não seja, certamente, o que a maior parte das escolas pretenda.

Esclareçamos algo: tudo isso não significa defender que a cultura ou a consciência sejam mecanicamente determinadas (no sentido forte do termo) pela estrutura econômica. Ao contrário, busca-se levar a um nível de consciência e fazer histórica e empiricamente problemático a relação dialética entre o controle e a distribuição culturais e a estratificação política e econômica.[28] Nossas percepções comuns – advindas dos modelos de desempenho e de socialização – são, portanto, colocadas entre parênteses. O "interesse cognitivo" subjacente ao programa de pesquisa é ter um olhar *relacional*, digamos, para pensar sobre o conhecimento escolar como algo gerado a partir de conflitos ideológicos e econômicos tanto "fora" quanto "dentro" da educação. Esses conflitos e forças estabelecem limites às respostas culturais (e não as determinam mecanicamente). Isso exige sutileza, e não apreciações que defendam uma correspondência direta entre a vida institucional e as formas da cultura. Os currículos e a cultura não são "meros produtos" de simples forças econômicas.[29]

Na verdade, quero fazer uma advertência crítica sobre esse ponto. Há um perigo óbvio aqui, perigo que não pode passar despercebido. Tornar toda a "coisa" do currículo algo problemático, submeter o que atualmente conta como conhecimento legítimo ao escrutínio ideológico pode levar a uma espécie bem vulgar de relativismo. Em outras palavras: considerar o conhecimento curricular aberto e o conhecimento curricular oculto fundamentalmente como produtos sociais e históricos leva-nos a questionar os critérios de validade e de verdade que utilizamos.[30] As questões epistemológicas que podem ser levantadas aqui não são desinteressantes, para dizer o mínimo. Contudo, o ponto subjacente a essas investigações não é relativizar totalmente nosso conhecimento ou critérios para validar sua verdade ou falsidade (embora a tradição marxista tenha uma longa história exatamente sobre esse debate, como a controvérsia entre Adorno e Popper documenta – a propósito, temos muito a aprender a partir de questões epistemológicas e políticas levantadas por esse debate).[31] Em vez disso, como acabei de mencionar, a imposição metodológica é pensar relacionalmente ou estruturalmente. Em termos mais claros, devem-se procurar as sutis conexões entre fenômenos educacionais, tais como currículo, e os resultados sociais e econômicos latentes da instituição.

Esses pontos são obviamente similares àqueles em geral associados com os teóricos críticos da Escola de Frankfurt, para quem o contexto no qual percebemos os fatos sociais e a maneira geral por que organizamos conceitualmente nosso mundo podem esconder o fato de que essas aparências, oriundas do senso comum, servem a determinados interesses.[32] Entretanto esses interesses não podem meramente ser dados; precisam ser documentados. A fim de estabelecer alguns fundamentos dessa documentação, precisaremos voltar a algumas das hipóteses que mencionei antes. Devemos explorar como a distribuição cultural e o poder econômico estão intimamente entrecruzados, não apenas no ensino do "conhecimento moral" como se dá em alguns dos teóricos da reprodução, mas também no *corpus* formal do próprio conhecimento escolar.

SOBRE O PROBLEMA DO CONHECIMENTO DE ALTO *STATUS*

A discussão das seções anteriores deste capítulo centrou-se no aprofundamento de nossa compreensão dos argumentos políticos, econômicos e conceituais em que as pessoas interessadas no problema da ideologia e do currículo tem se concentrado. Comparou-se essa tradição crítica aos modelos predominantes na área, os modelos de desempenho e de socialização. Agora gostaria de tomar um desses aspectos da relação entre a distribuição cultural e o poder econômico e explorá-lo mais um pouco. Quero empregar esse modelo crítico para engajar-me em algumas especulações sobre como determinado conhecimento – especialmente o conhecimento considerado o mais prestigioso nas escolas – pode na verdade estar ligado à reprodução econômica. Em essência, quero começar a pensar algumas das questões associadas à distribuição de conhecimento e à criação de desigualdade que autores como Bourdieu, Bernstein, Young e outros têm buscado levantar. Em primeiro plano, deveria estar, penso eu, a questão levantada por Bourdieu que citei na última seção. Se quisermos entender como as formas culturais e econômico-políticas funcionam juntas, pensemos em ambas como sendo aspectos do capital.

A fim de lidar com as conexões entre essas formas, deverei usar a linguagem das "transmissões" culturais, tratando com efeito os artefatos culturais e o conhecimento *como se* fossem objetos. Contudo, a noção de "como se" deve ser entendida exatamente como é, uma metáfora para lidar com um processo muito mais complexo no qual os alunos, não simplesmente assimilam informação, atributos culturais, etc., mas sim transformam (e às vezes rejeitam) essas disposições, propensões, habilidades e fatos em significados biograficamente importantes.[33] Assim, embora o ato de tratar o conhecimento como um objeto facilite a discussão, digamos uma simplificação metodológica, precisará ser entendido como apenas um ato de simplificação (o fato de que seja usualmente considerado um objeto em nossa sociedade aponta de fato para sua reificação como mercadoria em sociedades industrialmente avançadas).[34]

Mais uma vez, um dos argumentos de Michael F. D. Young (1977) nos ajuda a começar. Ele afirma que "quem está na posição de poder tentará definir o que é admitido como conhecimento, o quanto qualquer conhecimento é acessível para grupos diferentes, e quais são as relações aceitas entre diferentes áreas de conhecimento e entre aqueles que têm acesso a elas e as tornam disponíveis".[35] Embora esse argumento esteja sem dúvida mais relacionado a como a hegemonia atua, saturando nossa consciência, e não seja sempre ou mesmo necessariamente um processo consciente de manipulação e controle, podendo, portanto, tratar-se de um argumento um pouco exagerado, de fato levanta a questão do *status* relativo do conhecimento e de sua acessibilidade. Nessa afirmação está uma proposição que pode acarretar o seguinte: a posse de conhecimento de alto *status*, aquele considerado de excepcional importância e conectado à estrutura das economias corporativas, na verdade traz em si um fato e a ele se relaciona – o de que as outras pessoas não desfrutem dessa mesma posse. Em essência, o conhecimento de alto *status* "é por definição escasso, e sua escassez se liga de maneira inextricável a sua instrumentalidade".[36]

Essa questão é excepcionalmente crítica e precisa ser analisada um pouco mais. Tenho argumentado que as escolas não simplesmente "produzem" pessoas, mas também o conhecimento. Elas ampliam e dão legitimidade a determinados tipos de recursos relacionados a formas econômicas desiguais. A fim de entender isso, devemos pensar sobre os tipos de conhecimento que as escolas consideram os mais importantes, que pretendem maximizar. Definirei isso como conhecimento técnico, não para desaboná-lo, mas para diferenciá-lo, digamos, da estética, da boa forma física, etc. O conceito da maximização do conhecimento técnico é um princípio útil, penso eu, para começar a desvelar algumas das conexões entre o capital cultural e o capital econômico.[37]

Nosso sistema econômico está organizado de uma forma que pode criar apenas uma certa quantidade de empregos e ainda manter alto lucro para as empresas ou corporações. Na essência, o aparato econômico estará na sua condição *mais eficiente* quando houver um índice de desemprego de aproximadamente 4 a 6% (embora saibamos que esse índice é notoriamente impreciso, e ao qual devemos também acrescentar a questão de índices bem mais altos para os negros, além de altos níveis de subemprego e de trabalho não-remunerado se considerarmos as muitas mulheres que atuam como donas de casa). Oferecer trabalho útil a esses indivíduos requereria um corte para taxas aceitáveis de retorno financeiro e provavelmente exigiria pelo menos a reorganização parcial dos assim chamados "mecanismos de mercado" que rateiam os empregos e os recursos. Por causa disso, não seria errado usar uma metáfora para descrever nosso sistema econômico como *gerador natural* de níveis especificáveis de subemprego e de desemprego.[38] Podemos pensar nesse modelo como aquele que é primeiramente voltado à maximização da produção de lucro e apenas secundariamente com a distribuição de recursos e de emprego.

Agora, um modelo similar parece aplicar-se quando pensamos sobre o conhecimento em sua relação com tal economia. Uma economia corporativa requer a produção de altos níveis de conhecimento técnico para manter o aparato econômico funcionando de maneira eficaz e para tornar-se mais sofisticada na maximização de oportunidades de expansão econômica, dentro de certos limites, pois o que de fato se requer não é a distribuição ampla desse conhecimento de alto *status* para a população em geral. É preciso maximizar sua produção. Enquanto a forma de conhecimento for contínua e eficientemente produzida, a própria escola, pelo menos nesse aspecto maior de seu funcionamento, será eficiente. Assim, certos níveis baixos de desempenho do grupo de alunos que pertencem à "minoria", filhos dos pobres, etc., podem ser tolerados, pois têm menos conseqüências para a economia do que a geração de conhecimento propriamente dita. Mais uma vez, a produção de determinada "mercadoria" (aqui o conhecimento de alto *status*) recebe maior preocupação do que a distribuição dessa mesma mercadoria. Até o ponto em que não interfiram na produção do conhecimento técnico, as preocupações relativas à sua distribuição mais equânime podem também ser toleradas.

Assim, da mesma forma que no "mercado de trabalho econômico", onde é mais eficiente haver um nível relativamente constante de desemprego, ou, na verdade, onde é mais eficiente gerar tal nível, as instituições culturais também "naturalmente" geram níveis baixos de desempenho. A *distribuição* ou escassez de determinadas formas de capital cultural é de menor importância nesse cálculo de valores do que a maximização da produção do próprio conhecimento.

Isso, penso eu, explica parcialmente o papel econômico do debate sobre os padrões que utilizamos e a matrícula aberta nas universidades. Também esclarece algumas das razões pelas quais as escolas e os currículos parecem ser organizados para a vida universitária em termos do predomínio de currículos centrados em disciplinas e do prestígio relativo dado a diferentes áreas do currículo. Essa relação entre estrutura econômica e conhecimento de alto *status* poderia também explicar algumas das grandes disparidades que vemos em níveis de financiamento para inovações curriculares em áreas técnicas e, comparativamente, nas artes.

A estrutura do currículo por disciplinas nos dá um exemplo interessante de vários desses pontos sobre o poder e a cultura. A abordagem centrada nas disciplinas não se constituiu em um desafio sério para a visão tradicional de currículo. Em vez disso, foi um argumento de que determinada mercadoria – aqui o conhecimento acadêmico – de determinada comunidade não estava sendo efetivamente "comercializada" nas escolas.[39] Mesmo tendo sido aceita pela maior parte das escolas como o conhecimento curricular mais importante e tendo recebido grandes doses de apoio federal para sua adoção, tal abordagem sofria o crivo de visões concorrentes de poder sobre qual deveria ser o conhecimento de alto *status*.

Por exemplo, financiamentos substanciais foram dados ao desenvolvimento do currículo de matemática e ciências, enquanto as artes e humanidades receberam menos. Isso ocorreu e ainda ocorre por duas possíveis razões. Primeiramente, a questão de utilidade econômica. Os benefícios de maximizar a produção do conhecimento científico e técnico são facilmente visíveis e, pelo menos à época, pareceram relativamente não-controversos. Segundo, o conhecimento de alto *status* parece ser conhecimento discreto, isolado, independente. Tem (supostamente) um conteúdo identificável e (ainda supostamente) uma estrutura estável[40] que se pode tanto ensinar quanto, o que é fundamental, testar. As artes e humanidades têm obviamente sido vistas como menos propensas a esses critérios, supostamente por causa da própria natureza de sua matéria. Assim, temos uma proposição quase circular e bidimensional em operação: o conhecimento de alto *status* é visto como *macroeconomicamente* vantajoso em termos de benefícios de longo prazo para as classes mais poderosas da sociedade, e as definições socialmente aceitas desse conhecimento impedem considerações sobre o conhecimento não-técnico.

É importante observar a ênfase nas considerações macroeconômicas. Obviamente, consertar televisões é algo que, se bem aprendido, pode trazer benefícios econômicos. Contudo, a economia não será indevidamente desequilibrada se tal atividade não receber um *status* de prestígio. Na verdade, se a análise de Braverman (1975) estiver correta – a de que nossa estrutura econômica requer a contínua divisão e subdivisão de habilidades complexas em habilidades menos complexas e mais padronizadas –, o controle econômico poderá ser maior, ajudado pela falta de prestígio atribuído a tal atividade. O mesmo parece não se aplicar ao conhecimento técnico.[41]

Temos dois níveis funcionando aqui. As regras sociais e econômicas constitutivas ou subjacentes fazem ser essencial que os currículos centrados em disciplinas sejam ensinados e que o *status* de alto nível seja dado ao conhecimento técnico. Isso ocorre em grande parte pela função seletiva do ensino. Embora isso seja mais complexo do que o espaço de que disponho aqui, é mais fácil estratificar os indivíduos de acordo com "critérios acadêmicos" quando se usa o conhecimento técnico. Essa estratificação ou agrupamento é em grande parte importante porque nem todos os indivíduos são vistos como detentores da capacidade de contribuir para a geração da forma exigida de conhecimento. Assim, o conteúdo cultural (conhecimento legítimo ou de alto *status*) é utilizado como um mecanismo ou filtro para a estratificação econômica,[42] aumentando, portanto, a expansão contínua de conhecimento técnico em uma economia como a nossa. Ao mesmo tempo, contudo, poder-se-ia esperar que no âmbito desse modelo constitutivo os educadores fossem relativamente livres para responder (ou não responder) a pressões econômicas mais imediatas, tais como educação para a carreira, etc.

Em poucas palavras, uma maior razão para que os currículos centrados nas disciplinas dominem a maior parte das escolas, e para que os currículos integrados estejam presentes em relativamente poucas escolas, é, pelo menos parcialmente, o resultado do lugar da escola na maximização da produção de conhecimento de alto *status*. Isso está intimamente relacionado com o papel da escola na seleção de agentes para preencher posições econômicas e sociais em uma sociedade relativamente estratificada que os analistas da economia política da educação têm tentado retratar.

Com Young, tenho sugerido que algumas das relações entre quem controla as recompensas e o poder em uma sociedade, os padrões dos valores dominantes e a organização do capital cultural podem ser mais bem desveladas se enfocarmos a estratificação do conhecimento. Não seria ilógico alegar que, com base no que já argumentei aqui, em geral, qualquer tentativa de promover alterações substanciais na relação entre conhecimento de alto e de baixo *status*, fazendo, por exemplo, com que áreas diferentes do conhecimento se equiparem, sofrerá resistência. Isso provavelmente significaria também que as tentativas de usar critérios diferentes para julgar o valor relativo de áreas diversas do currículo seriam consideradas incursões ilegítimas, ameaças àquela "ordem" particular.[43]

Exemplos disso não são difíceis de encontrar na área da avaliação. Por exemplo, usualmente avaliamos o sucesso dos currículos pelo emprego de um procedimento técnico, pela comparação do *input* com o *output*. Os resultados dos testes subiram? Os alunos dominam a matéria? Trata-se, é claro, do modelo de desempenho, já descrito. Quando os educadores ou os analistas de políticas de ação querem avaliar de uma maneira menos técnica, observando a "qualidade" da experiência curricular ou pelo levantamento de questões sobre a natureza ética das relações envolvidas na interação, podem ser facilmente despedidos. O discurso científico e técnico tem mais legitimidade (alto *status*) nas sociedades industriais avançadas do que o discurso ético. O discurso ético não pode ser facilmente operacionalizado em uma perspectiva do tipo *input-output*. Finalmente, os critérios "científicos" de avaliação dariam em "conhecimento", enquanto os critérios éticos levariam a considerações puramente "subjetivas". Isso possui implicações importantes para a visão que temos de nós mesmos enquanto neutros e terá maior significação quando mais tarde analisarmos como a "ciência" funciona na educação.

Um exemplo corrente pode nos ajudar aqui. Depois da reanálise maciça de estudos que relacionam a escolarização à mobilidade social, Jencks, no livro *Inequality*, concluiu que era bastante difícil generalizar os papéis que as escolas desempenham no aumento das chances de alguém ter um futuro melhor. Assim, ele observa que pode ser mais inteligente concentrar a atenção menos na mobilidade e no desempenho e mais na qualidade da experiência real do aluno nas salas de aula, algo que estranhamente (mas felizmente) faz lembrar Dewey. Contudo, o argumento de Jencks de que devamos prestar grande atenção à qualidade de vida em nossas instituições de ensino tinha suas raízes em considerações políticas e foi dispensado rapidamente. Seus *critérios* para defender aquele ponto de vista foram considerados ilegítimos. Tiveram pouca validade no conjunto particular de jogos de linguagem de que a avaliação compartilha e, portanto, receberam, de comum acordo, pouco *status*.[44]

Essa insistência nos critérios técnicos também transforma tanto os tipos de questões levantadas quanto as respostas dadas no reino dos especialistas, daqueles indivíduos que já possuem o conhecimento. Dessa forma, o *status* relativo do conhecimento está associado aos tipos de questões consideradas aceitáveis, as quais por sua vez parecem estar relacionadas à *não-posse* desse conhecimento por parte de outros indivíduos. A *forma* das questões torna-se um aspecto da reprodução cultural, pois as estas podem apenas ser respondidas por especialistas que já detenham o conhecimento técnico conferido a eles. A estratificação do conhecimento, nesse caso, de novo envolve a estratificação das pessoas, embora em um menor nível econômico.

HEGEMONIA E REPRODUÇÃO

Tudo isso é bastante complicado e, obviamente, difícil de destrinchar, sei. Embora nosso conhecimento dessas relações difíceis seja ainda experimental, de fato renova uma das questões a que me referi antes. Dadas as conexões sutis da geração da reprodução cultural e econômica nesse processo, como e por que as pessoas aceitam tal reprodução? Portanto, as questões de hegemonia, de estabilidade ideológica, levantadas pelos teóricos da reprodução surgem mais uma vez.[45] Aqui, a pesquisa de Bowles e Gintis, Bernstein, Bourdieu e outros sobre a reprodução social de valores, normas e disposições transmitidas pelo aparato cultural de uma sociedade oferece-nos parte da explicação. Uma forma de reprodução (por meio da "socialização" e do que tem sido chamado de currículo oculto), que devemos examinar nos próximos três capítulos, complementa outra (o *corpus* formal do conhecimento escolar), cada qual parecendo ter laços com a desigualdade econômica. Nessa *interação* entre o conhecimento curricular (aquilo que ensinamos, a "cultura legítima") e as relações sociais da vida na sala de aula – interação descrita pelos teóricos da reprodução – é que podemos começar a ver algumas das reais relações que as escolas têm com uma estrutura econômica desigual.

Observemos novamente o que estou dizendo, pois isso constitui parte de um argumento contra as teorias de conspiração tão populares em algumas críticas revisionistas do ensino. Esse processo de reprodução não é causado (no sentido forte do conceito) por um grupo de elite de administradores que sentavam ou agora sentam ao redor de mesas, elaborando maneiras de "trapacear" contra seus trabalhadores tanto no local de trabalho quanto na escola. Embora, como veremos no Capítulo 4, tal leitura possa descrever com precisão alguns aspectos do porquê de as escolas fazerem o que fazem,[46] não se trata de uma explicação suficiente das relações de forças que de fato parecem existir. Defendo, ao contrário, que dadas as formas políticas e econômicas que agora estabelecem os princípios sobre os quais muitas de nossas vidas diárias são organizadas, esse processo reprodutivo é uma necessidade "lógica" para a manutenção de uma ordem social desigual. O desequilíbrio cultural e econômico segue-se "naturalmente".[47]

Isso pode fazer com que seja mais difícil para educadores como nós lidar com o problema. Poderemos, na verdade, ter de levar a sério os compromissos políticos e econômicos que guiam os teóricos da reprodução. Uma análise educacional séria pode exigir uma teoria coerente do sistema de governo social e econômico do qual somos parte. Embora tenha explorado mecanismos culturais, é também essencial lembrar o argumento de Raymond Williams segundo o qual nem a cultura nem a educação flutuam livremente. Esquecer isso é negligenciar uma arena fundamental para ações e compromissos coletivos.

Algumas dessas preocupações econômicas são resumidas por Henry Levin (1977). Em uma revisão dos efeitos das intervenções de grande escala realizadas pelo governo para tentar reduzir a desigualdade econômica por meio das reformas do currículo e do ensino, o autor inclui o fato de que:[48]

> As políticas educacionais que têm como alvo a resolução dos dilemas sociais que surgem do mau funcionamento das instituições econômicas políticas e sociais da sociedade não se solucionam por meio de políticas educacionais e de reformas. Os instrumentos de que dispõe o mais benevolente reformador educacional e especialista em políticas de ação estão limitados pela falta de um público para a mudança e pela força avassaladora de um processo educacional que se move em direção à reprodução social da forma de governo existente. Há um resultado deletério em nossos esforços quando as tentativas educacionais para mudar a sociedade tendem a tirar sua atenção do foco do problema pela criação e legitimação da ideologia, segundo a qual as escolas podem ser usadas para resolver problemas que não se originam no setor educacional.

Mais uma vez, devemos ter cuidado com essa espécie de abordagem, pois ela pode nos levar a ver novamente as escolas como caixinhas-pretas. Foi isso que rejeitamos desde o início.

ALGUMAS QUESTÕES CONCLUSIVAS

Quero parar aqui, sabendo muito bem que se poderia e precisaria dizer muito mais sobre os tópicos que levantei. Por exemplo, a fim de ir adiante com a relação entre conhecimento de alto *status* e uma ordem social "externa", deveríamos ter de investigar a história do surgimento concomitante de novas classes de profissionais da área social e do crescimento de novos tipos de conhecimento "legítimo".[49] Essas questões obviamente requerem que pensemos muito mais a fim de que passem a dar conta do problema conceitual da relação dialética entre controle cultural e estrutura social e econômica. Como cada uma delas afeta a outra? Que papel o próprio sistema educacional desempenha na definição de formas particulares de conhecimento como sendo de alto *status*? Que papel desempenha para ajudar a criar um processo de certificação baseado na posse (e na não-posse) desse capital cultural, um sistema de certificação que produz vários agentes grosseiramente equivalentes às necessidades da divisão do trabalho na sociedade? Essas questões implicam algo importante, penso eu, pois tal relação não é uma rua de mão única. A educação é tanto a "causa" quanto o "efeito". A escola não é um espelho passivo, mas uma força *ativa,* que pode também servir para *legitimar* as formas econômicas e sociais e as ideologias tão intimamente conectadas a ela.[50] É justamente essa ação que precisa ser revelada.

Questões desse tipo não são usualmente feitas no currículo, é claro. Contudo, precisamos lembrar que essas preocupações não são algo totalmente novo para o discurso que cerca a educação norte-americana. Na verdade, não devemos ver esse tipo de currículo inclinado sociológica e economicamente como uma tentativa de levar adiante qualquer "reconceitualização" da área do currículo, embora esse nome tenha sido aplicado a alguns analistas recentes do poder e do conhecimento escolar.[51] Em vez disso, as questões que orientam este livro precisam ser vistas como tendo raízes um tanto quanto profundas na área do currículo, raízes que podemos ter infelizmente esquecido, dada a natureza anistórica da educação.

Basta lembrar o que estimulou os primeiros reconstrucionistas sociais da educação (Counts, Smith-Stanley-Shores e outros) para começar a perceber que um dos temas orientadores do trabalho com o currículo no passado foi o papel que as escolas tiveram na reprodução de uma sociedade desigual. Embora esses autores possam ter sido otimistas demais em ver as escolas como agentes poderosos para a mudança do desequilíbrio, e apesar de vários deles terem no final se afastado das alterações de grande escala em nosso sistema de governo,[52] o princípio de examinar as ligações entre instituições culturais e econômicas é uma parte valiosa de nosso passado. É hora de fazê-la nosso presente e nosso futuro também.

NOTAS

1. Thomas R. Bates, "Gramsci and the Theory of Hegemony", *Journal of the History of Ideas*, XXXVI (abril/junho, 1975), p. 36.
2. Karl Mannheim, *Ideology and Utopia* (New York: Harcourt, Brace & World, 1936).
3. Naturalmente, essa questão é mais bem trabalhada por Peter Berger e Thomas Luckmann em *The Social Construction of Reality* (New York: Doubleday, 1966). A contestação mais articulada do uso de tais formulações "fenomenológicas" na educação encontra-se em Rachel Sharp e Anthony Green, *Education and Social Control: A Study in Progressive Primary Education* (London: Routledge & Kegal Paul, 1975).
4. Geoff Whitty, "Sociology and the Problem of Radical Educational Change", *Educability, Schools and Ideology*, Michael Flude e John Ahier (eds.) (London: Halstead Press, 1974), p. 125.
5. Raymond Williams, *The Long Revolution* (London: Chatto & Windus, 1961), p. 119-120.
6. Herbert M. Kliebard, "Persistent Curriculum Issues in Historical Perspective", *Curriculum Theorizing: The Reconceptualists*, William Pinar (ed.) (Berkeley: McCutchan, 1975), p. 39-50.
7. Entrevista gravada na Universidade de Wisconsin, Madison. A necessidade de que os movimentos pela reforma educacional em grande escala tenham este clima sombrio e vago é analisada mais detalhadamente em B. Paul Komisar e James McClellan, em "The Logic of Slogans", *Language and Concepts in Education*, B. Othanel Smith e Robert Ennis (eds.) (Chicago: Rand Mc-Nally, 1961), p. 195-214.
8. Ver, por exemplo, Raymond Williams, *The Country and the City* (New York: Oxford University Press, 1973); Pierre Bourdieu e Jean Claude Passeron, *Reproduction in Education, Society and Culture* (London: Sage, 1977), e Basil Bernstein, *Class, Codes*

and Control, Volume 3: Towards a Theory of Educational Transmissions (2. ed. London: Routledge & Kegan Paul, 1977).
9. Joseph Schwab, *The Practical: A Language for Curriculum* (Washington: National Education Association, 1970), e Dwayne Huebner, "Implications of Psychological Thought for the Curriculum", *Influences in Curriculum Change*, Glenys Unruh e Robert Leeper (eds.) (Washington: Association for the Supervision and Curriculum Development, 1968), p. 28-37.
10. Essas questões são discutidas no Capítulo 3 e em Geoff Whitty e Michael Young (eds.), *Explorations in the Politics of School Knowledge* (Nafferton, England: Nafferton Books, 1976).
11. Estou usando a exposição criteriosa dessas duas tradições de pesquisa encontrada em Philip Wexler, "Ideology and Utopia in American Sociology of Education", *Education in a Changing Society*, Antonia Klostowska e Guido Martinotti (eds.) (London: Sage, 1977), p. 27-58.
12. Robert Dreeben, *On What is Learned in Schools* (Reading, Mass.: Addison Wesley, 1968).
13. Michael F. D. Young, "On the Politics of Educational Knowledge". *Education in Great Britain and Ireland*, R. Bell (ed.) (London: Oxford, 1973), p. 201.
14. Wexler, op. cit.
15. Para outra análise das origens dessa tradição ver Michael W. Apple, "Power and School Knowledge", *The Review of Education III* (janeiro/fevereiro, 1977), p. 26-49, e Michael W. Apple e Philip Wexler, "Cultural Capital and Educational Transmissions", *Educational Theory*, XXVIII (inverno, 1978).
16. Michael F. D. Young, "Knowledge and Control", *Knowledge and Control*, Michael F. D. Young (ed.) (London: Collier-Macmillan, 1971), p. 8.
17. Bourdieu e Passeron, op. cit., p. 5.
18. Analisei os compromissos conceituais e políticos também em Apple, *Power and School Knowledge*, op. cit.
19. Madeleine MacDonald, *The Curriculum and Cultural Reproduction* (Milton Keynes: Open University Press, 1977), p. 60.
20. Samuel Bowles e Herbert Gintis, *Schooling in Capitalist America* (New York: Basic Books, 1976).
21. MacDonald, op. cit., p. 309. Este texto também oferece várias críticas interessantes sobre o quanto Bowles e Gintis apelam para uma teoria da correspondência.
22. John W. Meyer, "The Effects of Education as an Institution", *American Journal of Sociology*, LXXXIII (julho, 1977), 64.
23. MacDonald, op. cit.
24. Roger Dale et al. (eds.) *Schooling and Capitalism: A Sociological Reader* (London: Routledge & Kegan Paul, 1976), p. 4.
25. Ibid.
26. R. W. Connell, *Ruling Class, Ruling Culture* (New York: Cambridge University Press, 1977), p. 219. No Capítulo 7, veremos como isso realmente ocorre, especialmente por meio do complexo processo de rotulação que ocorre na escola.
27. MacDonald, op. cit.
28. A natureza recíproca desta relação – como a cultura e a economia se interpenetram e atuam uma sobre a outra de maneira dinâmica – é mais bem examinada em Raymond Williams, "Base and Superstructure in Marxist Cultural Theory", *New Left Review*, LXXXII (novembro/dezembro, 1973).
29. Ibid. Ver também o último capítulo, "Aspects of the Relations Between Education and Production", em Bernstein, op. cit.

30. Michael F. D. Young, "Taking Sides Against the Probable", Rationality, *Education and the Social Organization of Knowledge* (London, Routledge & Kegan Paul, 1977), p. 86-96, e Michael W. Apple, "Curriculum as Ideological Selection", *Comparative Education Review*, XX (junho, 1976), p. 209-215
31. Ver, por exemplo, Albrecht Wellmer, *Critical Theory of Society* (New York: Herder e Herder, 1971), especialmente o Capítulo 1. Ver também a discussão sobre a posição assumida pelo filósofo marxista francês Louis Althusser, em Miriam Glucksmann, *Structuralist Analysis in Contemporary Social Thought* (London: Routledge & Kegan Paul, 1974). Embora possa ser difícil lidar com a "comprovação" das asserções sociais de orientação crítica, lançando-se mão da tradição positivista, isso não significa que a comprovação empírica de aspectos do problema seja inconseqüente. Tal questão é muito bem elaborada em Connell, op. cit.
32. Ian Hextall e Madan Sarup, "School Knowledge, Evaluation and Alienation", *Society, State and Schooling*, Michael Young e Geoff Whitty (eds.) (London: Falmer Press, 1977), p. 151-171.
33. Ver os artigos de Mehan e McKay em Hans Peter Dreitzel (ed.), *Childhood and Socialization* (New York: Macmillan, 1973), e Linda M. McNeil, "Economic Dimensions of Social Studies Curricula: Curriculum as Institutionalized Knowledge" (tese de doutorado não publicada, Universidade de Wisconsin, Madison, 1977).
34. Whitty, op. cit.
35. Michael F. D. Young, "An Approach to the Study of Curricula as Socially Organized Knowledge", em Young, *Knowledge and Control*, op. cit. Há paralelos interessantes entre o trabalho de Young e o de Huebner, no enfoque conjunto sobre acessibilidade curricular. Ver Dwayne Huebner, "Curriculum as the Accessibility of Knowledge" (artigo não-publicado, apresentado no *Curriculum Theory Study Group*, Minneapolis, março 1970, mimeografado).
36. Bernice Fischer, "Conceptual Masks: An Essay Review of Fred Inglis, Ideology and Imagination", *Review of Education*, I (novembro, 1975), p. 526. Ver também Hextall e Sarup, op. cit.
37. O princípio de que as escolas sirvam para maximizar a produção de conhecimento técnico foi observado pela primeira vez por Walter Feinberg, em seu provocativo capítulo "A Critical Analysis of the Social and Economic Limits to the Humanizing of Education", *Humanistic Education: Visions and Realities*, Richard H. Weller (ed.) (Berkeley: McCutchan, 1977), p. 249-269. A análise que faço aqui deve a seu texto.
38. Andrew Hacker, "Cutting Classes", *New York Review of Books*, XXIII (maio, 1976), p. 15. Hacker observa que, em uma situação de empregabilidade total, nossa economia pode usar, de modo profícuo, apenas cerca de 43% da população que esteja na faixa etária de trabalho. Não é lucrativo usar índice superior. "As pessoas que integram os 57% restantes, ou parte delas, tornam-se donas-de-casa, estudantes universitários ou aposentam-se com pensões modestas. Outros, no entanto, são obrigados a viver na pobreza, pois o sistema econômico não lhes oferece alternativas."
39. Geoff Whitty e Michael F. D. Young, "The Politics of School Knowledge", *Times Educational Supplement* (setembro, 1973), p. 20.
40. Esta é uma alegação empírica e, naturalmente, falsificável. Há muitos educadores e cientistas que discordariam de tal simplificação da ciência e da matemática. Ver, por exemplo, Thomas Kuhn, *The Structure of Scientific Revolutions* (University of Chicago Press, 1970). Nesse momento, discutem-se quais aspectos dos "paradigmas" científicos são estáveis. Ver Imre Lakatos e Alan Musgrave (eds.), *Criticism and the Growth of*

Knowledge (Cambridge University Press, 1970), e Stephen Toulmim, *Human Understanding* (Princeton University Press, 1972).
41. Harry Braverman, *Labor and Monopoly Capital* (New York: Monthly Review Press, 1975).
42. A íntima relação entre os currículos acadêmicos, a distribuição de recursos escassos e a rotulação e enquadramento do estudante de nível secundário é documentada em James E. Rosenbaum, *Making Inequality* (New York: John Wiley & Sons, 1976).
43. Young, "An Approach to the Study of Curriculum as Socially Organized Knowledge", op. cit., p. 34.
44. A análise de Habermas sobre o modo como as formas objetivo-racionais ou instrumentais da linguagem e da ação passaram a dominar nossa consciência é muito esclarecedora neste momento. Cf. Jürgen Habermas, *Knowledge and Human Interests* (Boston: Beacon Press, 1971), e Michael W. Apple, "The Process and Ideology of Valuing in Educational Settings Educational Evaluation", *Analysis and Responsibility*, Michael W. Apple et al., (eds.) (Berkeley: McCutchan, 1974), p. 3-34. Gostaríamos de traçar a utilização das formas objetivo-racionais da ação dentro do crescimento concomitante de determinados sistemas econômicos. O *corpus* da obra de Raymond Williams fornece modelos essenciais para esse tipo de pesquisa. Ver *The Long Revolution*, op. cit., e *The Country and the City*, op. cit.
45. Exames de algumas das pesquisas relevantes sobre a questão da hegemonia podem ser encontrados em David W. Livingston, "On Hegemony in Corporate Capitalist States", *Sociological Inquiry*, XLVI (n. 3 e 4, 1976), 235-250, e R. W. Cornell, op. cit., em especial os Capítulos 7-10.
46. Ver também Herbert Gintis e Samuel Bowles, *Educational Reform in the U.S.: A Historical and Statistical Survey* (New York: The World Bank, março, 1977, mimeografado).
47. Raymond Williams, *The Long Revolution*, op. cit., p. 298-299.
48. Henry M. Levin, *A Radical Critique of Educational Policy* (Stanford, California: Occasional Paper of the Stanford University Evaluation Consortium, março, 1977, mimeografado), p. 26-27.
49. Basil Bernstein fez algumas incursões intrigantes nesta área em seu "Aspects of the Relations Between Education and Production", em Bernstein, op. cit. Ver também Nicos Poulantzas, *Classes in Contemporary Capitalism* (London: New Left Books, 1975), e Burton Bledstein, *The Culture of Professionalism* (New York: Norton, 1976).
50. Ver o interessante ensaio de John W. Meyer, op. cit. A tentativa de Randall Collins de articular uma teoria dos mercados culturais, em "Some Comparative Principles of Educational Stratification", *Harvard Educational Review*, XLVII (fevereiro, 1977), p. 1-27, também nos ajuda. É, porém, um pouco confusa conceitualmente. Ver minha resposta a ele em *Harvard Educational Review*, XLVII (novembro, 1977), p. 601-602.
51. William Pinar (ed.), *Curriculum Theorizing: The Reconceptualists* (Berkeley: McCutchan, 1975).
52. Walter Feinberg, *Reason and Rhetoric: The Intellectual Formation of Teaching Control Liberal Educational Policy* (New York: John Wiley, 1975).

3

A economia e o controle no dia-a-dia da vida escolar

Como vimos no capítulo anterior, as escolas parecem contribuir para a desigualdade por serem tacitamente organizadas a fim de distribuir diferentemente determinados tipos de conhecimento. Isso se relaciona em grande parte tanto ao papel da escola na maximização da produção de "mercadorias" culturais técnicas quanto à função de escolha ou seleção das escolas na alocação de pessoas para a ocupação "requerida" pelo setor econômico da sociedade. De acordo com uma compreensão mais profunda que começamos a desenvolver, as escolas também desempenham grande parte da distribuição dos tipos de elementos normativos e das propensões exigidas para fazer dessa desigualdade algo natural. Ensinam um currículo oculto que parece unicamente voltado à manutenção da hegemonia ideológica das classes mais poderosas da sociedade. Conforme argumentação dos teóricos da reprodução, apresentada no Capítulo 2, a estabilidade ideológica e econômica depende, em parte, da internalização, bem no fundo de nossas mentes, dos princípios e das regras do senso comum que governam a ordem social existente. Essa saturação ideológica sem dúvida será mais eficaz se ocorrer cedo na vida de alguém. Nas escolas, isso significa "quanto mais cedo melhor", em essência a partir do primeiro dia da pré-escola. Os princípios e as regras que são ensinados *darão* significado às situações dos alunos (as escolas são, de fato, organizadas de forma a manter essas definições) e ao mesmo tempo servirão aos interesses econômicos. Ambos os elementos de uma eficaz ideologia estarão presentes.

Comecemos a observar isso com mais cuidado, primeiro deixando de lado os comentários feitos pelos críticos mais românticos do ensino, segundo os quais essas configurações ideológicas são ensinadas na escola por que os professores não se importam o suficiente com o que fazem. Depois, poderemos ver quais normas e propensões técnicas economicamente enraizadas *são* de fato ensinadas em instituições de preservação e distribuição cultural, como as escolas.

ESCOLARIZAÇÃO E CAPITAL CULTURAL

Um dos argumentos menos atraentes nos últimos anos tem sido o de que as escolas são relativamente enfadonhas, entediantes, ou o termo que se desejar, por causa de uma atitude negligente.[1] O argumento é o de que as escolas ensinam de maneira velada todas as coisas sobre as quais os críticos humanistas das escolas tanto gostam de escrever e falar – consenso comportamental, metas institucionais em vez de normas e objetivos pessoais, alienação de seus próprios produtos, etc. – e de que elas assim agem porque os professores, administradores e outros educadores de fato não sabem o que estão fazendo.

Contudo, tal perspectiva é na melhor das hipóteses enganadora. Em primeiro lugar, é completamente anistórica. Ignora o fato de que as escolas estavam em parte projetadas para ensinar exatamente essas coisas. O currículo oculto, o ensino tácito de normas e expectativas sociais e econômicas aos alunos não é tão oculto ou "ingênuo" como muitos educadores pensam. Em segundo lugar, ignora a tarefa crucial desempenhada pelas escolas como sendo o conjunto fundamental de instituições nas sociedades industriais avançadas que certificam a competência do adulto. Essa perspectiva tira as escolas de seu ambiente, que é o de uma relação muito maior e mais poderosa com instituições econômicas e políticas que lhes conferem significado. Em outras palavras, assim como têm um papel na maximização da produção de conhecimento tecnológico, as escolas parecem, sem dúvida, fazer o que se espera que façam, pelo menos em termos de proporcionar, ainda que não muito bem, disposições e propensões "funcionais" para a vida futura em uma ordem social e econômica complexa e estratificada.

Embora não haja dúvida de que a negligência não seja uma invenção de Charles Silberman (1970), não é um mecanismo descritivo adequado – não mais do que a venalidade ou a indiferença – para explicar por que as escolas são tão resistentes à mudança ou por que ensinam o que ensinam.[2] Também não é um instrumento conceitual para esmiuçar o que precisamente se ensina ou por que alguns significados sociais e não outros são usados na organização da vida escolar.

Ainda assim, não são apenas os críticos das escolas que apresentam uma análise simples demais de seu significado social e econômico. Em geral, o significado social da experiência escolar foi aceito como algo não problemático por sociólogos da educação, ou como problemas meramente de "engenharia" pelos especialistas do currículo e outros educadores de inclinação programática. O campo do currículo, mais especialmente do que em outras áreas educacionais, tem sido dominado por uma perspectiva que poderia ser chamada de "tecnológica", pelo fato de que o maior interesse que orienta seu trabalho envolve encontrar o melhor conjunto de meios para atingir fins educacionais previamente escolhidos.[3] Como indiquei, contra esse pano de fundo não-crítico e voltado à melhoria pura e simples, vários sociólogos e estudiosos do currículo, influenciados fortemente pela sociologia do conhecimento, tanto em sua versão marxista (ou neomarxista) quanto na versão fenomenológica, começaram a levantar sérias questões sobre a falta de atenção dispensada à relação entre conhecimento escolar e fenômenos extra-escolares. Vimos que um ponto de partida fundamental dessas investigações foi bem articulado por Michael Young (1971), quando ele observa que há "uma relação dialética entre o acesso ao poder e a oportunidade de legitimar determinadas categorias dominantes, e os processos pelos quais a disponibilização de tais categorias a alguns grupos capacita-os a afirmar seu poder e controle sobre os outros".[4] Em essência, da mesma forma que há uma distribuição relativamente desigual de capital econômico na sociedade, também há uma distribuição da mesma forma desigual de capital cultural.[5] Nas sociedades industriais avançadas, as escolas são particularmente importantes como distribuidoras desse capital cultural, e desempenham um papel crítico em dar legitimação a categorias e formas de conhecimento. O próprio fato de que certas tradições e o "conteúdo" normativo sejam construídos como conhecimento escolar é evidência irrefutável de sua legitimidade.

Quero defender aqui a idéia de que o *problema* do conhecimento educacional, do que se ensina nas escolas, tem de ser considerado como uma forma de distribuição mais ampla de bens e serviços de uma sociedade. Não é meramente um problema analítico (o que devemos construir como conhecimento?), nem simplesmente um problema técnico (como organizar e guardar o conhecimento de forma que as crianças possam ter acesso a ele e "dominá-lo?"), nem, finalmente, um problema puramente psicológico (como fazer com que os alunos aprendam x?). Em vez disso, o estudo do conhecimento educacional é um estudo ideológico, a investigação do que determinados grupos sociais e classes, em determinadas instituições e em determinados momentos históricos, consideram conhecimento *legítimo* (seja este conhecimento do tipo lógico "que", "como" ou "para"). É, mais do que isso, uma forma de investigação orientada criticamente, no sentido que escolhe concentrar-se em como esse conhecimento, de acordo com sua distribuição nas escolas, pode contribuir para um desenvolvimento cognitivo e vocacional que fortaleça ou reforce os arranjos institucionais existentes (e em geral problemáticos) na sociedade. Em termos claros, os conhecimentos aberto e oculto encontrados nos ambientes escolares, e os princípios de seleção, organização e avaliação desse conhecimento, são seleções governadas pelo valor e oriundas de um universo muito mais amplo de conhecimento possível e de princípios de seleção. Portanto, não devem ser aceitos como dados, mas devem ser problematizados – colocados entre parênteses, se quiserem – de maneira que as ideologias sociais e econômicas e os significados padronizados institucionalmente que estão por detrás deles possam ser examinados com cuidado. O significado latente e a configuração que está por trás da aceitabilidade, por parte do senso comum, de determinada posição podem ser seus atributos mais importantes. Esses significados e relações institucionais ocultos quase nunca são revelados se formos orientados apenas pela idéia de melhoramento casual.[6] Como Kallos observou, qualquer sistema educacional tem tanto "funções" manifestas quanto latentes. Estas precisam ser caracterizadas não só em termos educacionais (ou de aprendizagem), mas, mais importante, em termos político-econômicos. Em poucas palavras, as discussões sobre a qualidade da vida educacional serão relativamente sem importância se "as funções específicas do sistema educacional não forem identificadas".[7] Se muito da literatura sobre o que as escolas ensinam estiver correto, as funções específicas poderão ser mais econômicas do que intelectuais.

Neste capítulo, gostaria de concentrar-me em certos aspectos do problema da escolarização e do significado social e econômico. Considerarei as escolas como instituições que incorporam tradições coletivas e intenções humanas que, por sua vez, são os produtos de ideologias sociais e econômicas identificáveis. Assim nosso ponto de partida pode ser mais bem colocado na questão: "*De quem* são os significados coletados e distribuídos por meio dos currículos abertos e ocultos nas escolas?" Isto é, como Marx gostava de dizer, a realidade não caminha por aí, deixando-se identificar por um rótulo. O currículo das escolas responde a recursos ideológicos e culturais que vêm de algum lugar e os representa. Nem as visões de todos os grupos estão representadas, nem os significados de todos os grupos recebem respostas. Como, então, as escolas atuam para distribuir esse capital cultural? De quem é a realidade que "caminha" nos corredores e nas salas de aula das escolas norte-americanas?

Vou concentrar-me em duas áreas. Primeiro, oferecerei uma descrição (que será consideravelmente aprofundada no Capítulo 4) do processo histórico pelo qual determinados significados sociais se tornam particularmente significados *escolares* e assim têm o peso de décadas de aceitação por trás deles. Segundo, apresentarei evidências empíricas, a partir de um estudo de experiências na pré-escola, para documentar a força e a permanência desses determinados significados sociais. Finalmente, questionarei se as pequenas reformas, ao lidar com a eliminação desses significados ideológicos, orientados humanisticamente ou para outra direção, podem ter sucesso sozinhas.

A tarefa de lidar com conjuntos de significados nas escolas tem tradicionalmente cabido aos especialistas em currículo. Historicamente, contudo, o interesse deles pelos significados nas escolas tem sido ligado a noções variadas de controle social. Isso não nos deve surpreender. Deveria ser óbvio, embora geralmente não o seja, que as questões sobre significados nas instituições sociais tendem a tornar-se questões de controle.[8] Em outras palavras, as formas de conhecimento (tanto aberto quanto oculto) encontradas nas escolas implicam noções de poder e de recursos e controle econômicos. A própria escolha do conhecimento escolar, o ato de designar os ambientes escolares, embora possam não ocorrer conscientemente, são com freqüência baseados em pressuposições ideológicas e econômicas que oferecem regras do senso comum para o pensamento e a ação dos educadores. Talvez os elos entre significado e controle das escolas se tornem mais claros se refletirmos sobre um relato relativamente curto da história do currículo.

SIGNIFICADO E CONTROLE NA HISTÓRIA DO CURRÍCULO

O sociólogo britânico Bill Williamson defende a idéia de que homens e mulheres "têm de lutar com as formas institucionais e ideológicas das épocas anteriores como sendo os obstáculos fundamentais para o que podem atingir".[9] Se essa idéia for tomada a sério, deveremos entender o que se oferece e ensina na escola em termos históricos. Como Williamson observa: "as atitudes educacionais dos grupos dominantes na sociedade ainda carregam o peso histórico e estão exemplificadas mesmo nos tijolos e na argamassa dos próprios prédios das escolas".[10]

Para sermos honestos com nós mesmos, devemos reconhecer que o campo do currículo finca suas raízes no próprio solo do controle social. Seu paradigma intelectual tomou primeiramente forma no início do século XX, e tornou-se um conjunto identificável de procedimentos para a seleção e organização do conhecimento escolar – procedimentos a serem ensinados aos professores e a outros educadores. Na época, a principal preocupação das pessoas da área do currículo era a do controle social. Parte dessa preocupação é compreensível. Muitas das figuras importantes que influenciaram a área curricular (como Charles C. Peters, Ross Finney e especialmente David Snedden) tinham interesses que abarcavam tanto o campo da sociologia educacional quanto o problema mais geral do que deveria de fato acontecer nas escolas. A idéia de controle social teve importância crescente na Sociedade Americana de Sociologia à época e foi uma idéia que pareceu capturar tanto a imaginação e a energia de boa parte da *intelligentsia* da nação quanto a de segmentos poderosos da comunidade empresarial. Não é, portanto, difícil entender como também atraiu aquelas pessoas que "usavam dois chapéus", isto é, que eram tanto sociólogos como trabalhadores do currículo.[11]

Todavia, um interesse pela escolarização como mecanismo de controle social não foi meramente tomado emprestado da sociologia. Os indivíduos que primeiro se nomearam especialistas em currículo (homens como Franklin Bobbitt e W. W. Charters) se preocupavam vitalmente com o controle social também por razões ideológicas. Esses homens foram fortemente influenciados pelo movimento de administração científica e pelo trabalho de especialistas em mensuração social;[12] também se guiavam por convicções que consideravam o popular movimento eugênico uma força social "progressista". Assim, eles trouxeram o controle social para o centro do campo, cuja tarefa era desenvolver critérios para a seleção de significados com os quais os alunos entrariam em contato nas escolas.

Isso não significa, naturalmente, que o controle social em si e por si mesmo é sempre indesejável. A vida social sem algum elemento de controle é quase impossível de vislumbrar, mesmo porque as instituições, enquanto instituições, tendem a responder às *regularidades* da interação humana. Houve historicamente determinado conjunto de hipóteses – de regras do senso comum – sobre os significados e controles escolares que influenciaram fortemente os primeiros autores que lidaram com o currículo. Eles não só admitiam que a sociedade organizada deveria se manter por meio da preservação de algumas de suas formas valorizadas de interação e significado (um sentido "fraco" e bastante generalista, mas completamente compreensível do controle social). Tinham, também, profundamente engastadas em sua perspectiva ideológica um "forte" sentido de controle. A educação em geral e os significados cotidianos do currículo nas escolas, em particular, eram vistos como elementos essenciais para a preservação de privilégios, interesses e conhecimentos sociais existentes, que eram as prerrogativas de uma parcela da população, mantida às custas de grupos com menos poder.[13] Como veremos com mais detalhes no Capítulo 4, isso mais freqüentemente tomou a forma de uma tentativa de garantir um controle especializado e científico da sociedade, de eliminar ou "socializar" grupos raciais ou étnicos indesejados ou suas características, ou de produzir um grupo de cidadãos economicamente eficientes a fim de, como coloca C. C. Peters, reduzir o mau ajustamento de trabalhadores em seus empregos. O substrato econômico da vida escolar cotidiana será de especial importância quando, mais tarde neste capítulo, analisarmos o que as escolas ensinam sobre trabalhar e brincar.

É claro que o controle social como idéia ou interesse não se originou com as tentativas do primeiro movimento curricular de usar o conhecimento escolar para fins sociais bastante conservadores. O controle social foi uma meta implícita de um grande número de programas sociais e políticos de aperfeiçoamento realizados durante o século XIX, tanto por agentes privados quanto estatais. Foi a sua intenção também que a ordem, a estabilidade e o imperativo do crescimento industrial pudessem ser mantidos em face de uma variedade de mudanças econômicas e sociais.[14] Como a análise de Feinberg (1975) das raízes ideológicas da política educacional liberal demonstra, muitas das "reformas" propostas, mesmo no século XX, tanto nas escolas quanto em outros lugares, serviram latentemente aos interesses sociais e conservadores de estabilidade e de estratificação social.[15]

O argumento apresentado até aqui não tem a função de ridicularizar os esforços de educadores e de reformadores sociais. Em vez disso, é uma tentativa de colocar o debate atual referente à falta de um espírito humano nas escolas, o ensino tácito de normas e valores sociais, etc., em um contexto histórico mais amplo. Sem tal contexto, não poderemos entender completamente a relação entre o que as escolas de fato fazem e uma economia industrial avançada como a dos Estados Unidos. O melhor exemplo desse contexto pode ser encontrado nas funções ideologicamente mutantes da escolarização em geral e dos significados curriculares, em particular. Por trás de muito desse debate sobre o papel da educação formal nos Estados Unidos durante o século XIX, está uma variedade de preocupações sobre a padronização dos ambientes educacionais, sobre o ensino – por meio da interação escolar cotidiana –, de valores morais, normativos e de inclinações diversas, e sobre o funcionalismo econômico. Hoje, essas preocupações receberam o nome de "currículo oculto", expressão de autoria de Philip Jackson (1968)[16] e outros. É a própria questão de ser oculto que pode nos ajudar a desvelar a relação histórica entre o que se ensina na escola e o contexto mais amplo das instituições que a cercam.

Devemos ter ciência de que, historicamente, o currículo oculto não era em absoluto oculto, mas, ao contrário, era uma função aberta das escolas durante um bom tempo de sua vida como instituições. Ao longo do século XIX, a diversidade crescente de atributos e estruturas políticas sociais e culturais "forçou os educadores a dar continuidade, com novo vigor, à linguagem do controle social e da homogeneização que havia dominado a retórica educacional desde o primeiro período colonial".[17] À medida que o século avançava, a retórica da reforma – da justificação da posição ideológica de alguém contra o interesse de outros grupos – não se concentrou somente na necessidade crítica de homogeneidade social. Usar as escolas como agente principal para inculcar valores e para a criação de "uma comunidade norte-americana" não foi suficiente. As pressões crescentes da modernização e da industrialização também criaram certas expectativas de eficiência e de utilidade prática entre algumas classes e também numa elite industrial da sociedade. De acordo com Vallance: "à socialização impositiva acrescentava-se um enfoque na eficiência organizacional". Assim, as reformas que tinham seu maior efeito na organização social, e principalmente nos procedimentos e princípios que governavam a vida nas salas de aula, eram dominadas pelo interesse pela produção e pela linguagem da produção, pelo funcionamento econômico bem ajustado e pelas habilidades burocráticas. Nesse processo, as razões subjacentes para a reforma passaram vagarosamente de um interesse ativo pelo consenso de valores a uma funcionalidade econômica.[18] Todavia, isso só poderia ocorrer se o período anterior, com sua busca por um caráter nacional padronizado, construído em grande parte por meio das características das escolas, fosse aceito e percebido como algo de sucesso. Assim, os perfis institucionais das escolas com suas formas de interação cotidianas relativamente padronizadas oferecem os mecanismos pelos quais um consenso normativo pôde ser "ensinado". Dentro desses amplos perfis, dentro dessas regularidades comportamentais da instituição, impôs-se um conjunto ideológico de regras do senso comum para a seleção do currículo e para a organização da experiência escolar com base na eficiência, funcionalidade econômica e exigências burocráticas. O primeiro currículo tornou-se então a estrutura profunda, o primeiro currículo oculto, que abrangia este último. Uma vez que o currículo oculto havia se tornado oculto, quando um contexto de aprendizagem uniforme e padronizado tinha se estabelecido e quando a seleção e o controle sociais foram tomados como dados na escolarização, somente então se pôde prestar atenção às necessidades do indivíduo ou de outras preocupações mais "etéreas".[19]

Assim, historicamente, um grupo de significados do senso comum, combinando o consenso normativo e o ajuste econômico, foi construído na própria estrutura da educação formal. Isso não quer dizer que não houve movimentos educacionais significativos voltados, digamos, à educação para o autodesenvolvimento. Por trás dessas escolhas preferenciais sobre as necessidades individuais havia um conjunto mais poderoso de expectativas cercando a escolarização – conjunto que estabelecia a estrutura constitutiva da experiência escolar. Como vários economistas recentemente observaram, a "função latente" economicamente mais importante da vida escolar parece ser a seleção e geração de atributos e de significados normativos que capacitam o indivíduo a ter uma chance de retorno econômico.[20] Como vimos, isso está intimamente ligado, também, ao papel cultural da escola na maximização da produção de conhecimento técnico. Pelo fato de a escola ser a única grande instituição que se situa entre a família e o mercado de trabalho, não é estranho que, tanto historicamente quanto hoje, determinados significados sociais que tragam benefícios diferenciais sejam distribuídos nas escolas.

Quais são esses determinados significados sociais? Como eles são organizados e apresentados na vida escolar cotidiana? É para essas questões que nos voltamos agora.

IDEOLOGIA E CURRÍCULO NA PRÁTICA

As amplas preocupações da seção anterior com a relação entre ideologia e conhecimento escolar, entre significados e controle, tendem a ser todas muito vagas, a não ser que as vejamos como forças presentes nas atividades de quem trabalha na escola e dos alunos, no que diz respeito ao modo como levam suas vidas nas salas de aula. Como os pesquisadores do currículo oculto e outros observaram, os modos concretos pelos quais o conhecimento é distribuído nas salas de aula juntamente com as práticas do senso comum de professores e alunos podem iluminar as conexões entre a vida escolar e as estruturas de ideologia, poder e recursos econômicos dos quais as escolas são parte integrante.[21]

Da mesma forma que há uma distribuição de capital cultural na sociedade, há também a distribuição social de conhecimento nas salas de aula. Por exemplo, "tipos" diferentes de alunos obtêm diferentes "tipos" de conhecimento. Keddie (1971) documenta isso muito bem em seu estudo do conhecimento que os professores têm de seus alunos e do conhecimento curricular disponibilizado depois a eles.[22] Embora a distribuição do conhecimento seja de fato diferente na sala de aula e embora esteja intimamente relacionada ao processo de rotulação social ocorrido nas escolas[23] (algo que relatarei mais claramente no Capítulo 7), ela é menos importante para a minha análise do que aquilo que poderíamos chamar de "estrutura profunda" da experiência escolar. Que significados subjacentes são negociados e transmitidos nas escolas por trás do real e formal conteúdo das "coisas" que compõem o currículo? O que acontece quando o conhecimento é filtrado por meio dos professores? Por meio de quais categorias de normalidade e desvio o currículo é filtrado? Qual é o modelo básico e de organização do conhecimento normativo e conceitual que os alunos de fato obtêm? Em poucas palavras, qual é o *currículo que utilizam*? É somente entendendo essa estrutura profunda que podemos começar a apontar como as normas sociais, as instituições e as regras ideológicas são continuamente sustentadas e mediadas pela interação diárias de agentes do senso comum quando realizam suas práticas normais.[24] Isso é especialmente verdadeiro na sala de aula. As definições sociais sobre o conhecimento escolar – definições que são dialeticamente relacionadas e que repousam no contexto maior das instituições sociais e econômicas circundantes – são mantidas e recriadas pelas práticas do senso comum de ensino e avaliação nas salas de aula.[25]

Concentrar-me-ei na pré-escola porque ela representa um momento crítico no processo pelo qual os alunos se tornam competentes em regras, normas, valores e inclinações "necessárias" para que atuem na vida institucional de hoje. Aprender o papel de aluno é uma atividade complexa – exige tempo e interação contínua com as expectativas institucionais. Enfocando como isso ocorre e o conteúdo das inclinações que são, tanto aberta quanto ocultamente, parte do conhecimento da pré-escola, podemos começar a esclarecer o conhecimento de fundo que as crianças usam como princípios de organização para uma parcela significativa do restante de suas carreiras escolares.

Em poucas palavras, a definição social internalizada durante o início da vida escolar estabelece as regras constitutivas para a vida escolar posterior. Assim, os elementos que precisam de exame são os que se constroem como trabalho ou brincadeira (jogo), "conhecimento escolar" ou simplesmente "meu conhecimento", normalidade ou desvio. Como veremos, o uso do elogio, as regras de acesso aos materiais e o controle do tempo e das emoções contribuem significativamente para o ensino de significados sociais na escola. Contudo, como também veremos, são os significados atrelados à categoria *trabalho* que mais claramente esclarecem o lugar possível das escolas na complexa rede de instituições econômicas e sociais que cercam a todos nós.

A experiência da pré-escola serve como fundamento para os anos de escola que virão. As crianças que passam por ela tendem a demonstrar uma superioridade geral em seu desempenho nas primeiras séries, se comparadas com as que não passaram pela mesma experiência. Contudo, as tentativas de determinar exatamente que técnicas de ensino e experiências de aprendizagem contribuem mais diretamente ao "crescimento intelectual e emocional" das crianças na pré-escola produziram resultados não-conclusivos. O treinamento nesta fase parece exercer sua influência mais duradoura e poderosa nas atitudes e no comportamento das crianças pela aclimatação delas ao ambiente de sala de aula. É na sala de aula da pré-escola que se apresentam às crianças seus papéis como alunos da escola de ensino fundamental; a compreensão e o domínio desse *papel* contribuem para o maior sucesso, no ensino fundamental, das crianças que passaram pela pré-escola.

A socialização nas salas de aula da pré-escola inclui a aprendizagem de normas e definições das interações sociais. Dá-se o desenvolvimento contínuo de uma definição de funcionamento da situação. A fim de atuar adequadamente em uma situação social, quem está envolvido no processo deve atingir um entendimento comum de significados, limitações e do potencial que o ambiente oferece à interação. Durante as primeiras semanas do ano escolar, as crianças e o professor forjam uma definição comum da situação a partir da interação repetida em sala de aula. Quando se aceita determinado conjunto comum de significados sociais, as atividades de sala de aula ocorrem naturalmente. Em geral, esses significados comuns permanecem relativamente os mesmos, a não ser que o fluxo de eventos no ambiente deixe de ser ordenado.

Devemos entender que, assim como na nossa primeira discussão sobre a metáfora da distribuição cultural, a socialização não é um processo de mão única.[26] Até certo ponto, as crianças em uma sala de aula socializam o professor tanto quanto se socializam. Contudo, as crianças e o professor não têm influência igual na determinação da definição de trabalho da situação. No primeiro dia de aula de uma turma de pré-escola, o professor tem um maior conjunto organizado de regras do senso comum do que as crianças. Pelo fato de ele também deter a maior parte do poder para controlar os eventos e recursos na sala de aula, é o seu conjunto de significados que é dominante. Naturalmente, mesmo os professores não estão livres para definir a situação de sala de aula da maneira que queiram. Como vimos anteriormente neste capítulo, a escola é uma instituição bem estabelecida e pode acontecer de que nem o professor nem as crianças percebam algo muito além de maneiras apenas marginais para desviar de modo significativo das regras e expectativas do senso comum que distinguem as escolas de outras instituições.

A negociação de significados em uma sala de aula da pré-escola é uma fase fundamental para a socialização das crianças. Os significados dos objetos e dos eventos não são intrínsecos, mas formados por meio de interação social. Esses significados, como acontece com outros aspectos da definição da situação, podem mudar durante algum tempo. Em determinado momento, contudo, tornam-se estáveis e provavelmente não serão renegociados, a não ser que o fluxo ordenado de eventos na sala de aula seja rompido.

Os significados de objetos e eventos tornam-se claros para as crianças quando elas participam do ambiente social. O *uso* de materiais, a natureza da autoridade, a qualidade das relações pessoais, os comentários espontâneos, tanto quanto os outros aspectos da vida cotidiana em sala de aula, contribuem para a consciência cada vez maior de parte da criança sobre seu papel na sala de aula e para sua compreensão do ambiente social. Portanto, como argumentamos no Capítulo 1, para entender a realidade social da escolarização, é necessário estudá-la no ambiente real de sala de aula. Todo conceito, papel ou objeto é uma criação social ligada à situação na qual foi produzido. Os significados da interação de sala de aula não podem ser previstos; devem ser descobertos. A abstração desses significados, juntamente com as generalizações e *insights* tirados deles, pode ser aplicável a outros contextos, mas as descrições iniciais do pesquisador, sua compreensão e suas interpretações requerem que os fenômenos sociais sejam encontrados onde são produzidos, isto é, na sala de aula.[27]

A observação e a entrevista com os participantes de determinada sala de aula da pré-escola de uma escola pública, considerada um modelo por muitas das pessoas que trabalham nas escolas, revelaram que os significados sociais dos eventos e dos materiais se estabeleciam incrivelmente cedo no ano letivo. Como na maioria dos ambientes de sala de aula, a socialização das crianças era uma prioridade aberta durante as primeiras semanas de aula. As quatro habilidades mais importantes que a professora esperava que as crianças aprendessem durante essas primeiras semanas eram compartilhar, ouvir, guardar as coisas e acompanhar a rotina da sala de aula. Assim, ao informar as crianças sobre as metas que estabelecera para elas no início de sua experiência escolar, a professora também constitui sua definição de comportamento socializado na sala de aula.

As crianças não tomaram parte na organização dos materiais de sala de aula e eram relativamente impotentes para afetar o curso dos eventos cotidianos. A professora não fez nenhum esforço especial para deixar as crianças mais à vontade na sala, nem para reduzir a incerteza delas sobre o cronograma de atividades. Em vez de mediar os aspectos intrusivos do ambiente, ela escolheu exigir que as crianças se adaptassem aos materiais como lhes eram apresentados. Quando o barulho contínuo de outra turma no corredor distraía as crianças, por exemplo, a professora chamava sua atenção; porém, não fechava a porta. Da mesma forma, os armarinhos onde as crianças guardavam seus materiais para desenho, aventais e tênis não eram etiquetados, embora elas tivessem uma dificuldade considerável para lembrar qual deles lhes pertencia. Apesar de muitas situações em que as crianças perdiam seu giz de cera e choravam, a professora recusou-se a permitir que uma estagiária etiquetasse os armarinhos. Ela disse à estagiária que as crianças deveriam aprender a lembrar qual é seu armarinho, pois "esse é o trabalho delas". Uma garota esqueceu onde ficava seu armarinho um dia depois de eles terem sido determinados, e a professora disse a toda a turma que ela era um exemplo de "garota que não estava ouvindo o que a professora dissera ontem".

Os objetos da sala de aula eram dispostos de maneira atraente, num convite aberto para que a turma interagisse com eles. A maior parte do material era colocada no chão ou em prateleiras de fácil acesso às crianças. Contudo, as oportunidades para interação com o material eram bastante limitadas. A organização do tempo pela professora contradizia a aparente disponibilidade do material. Durante a maior parte da aula, as crianças eram impedidas de manusear os objetos. Os materiais, então, foram organizados de maneira que as crianças aprendessem a se conter; elas aprendiam a lidar com as coisas que estivessem a seu alcance somente quando a professora permitia. As crianças eram "punidas" por tocar nas coisas quando não era o momento para fazê-lo e recebiam elogios quando mostravam conter-se. Por exemplo, a professora elogiou as crianças por obedecerem prontamente quando foram solicitadas a parar de quicar suas bolas de basquete no ginásio; nenhuma referência foi feita à habilidade com a bola.

A professora deixou claro às crianças que bons alunos da pré-escola ficavam em silêncio e cooperavam. Certa manhã, uma criança trouxe duas grandes bonecas de palha para a sala de aula e as colocou em sua cadeira. Durante o primeiro período de ensino para o grande grupo, a professora se referiu a elas, dizendo: "Ann e Andy colaboraram muito! Ficaram bem quietinhas a manhã inteira".

Como parte da aprendizagem de comportamento socializado, as crianças aprenderam a tolerar a ambigüidade e o desconforto da sala de aula e a aceitar um grau considerável de arbitrariedade em suas atividades escolares. Pedia-se a elas que ajustassem suas respostas emocionais, conformando-se ao padrão considerado apropriado pelo professor. Elas aprenderam a responder pessoalmente a ela e à maneira pela qual organizara o ambiente de sala de aula.

Depois de cerca de duas semanas da pré-escola, as crianças haviam estabelecido um sistema de categorias para a definição e organização de sua realidade social na sala de aula. As respostas que davam nas entrevistas indicavam que as atividades na sala de aula não continham significados intrínsecos; as crianças conferiam significados dependendo do contexto em que cada atividade era realizada. A professora apresentou o material de sala de aula como parte do ensino, bem como, mais explicitamente, discutiu e demonstrou sua utilização na classe. Isso é algo crucial, pois o uso de determinado objeto – isto é, a maneira pela qual somos predispostos a agir em relação a ele – constituirá seu significado para nós. Ao definir os significados das coisas em sala de aula, a professora, então, também definia as relações entre as crianças e os materiais em termos de significados contextuais, atrelados ao ambiente de sala de aula.

Quando perguntadas sobre os objetos de sala de aula, as crianças respondiam com notável concordância e uniformidade. Elas dividiam o material em duas categorias: coisas com que se trabalha e coisas com que se brinca. Nenhuma criança organizava qualquer material que contradissesse o que parecia ser seu princípio orientador. Os materiais que as crianças usavam sob a orientação do professor eram materiais de trabalho, e incluíam livros, papéis, cola, giz de cera e outros objetos tradicionalmente associados às tarefas de sala de aula. Nenhuma criança escolheu usar esses materiais durante a hora de "brincar", no início do ano letivo. Os materiais que as crianças escolhiam durante o recreio eram objetos ou brinquedos rotulados como objetos pequenos manipuláveis. Esses materiais incluíam, entre outras coisas, jogos, uma casa de brinquedo, bonecas e um carrinho de criança.

O significado dos materiais de sala de aula, então, deriva da natureza da atividade em que são usados. As categorias de trabalho e brinquedo surgiram como organizadores poderosos da realidade da sala de aula no início do ano letivo. Tanto a professora quanto as crianças consideravam as atividades de trabalho mais importantes do que as brincadeiras. As informações que as crianças diziam ter aprendido na escola eram todas coisas que a professora havia lhes dito durante as atividades que chamavam de "trabalho". As atividades da categoria "brinquedo" só eram permitidas se houvesse tempo e se as crianças tivessem terminado suas tarefas de trabalho. Os dados da observação revelaram que a categoria de trabalho tinha vários parâmetros bem-definidos que a separavam da categoria do brincar.

Primeiro, o trabalho inclui toda e qualquer atividade dirigida pelo professor; apenas as atividades realizadas durante o recreio eram chamadas de "brincadeira" pelas crianças. As atividades como colorir, desenhar, esperar na fila, ouvir histórias, assistir a filmes, higienizar-se e cantar eram chamadas de trabalho. Trabalhar, então, era fazer o que lhes mandavam fazer, independentemente da natureza da atividade envolvida.

Segundo, todas as atividades de trabalho, e apenas elas, eram compulsórias. Por exemplo, pedia-se às crianças que desenhassem figuras sobre determinado assunto em diferentes ocasiões. Durante o momento em que cantavam, a professora freqüentemente interrompia para incentivar ou exortar às crianças que não estavam participando ou que cantavam muito baixo. Todas as escolhas permitidas durante os períodos de trabalho ficaram circunscritas aos limites de procedimentos uniformemente aceitos. Durante uma dança indígena, por exemplo, a professora permitiu que as crianças que "dormiam" pudessem roncar. Depois de uma visita ao corpo de bombeiros, pediu-se a todas as crianças que fizessem um desenho, e cada uma delas pôde escolher qualquer parte da visita para retratar (é claro que é também verdade que se *exigiu* que cada criança ilustrasse a sua parte favorita da visita). Quando a professora apresentou um trabalho de artes, disse: "Hoje vocês vão fazer o cavalo de um caubói. Vocês podem pintar o cavalo da cor que quiserem, preto, branco ou marrom". Em outra ocasião, ela disse, com grande ênfase, que as crianças podiam escolher três cores para as flores que estavam fazendo para o revestimento de suas forminhas de bolo. As crianças ficaram ofegantes, agitadas e aplaudiram. Essas escolhas não mudaram o princípio segundo o qual se exigia das crianças que usassem os mesmos materiais da mesma maneira durante os períodos de trabalho. Mais do que tudo, a natureza das escolhas enfatizava o princípio geral.

Não só todas as atividades de trabalho eram obrigatórias, como também toda a criança tinha de começá-las em um horário determinado. A turma inteira trabalhou simultaneamente em todas as tarefas designadas. Além disso, exigia-se de todas as crianças que completassem as tarefas durante o período de trabalho. Em um incidente típico, no segundo dia de aula, muitas crianças reclamaram: não conseguiam ou não queriam terminar um longo projeto de artes. A professora disse que todos deveriam terminá-lo. Uma criança que perguntou se poderia terminá-lo "na próxima vez" obteve como resposta: "Você deve terminá-lo agora".

Além de exigir que todas as crianças fizessem a mesma coisa ao mesmo tempo, as atividades de trabalho também colocavam as crianças em contato com os mesmos materiais e produziam produtos ou resultados similares ou idênticos. Durante os períodos de trabalho, os mesmos materiais eram apresentados à turma inteira simultaneamente, e se esperava o mesmo produto de toda a criança. Esperava-se que todas as crianças usassem os materiais de trabalho da mesma forma. Até mesmo os procedimentos aparentemente inconseqüentes tinham de ser seguidos por todas as crianças. Por exemplo, depois da atividade de ensino ao grande grupo, no segundo dia de aula, a professora disse às crianças: "Peguem uma folha de papel e lápis de cor e voltem para suas mesas". Uma criança, que pegou primeiro o lápis, foi repreendida, pois deveria pegar o papel antes.

Os produtos ou habilidades que as crianças exibiam ao final de um período de trabalho tinham como objetivos serem idênticos ou, pelo menos, similares. A professora demonstrou como fazer a maior parte dos projetos à turma inteira, antes de as crianças obterem seus materiais. As crianças então tentaram fazer algo semelhante ao que a professora tinha disponibilizado como possibilidade. Apenas aqueles trabalhos que eram quase idênticos ao produto que a professora fizera como demonstração eram guardados e exibidos em sala de aula.

Os períodos de trabalho, conforme a definição das crianças, implicavam que todas trabalhassem simultaneamente, na mesma atividade, com os mesmos materiais e dirigidas ao mesmo fim. O objetivo das atividades de trabalho era simplesmente *fazê-las*, não necessariamente fazê-las bem. No segundo dia de aula, muitas crianças terminaram rapidamente suas tarefas para se juntarem aos amigos que brincavam. Durante o ensino de música, por exemplo, a professora estimulava as crianças a cantar em voz alta. Afinação, ritmo, entonação não eram mencionados às crianças, nem eram delas esperados. Exigia-se apenas sua participação entusiasmada e vigorosa. Da mesma forma, a professora aceitou qualquer projeto artístico em que as crianças tivessem investido bastante tempo. As tarefas eram compulsórias e idênticas, e, ao aceitar todos os produtos, a professora freqüentemente validava trabalhos fracos ou de qualidade duvidosa. A aceitação de tais trabalhos tornava nula qualquer noção de excelência como categoria de avaliação. A diligência, a perseverança, a obediência e participação eram recompensadas, mas essas são características das crianças, não de seu trabalho. Dessa forma, a noção de excelência foi separada da noção de trabalho aceitável, sendo substituída pelo critério de participação adequada.

As crianças, entrevistadas em setembro (início do ano letivo norte-americano) e novamente em outubro, usavam as categorias de trabalho e brinquedo para criar e descrever sua realidade social. Suas respostas indicavam que as primeiras semanas de escola eram importantes para aprender sobre a natureza do trabalho em sala de aula. No início do ano letivo, nenhuma criança disse "trabalho" quando perguntavam a ela o que as crianças faziam na pré-escola. No segundo mês de aula, metade das crianças entrevistadas respondeu com a palavra "trabalho", e todas falavam mais sobre trabalho e menos sobre brincar. A professora ficou satisfeita com o progresso da turma durante as primeiras semanas de aula e repetidamente se dizia às crianças que elas "*trabalhavam* bem".

A professora freqüentemente justificava sua apresentação às atividades de trabalho na sala de aula em termos de preparação das crianças para o ensino fundamental e para a idade adulta. Ela acreditava, por exemplo, que as atividades de trabalho deveriam ser compulsórias, porque as crianças precisavam praticar a obediência a instruções – sem exercitar opções alternativas – como preparação para a realidade do trabalho adulto. Esperava que as crianças vissem a pré-escola como um ano de preparação para a 1ª série. Ao enfatizar a importância de saber colorir ou organizar os desenhos em seqüência adequada, a professora falava da necessidade dessas habilidades na 1ª série e da dificuldade que as crianças que não prestavam atenção nas tarefas da pré-escola teriam no ano seguinte.

As crianças eram relativamente impotentes para influenciar o fluxo das atividades diárias, e a obediência era mais valorizada do que a habilidade. Considerava-se essa atmosfera uma ponte importante entre o lar e as futuras situações de trabalho. A professora esperava que as crianças se ajustassem ao ambiente da sala de aula e que tolerassem qualquer nível de desconforto implicado nesse ajustamento.

Assim, como parte de sua iniciação à comunidade da pré-escola, as crianças pequenas também receberam sua primeira iniciação à dimensão social do mundo do trabalho. O conteúdo de determinadas lições é relativamente menos importante do que a experiência de ser alguém que trabalha. Os atributos pessoais de obediência, entusiasmo, adaptabilidade e perseverança são mais valorizados do que a competência acadêmica. A aceitação, sem questionamento, da autoridade e das vicissitudes da vida nos ambientes institucionais está entre as primeiras lições de um aluno da pré-escola. É nessa aceitação contínua e natural – como trabalho *tout court* – dos significados do que seja conhecimento importante e não importante, de trabalhar e de brincar, de normalidade e de desvio, que residem essas lições.

PARA ALÉM DE UM HUMANISMO RETÓRICO

Como Gramsci defendia, o controle do conhecimento que preserva e produz setores de uma sociedade é um fator fundamental para a ampliação da dominância ideológica de um grupo de pessoas sobre outro ou de uma classe sobre grupos menos poderosos de pessoas ou classes.[28] A esse respeito, o papel da escola na seleção, preservação e transmissão de concepções de competência, normas ideológicas e valores (e, freqüentemente, do conhecimento de apenas determinados grupos sociais) – estando tais concepções engastadas tanto nos currículos abertos quanto nos currículos ocultos – não é de menor importância.

Pelo menos dois aspectos da vida escolar servem a funções distributivas, sociais e econômicas. Como a crescente literatura sobre o currículo oculto demonstra, e como venho sustentando com evidências históricas e empíricas aqui, as formas de interação na vida escolar podem servir como mecanismos para a comunicação de significados normativos e determinadas inclinações aos alunos. Entretanto, o próprio corpo do conhecimento escolar – o que se inclui e o que se exclui, o que é importante e o que não é – também serve a um propósito ideológico.

Como será demonstrado no Capítulo 5, muito do conteúdo formal do conhecimento curricular é dominado por uma ideologia do consenso. O conflito, intelectual ou normativo, é visto como um atributo negativo na vida social. Assim, há um tipo peculiar de redundância no conhecimento escolar. Tanto a experiência cotidiana quanto o próprio conhecimento do currículo apresentam mensagens de consenso normativo e cognitivo. A estrutura profunda da vida escolar, o modelo básico e organizativo das regras do senso comum que é negociado, internalizado e que principalmente parece dar significado à nossa experiência nas instituições educacionais, parece também intimamente ligada às estruturas normativas e comunicativas da vida industrial.[29] Como isso poderia ser diferente?

Talvez possamos esperar um pouco mais da experiência escolar do que retratei aqui, dada a distribuição de recursos nos Estados Unidos, e dados os desejos de uma grande parte de seus cidadãos. Uma hipótese que não deve ser dispensada muito prontamente é a de que, na verdade, as escolas de fato funcionam. Estranhamente, elas podem ter sucesso em reproduzir algo que é, grosso modo, equivalente à estratificação econômica e social da sociedade. Assim, quando perguntamos às escolas "onde está sua humanidade?" talvez seja mais difícil do que se pensa lidar com a pergunta.

Por exemplo, podemos interpretar este capítulo como uma declaração contrária a determinado compromisso de uma comunidade com a educação, ou como uma declaração negativa sobre determinados tipos de professores que sejam "menos capazes do que poderiam ser". Isso seria basicamente incorreto, acredito eu. A cidade onde esse estudo foi realizado tem uma orientação educacional. Ela gasta uma grande parte de seus recursos na escolarização e tem a sensação de que merece sua reputação como um dos melhores sistemas escolares da região, senão do país.

É importante que não consideremos esse tipo de professor como alguém maltreinado, sem sucesso ou desleixado. O que ocorre na verdade é, na maioria das vezes, exatamente o contrário. A professora de sala de aula observada é, na verdade, tida como uma professora competente por administradores, colegas e pais de alunos. Dado isso, as atividades da professora devem ser entendidas não meramente em termos dos padrões de interação social que dominam as salas de aula, mas em termos de uma padronização mais ampla de relações sociais e econômicas na estrutura social da qual ela e a própria escola são parte.[30]

Quando os professores distribuem interpretações normativas de trabalhar e brincar, como as interpretações históricas e contemporâneas que documentei aqui, devemos perguntar, em consonância com Sharp e Green (1975), "a quais problemas nossas soluções são viáveis para os professores?",[31] "qual é o modelo interpretativo do senso comum utilizado pelos professores e a qual conjunto de pressuposições ideológicas ele responde?" Dessa forma, podemos situar o conhecimento e a atividade de sala de aula no modelo mais amplo de relações estruturais que com freqüência determina o que acontece nas salas de aula – por meio do professor, das expectativas dos pais, do ambiente material de sala de aula, dos problemas considerados importantes com os quais os professores têm de lidar, ou da relação entre escolas e o setor econômico de uma sociedade.

Este capítulo não pode por si só sustentar o argumento de que as escolas pareçam agir latentemente para ampliar uma ordem social já desigual e estratificada. Com os outros capítulos deste livro, este confirma, porém, um certo número de análises recentes que apontam como as escolas, por meio da distribuição de categorias sociais e ideológicas, contribuem à promoção de um modelo bastante estático de instituições.[32] Assim, meu argumento não deve ser visto como uma declaração contra determinada escola ou qualquer grupo de professores. Ao contrário, quero apontar a necessidade de os educadores verem o quanto os professores estão "encapsulados" em um contexto social e econômico que necessária e freqüentemente produz os problemas com que os professores se deparam e as limitações materiais de suas respostas. Esse contexto muito "externo" dá legitimação substancial para a alocação do tempo e da energia dos professores e para os tipos de capital cultural engastados na própria escola.[33]

Se esse for o caso, como fortemente penso que seja, as questões elaboradas devem ir além do nível humanístico (sem perder sua intenção humanística e emancipatória), chegando a uma abordagem mais relacional. Embora os educadores continuem a perguntar o que está errado nas escolas e o que pode ser feito – nossos problemas podem ser "resolvidos" com professores mais humanistas, maior abertura, melhor conteúdo, etc. –, é de imensa importância que comecemos a levar a sério questões como "As escolas funcionam hoje sob o interesse de quem?" e "Qual é a relação entre a distribuição de capital cultural e capital econômico?" e, finalmente, "Podemos lidar com as realidades políticas e econômicas de criação de instituições que ampliem o significado e diminuam o controle?".

Sharp e Green (1975) resumem bastante bem essas preocupações relativas a um humanismo retórico:[34]

> Queremos enfatizar que uma preocupação humanista pela criança necessita de maior consciência dos limites nos quais a autonomia do professor possa operar, colocando questões: "A que interesses servem as escolas: aos dos pais e das crianças, ou aos dos professores e do diretor?" e "Quais são os interesses mais amplos a que a escola serve?" e, possivelmente mais importante, "Como conceitualizamos 'interesses' em uma realidade social?" Portanto, em vez de ver a sala de aula como um sistema social e, como tal, isolada de processos estruturais mais amplos, sugerimos que o professor que tenha desenvolvido uma compreensão de seu lugar nesse processo mais amplo possa muito bem estar em melhor posição de entender onde e como é possível alterar essa situação. O educador que é necessariamente um moralista deve preocupar-se com as precondições sociais e [econômicas] para que realize seus ideais. Em vez de afirmarem a separação de política e educação, como se faz nas hipóteses do senso comum liberal, os autores partem do pressuposto de que toda a educação é, em suas implicações, um processo político.

Assim, isolar a experiência escolar da complexa totalidade de que é parte constitutiva resulta em uma análise um pouco limitada demais. Na verdade, o estudo da relação entre ideologia e conhecimento escolar é especialmente importante para nossa compreensão da coletividade social da qual todos somos parte. Esse estudo permite que comecemos a ver como a sociedade reproduz a si mesma, como perpetua suas condições de existência por meio da seleção e transmissão de determinados tipos de capital cultural dos quais uma complexa, mas desigual, sociedade industrial depende e como mantém a coesão entre classes e indivíduos pela propagação de ideologias que acabam por sancionar os arranjos institucionais existentes e que podem causar estratificação desnecessária e desigualdade em primeiro lugar. Será que é possível não entendermos essas coisas?

Como observado no Capítulo 1, uma compreensão total, que busque ir além dos modelos positivistas agora dominadores de nossa consciência, deve combinar uma análise do que de fato acontece nas escolas com uma apreciação de seu crescimento, de sua *história*. Apenas por essa combinação poderemos entender por que as experiências diárias são o que são. É para essa história mais ampla que nos voltamos agora.

NOTAS

1. Charles Silberman, *Crisis in the Classroom* (New York: Random House, 1970).
2. Herbert Gintis e Samuel Bowles, "The Contradictions of Liberal Educational Reform", *Work, Technology, and Education*, Walter Feinberg e Henry Rosemont Jr. (eds.) (Urbana: University of Illinois Press, 1975), p. 109.
3. O fato de isso não ser meramente um interesse "intelectual", mas de incorporar compromissos sociais e ideológicos, será examinado com maior profundidade no Capítulo 6.
4. Michael F. D. Young, "Knowledge and Control", *Knowledge and Control*, Michael F. D. Young (ed.) (London: Collier-Macmillan, 1971), p. 8.
5. John Kennett, "The Sociology of Pierre Bourdieu", *Educational Review*, XXV (junho, 1973), p. 238.
6. Quanto à necessidade de se considerar relacionalmente as instituições, ver Bertell Ollman, *Alienation: Marx's Conception of Man in Capitalist Society* (New York: Cambridge University Press, 1971).
7. Daniel Kallos, "Educational Phenomena and Educational Research" (relatório do *Institute of Education*, n. 54, University of Lund, Lund, Suécia, mimeografado), p. 7.
8. Dennis Warwick, "Ideologies, Integration and Conflicts of Meaning", *Educability, Schools and Ideology*, Michael Flude e John Ahier (eds.) (London: Halstead Press, 1974), p. 94. Ver, também, Michael W. Apple, "Curriculum as Ideological Selection", *Comparative Educations Review*, XX (junho, 1976), 209-15.
9. Bill Williamson, "Continuities and Discontinuities in the Sociology of Education", em Flude e Ahier, op. cit., p. 10-11.
10. Ibid.
11. Barry Franklin, *The Curriculum Field and the Problem of Social Control, 1918-1938: A Study in Critical Theory* (tese de doutorado não-publicada, Universidade de Wisconsin, Madison, 1974), p. 2-3.
12. Ibid., p. 4-5. Ver também Steven Selden, "Conservative Ideologies and Curriculum", *Educational Theory*, XXVII (verão, 1977), p. 205-222. Deve-se observar aqui que a própria administração científica não foi necessariamente uma tecnologia neutra na criação de instituições mais eficientes. Foi desenvolvida como um mecanismo para a divisão e o controle do trabalho. Isso se encontra em Harry Braverman, *Labor and Monopoly Capital: The Degradation of Work in the Twentieth Century* (New York: Monthly Review Press, 1974).
13. Ibid.
14. Ibid., p. 317.
15. Walter Feinberg, *Reason and Rhetoric: The Intellectual Foundations of Twentieth Century Liberal Educational Policy* (New York: John Wiley, 1975).
16. Philip Jackson, *Life in Classrooms* (New York: Holt, Rinehart & Winston, 1968).
17. Elizabeth Vallance, "Hiding The Hidden Curriculum", *Curriculum Theory Network*, IV (outono, 1973/1974), p. 15.
18. Ibid.
19. Ibid., p. 18-19.
20. Gintis e Bowles, op. cit., p. 133. Esses significados normativos e os atributos da personalidade são distribuídos de maneira desigual a diferentes "tipos" de estudantes, em geral pela classe social ou pela expectativa profissional. Nem todos os estudantes ad-

quirem os mesmos elementos de controle, nem são os mesmos os significados a eles atribuídos por quem distribui o capital cultural. Ver Gintis e Bowles, op. cit., p. 136.
21. Ver, por exemplo, Michael W. Apple, "Ivan Illich and Deschooling Society: The Politics of *Slogan* Systems", *Social Forces and Schooling*, Nobuo Shimahara e Adam Scrupski (eds.) (New York: David McKay, 1975), p. 337-360, e Michael F. D. Young, "An Approach to the Study of Curricula as Socially Organized Knowledge", em Young, *Knowledge and Control*, op. cit., p. 19-46.
22. Nell Keddie, "Classroom Knowledge", em Michael F. D. Young, *Knowledge and Control*, op. cit., p. 19-46.
23. Ver John Eggleston, *The Sociology of the School Curriculum* (London: Routledge & Kegan Paul, 1977).
24. Este é, naturalmente, um princípio fundamental dos estudos etnometodológicos. Ver Peter McHugh, *Defining the Situation* (Indianapolis: Bobbs-Merrill, 1968), Roy Turner (ed.), *Ethnomethodology* (Baltimore: Penguin, 1974), e Aaron Cicourel, *Cognitive Sociology* (New York: Free Press, 1974).
25. Para mais explicações sobre esse assunto, ver Basil Bernstein, "The Classification and Framing of Educational Knowledge", em Michael F. D. Young (ed.), *Knowledge and Control*, op. cit., p. 47-69.
26. Robert MacKay, "Conceptions of Children and Models of Socialization", *Childhood and Socialization*, Hans Peter Drietzel (ed.) (New York: Macmillan, 1973), p. 27-43.
27. Uma excelente abordagem dessa tradição "etnográfica" pode ser encontrada em Philip E. D. Robinson, "An Ethnography of Classrooms", *Contemporary Research in the Sociology of Education*, John Eggleston (ed.) (London: Methuen, 1974), p. 251-266. Para outra discussão sobre essas questões metodológicas e para uma análise dos dados em que se baseia esta seção do capítulo, ver Nancy R. King, *The Hidden Curriculum and the Socialization of Kindergarten Children* (tese de doutorado não publicada, Universidade de Wisconsin, 1976).
28. Thomas R. Bates, "Gramsci and the Theory of Hegemony", *Journal of the History of Ideas*, XXXVI (abril/junho, 1975), p. 360.
29. Os argumentos de Habermas sobre os padrões de competência comunicativa em "ordenamentos" industriais avançados são bastante interessantes como esquema interpretativo. Ver, por exemplo, Jürgen Habermas, "Towards a Theory of Communicative Competence", *Recent Sociology*, n. 2, Hans Peter Dreitzel (ed.) (New York: Macmillan, 1970), p. 115-148, e Trent Schroyer, *The Critique of Domination* (New York: George Braziller, 1973).
30. Rachel Sharp e Anthony Green, *Education and Social Control: A Study in Progressive Primary Education* (Boston: Routledge & Kegan Paul, 1975), p. 8.
31. Ibid., p. 13.
32. Ibid., p. 110-112. Ver também a análise provocativa encontrada em Basil Bernstein, *Class, Codes and Control: Towards a Theory of Educational Transmissions* (2. ed. London: Routledge & Kegan Paul, 1977).
33. Ibid., p. 116.
34. Sharp e Green, op. cit., p. x.

4
História do currículo e controle social

Deve estar mais claro agora que uma das maneiras pelas quais as escolas são usadas para propósitos hegemônicos está no ensino de valores culturais e econômicos e de propensões supostamente "compartilhadas por todos" e que, ao mesmo tempo, "garantem" que apenas um número determinado de alunos seja selecionado para níveis mais altos de educação por causa da sua "capacidade" em contribuir para a maximização da produção de conhecimento tecnológico de que a economia necessita. O enfoque no consenso valorativo das regularidades diárias da vida escolar e o ensino concomitante de propensões econômicas às crianças não surgiram da noite para o dia; têm uma longa história na educação norte-americana. Tanto este capítulo quanto o próximo enfocarão esse problema. Primeiro, examinaremos de maneira bem mais detalhada do que no Capítulo 3 como isso aconteceu historicamente por meio da resposta da escola a conflitos ideológicos e econômicos entre as classes em uma época de mudanças rápidas, de uma economia baseada no capital da agricultura para uma economia enraizada no capital industrial no início deste século. Como veremos, as escolas não foram necessariamente construídas para ampliar ou preservar o capital cultural de classes ou comunidades que não fossem as dos segmentos mais poderosos da população. O *papel hegemônico do intelectual*, do educador profissional, nesse processo é bastante claro.

Assim, para mostrar que a ênfase na hegemonia ideológica não é "meramente" de interesse histórico, mas que ainda domina o próprio cerne da vida na sala de aula, deveremos retornar, no Capítulo 5, ao *corpus* atual e formal do conhecimento escolar e novamente investigar a ênfase no consenso.

EM BUSCA DE UM SENTIDO DO PRESENTE COMO HISTÓRIA

Imagine-se vivendo em um dos maiores guetos de uma cidade norte-americana. Outro membro da comunidade vem até você e diz: "Sabe, as escolas funcionam". Você, um tanto incrédulo, dirige seu olhar para ele. Afinal de contas, seus filhos estão tendo resultados ruins em testes de inteligência e nas avaliações de desempenho. A maior parte dos jovens da comunidade trabalha em empregos cujos salários são mais baixos do que os dos empregos equivalentes dos brancos. Muitos deles estão bastante desiludidos em relação ao futuro. Na escola, há cada vez mais violência e vandalismo. O currículo parece não estar em contato com a realidade e a história de sua gente. A comunidade, corretamente, sente que tem pouco a dizer sobre o que acontece na instituição cujo objetivo é educar seus jovens.

Você fala disso tudo a ele, explicando cada uma das questões e tentando mostrar-lhe que ou ele está totalmente errado ou que é uma das pessoas menos sensíveis que já viu. Então ele diz: "Concordo com tudo o que você me disse. Todas essas coisas de que você acabou de falar ocorrem, não só aqui, mas em todo o país, nas comunidades onde as pessoas são pobres, não há privilégios políticos ou culturais, e sim opressão". Ele começa a apresentar um conjunto importante de fatos. Cuidadosa, e até apaixonadamente, ele mostra que essas escolas "comunitárias" estão fazendo o que de fato foram construídas para fazer. Elas não foram feitas para lhe dar controle; bem pelo contrário. À medida que ele fala, as coisas vão aos poucos ganhando mais sentido. Você começa a montar um quebra-cabeças com as informações que ele lhe dá. E se ele estiver correto? E se as escolas e o currículo tiverem chegado ao que são para que os interesses de minha comunidade ficassem subsumidos aos interesses de pessoas mais poderosas? E se a conjuntura social e econômica existente de fato *exigir* que algumas pessoas sejam relativamente pobres e sem habilidades e outras não? Então, tacitamente, você começa a perceber como as escolas ajudam a manter essa conjuntura institucional. Concorda com seu amigo, mas acrescenta algo importante que ele esqueceu de verbalizar: "Sim, as escolas funcionam... para eles". Vocês dois balançam a cabeça, afirmativamente.

Esse pequeno exemplo pretende ser mais do que simplesmente um exercício ficcional. Foi dado com o intuito de reiterar questões que são o núcleo deste livro: as escolas têm uma história e estão conectadas, por meio de suas práticas diárias, a outras instituições poderosas de um modo que é freqüentemente oculto e complexo. A história e essas conexões precisam ser entendidas para que saibamos das reais possibilidades de nossas ações sobre escolas que se assemelhem à escola do exemplo apresentado.

O campo do currículo tem desempenhado um grande papel na história da relação entre a escola e a comunidade. Por causa disso, pode também servir como um excelente exemplo de análise das conexões que as escolas têm com outras instituições. Pelo enfoque de alguns dos momentos anteriores do currículo, espero demonstrar que as conclusões daquelas duas pessoas na história imaginária que acabamos de contar não são, em absoluto, mera invenção. Tais conclusões, infelizmente, apresentam uma descrição bastante precisa das esperanças, dos planos e de uma visão conservadora de comunidade defendida por uma porção significativa de um grupo de educadores – grupo que teve grande impacto sobre como o conhecimento, e qual conhecimento, era escolhido e chegava às escolas.

A fim de esclarecer essas coisas, há várias questões que precisamos fazer. O que "comunidade" significava para os educadores e intelectuais que tinham a influência mais forte no início do desenvolvimento da área do currículo? Que interesses sociais e ideológicos guiaram seu trabalho? Essas questões são de fundamental importância por várias razões. Como tem sido dito repetidamente aqui, o conhecimento que chegava às escolas no passado e que chega hoje não é aleatório. É selecionado e organizado ao redor de um conjunto de princípios e valores que vêm de algum lugar, que representam determinadas visões de normalidade e desvio, de bem e de mal, e da "forma como as boas pessoas devem agir". Assim, para entendermos por que o conhecimento pertencente a apenas determinados grupos tem sido representado em primeiro plano nas escolas, precisamos conhecer os interesses sociais que freqüentemente guiaram a seleção do currículo e sua organização.

Como demonstrarei aqui, os interesses sociais e econômicos que serviram como o fundamento sobre o qual a maior parte dos elaboradores de currículos agia não eram neutros; nem eram aleatórios. Eles incorporavam compromissos para com determinadas estruturas econômicas e políticas educacionais, as quais, quando postas em prática, contribuíam para a desigualdade. As políticas educacionais e culturais, e a visão de como as comunidades deveriam operar, e de quem deveria ter poder, serviram como mecanismos de controle social. Esses mecanismos fizeram pouco para aumentar a eficácia relativa econômica ou cultural dos grupos de pessoas que, ainda hoje, têm pouco poder. Antes de examinar as raízes que o campo do currículo deita no solo do controle social, observemos brevemente a perspectiva geral que fundamenta a análise crítica deste capítulo.

PODER E CULTURA

O controle social e econômico ocorre nas escolas não somente sob a forma das disciplinas ou dos comportamentos que ensinam – as regras e rotinas para manter a ordem, o currículo oculto que reforça as normas de trabalho, obediência, pontualidade, etc. O controle é também exercido por meio das formas de significado que a escola distribui: o "*corpus* formal do conhecimento escolar" pode tornar-se uma forma de controle social e econômico.[1]

As escolas não apenas controlam as pessoas; elas também ajudam a controlar o significado. Pelo fato de preservarem e distribuírem o que se percebe como "conhecimento legítimo" – o conhecimento que "todos devemos ter" –, as escolas conferem legitimidade cultural ao conhecimento de determinados grupos.[2] Todavia, isso não é tudo, pois a capacidade de um grupo tornar seu conhecimento o "conhecimento de todos" se relaciona ao poder desse grupo em uma arena política e econômica mais ampla. O poder e a cultura, então, precisam ser vistos não como entidades estáticas sem conexão entre si, mas como atributos das relações econômicas existentes em uma sociedade. Estão dialeticamente entrelaçados de forma que o poder e o controle econômicos se apresentam interconectados com o poder e o controle culturais. Esse próprio sentido de conexão entre conhecimento ou controle cultural e poder econômico servirá, mais uma vez, como base para nossa análise histórica aqui.

Dois pontos foram fundamentais para essa abordagem, até agora. O primeiro, consiste em ver as escolas como parte de um conjunto de relações de outras instituições – políticas, econômicas e culturais – basicamente desiguais. As escolas existem por meio de suas relações com outras instituições de maior poder, instituições que são combinadas de maneira a gerar desigualdades estruturais de poder e acesso a recursos. Em segundo lugar, essas desigualdades são reforçadas e reproduzidas pelas escolas (que não fazem isso sozinhas, é claro). Por meio de suas atividades curriculares, pedagógicas e avaliativas no dia-a-dia da sala de aula, as escolas desempenham um papel significativo na preservação, senão na geração, dessas desigualdades. Juntamente com outros mecanismos de preservação e distribuição cultural, as escolas contribuem para o que se tem chamado de *reprodução cultural das relações de classe* nas sociedades industriais avançadas.[3]

Essas duas preocupações fundamentais – o problema de as escolas estarem em meio a um poderoso conjunto de instituições, o papel da escola na reprodução de desigualdades – significam que podemos interpretar as escolas de maneira diferente da que os educadores em geral o fazem. Em vez de interpretá-las como "os grandes motores da democracia" (embora haja um elemento de verdade nisso), podemos considerá-las instituições que não são necessariamente forças progressistas, nem que sempre o tenham sido. Elas podem executar funções econômicas e culturais e incorporar regras ideológicas que tanto preservam quanto ampliam um conjunto existente de relações estruturais. Essas relações operam em um nível fundamental para ajudar alguns grupos e servir como barreira a outros.

Isso não implica que todas as pessoas que trabalham nas escolas sejam racistas (embora algumas de fato possam ser) ou que sejam parte de uma conspiração consciente para "manter as classes mais baixas em seu lugar". Na verdade, muitos dos argumentos a favor da "comunidade", e sobre o currículo, defendidos por alguns dos primeiros educadores, elaboradores de currículo e intelectuais que examinarei aqui, foram baseados nas melhores intenções liberais de "ajudar as pessoas". Argumenta-se aqui que as condições e formas de interação que têm funções latentes são geradas "naturalmente" a partir de muitas das hipóteses e práticas derivadas do senso comum dos educadores sobre ensino e aprendizagem, comportamento normal e anormal, conhecimento importante e não-importante, etc. Essas funções latentes incluem aspectos de que muitos educadores não estão conscientes.

Como indicado antes, por exemplo, uma função tácita importante da escolarização parece ser o ensino de propensões e valores diferentes para diferentes populações escolares. Se se considera que um grupo de alunos possui futuros membros de uma classe profissional e administrativa, as escolas e o currículo parecem se organizar em torno de conceitos como flexibilidade, escolha, pesquisa, etc. Se, por outro lado, a destinação provável dos alunos for a de trabalhadores sem habilitação ou semi-habilitados, a experiência escolar tende a enfatizar a pontualidade, a organização, a formação de hábitos, etc. Essas expectativas são reforçadas pelos tipos de currículo e testes que as escolas dão e pelos rótulos afixados a diferentes tipos de alunos.[4] Assim, os conhecimentos formal e informal ensinados nas escolas, os procedimentos de avaliação, etc., precisam ser analisados em conexão com outros aspectos, ou não perceberemos boa parte de sua real significação. Essas práticas cotidianas da escola estão ligadas a estruturas econômicas, sociais e ideológicas que se encontram fora dos prédios escolares. Essas relações precisam ser desveladas tanto hoje quanto no passado. Será apenas o passado que nos interessará agora.

A URBANIZAÇÃO E A FUNÇÃO HISTÓRICA DA ESCOLARIZAÇÃO

Qualquer tentativa séria de entender a quem pertence o conhecimento que chega à escola deve ser, por sua própria natureza, histórica. Deve começar por considerar os argumentos atuais sobre currículo, pedagogia e controle institucional como conseqüências de determinadas condições históricas, como argumentos que eram e são gerados pelo papel que as escolas desempenham em nossa ordem social. Assim, se pudermos começar a compreender os objetivos econômicos e ideológicos a que as escolas serviram no passado, então poderemos começar a ver as razões pelas quais os movimentos sociais progressistas que buscam determinados tipos de reforma escolar – tais como participação da comunidade e controle das instituições – têm freqüentemente menos sucesso do que seus proponentes gostariam que tivessem. Podemos também começar a esclarecer algumas das razões pelas quais as escolas fazem o que fazem, como vimos no último capítulo.

Para deixar isso claro, enfocarei brevemente alguns dos objetivos históricos da escolarização urbana (o modelo a partir do qual a maior parte da escolarização foi gerada), bem como o que se considerava ser seu papel "comunitário" e como ela funcionava. Depois voltarei a um exame histórico mais extenso da parte da escolarização que lidou com o conhecimento que os alunos "receberiam" nas escolas – a área do currículo.

Por causa da natureza anistórica da educação, estamos correndo o risco de esquecer as raízes das escolas nas cidades norte-americanas. Isso não é bom, pois tais raízes poderiam ajudar a explicar por que muitas comunidades de operários, de negros, de latinos, e outras, encontram pouco de sua própria cultura e de sua língua nas escolas. As investigações recentes sobre o crescimento da educação nos centros urbanos do leste do país ajudam bastante a compreender esse aspecto. Na Nova York de 1850, por exemplo, quando o sistema de escolas públicas começou a se solidificar cada vez mais, as escolas eram vistas como instituições que poderiam preservar a hegemonia cultural de uma população "nativa". A educação era a maneira pela qual a vida em comunidade, os valores, as normas e os benefícios econômicos dos poderosos deveriam ser protegidos. As escolas podiam ser grandes motores de uma cruzada moral para fazer os filhos dos imigrantes e dos negros serem como "nós". Assim, para muitas pessoas que foram importantes para o crescimento da escolarização como a conhecemos, as diferenças culturais não eram de todo legítimas. Ao contrário, essas diferenças eram vistas como a ponta de um *iceberg* feito de águas que continham, em sua maioria, impurezas e imoralidade. O historiador urbano Carl Kaestle (1973) apanha muito bem essa atitude quando cita um relato de uma assembléia do Estado de Nova York que alertava: "assim como o vasto Oceano Atlântico, devemos decompor e limpar as impurezas que chegam a nosso meio, ou então, como um lago, receberemos seu veneno em todo nosso sistema nacional".[5]

Kaestle (1973) continua, observando que:[6]

> O Putnam's Monthly usou a mesma metáfora da poluição e indicou a mesma solução para o problema: "Nossos leitores concordarão conosco que, para a efetiva evacuação dos fluidos da vida em uma grande cidade, só há um agente retificador – um filtro infalível – a *escola*" (...)
>
> A maior parte dos professores e administradores escolares não era provavelmente contrária ao sucesso de um número limitado de pobres, desde que alcançado por meio da educação, mas a missão da escola – e a maior parte dos incentivadores era bastante franca a esse respeito – era inculcar atitudes cooperativas entre as crianças da cidade, sejam quais fossem as vicissitudes da vida urbana. "Aculturação" é assim um termo mais preciso para a intenção da escola do que "assimilação", embora ambos os termos sejam freqüentemente usados como sinônimos. As escolas refletiam a atitude do público em geral, que desejava americanizar os hábitos, mas não o *status*, do imigrante.

Essa missão moral da escola teve um grande impacto nos tipos de seleções curriculares feitas e também nas políticas escolares, como se pode imaginar. Mas isso não era tudo. A cruzada para eliminar a diversidade foi ampliada por outro conjunto de fatores. A escala de problemas urbanos aumentou conforme aumentou a população. Algo tinha de ser feito sobre o crescimento rápido dos números de crianças "diferentes", que tinham de ser aculturadas. A resposta foi a burocratização – a consolidação, aparentemente de acordo com o senso comum, das escolas e a padronização de procedimentos e do currículo, os quais promoveriam a economia e a eficiência. Assim, as ênfases na aculturação e na padronização, questões que os membros da comunidade ainda enfrentam hoje, estavam intimamente entrelaçadas. Em essência, "a ética burocrática e a missão moral dos administradores de escolas surgiram do mesmo problema – a rápida expansão e diversificação da população – e tenderam ao mesmo resultado: um sistema cujo objetivo era pregar vigorosamente a obediência, o conformismo".[7]

Tal missão moral, com sua ênfase na conformidade cultural, não se encontrava somente em Nova York, nem se limitou ao início e ao meio do século XIX. Os valores morais tornaram-se cada vez mais atrelados às ideologias e aos objetivos econômicos à medida que o país expandia sua base industrial. As escolas dos Estados de Nova York, Massachusetts e de outros lugares eram consideradas cada vez mais um conjunto de instituições que "produziriam" tanto as pessoas com valores tradicionais da vida comunitária (uma vida que talvez nunca tenha existido além da forma ideal), quanto as normas e propensões exigidas de trabalhadores diligentes, econômicos e eficientes para tal base industrial. Não apenas em 1850, mas mesmo entre 1870 e 1920, a escola foi considerada como a instituição fundamental que resolveria os problemas da cidade, do empobrecimento e do declínio moral das massas, e que, cada vez mais, ajustaria os indivíduos a seus respectivos lugares em uma economia industrial.[8]

A descrição que Marvin Lazerson (1971) faz do crescimento da escolarização nos centros urbanos de Massachusetts torna esses pontos bastante claros.[9]

> Por volta de 1915, dois temas centrais tornaram-se manifestos nas escolas urbanas de Massachusetts. O primeiro dizia respeito aos traços da reforma do período 1870-1900 e via a educação como a base de melhorias sociais. A escola chegaria aos pobres e faria com que crescessem, *especialmente por meio de novas técnicas para ensinar valores morais tradicionais*. O segundo tema, cada vez mais proeminente depois de 1900, envolvia a aceitação da ordem industrial e uma preocupação de que as escolas espelhassem essa ordem. Fez do encaixe do indivíduo na economia a função principal da escola. Pelo ensino de determinadas habilidades e padrões de comportamento, as escolas produziriam trabalhadores e cidadãos melhores e mais eficientes – e fariam isso por meio de um processo de seleção [testes] e orientação. Esses acontecimentos viriam a transformar a idéia de igualdade de oportunidade educacional nos Estados Unidos, *pois fizeram da segregação – pelo currículo, pela classe social e pelo papel vocacional – algo fundamental para o funcionamento da escola*. (grifos meus)

Assim, na base da escolarização estava um conjunto de interesses que, quando colocados lado a lado, formavam uma ideologia conservadora. "Nós" devemos preservar "nossa" comunidade, ensinando aos imigrantes "nossos" valores e ajustando-os aos papéis econômicos existentes.

Esse relato nos dá uma idéia geral do ambiente ideológico da época, especialmente nas regiões urbanas do leste, quando a área do currículo começou a se definir. Era um clima que penetrava as percepções de mais do que simplesmente o público em geral. Também afetava muitos intelectuais e educadores articulados, mesmo aqueles cujas próprias raízes estivessem fora dos centros urbanos. Como veremos, nem os membros da *intelligentsia* emergente nem os primeiros elaboradores da área do currículo estavam imunes a essas percepções. Tanto o papel da escola na cruzada moral quanto no ajuste econômico e na estratificação eram coisas com as quais eles se sentiam bem à vontade. Na verdade, a noção de imunidade é um tanto imprecisa. Uma grande parte dos primeiros líderes do movimento para tornar a seleção e a determinação do currículo um campo de especialização profissional abraçava fortemente tanto a cruzada moral quanto a ética do ajuste econômico como funções explícitas da escolarização. Consideravam os procedimentos padronizados para a seleção e organização do conhecimento escolar algo que contribuía para ambos os objetivos.

Pelo exame do trabalho de alguns dos mais fortes e influentes desses intelectuais e elaboradores curriculares, podemos começar a ver os compromissos ideológicos que guiaram boa parte da tomada de decisões da área no passado. Da mesma maneira que a visão da escolarização como uma instituto da aculturação lentamente se combinou, nas mentes do público, com a visão da escolarização que buscava o ajuste à economia, também a geração de educadores e cientistas sociais começou a combinar as duas. Podemos também começar a entender, portanto, como um modelo curricular econômico e culturalmente conservador tomou forma e tornou-se o paradigma que ainda domina o campo hoje. Ficará claro que, historicamente, a teoria e o desenvolvimento do currículo estavam fortemente ligados às necessidades e mudanças econômicas, e influenciados por elas, e também, como veremos, por uma noção bastante interessante do que a "comunidade" ideal deveria ser.

A FUNÇÃO SOCIAL DO CURRÍCULO

Os primeiros membros mais importantes da área do currículo – Franklin Bobbitt, W. W. Charters, Edward L. Thorndike, Ross L. Finney, Charles C. Peters e David Snedden – definiram que relação deveria existir entre a construção do currículo e o controle e o poder da comunidade, algo que continua a influenciar a área ainda hoje.[10]

Ao delimitar o papel social básico que o currículo escolar deveria desempenhar, a questão fundamentalmente social e econômica a preocupar esses teóricos que formaram a área era a da industrialização e de sua concomitante divisão do trabalho. Tal divisão, de acordo com Bobbitt (1971), havia substituído a mão-de-obra artesanal pelo trabalhador especializado. A pequena loja foi substituída pela grande corporação. Nessa situação, o indivíduo não era mais responsável pelo projeto e pela realização de um produto, passando a ser responsável pela produção de apenas uma parcela desse produto, cuja natureza e especificações eram fornecidas por um supervisor. Além dessa tarefa reduzida na produção de um segmento de um produto maior, o trabalhador individual era também dependente de outros indivíduos, especialmente do supervisor, pelo direcionamento e orientação que este dava a seu trabalho. Além do mais, o indivíduo era agora quase que totalmente dependente de outros especialistas em outras frentes de trabalho para sua comida, abrigo e todas as exigências adicionais necessárias à sua sobrevivência física. Tal situação fez surgir novas necessidades, desconhecidas nos Estados Unidos agrário do século XIX. Por um lado, essa nova classe trabalhadora da indústria, a que Bobbitt se referia como "grupo de trabalhadores ou trabalhadores associados", precisava ser capaz de executar sua função especializada no modo hierárquico de organização que dominava a corporação.[11] Por outro lado, precisavam ter conhecimento suficiente de suas tarefas econômicas e sociais para que pudessem trabalhar em conjunto a fim de terminar um produto sobre cujo projeto não tinham quase que nenhum papel a desempenhar.[12]

Bobbit e Charters responderam a essa nova necessidade econômica de um treinamento especializado pela adoção de procedimentos de análise de empregos. Tomaram emprestadas idéias do movimento de administração científica e construíram uma teoria de construção do currículo que teve como base a diferenciação de objetivos educacionais em termos das funções particulares e restritas da vida adulta.[13] Isso não é de pouca importância, pois foi a necessidade, na idade adulta, de unidade, cooperação e uma atitude de aceitação entre esses trabalhadores especializados que levou os teóricos da época a definir um dos papéis principais do currículo como sendo o de desenvolver a "comunidade". O currículo seria usado para estimular a "integração social".[14] Bobbitt, por exemplo, via o currículo como um meio de desenvolver o que ele chamou de "consciência do grande grupo", expressão que usava para o sentimento individual de pertencer a um grupo social e econômico ou comunidade e para o compromisso para com seus fins, valores e padrões de comportamento.[15] Entretanto, foi a própria definição da comunidade a qual a pessoa pertencia que fez desse modelo de seleção e de determinação curriculares algo excepcionalmente conservador.

A HOMOGENEIDADE SOCIAL E O PROBLEMA DA COMUNIDADE

Duas características dessa função social que pessoas como Bobbitt (1924) e Charters (1971) dão ao currículo são importantes aqui. Primeiro, estranhamente, ao definirem o objetivo do currículo, esses educadores estavam preocupados em identificar essa função com as necessidades da comunidade. Bobbitt na verdade acrescentou algo importante, ao dizer que a tarefa de quem trabalha com o currículo deveria ser determinada pela comunidade local em que está a escola.[16] Isso parece mesmo progressista. Contudo, a segunda característica talvez nos faça um pouco mais cautelosos, pois esses teóricos também viam o papel social do currículo como o desenvolvedor de um alto grau de consenso normativo e cognitivo entre os indivíduos de uma sociedade. Foi a isso que Bobbitt se referiu como "consciência do grande grupo".[17]

> Como ter um sentimento genuíno de ser parte de um grupo social, pequeno ou grande? Parece haver apenas um método, que é *pensar e sentir e AGIR com o grupo, como se fôssemos parte dele, enquanto ele desempenha suas atividades e luta por chegar a seus fins*. Os indivíduos apresentam-se unidos em pequenos grupos coesos; os grupos pequenos e discordantes estão, por sua vez, unidos em um grande grupo, em que há cooperação interna quando todos *agem* juntos por fins comuns, com uma visão comum e com julgamentos que expressam união. (grifos de Bobbitt)

Esses dois aspectos da tarefa social do currículo são bastante significativos. Ambas as questões, comunidade e "pensamento único", eram temas comuns no pensamento social norte-americano, especialmente nos novos campos emergentes da sociologia, psicologia e educação durante o final do século XIX e do início do XX. Analisar esses temas e compreender como eram empregados durante tal período ajudarão muito, acredito, a entender a natureza da área do currículo e de sua resposta passada e presente à relação entre a escola e a comunidade, sobre sua resposta ao problema de qual conhecimento deve ser construído como legítimo.

Como o autor do artigo da Putnam's Monthly citado anteriormente, as pessoas que formaram a área do currículo, e também a maior parte dos primeiros líderes nas áreas de sociologia, psicologia e educação, eram, desde o nascimento e pela criação que receberam, integrantes da classe média rural local, protestantes e anglo-saxônicos. Ao definirem a natureza, os limites e os interesses de suas áreas de estudo, esses líderes intelectuais, juntamente com outros cientistas sociais, refletiam as preocupações da classe média que tinham apelo junto a ela. Refletiam, especificamente, o que acreditavam ser o declínio do poder e da influência da classe média quando houve, ao final do século XIX e início do XX, a transição pela qual os Estados Unidos passaram de uma sociedade agrária e rural a uma sociedade urbana e industrializada.[18] Esses autores definiram as questões de uma maneira particular, como se fossem um problema de *perda* da comunidade.

Como vimos na discussão sobre o crescimento da educação urbana, o período durante o qual esses futuros líderes amadureceram – 1865 a 1900 – foi uma época de dúvidas e medos para os pequenos agricultores, comerciantes e profissionais que constituíam a classe média da nação. Eles sentiam que sua ordem social, a qual consideravam enraizada na pequena cidade rural, com suas relações pessoais profundas e diretas, estava correndo perigo. Tinham medo do domínio emergente de uma nova unidade econômica, a corporação. Também tinham a impressão de que uma nova classe econômica e social de grande riqueza e poder, composta pelos proprietários dessas corporações e por seus sustentadores financeiros, ameaçaria a segurança econômica e a influência política da pequena cidade, prejudicando assim sua base econômica – a agricultura e as manufaturas de pequena escala. Mas o crescimento de uma economia corporativa também estava ligado ao crescimento dos centros urbanos. As cidades estavam cada vez mais sendo habitadas por imigrantes do leste e do sul da Europa e por negros provenientes dos Estados rurais do sul. Essa diversidade era vista como uma ameaça à cultura homogênea norte-americana, centrada na pequena cidade e enraizada em crenças e atitudes da classe média. A "comunidade" que os antepassados ingleses e protestantes dessa classe haviam "entalhado a partir do nada" parecia estar desagregando-se diante de uma sociedade urbana e industrial em expansão.

Dessas duas preocupações, os primeiros porta-vozes das novas ciências sociais concentraram a maior parte de sua atenção no problema da imigração. Suspeitavam que os imigrantes, que pareciam ter uma taxa de natalidade maior do que a da população local, em breve superariam a "bem criada população nativa". Números crescentes de imigrantes, em seus enclaves urbanos e com tradições políticas, culturais e religiosas diferentes, eram uma ameaça à cultura hegemônica. A cultura unitária não era somente a fonte da estabilidade norte-americana e a chave para o progresso, mas também sinônimo, para esses membros da *intelligentsia*, da própria idéia de democracia.[19]

No início, esses intelectuais falavam da questão da comunidade em termos de uma ameaça à existência da pequena cidade rural. Para Edward A. Ross (1968), um dos primeiros sociólogos norte-americanos, as relações profundas e diretas da cidade pequena ofereciam um mecanismo natural e espontâneo de controle social.[20] Para Ross e outros cientistas sociais de sua época, a cidade pequena assumia proporções quase místicas como garantia da ordem social e da estabilidade. A cidade pequena – sua política, religião e valores – passou a ser vista, como diz o sociólogo Robert Nisbet (1967), como a própria essência da comunidade norte-americana.[21]

Mais tarde, e de maneira mais importante, os membros desse novo grupo de intelectuais (que na verdade deviam o surgimento de suas profissões e as oportunidades que recebiam tanto à urbanização e à industrialização) tomaram um caminho diferente na definição do problema da comunidade, um caminho que não lhes exigia a defesa da cidade pequena como entidade física.[22] Tomaram o que achavam constituir a base da capacidade que a cidade pequena tinha de proporcionar estabilidade, além da opinião unânime acerca de crenças, valores e padrões de comportamento, e idealizaram essas características da vida da cidade pequena como o fundamento da ordem necessária para a sociedade urbana e industrializada que estava surgindo. Para esses intelectuais, a noção de comunidade tornou-se sinônimo da idéia de homogeneidade e consenso cultural. Se o fato de terem crescido na cidade rural ensinou algo a esses indivíduos foi que a ordem e o progresso eram dependentes do quanto essas crenças e comportamentos fossem comuns e compartilhados. Aplicando essa visão à sociedade cada vez mais urbana em que viviam, defendiam a manutenção de uma cultura unitária (que para eles era o verdadeiro sentido de comunidade) enraizada em valores, crenças e comportamento da classe média. Quando lhes parecia que a homogeneidade cultural estava se dissolvendo, por causa da urbanização, da industrialização e da imigração, e que sua noção de comunidade estava sendo eclipsada, agiam por meio do "ataque a quaisquer inimigos que sua visão de mundo lhes permitia identificar".[23]

O CONTROLE SOCIAL E O PROBLEMA DA COMUNIDADE

Em nome da conformidade cultural, esses primeiros cientistas sociais "atacavam" com uma paixão particular os imigrantes do leste e do sul da Europa. Adotando, na maior parte dos casos, uma perspectiva hereditária, viam os imigrantes e os trabalhadores como inferiores à população local. Dada a alta taxa de natalidade, preocupavam-se com o fato de que esses imigrantes passassem a ameaçar a existência das classes economicamente mais privilegiadas com o que Ross chamou de "suicídio racial".[24] Muito rapidamente, contudo, esses imigrantes foram percebidos como uma ameaça à existência da própria democracia. Charles A. Ellwood (1913), outro sociólogo norte-americano do período, defendia a idéia de que os imigrantes não pareciam dispor geneticamente "da capacidade para se autogovernarem nem das instituições livres que os povos do norte e do oeste da Europa pareciam ter".[25]

Para lidarem com essa suposta ameaça, os intelectuais uniram-se a um movimento crescente do final do século XIX e do começo do século XX pelo qual se faziam restrições à imigração.[26] Contudo, para garantirem a homogeneidade cultural diante da imigração já ocorrida, viam a necessidade de uma segunda linha de defesa. Em essência, perceberam que a imposição de significado poderia ser um instrumento de controle social. O imigrante poderia ser, então, cada vez mais aculturado, passando a adotar valores, crenças e padrões de comportamento da classe média. O instrumento para isso, de acordo com Ross, era a escola. Ross defende seus pontos de vista de uma maneira extremamente semelhante às atitudes vistas no modo pelo qual tratamos o clima ideológico que cerca o crescimento das escolas urbanas.[27]

> Para nacionalizar um povo multifacetado, precisamos de instituições que disseminem determinadas idéias e ideais. Os czares dependeram da presença das cúpulas azuis da igreja ortodoxa em todo o vilarejo para que cada um de seus habitantes heterogêneos se tornassem russos. Nós, norte-americanos, dependemos de que haja unidade ao redor "dos tijolinhos vermelhos que compõem os prédios de nossas escolas".

Foi nesse espírito que Bobbitt e os outros líderes formadores da área do currículo usariam o próprio para a servir à causa da comunidade. O *currículo* poderia restabelecer o que estava sendo perdido.

A ÁREA DO CURRÍCULO E O PROBLEMA DA COMUNIDADE

Os membros mais influentes da primeira fase da área do currículo pareciam em sua maior parte compartilhar essas visões sobre a posição de declínio da classe média e da ameaça representada pelos imigrantes e outros povos diversos. Ross L. Finney (1922), não apenas um dos primeiros teóricos do currículo, mas um dos primeiros sociólogos da educação, considerava, como outros cientistas sociais de sua época, que a classe média estava sendo ameaçada, de cima, por uma classe de capitalistas industriais e, de baixo, por uma classe trabalhadora imigrante, que estava ingressando na população em números crescentes para atender às demandas da industrialização por uma mão-de-obra mais barata. Escrevendo no período posterior à Primeira Guerra Mundial, o autor refletia a paranóia nacional conhecida como "Medo Vermelho". Defendia que os imigrantes do leste e do sul europeus (os quais, para ele, traziam consigo uma ideologia bolchevique para os Estados Unidos) tentariam levar a nação, e com ela a classe média, a uma revolução similar à Revolução Russa de 1917.[28]

Ao fazer sua defesa da classe média, Finney (1922) lamentava-se pela perda da comunidade. Falava com saudade do que considerava ser uma época mais serena na história da nação, uma época em que a industrialização ainda não havia se apoderado da riqueza do país, tirando-a das mãos de quem a havia produzido e, no processo, criando interesses e classes conflitantes, econômica e socialmente.[29]

A solução de Finney (1928) para o problema era familiar. A nação deveria instilar nos imigrantes determinados valores e padrões de comportamento. A classe trabalhadora imigrante tinha de sustentar os mesmos compromissos sólidos que ele atribuía às pessoas de sua própria classe para com o trabalho. Era esse compromisso, acreditava ele, que reduziria a potencial ameaça revolucionária, fazendo com que os imigrantes se sentissem felizes em executar funções econômicas "mais modestas", que ele via como sendo o destino futuro da massa da população norte-americana em uma sociedade industrializada.[30] Juntamente com outros intelectuais de sua época, argumentava que, "para a conduta democrática de um povo ser realmente confiável e harmônica, esse povo deve pensar e sentir da mesma forma".[31]

Outros importantes estudiosos do currículo tinham um compromisso similar a essa idéia de pensamento uniforme. Charles C. Peters (1924), que, como Finney, era um influente teórico do currículo e sociólogo da educação, considerava os imigrantes uma ameaça à civilização norte-americana, a não ser que passassem "a pensar e agir no que diz respeito a assuntos políticos, sociais, econômicos e sanitários da mesma maneira aprovada pelos norte-americanos".[32] O mesmo impacto teve a opinião de Edward L. Thorndike (1939) – o qual fez mais do que qualquer outra pessoa para articular a psicologia comportamental que dominou o currículo desde o início –, que considerava os negros da mesma maneira que outros educadores viam os imigrantes. Ele não só duvidava que tivessem a capacidade de se ajustarem a instituições democráticas, mas os considerava elementos indesejáveis na população da maior parte das cidades norte-americanas.[33] Perguntavam-se: "Como devemos lidar com esses elementos indesejáveis?", "Já que essas pessoas estão aqui, como fazer para que fiquem como nós?", "Como fazer para restabelecer a comunidade?".

Assim como nos períodos iniciais, esses autores se voltaram às escolas. O currículo escolar poderia criar um consenso de valores que representasse a meta de suas políticas econômicas e sociais. Finney, a esse respeito, argumentava que "uma propaganda bem mais inteligente dirigida aos trabalhadores deve aliá-los e amalgamá-los à classe média. Tal aliança e amálgama devem ser impostas às classes mais baixas, gostem ou não disso seus agitadores, por meio de leis que façam a graduação no ensino médio praticamente universal".[34]

Todavia, quando esses cientistas sociais e educadores de fato passaram a lidar com as vicissitudes da natureza e do projeto do currículo, ocorreu uma mudança importante em seus argumentos, uma mudança que se provou importante tanto para o futuro desenvolvimento da área quanto para as pessoas que seriam atingidas por tal desenvolvimento. Em vez de falar sobre a necessidade de homogeneidade em termos de diferenças étnicas, de classe ou raciais, eles começaram a falar sobre a questão em termos de diferenças na inteligência. A "ciência" tornou-se o manto retórico, embora muitas vezes inconsciente, a cobrir decisões sociais e educacionais conservadoras, fato que será de importância cada vez maior quando nos voltarmos aos usos da linguagem científica e técnica na educação de hoje, nos Capítulos 6, 7 e 8, e examinarmos seu uso para disfarçar opiniões ideológicas e éticas.

Finney, por exemplo, pareceu alterar sua visão sobre o que constituía o principal problema com o qual se deparava a sociedade norte-americana. A principal ameaça à classe média não era mais a classe trabalhadora imigrante e crescente. Mais importante era o fato de que "metade das pessoas tem cérebros cuja inteligência é apenas média ou menor do que isso, e, dentre esses, um percentual bastante considerável possui cérebros bastante fracos".[35] Junto a ele na defesa dessa visão do problema estava Thorndike, o qual argumentava que os indivíduos de baixa inteligência constituíam uma ameaça à própria existência da "civilização".[36] Bobbitt (1971) e outros codificaram cada vez mais seus argumentos em termos científicos. Na verdade, até alertaram contra o nacionalismo extremado e o ódio para com os povos europeus que tal nacionalismo engendrava.[37] Quando esses indivíduos passaram a lidar diretamente com a questão da construção do currículo, de fato parece que alteraram sua visão do problema de comunidade. O problema não era mais a manutenção da hegemonia dos membros mais privilegiados da comunidade, problema identificado pela maior parte dos líderes das ciências sociais, mas sim o problema da manutenção da hegemonia de quem tivesse uma alta inteligência em uma sociedade na qual se acreditava que a massa populacional tinha no máximo inteligência média. Como veremos, isso não chega a representar uma mudança muito grande.

A DIFERENCIAÇÃO DO CURRÍCULO E A QUESTÃO DA COMUNIDADE

A característica central da visão do currículo que dominou o pensamento desses primeiros educadores, e que de fato ainda domina o pensamento dos teóricos do currículo de hoje, foi julgar que o currículo precisava ser diferenciado a fim de preparar os indivíduos de inteligência e capacidade diferentes para uma variedade de funções determinadas também diferentes na vida adulta.[38] Essa é uma questão fundamental. Considerava-se que essas funções adultas variáveis envolviam responsabilidades sociais *desiguais*, que conferiam poderes e privilégios sociais também desiguais. Esses educadores acreditavam que os indivíduos de alta inteligência possuíam uma moral mais elevada, eram mais dedicados ao trabalho e mais dispostos a aplicar seu talento para o benefício da sociedade como um todo, do que o fazia a maioria da população. Como conseqüência, Thorndike (1906) e outros defendiam que as visões desses indivíduos tinham maior importância do que as visões da maioria. Portanto, mereciam uma posição de proeminência social e política.[39]

Essa visão de distribuição desigual de responsabilidade e poder se refletia quando falavam sobre como a diferenciação do currículo preencheria dois objetivos sociais – a educação para a liderança e a educação para o que eles chamaram de "acompanhamento". As pessoas de maior inteligência deveriam ser educadas para liderar a nação, aprendendo a entender as necessidades da sociedade. Também aprenderiam a definir as crenças e os padrões de comportamento adequados e que dariam conta de tais necessidades. A massa da população deveria aprender a aceitar tais crenças e padrões, entendessem ou não, concordassem ou não com elas.[40] Como Finney (1928) dizia: "em vez de tentarem ensinar simplórios a pensar por si mesmos, os líderes intelectuais devem pensar por eles, repetir os resultados pela memorização em suas sinapses".[41] Dessa forma, a diferenciação do currículo baseada na "inteligência" criaria homogeneidade cultural e, portanto, estabilidade na sociedade norte-americana.[42]

Em poucas palavras, o que interessava a esses primeiros elaboradores do currículo era a preservação do consenso cultural e, ao mesmo tempo, a alocação de indivíduos em seus "devidos" lugares em uma sociedade industrializada interdependente. Bobbitt aludiu a essa preocupação em sua identificação das duas principais funções da vida moderna e industrial. Havia o trabalhador "especializado" ou "habilitado" que mencionei antes. A sua função era ser treinado para uma tarefa restrita em determinada organização. Além disso, ele precisava de um conhecimento limitado de toda a organização para que pudesse ver a (des)importância de sua pequena função em todo o processo da produção e distribuição e para sua "aquiescência voluntária e inteligente" aos propósitos da organização.[43] O trabalhador "especializado" só precisava ter uma compreensão minuciosa de sua própria tarefa. Fora dela, de acordo com Thorndike (1920), só precisava "saber quando não pensar e onde adquirir o pensamento de que precisa".[44] E lá estava o "generalista", o termo de Bobbitt (1971) para o gerente ou para o supervisor. Não precisava ter habilidade em qualquer tarefa, mas precisava ter uma compreensão completa dos objetivos da organização, comprometendo-se com eles, o que permitiria que dirigisse as atividades dos "especialistas" e que ganhasse sua aquiescência.[45] Assim, algumas pessoas de maior sabedoria dirigiriam as outras (o que poderia haver de errado nisso?). São as pessoas que assumiriam esses papéis, porém, que fariam dessa visão algo bem distante do de ser neutro.

ETNICIDADE, INTELIGÊNCIA E COMUNIDADE

Como acabamos de ver, ao definir a função do currículo, muitos dos membros mais influentes da área, embora parecessem temer e não gostar dos imigrantes, falavam cada vez mais sobre a questão de manter a comunidade como um problema atrelado ao fato de a baixa inteligência estar disseminada na população. Contudo, há evidências que sugerem que essa redefinição não indicava uma mudança no ponto de vista que compartilhavam com os primeiros líderes das ciências sociais. Embora falassem sobre diferenciar o currículo em termos de inteligência, tanto Bobbitt (1971) quanto David Snedden (1922), outro indivíduo teórico do currículo e sociólogo da educação, sugeriam que a diferenciação deveria também ser feita em termos de diferenças de classes sociais e de etnicidade, respectivamente.[46] Quando Thorndike identificou quem, para ele, na sociedade norte-americana possuía maior capacidade natural e alta inteligência, apontou para o homem de negócios, para o cientista e para o advogado.[47] Essas eram as profissões que à época eram quase que totalmente monopolizadas pelos membros da classe média local. O homem altamente inteligente seria, portanto, encontrado predominantemente nessa classe, e não nas mais baixas. A massa não-inteligente era representada pela diversidade da população, principalmente pelos imigrantes do leste e do sul da Europa e, em menor grau, pela população negra. Assim, o que era originalmente visto pelos intelectuais norte-americanos como um problema cultural de diferenças étnicas e de classe foi redefinido na linguagem aparentemente neutra da ciência como se fosse um problema de diferença de inteligência, como um problema de "capacidades" diferentes a fim de contribuir para a maximização e o controle do conhecimento técnico e moral "de alto nível" – dessa forma retirando do problema seu conteúdo econômico e social. O controle social, portanto, foi coberto pela linguagem da ciência, algo que continua a acontecer até hoje.[48] Controlando-se e diferenciando-se os currículos escolares, as pessoas e as classes também poderiam ser controladas e diferenciadas.

Entretanto, por que eles fizeram isso? Os primeiros teóricos da área do currículo, apesar de sua identificação com a classe média, cada vez mais viam com bons olhos a industrialização e a emergência das corporações. Enamoravam-se em especial da aparente eficiência e produtividade dos processos industriais e, assim, incorporavam em seus conceitos de construção do currículo os princípios da administração científica que consideravam responsáveis por elas.[49] Além dessa fé nos procedimentos empresariais, também se comprometiam com o modo hierárquico de organização de tais procedimentos, tomando-os como *modelo para a própria sociedade*. Podemos observar isso mais claramente na visão se Finney sobre a sociedade norte-americana:[50]

> Esse conceito de líderes e de seguidores levou-nos de novo à noção de uma hierarquia graduada de inteligência e de esclarecimento... No ápice de tal sistema devem estar os especialistas, que levam a pesquisa adiante em setores altamente especializados do *front*. Atrás deles, estão os homens e as mulheres que as faculdades deveriam produzir – pessoas que estejam estão familiarizadas com as descobertas dos especialistas e sejam capazes de relacionar as coisas. Por meio desses líderes relativamente independentes do pensamento, a mudança progressista e o constante reajustamento acontecerão. Mais atrás, ficam os graduados do ensino médio, que estão de alguma forma familiarizados com o vocabulário de quem está acima deles, têm alguma noção de conhecimento de várias áreas, e respeito pelo conhecimento especializado. Finalmente, há as massas ignaras, que recebem as orientações de quem está à sua frente, imaginam que as entendem e as seguem por imitação.

Observemos que essa visão de organização social não tenta eliminar toda a diversidade, mas, em vez disso, a controla por meio da restrição de sua área de ação, canalizando-a para áreas que não pareçam ameaçar os imperativos da estabilidade social, a produção de "conhecimento especializado" e o crescimento econômico. Os industriais, por exemplo, a partir da década de 1880 e até a década de 1920, período no qual esses teóricos amadureceram e realizaram sua obra, resistiram ao crescente movimento nacional pela restrição à imigração: tentavam diminuir a suposta ameaça dos imigrantes à sociedade norte-americana, instilando neles atitudes, crenças e padrões de comportamento da classe média. Ao mesmo tempo, empregavam sua aparente "boa vontade" em trabalhar por salários baixos como modos de ir ao encontro das demandas da industrialização por uma fonte de mão-de-obra barata.[51] Aqui os formadores da área do currículo, ao contrário dos cientistas sociais da época, pareciam compartilhar a visão defendida pelos industriais.[52] Eles podem ter acreditado que, dados os sentimentos cada vez mais nacionalistas do período posterior à Primeira Guerra, teriam mais sucesso na promoção da integração de diversos elementos da população em uma sociedade hierarquicamente organizada se conceituassem essa diversidade em termos de inteligência e não de etnicidade. No contexto da época, eles sem dúvida acreditavam que a sociedade norte-americana estava mais propensa a lidar com a diversidade em termos de inteligência, e não de etnicidade ou raça.⁵³ Sem dúvida, sentiam-se seguros em sua crença de que uma comunidade "real" poderia ser construída por meio da educação, uma sociedade com líderes "naturais" e com seguidores "naturais", em que as pessoas como "nós" poderiam definir o que "eles" deveriam ser.

Todavia isso não explica tudo. Devemos acrescentar o papel da "ciência" como sendo mais uma vez o provedor dos "princípios fundamentalmente corretos" sobre os quais deve haver consenso. À medida que aumentava a justificação científica da estratificação, e à medida que ela se tornava mais sistemática, acabou por apresentar a solução ideal para o problema ideológico de justificar o poder de um grupo sobre outro, que com ele compete e que o ameaça. Apresentou-se essa solução de duas maneiras: dando uma definição "adequada" da situação dos indivíduos e servindo aos interesses de determinadas classes na competição por capital cultural e econômico. Tratando-se a ciência como uma forma de tecnologia, como um método neutro que poderia ser aplicado aos dilemas culturais e econômicos com que as pessoas se deparavam ao tentar criar e recriar a hegemonia, instaura-se uma visão ideológica, cujo papel (alcance e função) é bastante óbvio.

Esses "reformadores" depararam-se com um dilema interessante. Em termos gerais, com o colapso de uma ordem moral e econômica antes aceita – algo em parte causado pela rápida industrialização, a mudança da acumulação do capital agrícola para o capital industrial, o crescimento da tecnologia, a imigração, a desintegração da vida em comunidade, a "necessidade" crescente de dividir e controlar a mão-de-obra para aumentar os lucros e assim sucessivamente –, os laços se tornaram mais frouxos. Os significados que proporcionavam a existência de vínculos entre as pessoas tinham de ser reconstituídos, freqüentemente, sobre uma nova base. A forma da linguagem da ciência e da tecnologia proporcionava esses vínculos de várias maneiras para os educadores, dando-lhes uma gama muito grande de significados aos quais podiam se afiliar.⁵⁴ Primeiro, oferecia um modo de descrição que parecia mais poderoso do que as formas anteriores de falar sobre eventos educacionais e políticas de ação, uma maneira de explicar tanto a relação entre as escolas e os problemas da sociedade quanto para explicar o que acontecia ou deveria acontecer nas salas de aula. Segundo, era uma linguagem explicativa que parecia poder estabelecer causas e inferir razões quanto ao porquê de ocorrer tudo ou não na escola ou fora dela. Terceiro, e muito importante, a linguagem da ciência e a tecnologia sustentaram a promessa de melhor controle, dando aos educadores maior facilidade de predição e manipulação. Ajudava-nos em nossos objetivos de fazer com que diferentes alunos passassem de um ponto A para um ponto B rapidamente e eficientemente (se os fins e os meios pelos quais se realizava esse processo de passagem de A para B são ou não "justos" ainda constitui uma das questões críticas não adequadamente levantadas por essas pessoas), portanto percorrendo todo o caminho em direção à criação de categorias e procedimentos que ainda hoje mantêm o indivíduo abstrato, e quase nenhuma relação entre educador e o aluno.

Os tipos de significado gerado por um sistema lingüístico dessa natureza eram abertos e provavelmente ajudaram a propiciar aos educadores algum sentido de correção em suas realizações. Afinal de contas, quem poderia discutir com o fato de alguém ser mais capaz de descrever, explicar ou controlar os acontecimentos? Contudo, as funções ideológicas latentes da ciência e da tecnologia como sistema lingüístico eram tão importantes, ou talvez mais importantes do que as funções manifestas de oferecer uma útil "definição da situação". A ciência, com sua lógica inferida de eficiência e controle, executava uma função de legitimação ou de justificação. Como observa Huebner (1975), legitimar uma linguagem serve para estabelecer a afirmação de uma pessoa de que ela sabe o que está fazendo, ou de que "tem o direito, a responsabilidade, a autoridade e a legitimidade para fazê-lo".[55] Em poucas palavras, garante a um número de grupos e de pessoas, entre eles obviamente o próprio educador, que sabe o que está fazendo e tem o direito de continuar a fazer. Dada a fé crescente nos modelos industriais e de eficiência que as classes poderosas do setor econômico da sociedade tinham à época, a ciência e a tecnologia combinaram-se, criando uma forma de linguagem que ligasse os educadores e os intelectuais ao sistema de valores de uma ordem econômica mais geral.

Além de tudo, isso não apenas justificava a atividade dos educadores – afinal de contas, criou uma coesão de grupo entre educadores e apoiava-se tranqüilamente em uma economia crescente, com sua necessidade de eficiência, conhecimento técnico, crescimento industrial e socialização para a "democracia" –, mas também ajudava a atrair recrutas, isto é, indivíduos comprometidos que trabalhariam pela causa. Finalmente, agiu como um mecanismo exortativo que podia determinar a ação a ser tomada por vários indivíduos e grupos. Isso foi antes de mais nada um uso político da linguagem na qual a ciência e a tecnologia exercem um imperativo lógico e um compromisso ideológico necessários a convencer as pessoas a integrar um movimento que parecia ser uma reforma institucional visando a melhorias.[56]

Em todas essas formas – descritiva, explanatória, prescritiva, legitimadora ou justificadora e exortativa –, a racionalidade da ciência e da tecnologia foi o mecanismo ideal para criar um conjunto de significados, uma visão do – digamos – "sagrado", que reconstruiria os laços de união que estavam tão frágeis e que poderia recriar a "comunidade". Isso não se aplicava somente aos educadores. A ciência, o progresso, a eficiência, o crescimento industrial e a expansão, todos dentro dos limites da estabilidade social, tornaram-se também partes integrantes da visão de mundo ideológica da maioria dos setores poderosos da nação. Seu resíduo histórico ainda oferece as regras sociais constitutivas para a vida diária da sala de aula que examinei no Capítulo 3 (as regras da escolaridade como preparação das crianças para o "trabalho" são obviamente muito profundas) e para os tipos de conhecimento formal considerado essencial para a economia corporativa que analisei no Capítulo 2.

CONCLUSÃO

É o compromisso com a manutenção de um sentido de comunidade, baseado na homogeneidade cultural e no consenso de valores, que foi e continua sendo um dos principais, embora tácito, legados da área do currículo. É uma função engastada na dependência histórica que a área tem de procedimentos e técnicas que tomou emprestados das empresas corporativas. Como veremos no Capítulo 6, estranhamente (talvez não, dado o que vimos sobre o passado da área) essa dependência permanece tão forte hoje (com a predominância na área de coisas como os modelos sistêmicos de gestão) quanto na década de 1920, quando os líderes da área se voltavam ao movimento de administração científica para o direcionamento a ser adotado na articulação da natureza da construção do currículo. Pelo fato de a tendência histórica desse compromisso ser a construção da "comunidade" (e dos currículos) que reflita os valores de quem tem poder econômico e cultural, trata-se de um compromisso que pode representar a mesma ameaça que representou aos negros e aos imigrantes do leste e do sul da Europa no início do século XX aos trabalhadores de hoje, às mulheres, aos negros, aos latinos e aos índios norte-americanos. Dada a tendência de muitos teóricos do currículo – desde os primeiros momentos de elaboração da área – de articularem seus compromissos um tanto quanto conservadores na linguagem científica e aparentemente neutra da inteligência e da capacidade, temos uma ameaça que historicamente tem passado despercebida. Apenas se considerarmos como a área do currículo freqüentemente serviu aos interesses conservadores da homogeneidade e do controle social, poderemos começar a entender como ela funciona hoje. Podemos ainda constatar, infelizmente, que a retórica da ciência e da neutralidade ainda serve mais para ocultar do que para revelar. De qualquer forma, não devemos esperar que a área do currículo consiga renegar totalmente seu passado. Afinal de contas, como no nosso exemplo ficcional do começo desta análise, as escolas funcionam... para "eles". Na educação, como na distribuição desigual de bens econômicos e de serviços, quem já tem tende a receber mais.[57] Se quisermos ser realmente sérios sobre como fazer com que nossas instituições respondam às comunidades de uma maneira diferente, o primeiro passo é reconhecer as conexões históricas entre os grupos que detiveram o poder e a cultura que é preservada e distribuída por nossas escolas. Reconhecer isso pode ter outra conseqüência: que façamos perguntas. Talvez possamos começar pelo retorno a nosso exemplo inicial e perguntar de novo: "Para *quem* as escolas funcionam?" Alguns educadores talvez se sintam bastante desconfortáveis em dar a resposta. Mas quem disse que a consciência de nossa própria posição política tenha de nos deixar à vontade?

NOTAS

1. Estou usando aqui a noção de Dawe de que o controle envolve a imposição do significado a um grupo dominado por um grupo dominante. Ver Michael F. D. Young (ed.), *Knowledge and Control* (London: Collier-Macmillan, 1971), p. 4.
2. Pierre Bourdieu, "Intellectual Field and Creative Project", em Young, *Knowledge and Control*, op. cit., p. 161-188.
3. Basil Bernstein, *Class, Codes and Control: Towards a Theory of Educational Transmissions* (2. ed. London: Routledge & Kegan Paul, 1977). Ver também Samuel Bowles e Herbert Gintis, *Schooling in Capitalist America* (New York: Basic Books, 1976).
4. Cf. Capítulo 7 neste livro e Michael W. Apple, "Power and School Knowledge", *The Review of Education III* (janeiro/fevereiro, 1977). Ver também James E. Rosenbaum, *Making Inequality: The Hidden Curriculum of High School Tracking* (New York: John Wiley, 1976) e Herbert Gintis e Samuel Bowles, "The Contradictions of Liberal Educational Reform", *Work Technology and Education*, Walter Feinberg e Henry Rosemont Jr. (eds.) (Urbana: University of Illinois Press, 1975), p. 92-141.
5. Carl F. Kaestle, *The Evolution of an Urban School System* (Cambridge, Mass.: Harvard University Press, 1973), p. 141.
6. Ibid., p. 141-142.
7. Ibid., p. 161.
8. Marvin Lazerson, *Origins of the Urban School* (Cambridge: Harvard University Press, 1971), p. xv. Ver também Elizabeth Vallance, "Hiding The Hidden Curriculum", *Curriculum Theory Network*, IV (inverno, 1973/1974), p. 5-21.
9. Ibid., p. x-xi.
10. Selecionei esses autores como os mais importantes formadores da área do currículo, porque acredito que sua identificação com o movimento pela eficiência social e com a psicologia behaviorista os coloca no centro das discussões da área. Não incluí John Dewey e outros que se identificam com a educação centrada na criança e com a tradição das necessidades/interesses da criança, pois, embora interessantes e importantes, suas idéias tiveram pouco impacto tanto no desenvolvimento do campo curricular quanto na prática escolar. Para uma discussão sobre essa posição com referência a Thorndike, ver Clarence J. Karier, "Elite Views on American Education", *Education and Social Structure in the Twentieth Century*, Walter Laquer e George L. Mosse (eds.) (New York: Harper Torchbooks, 1967), p. 149-151.
11. Franklin Bobbitt, *The Curriculum* (New York: Arno Press, 1971), Capítulo 9.
12. Ibid., p. 95.
13. Ibid., p. 42, Franklin Bobbitt, *How to Make a Curriculum* (Boston: Houghton Mifflin, 1924), p. 29, 97; W. W. Charters, *Curriculum Construction* (New York: Arno Press, 1971), Capítulos 4-5.
14. Harold Rugg et al., "The Foundations of Curriculum-Making", *The Foundations of Curriculum-Making, The Twenty-Sixth Yearbook of the National Society for the Study of Education*, Part II, Guy Montrose Whipple (ed.) (Bloomington: Public School Publishing, 1926), p. 16.
15. Bobbitt, *The Curriculum*, op. cit., Capítulo 12.
16. Bobbitt, *How to Make a Curriculum*, op. cit., p. 281.
17. Bobbitt, *The Curriculum*, op. cit., p. 131.
18. Minha análise aqui não reflete a tese do anseio pelo *status*, formulada pelo falecido Richard Hofstadter, como uma explicação do apoio da classe média às reformas sociais do movimento progressista. Em vez disso, estou simplesmente refletindo as visões dos primeiros

líderes da psicologia, sociologia e educação, as quais de fato documento ao longo deste capítulo. Para uma exposição da tese, ver Richard Hofstadter, *The Age of Reform* (New York: Vintage Books, 1956), Capítulo 4. Para uma análise interessante e crítica sobre a tese do anseio pelo *status*, ver Robert W. Doherty, "*Status* Anxiety and American Reform: Some Alternatives", *American Quarterly*, XIX (verão, 1962), p. 329-336.
19. Esses medos da industrialização e da urbanização tiveram importantes implicações para o desenvolvimento da área curricular e para as ciências sociais em geral. Ver Barry Franklin, "The Curriculum Field and the Problem of Social Control, 1918-1938: A Study in Critical Theory" (tese de doutorado não publicada, Universidade de Wisconsin, 1974). Para uma análise similar sobre o desenvolvimento da área da sociologia da educação, ver Philip Wexler, *The Sociology of Education: Beyond Equality* (Indianapolis: Bobbs-Merril, 1976).
20. Edward A. Ross, *Social Control* (New York: Macmillan, 1912), p. 342-346; R. Jackson Wilson, *In Quest of Community*: *Social Philosophy in the United States*, 1860-1920 (New York: Oxford University Press, 1968), p. 89-99.
21. Robert A. Nisbet, *The Quest for Community* (New York: Oxford University Press, 1967), p. 54.
22. Robert H. Wiebe, *The Search for Order* (New York: Hill & Wang, 1967), Capítulo 5.
23. Ibid., p. 44.
24. Edward A. Ross, *Foundations of Sociology*, (5. ed. New York: Macmillan, 1919), p. 382-385.
25. Charles A. Ellwood, *Sociology and Modern Social Problems* (New York: American Book Co., 1913), p. 220.
26. Ibid., p. 217-221, Edward A. Ross, *Principles of Sociology* (New York: Century, 1920), p. 36-37.
27. Ross, *Principles of Sociology*, ibid., p. 409.
28. Ross L. Finney, *Causes and Cures for the Social Unrest: An Appeal to the Middle Class* (New York: Macmillan, 1922), p. 167-172.
29. Ibid., p. 43.
30. Ross L. Finney, *A Sociological Philosophy of Education* (New York: Macmillan, 1928), p. 382-3.
31. Ibid., p. 428.
32. Charles C. Peters, *Foundations of Educational Sociology* (New York: Macmillan, 1924), p. 25.
33. Thorndike aparentemente aceitou os pontos de vista do antropologista norte-americano R. H. Lowie de que "os negros demonstravam uma propensão inveterada para, no mínimo, as formas de governo monárquicas". Ver Edward L. Thorndike, *Your City* (New York: Harcourt, Brace, 1939), p. 77-80. Para um exame do behaviorismo de Thorndike e seu impacto na área do currículo, ver Barry M. Franklin, "Curriculum Thought and Social Meaning; Edward L. Thorndike and the Curriculum Field", *Educational Theory*, XXVI (verão, 1976), p. 298-309.
34. Finney, *Causes and Cures for the Social Unrest*, op. cit., p. 180.
35. Finney, *A Sociological Philosophy of Education*, op. cit., p. 386.
36. Thorndike, *Human Nature and the Social Order*, op. cit., p. 440.
37. Bobbitt, *The Curriculum*, op. cit., p. 158; William Chandler Bagley, "Supplementary Statement", em Rugg, op. cit., p. 38.
38. Bobbitt, *How to Make a Curriculum*, op. cit., p. 41-42, 61-62; Edward L. Thorndike, *Individuality* (Boston: Houghton Mifflin, 1911), p. 51; Edward L. Thorndike, *Education: A First Book* (New York: Macmillan, 1912), p. 137-319; David Snedden, *Sociological*

Determination of Objectives in Education (Philadelphia: Lippincott, 1921), p. 251; Peters. *Foundations of Educational Sociology*, op. cit., p. vii.

Finney adotou uma visão da diferenciação um pouco diferente daquela dos teóricos formativos da área. Defendia o que parecia ser um currículo comum em que predominavam as disciplinas emergentes da ciência social, mas fez uma distinção fundamental de como esses temas deveriam ser ensinados a indivíduos de diferentes habilidades. Os de alta inteligência aprenderiam sobre sua herança social por meio de um estudo das ciências sociais. Seria um estudo que os ensinaria a entender não apenas sua herança, mas as demandas sociais nela implicadas. Aos indivíduos de inteligência inferior seriam ensinadas apenas as próprias ciências sociais, mas isso seria condicionado a responderem a chavões adequados que refletissem o conteúdo dessas disciplinas e as demandas sociais nelas contidas. Ver Finney, *A Sociological Philosophy of Education*, op. cit., Capítulo 15, p. 393-396, 406, 410. Para a importância da diferenciação curricular na área do currículo hoje, ver Herbert M. Kliebard, "Bureaucracy and Curriculum Theory", *Freedom, Bureaucracy, and Schooling*, Vernon F. Haubrich (ed.) (Washington: Association for Supervision and Curriculum Development, 1971), p. 89-93.

39. Finney, *A Sociological Philosophy of Education*, op. cit., p. 388-389; Thorndike, *Human Nature and the Social Order*, op. cit., p. 77-79, 792-794, 800-802; Edward L. Thorndike, "A Sociologist's Theory of Education", *The Bookman*, XXLV (novembro, 1906), p. 290-291; Edward L. Thorndike, *Selected Writings from a Connectionist's Psychology* (New York: Appleton-Century-Crofts, 1949), p. 338-339.
40. Finney, *A Sociological Philosophy of Education*, op. cit., p. 386-389; Edward L. Thorndike, "How May We Improve the Selection, Training, and Life Work of Leaders", *How Should a Democratic People Provide for the Selection and Training of Leaders in the Various Walks of Life* (New York: Teachers College Press, 1938), p. 41; Walter H. Drost, *David Snedden and Education for Social Efficient* (Madison: University of Wisconsin Press, 1967), p. 165, 197.
41. Finney, *A Sociological Philosophy of Education*, op. cit., p. 395.
42. Ibid., p. 397-398.
43. Bobbitt, *The Curriculum*, op. cit., p. 78-81, 95.
44. Edward L. Thorndike, "The Psychology of the Half-Educated Man", *Harpers*, CXL (abril, 1920), p. 670.
45. Bobbitt, *The Curriculum*, op. cit., p. 78-86.
46. Ibid., p. 42; David Snedden, *Civic Education* (Yonkers on Hudson: World Book Co., 1922), Capítulo 14.
47. Thorndike, *Human Nature and the Social Order*, op. cit., p. 86-87, 783-785, p. 963.
48. Para um exame dessa tendência no pensamento social ver Trent Schroyer, "Toward a Critical Theory for Advanced Industrial Society", *Recent Sociology*, n. 2, Hans Peter Dreitzel (ed.) (New York: Macmillan, 1970), p. 212. Para a adequação desse ponto de vista na interpretação da educação norte-americana, ver Walter Feinberg, *Reason and Rhetoric* (New York: John Wiley, 1975), p. 40.
49. Kliebard, "Bureaucracy and Curriculum Theory", op. cit., p. 74-80, e Raymond E. Callahan, *Education and the Cult of Efficiency* (University of Chicago Press, 1962), Capítulo 4.
50. Finney, *A Sociological Philosophy of Education*, op. cit.
51. John Higham, *Strangers in the Land* (New Brunswick: Rutgers University Press, 1955), p. 51, 187, 257, 303-310, Capítulo 9.

52. O sociólogo Edward A. Ross, em circunstâncias similares, perdeu seu emprego na *Stanford University* porque se irritou com a senhora Leland Stanford, esposa do fundador da universidade, e sua autoridade máxima após a morte do marido. Ele atacou a comunidade industrial pelo seu apoio à imigração chinesa irrestrita. Ver Walter P. Metzger, *Academic Freedom in the Age of the University* (New York: Columbia University Press, 1955), p. 164-171, e Bernard J. Stern. (ed.), "The Ward-Ross Correspondence II 1897-1901", *American Sociological Review*, VII (dezembro, 1946), p. 744-746.
53. Higham afirma que, na década de 1920, o período em que o currículo surgiu como um campo de estudo e em que os educadores que estou considerando fizeram seus trabalhos mais importantes, o sentimento nativista norte-americano rejeitou os esforços de assimilação por meio de programas de americanização e, em vez disso, apoiou a restrição à imigração. Foi em 1924 que ocorreu o ato Johnson-Reed, o qual instituiu fortemente o "princípio das origens nacionais", com as restrições que aplicou aos povos do leste e sul da Europa, na lei norte-americana. Ver Higham, *Strangers in the Land*, op. cit., Capítulo 2.
54. Dwayne Huebner, "The Tasks of the Curricular Theorist", *Curriculum Theorizing: The Reconceptualists*, William Pinar (ed.) (Berkeley: McCutchan, 1975), p. 256.
55. Ibid., p. 255.
56. Quanto aos usos da linguagem exortativa para criação do imaginário, ver Murray Edelman, *The Symbolic Uses of Politics* (Urbana: University of Illinois Press, 1964).
57. Para mais explicações sobre essa relação, ver Michael W. Apple e Philip Wexler, "Cultural Capital and Educational Transmissions", *Educational Theory*, XXVIII (inverno, 1978).

5
O currículo oculto
e a natureza do conflito

Defendi no Capítulo 1 que, para entender a relação entre o currículo e a reprodução cultural e econômica, teríamos de lidar mais profundamente com a manutenção e o controle de formas particulares de ideologia, com a hegemonia. Já vimos, tanto historicamente quanto hoje, como determinadas concepções normativas de cultura de valores legítimos entram no currículo. Precisamos enfatizar que a hegemonia é criada e recriada pelo *corpus* formal do conhecimento escolar, e também pelo ensino oculto que vem acontecendo e continua a acontecer. Como as citações de Williams indicaram, a seleção e a incorporação da tradição atuam no nível do conhecimento aberto, de maneira que determinados significados e práticas são enfatizados (geralmente por um segmento da classe média),[1] e outros são negligenciados, excluídos, diluídos ou reinterpretados. Da mesma forma que muitos educadores e pesquisadores da área do currículo com freqüência já não têm uma noção séria de seu enraizamento histórico nos interesses passados da manutenção do consenso por meio de uma seleção do conhecimento que se baseava em uma visão de sociedade estratificada pela classe e pela "capacidade", também a tradição seletiva opera hoje, negando a importância tanto do conflito quanto das diferenças ideológicas. O que frequentemente era, no passado, uma tentativa consciente, por parte da burguesia, de *criar* um consenso que não existia se tornou agora a única interpretação possível das possibilidades sociais e intelectuais. O que era antes uma ideologia sob a forma de interesse de classe se tornou agora *a* definição da situação na maior parte dos currículos escolares. Trataremos do assunto, examinando alguns aspectos daquele *corpus* formal do conhecimento escolar e veremos como o que acontece dentro da "caixa-preta" pode criar os resultados que os teóricos da reprodução econômica têm tentado explicar. Mais uma vez, nossa visão de ciência desempenhará um papel importante e, nesse caso, bastante direto.

Antes de prosseguir, contudo, é importante observar que para a escola continuar a desempenhar de maneira relativamente sutil seus complexos papéis históricos na maximização da produção do conhecimento técnico e na socialização dos alunos dentro da estrutura normativa exigida por nossa sociedade, terá de fazer algo relacionado a ambos os papéis e que ajuda a sustentá-los. Terá de tornar legítima uma perspectiva basicamente técnica, uma tensão da consciência que responde ao mundo social e intelectual de maneira acrítica. Em outras palavras, a escola precisa fazer tudo isso parecer natural. Uma sociedade baseada no capital cultural técnico e na acumulação individual de capital econômico precisa parecer ser o único mundo possível. Parte do papel da escola, assim, é contribuir para a distribuição do que os teóricos críticos da escola de Frankfurt poderiam chamar de padrões objetivo-racionais de racionalidade e ação.

Esse é um elemento importante da hegemonia ideológica, pois, como notamos no Capítulo 3, a fim de que sejam mantidas as definições que os alunos têm das situações (como aquelas ensinadas no início de sua experiência escolar), tais definições devem ser continuamente confirmadas. Essa confirmação deve acarretar, é claro, uma continuidade dos padrões de interação que dominaram a pré-escola. Entretanto, já que os alunos, quando crescem, passam a verbalizar seus pensamentos com alguma facilidade e podem pensar sobre os aspectos referentes a suas condições sociais e culturais, o conteúdo do currículo se torna até mais importante. Precisa haver uma *justificação* contínua e cada vez mais sofisticada para que se aceitem as distinções e regras sociais antes aprendidas. Essa justificação precisa *estabelecer os limites ideológicos* de tal pensamento, incorporando maneiras "apropriadas" pelas quais os alunos possam começar a raciocinar por meio da lógica que explique por que as instituições e a cultura, com que interagem no dia-a-dia, são de fato legítimas. Isso exige que as instituições, as regras do senso comum e o conhecimento sejam considerados como relativamente pré-dados, neutros e basicamente imutáveis, porque todos continuam a existir por "consenso". Assim, o currículo deve enfatizar as afirmações hegemônicas, que ignoram o verdadeiro funcionamento do poder na vida cultural e social e que apontam para a naturalidade da aceitação, para os benefícios institucionais e para uma visão positivista, na qual o conhecimento está divorciado dos reais atores humanos que o criaram. A chave para desvelar isso, acredito, é o tratamento do *conflito* no currículo.

O CONFLITO E O CURRÍCULO OCULTO

O fato de que as escolas em geral pareçam neutras e estejam *manifestamente* isoladas dos processos políticos e da argumentação ideológica apresenta tanto qualidades positivas quanto negativas. O isolamento tem servido para defender a escola contra caprichos e modas passageiras que podem causar um efeito destrutivo à prática educacional. Pode, também, contudo, fazer com que a escola não responda às necessidades das comunidades locais e de uma ordem social cambiante. Os prós e contras da escola como instituição "conservadora" foram fervorosamente discutidos durante os últimos dez anos, pelo menos. Entre os principais debatedores estão Edgar Z. Friedenberg e o falecido Jules Henry. Além das discussões sobre o ensino de normas relacionadas ao trabalho, o ensino oculto de uma ética voltada ao desempenho e ao mercado de trabalho e a provável substituição de um sistema de valores da classe média, e em geral "esquizofrênico", pelos próprios significados biográficos de um aluno, têm sido os tópicos mais analisados. Como vimos, boa parte do enfoque tem se voltado ao que Jackson chamou, de maneira muito feliz, de "currículo oculto", isto é, as normas e os valores que são implicitamente, mas eficazmente, ensinados nas escolas e sobre os quais o professor em geral não fala nas declarações de metas e objetivos. De maneira similar, embora não tão orientada politicamente quanto a do Capítulo 3 deste livro, Jackson (1968) estuda extensivamente os modos pelos quais os alunos aprendem a lidar com um sistema em que há muita gente nas salas de aula, com os elogios e com o poder, em outras palavras, com o grande tempo de espera que as crianças têm de enfrentar, com o professor como primeiro "chefe" das crianças e com o fato de as crianças aprenderem a falsear determinados aspectos de seus comportamentos para conformarem-se ao sistema de recompensas existentes na maior parte das salas de aula.[2]

Essas críticas da visão de mundo ideológica que está sendo legitimada nas escolas foram incisivas, ainda que tenham falhado em enfocar uma característica predominante da escolarização atual, que contribui significativamente para a manutenção da hegemonia. Houve, até agora, pouco exame de como o tratamento do conflito no currículo escolar pode levar à aquiescência política e à aceitação, por parte dos alunos, de uma perspectiva sobre o conflito social e intelectual que atua para manter a distribuição existente de poder e de racionalidade em uma sociedade. Além do apoio às funções de produção e socialização da escolarização, o tópico do conflito é crucial por duas razões. O modo como se lida com ele ajuda a fixar a noção de como o aluno sente os meios legítimos de buscar recursos dentro de uma sociedade desigual. Isso é especialmente importante nas áreas urbanas e das classes trabalhadoras. Pode ser um tanto quanto imperativo que os alunos de áreas urbanas e da classe trabalhadora, entre outros, desenvolvam perspectivas positivas em relação ao conflito e à mudança, perspectivas que os capacitem a lidar com as realidades políticas e dinâmicas de poder complexas e em geral repressivas de sua sociedade de maneira que se preste menos a preservar os modos institucionais atuais de interação.[3] Determinadas sugestões programáticas podem ser feitas e prontamente instituídas nos programas correntes das escolas e poderiam aliviar alguns dos problemas (uma possibilidade é também testá-las por razões táticas).

Podemos aprender um pouco sobre a importância do ensino tácito ou oculto a partir da literatura sobre a socialização política. Começa a ficar claro que a "aprendizagem incidental" contribui mais para a socialização política de um aluno do que, digamos, aulas de civismo ou outras formas de ensino deliberado de determinada orientação de valor ético-social.[4] As crianças aprendem como lidar e como se relacionar com a estrutura de autoridade da coletividade a qual pertencem pelos padrões de interação a que são expostas nas escolas.

Obviamente, não é só a escola que contribui para o "ajustamento do aluno à autoridade". Os grupos, por exemplo, especialmente a família, por meio de suas práticas de proteção à criança e seu estilo de interação, podem afetar profundamente a orientação geral da criança à autoridade.[5] Contudo, há uma forte indicação em pesquisas recentes de que as escolas são antes de mais nada fortes rivais da família como agentes significativos da socialização política. Como aponta Sigel (1970):[6]

> [Restam] provavelmente poucas dúvidas de que as escolas públicas sejam uma alternativa de transmissão de valores tradicionais, e não de inovação, e muito menos de radicalização. Como resultado, elas facilitam a socialização política dos jovens do *mainstream* e tendem a equipá-los com as ferramentas necessárias aos papéis fundamentais que, se espera, venham a desempenhar em determinada sociedade. Talvez possamos discutir os papéis diferenciais que o governo e as escolas conferem aos alunos, mas seria provavelmente muito mais difícil negar a eficácia da escola.

Deve ser dito que o tratamento negativo dado aos usos do conflito vai muito além do modo explícito com que ele se apresenta em uma disciplina, como os estudos sociais, área em que geralmente encontramos material sobre situações de conflito e nos deparamos com o ensino de tais situações. A abordagem negativa e bastante irreal parece ser endêmica a muitas áreas, e especialmente às ciências, área geralmente associada à objetividade e ao conflito não-interpessoal.

Fica cada vez mais evidente que o *corpus* formal do conhecimento escolar, que se encontra, digamos, na maior parte dos livros de história e dos textos e materiais de estudos sociais, tem apresentado, ao longo dos anos, uma visão tendenciosa sobre a verdadeira natureza da quantidade e do possível uso das acirradas disputas nas quais grupos deste país e de outros têm se envolvido. O nosso lado é o bom; o dos outros, o mau. "Nós" amamos a paz e queremos o fim das disputas; "eles" gostam da guerra e desejam dominar. A lista poderia se estender de maneira considerável, especialmente acerca de questões raciais e de classes.[7] Contudo, devemos ir além desse tipo de análise, e ir até mesmo além do trabalho dos historiadores revisionistas, cientistas políticos, estudantes de socialização política e educadores, para chegarmos às raízes do ensino dessa orientação dominante. Examinarei aqui especificamente duas áreas – estudos sociais e ciências. Ao fazê-lo, destacarei que a apresentação dessas duas áreas (entre outras) nas escolas tanto espelha quanto incentiva uma ideologia orientada a uma perspectiva estática: nos estudos sociais, nas funções positivas, e mesmo essenciais, do conflito social; nas ciências, na natureza da argumentação e do trabalho científicos e no que se tem chamado de ciência "revolucionária". A visão apresentada de ciência nas escolas é especialmente interessante, pois é essencialmente um arquétipo da posição ideológica acerca do conflito que eu gostaria de esclarecer.

Duas hipóteses tácitas parecem proeminentes no ensino e nos materiais que compõem o currículo. A primeira concentra-se em uma posição negativa sobre a natureza e usos do conflito. A segunda enfoca os homens e as mulheres como sendo recipientes de valores e instituições, e não como criadores e recriadores de valores e instituições. Esses pressupostos atuam como orientações fundamentais que ordenam a experiência.

REGRAS BÁSICAS E PRESSUPOSIÇÕES TÁCITAS

O conceito de hegemonia implica que padrões fundamentais na sociedade sejam mantidos por meio de pressupostos ideológicos tácitos, regras, melhor dizendo, que não são em geral conscientes, e também por meio do controle econômico e do poder. Essas regras servem para organizar e legitimar a atividade dos muitos indivíduos cuja interação constitui a ordem social. Analiticamente, é interessante distinguir dois tipos de regra – regras constitutivas ou básicas e regras de preferência.[8] As regras básicas são como as regras de um jogo: parâmetros amplos nos quais as ações ocorrem. As regras de preferência, como o nome sugere, são aquelas que podemos escolher dentre as regras do jogo. Tome-se o xadrez, por exemplo. Há regras básicas comuns (que não são necessariamente trazidas ao nível da consciência) que fazem o xadrez diferente de outros jogos de tabuleiro ou mesmo dos jogos em geral. No próprio jogo de xadrez, o jogador dispõe de escolhas acerca dos movimentos que vai executar dentro desse modelo constitutivo. Os peões se movem para a frente (exceto ao "comer" um oponente), as torres se movem para a frente ou para os lados, etc. Se um peão adversário pulasse três peças para dar um xeque, não estaria respeitando as "regras do jogo". O adversário também não estaria seguindo as regras tacitamente aceitas se, digamos, derrubasse todas as peças ao chão e dissesse: "Ganhei!".

No nível mais amplo possível, uma das regras constitutivas mais predominantes em nossa sociedade envolve a noção de confiança. Quando dirigimos pela rua, confiamos que o carro que se aproxima no sentido contrário não sairá de sua faixa. A não ser que haja uma manifestação externa de desvio dessa regra, nem sequer precisamos trazer à consciência como tal regra organiza nossas vidas.[9] Uma regra semelhante é a que estabelece os limites legítimos do conflito. As regras do jogo implicitamente ditam os limites das atividades que as pessoas devem ou não executar, os tipos de questões que devem fazer e a aceitação ou rejeição das atividades dos outros.[10] Dentro desses limites, há escolhas, feitas a partir de diversas atividades. Podemos usar os tribunais, mas não bombas; podemos discutir, mas não duelar, etc. Um pressuposto básico parece ser o de que o conflito entre grupos de pessoas é *inerente* e fundamentalmente mau, e devemos lutar para eliminá-lo *dentro* dos limites estabelecidos das instituições, em vez de ver o conflito e as contradições como a "força motriz" básica da sociedade.

Embora algumas das melhores escolas e salas de aula estejam repletas de questões e controvérsias, geralmente se apresentam *dentro* dos parâmetros das regras de atividade implicitamente sustentadas. Poucas tentativas são feitas para enfocar os parâmetros em si.

O currículo oculto das escolas serve para reforçar as regras básicas que envolvem a natureza do conflito e seus usos. Ele impõe uma rede de hipóteses que, quando internalizadas pelos alunos, estabelece os limites de legitimidade. Esse processo realiza-se não tanto pelos exemplos explícitos que demonstram o valor negativo do conflito, mas pela quase total ausência de exemplos que demonstrem a importância do conflito intelectual e normativo em diferentes áreas do conhecimento. O fato é que essas hipóteses são obrigatórias para os alunos, já que em momento algum foram articuladas ou questionadas. Pelo próprio fato de serem tácitas, de não estarem no topo, mas na base de nossos cérebros, é que aumenta seu potencial para tornarem-se aspectos de hegemonia.

Algumas das fortes relações entre as pressuposições básicas dominantes em uma coletividade e o currículo oculto são examinadas por Dreeben (1969). Ele defende a idéia de que os alunos aprendem tacitamente determinadas normas sociais, principalmente quando lidam com tarefas e embates da vida diária de sala de aula. O fato de que essas normas aprendidas pelos alunos se estendam a muitas áreas de sua vida futura é fundamental, pois ajuda a documentar como a escolarização contribui para o ajuste individual a uma ordem social, econômica e política. A análise de Dreeben (1969), como vimos no Capítulo 2, é bastante conservadora e, para ele, a escolarização, as profissões e a política estão bem integradas nos Estados Unidos. A escolarização atua como uma distribuidora de uma forma de racionalidade que, quando internalizada pelo aluno, o capacita a funcionar de acordo com "as instituições ocupacionais e políticas que contribuem para a estabilidade de uma sociedade industrial",[11] freqüentemente aceitando-as.

Do modo como são ensinados na grande maioria das escolas, os estudos sociais e as ciências apresentam alguns dos exemplos mais explícitos do ensino oculto. Escolhi essas áreas por duas razões. Primeiro, já se construiu uma literatura bastante ampla e importante referente à sociologia das disciplinas voltadas à ciência. Essa literatura lida de maneira bastante perspicaz com a "lógica utilizada" pelos cientistas (isto é, o que os cientistas parecem de fato fazer) em vez de lidar com a "lógica reconstruída" (isto é, o que os filósofos da ciência e outros observadores dizem que os cientistas fazem), a qual é normalmente ensinada nas escolas.[12] Segundo, nos estudos sociais, os problemas que discutimos podem ser bastante esclarecidos se usarmos algumas noções de Marx para demonstrar que as visões do senso comum acerca da vida social encontradas em geral no ensino dos estudos sociais não são inevitáveis. Examinemos primeiramente as ciências. Ao fazê-lo, quero também propor, conforme as sugestões observadas no Capítulo 1, uma visão alternativa, ou melhor, mais ampla do trabalho científico que deveria ser considerada pelos educadores e, especialmente, por quem trabalha com o currículo, caso se queira, pelo menos, enfocar os pressupostos ideológicos inerentes a muito do que se ensina em nossas instituições educacionais.

O CONFLITO NAS COMUNIDADES CIENTÍFICAS

Uma das minhas teses básicas é de que a ciência, da forma que é apresentada na maior parte das salas de aula do ensino fundamental e em grande parte do ensino médio, contribui para que os alunos aprendam uma perspectiva basicamente irreal e essencialmente conservadora sobre a utilidade do conflito. Os domínios científicos são apresentados como corpos de conhecimento ("quês" e "comos") na melhor das hipóteses organizados ao redor de determinadas regularidades, como nos currículos de muitas disciplinas e voltados à investigação, que surgiram depois da "revolução bruneriana", e, na pior das hipóteses, como dados bastante isolados que alguém deve dominar para fazer testes. Quase nunca são examinados seriamente como uma construção pessoal dos seres humanos. Examinemos mais de perto essa situação.

Uma ciência não é "apenas" um domínio de conhecimento ou técnicas de descoberta e de formulação de justificações; é um *grupo* (ou grupos) de indivíduos, uma *comunidade* de estudiosos, nas palavras de Polanyi (1964), que buscam realizar projetos no mundo.[13] Como todas as comunidades, é governada por normas, valores e princípios, tanto vistos de maneira aberta quanto de maneira fechada. Por ser formada por indivíduos e grupos de estudiosos, também tem uma história significativa tanto de luta intelectual quanto de luta interpessoal. Com freqüência, o conflito é gerado pela introdução de um paradigma novo e em geral bastante revolucionário que desafia as estruturas básicas de significados previamente aceitos, dividindo em geral a comunidade. Esses conflitos dizem respeito aos modos de se chegar ao conhecimento que será considerado propriamente científico, aos fundamentos que servirão de base para a ciência. Também dizem respeito a situações como as de interpretações conflitantes de dados, com quem primeiro descobriu tal coisa e com muitas outras situações.

O que se encontra nas escolas, contudo, é uma perspectiva semelhante ao que se tem chamado de *ideal positivista*.[14] Em nossas escolas, o trabalho científico é tacitamente ligado a padrões aceitos de validade e visto (e ensinado) como algo sempre sujeito à verificação empírica sem influências externas, sejam pessoais ou políticas. "As escolas de pensamento" na ciência não existem, ou, quando existem, são usados critérios "objetivos" para persuadir os cientistas de que um lado está correto e o outro errado. Assim como ficará evidente em nossas discussões do ensino estudos sociais, apresenta-se às crianças uma *teoria consensual de ciência*, uma teoria que não enfatiza os sérios desacordos acerca de metodologia, metas e outros elementos que compõem o paradigma de atividade dos cientistas. Pelo fato de o consenso científico ser continuamente demonstrado, não se permite que os alunos vejam que, sem desacordo e controvérsia, a ciência não progrediria ou progrediria em ritmo muito mais lento. A controvérsia não só estimula a descoberta porque chama a atenção dos cientistas para problemas fundamentais,[15] mas porque serve para esclarecer posições intelectuais conflitantes. Mais adiante, falaremos mais sobre essa questão.

Uma questão também bastante forte é a de ser muito possível que o padrão de "objetividade" (fica-se tentado a dizer "objetividade vulgar") exibido e ensinado na escola pode com freqüência levar a um afastamento do compromisso político. Isto é, talvez não tenhamos aí uma neutralidade abertamente expressa, mas o espelho de um medo bastante profundo do conflito intelectual, moral e político.[16] O enfoque das instituições de ensino no aluno/cientista (que é em geral um observador passivo em sala de aula, apesar de, segundo os especialistas e teóricos do currículo, a ênfase estar na investigação) como um indivíduo que de maneira objetiva e racional testa ou deduz hipóteses avalizadas ou que cria e verifica hipóteses, ou o que for, representa muito mal a natureza do conflito que se encontra com freqüência entre os proponentes de soluções, interpretações ou modos de procedimento alternativos nas comunidades científicas. Tal enfoque não deixa que os alunos vejam as dimensões políticas do processo pelos quais os proponentes de uma teoria alternativa suplantam seus competidores. Também não pode tal apresentação de ciência fazer mais do que negar sistematicamente a dimensão de poder envolvida na argumentação científica.

O conflito histórico e continuado entre teorias que competem entre si nos domínios científicos continua a ser ignorado. Também dedicamos pouco ou nenhum pensamento ao fato de que a testagem de hipóteses e a aplicação dos critérios científicos *existentes* não são *suficientes* para explicar como e por que se faz uma escolha entre teorias contrárias. Existem muitos contra-exemplos que desmentem essa visão de ciência.[17] É muito mais sensível observar que a própria ciência não é necessariamente de todo cumulativa, nem age de acordo com um critério básico consensual, mas se orienta por revoluções conceituais que fazem com que grupos de cientistas se reorganizem e reconceitualizem os modelos pelos quais tentam entender e manipular o mundo.[18]

> A história da ciência tem sido e deveria ser [vista] como a história de programas (ou, quem sabe, "paradigmas") de pesquisa que competem entre si, mas não é e não deve tornar-se uma sucessão de períodos de ciência normalizada: quanto mais cedo começar a competição, melhor para o progresso.

Não estou agora tentando defender aqui uma visão de ciência que declara que a "objetividade" e a "neutralidade", a verificação de hipóteses e procedimentos de investigação não são relevantes. O que estou dizendo é que a argumentação e a contra-argumentação científicas são partes importantes do empreendimento científico e que as teorias e os modos de proceder ("as estruturas das disciplinas") atuam como normas ou compromissos psicológicos que levam a uma controvérsia intensa entre grupos de cientistas.[19] Essa controvérsia é fundamental para o progresso da ciência, e esse conflito contínuo é ocultado dos alunos.

Talvez essa questão fique mais clara se sondarmos um pouco mais profundamente algumas das reais características das disciplinas científicas em geral ocultas da visão do público e quase nunca ensinadas nas escolas. Embora a discussão tenha enfocado o conflito na área científica, às vezes é difícil separar o conflito da competição. Uma das mais importantes falhas das escolas é a falta de tratamento do "problema" da competição na ciência. A competição pela prioridade e reconhecimento de novas descobertas caracteriza *todas* as ciências estabelecidas.[20] Basta apenas ler o relato vivaz de Watson, em *The Double Helix*, sobre sua disputa com Linus Pauling pelo Prêmio Nobel, a ser conferido ao descobridor da estrutura do DNA, para entender o quanto a competitividade pode ser intensa e o quanto os cientistas são humanos, tanto como indivíduos quanto em grupos.

A competição também pode ser claramente vista entre especialistas de uma disciplina, não necessariamente nos "limites" do conhecimento, como no caso de Watson. Aqui a "mercadoria" (se me permitirem falar metaforicamente) são os alunos de primeira linha, que possam ser recrutados para expandir o poder e o prestígio de uma especialidade emergente. Há uma competição contínua, mas em geral oculta, entre subdisciplinas na ciência pelo que podem parecer quantidades limitadas de prestígio disponível. O conflito aqui é crucial. Áreas cujo prestígio é relativamente maior podem enfrentar muitas dificuldades para ganhar apoio a seus interesses. Um fator primordial em termos reais, se não for *o* mais importante, na pesquisa científica de alta qualidade é justamente a qualidade do aluno e da "mão-de-obra" científica que uma especialidade consegue recrutar. O prestígio tem uma forte influência na atração de alunos, e a competição que se estabelece por ele pode ser intensa, portanto, por causa dessas conseqüências.[21] Isso está, obviamente, relacionado ao papel cultural e econômico da escola na identificação da "mao-de-obra" que pode contribuir para a maximização do conhecimento especializado.

O que faço aqui não é necessariamente desabonar a competição na ciência (embora, como o casal Rose observou em seus livros mais recentes, a atividade científica pode e precisa progredir também por meio de uma posição ideológica progressista compartilhada),[22] nem apresentar uma visão demoníaca do trabalho científico em todas as suas ramificações. Minha intenção é apresentar uma perspectiva mais realista sobre esse trabalho e sobre os *usos do conflito entre seus praticantes*. O conflito aqui é bastante "funcional". Induz os cientistas de cada área a tentar estabelecer um domínio próprio de competência em suas disciplinas. As pressões "competitivas" às vezes também ajudam a garantir que áreas de pesquisa menos populares não sejam negligenciadas. Além disso, a presença de forte competitividade na comunidade científica pode estimular os membros a correrem riscos, a suplantar seus competidores, aumentando, portanto, a possibilidade de novas e empolgantes descobertas[23] (embora também possa ter sido um fator para que tenhamos ignorado a contribuição das mulheres à ciência, como demonstra a discussão levantada por Olby (1974) sobre a negação das contribuições de Rosalind Franklin à descoberta da estrutura do DNA).[24]

O conflito é também aumentado pela própria estrutura normativa da comunidade científica. Na verdade, esta pode ser um agente que contribui significativamente tanto para o conflito quanto para competição. Entre as muitas normas que guiam o comportamento dos cientistas, talvez o mais importante para nossa discussão seja aquele do ceticismo organizado. Storer assim o define:[25]

> Essa norma é diretiva, incorporando o princípio de que cada cientista deveria ser considerado individualmente responsável por garantir que a pesquisa anterior realizada por outros e nas quais ele baseia seu trabalho seja válida. Ele não poderá ser desculpado se aceitar uma idéia falsa e depois alegar inocência "porque o Dr. X me disse que era verdade", mesmo se individualmente não pudermos acusá-lo de intencionalmente substituir a verdade pelo erro; ele, em primeiro lugar, é que deveria ter agido ceticamente quanto ao trabalho do Dr. X.
>
> O cientista está obrigado também por essa norma a tornar públicas suas críticas sobre o trabalho de outros quando acredita que incorrem em erros... Disso decorre que nenhuma contribuição de um cientista ao conhecimento pode ser aceita sem exame cuidadoso, e que o cientista deve duvidar de suas próprias constatações, tanto quanto duvida das constatações dos outros.

Não é difícil perceber como a norma do ceticismo organizado tem contribuído para as controvérsias internas das comunidades científicas.

Há muitos outros exemplos de conflito. Talvez o mais importante relacionado ao nosso próprio tópico seja a existência de subgrupos "rebeldes" nas comunidades científicas. As especialidades que se revoltam contra as metas e/ou meios de uma área mais abrangente são bastante comuns na tradição científica. Esses grupos rebeldes de pesquisadores sentem-se alienados do corpo principal do discurso científico atual em suas áreas particulares, o que pode fazer com que farpas ocorram entre os grupos de rebeldes e os tradicionalistas. Aqui, em geral adicionados a essa situação, mesmo os argumentos usuais associados à ciência – isto é, as discussões entre grupos e indivíduos sobre questões substanciais, como a do conhecimento legitimado e similares – se misturam com as discussões sobre metas e políticas de ação. Ainda mais importante hoje é o fato de estar se tornando bastante comum (e, em minha opinião, felizmente) haver discussões e dissensões acaloradas acerca da posição política que uma disciplina deve adotar e sobre o uso social do conhecimento.[26]

Até agora estive documentando a importante dimensão do conflito nas comunidades científicas. Venho defendendo a idéia de que o conhecimento científico, como é ensinado nas escolas, tem, na verdade, estado divorciado da estrutura da comunidade da qual surgiu e que o critica. Os alunos são "forçados", por causa da própria ausência de um quadro realista de como as comunidades científicas repartem o poder e os recursos econômicos, a internalizar uma visão que tem pouco potencial para questionar a legitimidade dos pressupostos tácitos do conflito interpessoal que governam suas vidas e sua própria situação educacional, econômica e política. Apresenta-se a eles não só uma visão da ciência patentemente irreal, mas, algo mais importante na minha opinião, uma visão que não mostra o quanto as discussões e os conflitos interpessoais e intergrupais (e, portanto, de classe) são fundamentais para o progresso da ciência. Quando essa situação se generaliza como sendo a perspectiva básica pela qual devemos nos relacionar aos paradigmas econômicos e políticos de uma sociedade, não é difícil ver como pode servir para reforçar a aquiescência dos alunos, levá-los aos "canais adequados" – quando desejam mudar essas estruturas –, ou para ajudar a justificar essa conjuntura estrutural por meio de regras constitutivas de um pensamento que façam qualquer outra perspectiva sobre o conhecimento parecer artificial.

O CONFLITO NA SOCIEDADE

A segunda área da escolarização na qual encontramos embates sobre o currículo oculto e o ensino tácito de hipóteses constitutivas do conflito, e que escolhi enfocar de maneira explícita, são os estudos sociais. Ao sondar essa área, como na nossa discussão sobre a ciência, proporei uma alternativa ou uma visão mais ampla sobre o conflito na sociedade. Quero também documentar alguns dos usos sociais do conflito intelectual e normativo, usos ignorados na maioria das discussões sobre o currículo nas escolas.

Um exame de boa parte da literatura sobre estudos sociais aponta para a aceitação da sociedade como um sistema basicamente cooperativo. Observações realizadas em salas de aula durante um longo período de tempo, como as relatadas no Capítulo 3, revelam uma perspectiva similar. A orientação deriva em grande parte da pressuposição ideológica básica (talvez necessariamente inconsciente) de que o conflito, especialmente o conflito social, *não é uma característica essencial* da rede de relações sociais que chamamos de sociedade.[27]

Com bastante freqüência, pinta-se uma realidade social que tacitamente aceita a "cooperação feliz" como normal, se não como a melhor maneira de viver. Deve-se deixar claro: a verdade da declaração de que a sociedade é um sistema cooperativo (se ao menos todos cooperassem) *não pode* ser determinada empiricamente. É essencialmente uma orientação de valor que ajuda a determinar as questões que fazemos ou as experiências educacionais que projetamos para os alunos. As experiências educacionais parecem enfatizar o que é fundamentalmente uma perspectiva conservadora.

A perspectiva encontrada nas escolas inclina-se bastante ao modo como todos os elementos de uma sociedade – do uso didático da figura do carteiro e do bombeiro na primeira série até a presença de instituições parciais nos cursos de civismo do ensino médio – estão todos conectados em uma relação funcional, cada um contribuindo para a *manutenção* contínua da sociedade. O conflito interno e o dissenso na sociedade são vistos como inerentemente antitéticos ao funcionamento tranqüilo da ordem social. O *consenso* é mais uma vez uma característica pronunciada. Essa orientação é também evidente na ênfase implícita que se dá aos alunos (e ao "homem" em geral) como pessoas que transmitem e recebem valores, e não como pessoas que criam valores ao longo da maior parte de sua experiência escolar.[28]

O fato de haver várias maneiras paradigmáticas pelas quais possamos perceber o mundo social tem sido observado há muito tempo. Contudo, é também importante observar que cada uma dessas maneiras propõe certa lógica de organização sobre a atividade social e tem certos, e às vezes muito diferentes, pressupostos valorativos subjacentes. As diferenças entre as perspectivas de Durkheim e as mais subjetivas de Weber são um exemplo disso. Embora menos sofisticadas economicamente do que algumas de suas novas obras, a análise recente das teorias estruturais-funcionais, especialmente as de Parsons, feita por Gouldner (1970), oferece um exemplo mais atual. Seu exame, que tem uma longa história intelectual na sociologia do conhecimento, levanta questões intrigantes sobre as conseqüências sociais e políticas do pensamento social contemporâneo – de que muito do seu pano de fundo seja determinado pela existência pessoal e pela classe do pensador, de que apresenta um "quadro muito seletivo e parcial da sociedade norte-americana", feito para "evitar as tensões políticas" e objetivando a noção de que a estabilidade política, digamos, "seria alcançada se o trabalho pela mudança social parasse prudentemente antes de mudar maneiras já estabelecidas de alocar e justificar o poder".[29] Em poucas palavras, a base subjacente de tal "paradigma" social usado para ordenar e guiar nossas percepções fundamentalmente se orienta à legitimação da ordem social existente. Pelo próprio fato de se buscar tratar tais assuntos como *equilíbrio* social e *manutenção* do sistema; por exemplo, há forte tendência para a conformidade e negação de que seja necessário haver conflito.[30] Como a tradição da socialização da pesquisa do currículo discutida no Capítulo 2 (a qual deriva de um modelo estrutural-funcional), tal paradigma assume a existência de valores sociais, uma combinação perfeita entre a consciência ideológica dos intelectuais e a exigência de serem recriadas as mesmas categorias hegemônicas nas crianças.

Em oposição ao raciocínio estrutural-funcional, Gouldner (1970) defende um "paradigma" diferente, enraizado na busca que o indivíduo faz para transformar a si mesmo e sua atividade – paradigma que estabelece não a sociedade existente como medida, mas a possibilidade de mudança de base estrutural por meio do compromisso apaixonado do indivíduo e por seu envolvimento social. A questão da legitimação, portanto, se torna menos um processo de estudar como as tensões institucionais evoluem e podem ser "arrumadas", e mais uma tentativa de conectar as instituições com seu desenvolvimento histórico e sua necessidade de transformação de acordo com princípios explicitamente escolhidos com base em argumentações políticas, econômicas e éticas. A perspectiva sobre o conflito desta última posição é bastante diferente daquela da escola de pensamento criticada por Gouldner (1970).

Em sua análise das hipóteses de base do pensamento social parsoniano, por exemplo, Gouldner (1970) documenta o lugar do discurso moral e do conflito de valores, que ocupam posição central nas ciências humanas e na sua compreensão da sociedade. O autor, portanto, expande consideravelmente os limites possíveis do conflito. Essa situação talvez seja mais evidente em sua crítica do lugar indevido que Parsons dá ao processo de socialização que implicitamente define o "homem" como sendo primeiramente um receptáculo de valores.[31] Ele censura as teorias sociais funcionalistas por serem incapazes de lidar com "quem se opõe ativamente ao que está estabelecido na sociedade e que luta por mudar as regras e as exigências necessárias à integração". Gouldner centraliza sua atenção em seres humanos engajados em um processo dialético de recebimento, criação e recriação de valores e instituições.[32] A recriação contínua de valores em uma sociedade é um processo difícil e freqüentemente envolve o conflito com quem tenha modelos incompatíveis. É a esse tipo de conflito, entre outros, que Gouldner tenta dar um lugar.

Por sua própria natureza, os próprios "paradigmas" sociais estão em constante mudança, freqüentemente "guiados" pelo conflito de classe e pelas contradições econômicas. Na verdade, as recentes obras de Gouldner podem ser vistas como algo que espelha e é parte dessa mudança. Contudo, deixam para trás reificações de si próprias, encontradas tanto no currículo do nível fundamental quanto do nível médio. Isso pode ser especialmente verdade nos casos dos modelos de compreensão da vida social que encontramos nas escolas hoje. Esses modelos guardam uma semelhança impressionante para com as posições ideológicas articuladas pelos primeiros educadores e teóricos do currículo que analisei no capítulo anterior.

Não há, talvez, melhor exemplo da ênfase no consenso, na ordem e na ausência de qualquer conflito nos currículos de estudos sociais do que o encontrado em um dos mais populares conjuntos de materiais educativos, o "kit" de economia da Science Research Associates, Our working world. Tal material foi projetado para ensinar conceitos básicos de economia aos alunos do ensino fundamental. O material para a 1ª série, cujo subtítulo era "Families at work"

("As famílias no trabalho"), foi organizado ao redor da interação social cotidiana, algo com que as crianças se sentiriam familiarizadas. Frases como a que vem a seguir estão no material:[33]

> Quando seguimos as regras, somos recompensados; mas se não as obedecermos, seremos punidos. Então, meu querido, é por isso que todos são cuidadosos. É por isso que *aprendemos* os costumes e regras e os *obedecemos*, pois, se o fizermos, seremos todos recompensados por um mundo mais agradável e organizado.

A atitude exibida em relação à *criação* de outros valores e costumes e o valor que se dava a um mundo ordenado e sem conflitos parece ser indicativo de um conjunto mais amplo de pressupostos voltados ao consenso e à vida social. Quando percebemos que os alunos são massacrados com exemplos desse tipo ao longo do dia, exemplos em que é bastante difícil encontrar qualquer valor relacionado a qualquer espécie de desordem, torna-se necessário fazer uma pausa.

Mesmo a maior parte dos currículos voltados à pesquisa, embora fecundos em outros aspectos, demonstra negar a eficácia do conflito e sua longa e profundamente enraizada história nas relações sociais. Por exemplo, tanto a suposição de que os conflitos devam ser "resolvidos" dentro de determinados limites, quanto a de que a mudança contínua no modelo e na textura da conjuntura institucional é menos do que desejável podem ser observadas nos currículos de ciências sociais relativamente sofisticados e centrados em disciplinas desenvolvidos hoje. Um desses currículos foi publicado pelo Center for the Study of Instruction em 1970. Oferece de maneira explícita uma abordagem de "esquemas conceituais" que põem em jogo uma hierarquia de generalizações as quais, idealmente, devem ser internalizadas pelo aluno por meio de sua participação ativa em desempenhar papéis e em pesquisar. Esses níveis de generalização vão do bastante simples ao razoavelmente complexo e estão subsumidos sob uma ampla generalização "descritiva" ou "esquema cognitivo". Por exemplo, subsumidas sob a generalização esquemática "A organização política (o governo) resolve os conflitos e torna as interações mais fáceis para as pessoas", estão as seguintes subgeneralizações, listadas em ordem crescente de complexidade:[34]

1. O comportamento dos indivíduos é governado por regras comumente aceitas.
2. Os membros dos grupos familiares são governados por regras e leis.
3. Os grupos comunitários são governados por meio da liderança e da autoridade.
4. A interação pacífica entre os homens depende de controles sociais.
5. O estilo de governo depende do controle exercido pela participação no sistema político.
6. A organização política estável aumenta a qualidade de vida compartilhada por seus cidadãos.

Juntamente com essas generalizações "descritivas", a que os estudantes são levados, estão "conceitos de apoio" como "as regras ajudam a manter a ordem" e "as regras ajudam a proteger a saúde e a segurança".[35] Agora, poucas pessoas discordarão dessas afirmações. Afinal de contas, as regras de fato ajudam. Todavia, assim como os pressupostos dominantes no material de economia, as crianças têm de enfrentar uma ênfase tácita que mais uma vez se dá a um conjunto estável de estruturas e à manutenção da ordem.

Intriga a quase completa falta de tratamento ou mesmo referência ao conflito como algo que seja de interesse social ou como categoria de pensamento nos currículos mais utilizados ou na maioria das salas de aula observadas. Dentre os materiais mais utilizados, apenas aqueles desenvolvidos sob a égide da falecida Hilda Taba fazem referência ao conflito como conceito fundamental. Contudo, apesar de manifestamente enfatizar o conflito, e de o próprio enfoque já ser um sinal de abertura, o currículo de estudos sociais de Hilda Taba é orientado às conseqüências de conflito constante, e não aos muitos aspectos positivos também associados ao conflito. O conflito é visto, mais uma vez, como "disfunção", apesar de ser visto como algo sempre presente.[36]

Como observamos anteriormente, a sociedade como a conhecemos é mantida, em grande parte, em seus aspectos positivos *e* negativos, por regras implícitas do senso comum e por paradigmas de pensamento, pela hegemonia e também pelo poder. Materiais como esses utilizados nos estudos sociais (e há muitos outros a que não fiz referência) podem contribuir para o reforço e para o ensino tácito de determinados pressupostos dominantes e, portanto, para que haja uma estrutura de crenças pró-consenso e antidissenso.

Essa visão encontra oposição por uma parte do conteúdo que agora se ensina sob o título de *Black and Women's Studies* ("Estudos sobre negros e mulheres"). Aqui, a luta e o conflito são estudados em conjunto de maneira explícita e positiva.[37] Embora muitos teóricos do currículo possam achar essa adesão aos objetivos da comunidade de certa forma antitéticos a suas próprias inclinações, o fato de que tenha havido uma tentativa de apresentar uma perspectiva comparativamente realista sobre a história e os usos dos conflitos no progresso das classes sociais e dos grupos, por meio dos direitos civis e dos movimentos negros, deve ser reconhecido. Mesmo quem não aplaude, ou apenas aplaude uma visão segura ou um tanto quanto conservadora sobre esse assunto, deveria perceber a potência e o valor positivo dessa perspectiva para desenvolver a consciência de grupo e a coesão ainda não possíveis até aqui. Essa questão será abordada novamente na discussão mais geral sobre os usos do conflito nos grupos sociais.

Dizer, porém, que a maior parte dos currículos dos *Black Studies* ("Estudos sobre o negro") exibe essa mesma perspectiva seria algo bem pouco preciso. Também poderíamos apontar a apresentação agora manifesta de material histórico dos negros, em que são apresentados aqueles negros que permaneceram dentro do que eram considerados os limites (regras constitutivas) do protesto ou que progrediram em áreas aceitas da economia, do atletismo, da academia ou da arte. Geralmente, não encontramos referência a Malcolm X, Marcus Gravey ou outros que tenham oferecido uma crítica potente dos modos existentes de atividade e de controle econômicos e culturais. Contudo, é a *solidez* da apresentação tácita da perspectiva do consenso que deve ser enfatizada, tanto quanto sua ocorrência nas duas áreas examinadas neste capítulo.

Não é suficiente, contudo, para nossos objetivos, "meramente" esclarecer como o currículo oculto obriga os alunos a experimentar determinados contatos com as regras. É essencial que uma visão alternativa seja posta em cena e que os usos do conflito social que venho mencionando sejam documentados.

É possível contrariar a orientação consensual com um conjunto de pressupostos não tão voltado ao consenso, pressupostos que pareçam ser tão garantidos empiricamente, se não mais, quanto aqueles contra os quais levantei objeções. Por exemplo, alguns teóricos sociais assumiram a posição de "a sociedade não ser fundamentalmente uma ordem que funciona suavemente como se fosse uma forma de organismo social, ou de um sistema social ou de um tecido social estático". Ao contrário, a mudança contínua nos elementos *e* na forma básica estrutural da sociedade é sua característica dominante. Os conflitos são os produtos sistemáticos da estrutura mutante de uma sociedade e, por sua natureza, tendem a conduzir ao progresso. A "ordem" da sociedade, portanto, é a regularidade da mudança. A "realidade" da sociedade é o conflito e o fluxo, não um "sistema funcional fechado".[38] Diz-se que a contribuição mais significativa feita por Marx para a compreensão da sociedade foi seu *insight* de que a maior fonte de mudança e inovação é o conflito interno.[39] Em essência, portanto, os conflitos devem ser considerados como uma dimensão fundamental e freqüentemente benéfica da dialética da atividade que rotulamos de sociedade.

Um exame das posições internas e intimamente ligadas a essa orientação geral pode ajudar a iluminar a importância do conflito. Uma das perspectivas mais interessantes aponta para sua utilidade no impedimento da reificação das instituições sociais existentes por meio da pressão exercida sobre indivíduos e grupos para que sejam inovadores e criativos ao elaborar mudanças nas atividades institucionais. Coser (1956) ilustra bem o assunto:[40]

> O conflito interno e entre os grupos de uma sociedade pode impedir que a acomodação e as relações habituais empobreçam cada vez mais a criatividade. O choque de valores e interesses, a tensão entre o que está posto e o que alguns grupos pensam deveria estar, o conflito entre interesses financeiros já estabelecidos e novos estratos e grupos a exigir sua fração de poder têm todos produzido vitalidade.

É bastante difícil encontrar algo semelhante a essa orientação na maioria dos materiais e no ensino praticado nas escolas. As regras básicas de atividade que governam nossa percepção tendem a fazer com que vejamos o conflito primeiramente como algo negativo na coletividade. Ainda assim, "a cooperação feliz" e o conflito são os dois lados da moeda social, não sendo nenhum deles totalmente positivo ou negativo. Embora fale aqui a partir de uma perspectiva funcionalista, essa visão é vigorosamente sustentada por Coser (1956) em uma de suas primeiras abordagens do assunto:[41]

> Nenhum grupo pode ser inteiramente harmonioso, pois estaria privado do processo e da estrutura. Os grupos exigem a desarmonia tanto quanto a harmonia, a desagregação tanto quanto a agregação, e os conflitos internos não são em absoluto fatores de ruptura. A formação dos grupos é o resultado de ambos os tipos de processo. A crença de que um processo ponha abaixo aquilo que outro tenha construído, a fim de que reste no final o resultado da subtração de um processo a outro, é uma concepção equivocada. Pelo contrário, tanto os fatores "positivos" quanto os "negativos" constroem as relações dos grupos. Longe de ser necessariamente disfuncional, determinado grau de conflito é um elemento essencial para a formação de grupos e para a persistência da vida em grupo.

A regra básica de atividade que constitui o valor inconscientemente negativo associado ao conflito tende a levar à elaboração de experiências que enfocam a propriedade que o conflito tem de "infringir leis ou regras", ainda que seja necessário deixar claro que o conflito não somente infringe, mas, na verdade, também *cria* leis.[42] Ele executa a tarefa considerável de apontar as áreas que necessitam de retificações. Além disso, traz à consciência as regras mais básicas que governam a atividade particular sobre a qual há conflito, mas que estavam ocultas, isto é, executa a função singular de preparar os indivíduos para ver os imperativos ocultos presentes nas situações que agem para estruturar suas ações, liberando-os parcialmente para que criem padrões relevantes de ação em nível que não lhes era em geral possível. Essas propriedades de criação de leis e de expansão da consciência inerentes às situações de conflito oferecem, combinadas, um efeito bastante positivo. Pelo fato de o conflito trazer à tona novas situações que em grande parte não estavam definidas pelos pressupostos anteriores, atua como um estímulo para o estabelecimento de novas normas de atividade e, possivelmente, mais flexíveis ou pertinentes. Por literalmente forçar a atenção consciente, definem-se questões, e novas dimensões podem ser exploradas e esclarecidas.[43]

A documentação dos efeitos positivos do conflito não seria sequer próxima da adequada se seu maior uso não fosse mencionado, especialmente dado meu próprio compromisso de fazer a educação, em particular, responder mais às necessidades das comunidades e classes a que serve. Estou falando aqui da importância do conflito para tanto criar quanto legitimar uma experiência consciente de classe, étnica e sexual (de gênero). É agora bem sabido que uma das maneiras principais pelas quais os grupos se definem é pela percepção de que estejam lutando com outros grupos e que tal luta tanto aumente a participação nas atividades do grupo como os faça mais conscientes dos laços que os unem.[44] É de extrema importância que as comunidades negras, outras comunidades étnicas e as comunidades femininas tenham significativamente se definido em termos desses limites internos e externos dos grupos a que pertencem, pois isso permite maior coesão entre os vários elementos de suas respectivas comunidades. Apelando aos "sentimentos primordiais", como classe, raça e sexo (gênero), cria-se uma estrutura de significado comum, o que faz com que seja plausível uma existência contínua e independente de um indivíduo e de um grupo.[45] Da mesma maneira que o conflito parece ser um meio fundamental para o estabelecimento da autonomia individual e para a total diferenciação da personalidade em relação ao mundo exterior,[46] também é eficaz para a total diferenciação da autonomia da comunidade. Na essência, ele pode criar uma "tensão em prol da articulação de pressupostos que marcam aquele grupo em especial, a fim de reforçar a solidariedade e o acordo entre seus membros", algo que é importante para uma ideologia potente, como vimos no Capítulo 1.

Tenho proposto uma perspectiva alternativa sobre a presença e os usos do conflito nos grupos sociais. É possível que ele seja usado como um fundamento mais objetivo para a elaboração de currículos e orientação de ensino, de forma que os alunos que se deparem com um currículo oculto mais estático possam contrabalançá-lo em certa medida. O enfoque explícito no conflito como uma categoria legítima de conceitualização e como uma dimensão válida e essencial da vida coletiva poderia capacitar os alunos a desenvolver uma perspectiva política e intelectual mais viável e potente e, a partir da qual, possam perceber sua relação para com as instituições econômicas e políticas existentes. No mínimo, tal perspectiva daria a eles uma melhor compreensão das pressuposições ideológicas que atuam na estruturação de sua própria atividade.

CONSIDERAÇÕES PROGRAMÁTICAS

Há várias sugestões programáticas a serem feitas e que poderiam, pelo menos parcialmente, servir para contrabalançar o currículo oculto e a tradição seletiva mais evidentes em ciências e nos estudos sociais como disciplinas representativas do *corpus* formal do conhecimento escolar. Embora sejam ainda, por sua própria natureza, bastante experimentais e apenas parciais, podem se afirmar importantes.

Uma apresentação mais balanceada de alguns dos valores utilizados pela ciência é essencial, especialmente a que se relaciona ao chamado "ceticismo organizado". A importância histórica da perspectiva predominante do ceticismo para as comunidades científicas precisa ser reconhecida e enfocada.

A história da ciência pode ser vista como uma dialética contínua de controvérsia e conflito entre os defensores de programas de pesquisa e de paradigmas que competem entre si, entre as respostas aceitas e os desafios a essas "verdades". Como tal, a própria ciência poderia ser apresentada com uma maior orientação histórica, documentando as revoluções conceituais necessárias para que ocorram significativas rupturas.

Em vez de aderir a uma visão de ciência como verdade, a apresentação balanceada da ciência como "verdade-até-segunda-ordem", como processo de mudança contínua, poderia impedir a cristalização de atitudes. Também nessa conexão, o estudo de como as revoluções conceituais na ciência ocorreram contribuiria para uma perspectiva menos positiva acerca do consenso como único modo de progredir.

À essa questão podemos acrescentar o enfoque sobre os usos morais da ciência e seus dilemas. Por exemplo, personalizar a história da ciência por meio de casos como o de Oppenheimer, Watson e, de maneira intrigante, a controvérsia que cerca o caso Velikovsky, seria de muita ajuda.[47] Quando consideradas em conjunto com uma análise séria, por exemplo, do papel das mulheres na ciência e na medicina, essas sugestões ajudariam a eliminar a parcialidade dos currículos atuais, introduzindo a idéia de controvérsia e conflito pessoais e interpessoais.[48]

Nos estudos sociais, várias sugestões podem ser feitas. O estudo comparativo das revoluções, digamos, norte-americana, francesa, russa, portuguesa e chinesa serviria para enfocar as propriedades da condição humana que causam o conflito interpessoal e são aperfeiçoadas por ele. Essa sugestão é mais adequada quando casada com o fato de que em muitos países a revolução é o modo legítimo (em um sentido bastante real da palavra) de proceder para corrigir injustiças. A isso poderíamos acrescentar os estudos do imperialismo cultural e econômico.[49]

Uma apreciação e uma apresentação mais realista dos usos do conflito nos movimentos de direitos legais e econômicos dos negros, indígenas, mulheres, trabalhadores, e outros, sem dúvida ajudaria a formar uma perspectiva que considera essas e outras atividades similares como modelos legítimos de ação. O fato de que as leis *tivessem* de ser transgredidas e depois derrubadas pelas Cortes não é, em geral, enfocado nos currículos de estudos sociais. Contudo por meio desses tipos de atividade uma boa quantidade de progresso foi e é feita. Aqui a comunidade e os estudos dos diversos movimentos de como as mudanças aconteceram são um processo interessante, que deveria ser bastante considerado. Isso indica o quanto é fundamental que uma história séria do trabalho seja ensinada nas escolas. Em geral minimizamos a história das lutas concretas nas quais os trabalhadores tiveram de se envolver e dos sacrifícios que fizeram. Ao mesmo tempo, os alunos podem ser levados a fundamentar suas próprias experiências familiares e pessoais na história de classe e de grupos étnicos. Numerosas bibliografias sobre assuntos como história do trabalho, lutas das mulheres, negros e outros estão disponíveis para nos ajudar e ir contra a tradição seletiva.[50]

Além dessas sugestões relativas a mudanças programáticas específicas, outra área deve ser observada. Os "paradigmas" sociológicos também tentam dar conta da realidade eivada pelo senso comum na qual os alunos e professores vivem. As escolas estão integralmente envolvidas nessa realidade e em sua internalização. Talvez seja inteligente considerar o envolvimento dos alunos na articulação e no desenvolvimento de paradigmas de atividade nas suas vidas nas escolas. Tal envolvimento pode capacitar os alunos a enfrentar e amplificar alguns *insights* fundamentais acerca de sua própria condição e liberdade. Tais *insights* poderiam potencialmente alterar o paradigma original e a própria realidade do senso comum. Também faria possível em maior grau o debate concreto e significativo dos alunos com o processo de recriação institucional e de valores. Os currículos de ação social e as lutas pelos direitos dos alunos, embora limitados em sua utilidade por causa do sério perigo de "incorporação", poderiam ser bastante úteis para dar aos alunos uma noção de sua competência no desafio às condições hegemônicas de certas áreas.[51]

CONCLUSÕES

As pesquisas sobre a socialização política das crianças parecem indicar a importância do presidente e da polícia como pontos de contato entre as crianças e as estruturas de autoridade e legitimidade de uma sociedade.[52] Há, por exemplo, um laço inicial muito forte entre a criança e esses representantes das estruturas de autoridade. À medida que a criança amadurece, esses laços muito pessoais são transferidos a instituições mais anônimas, como o Congresso, ou para atividades políticas, como o ato de votar. A tendência de colocar as instituições impessoais em posição de alta estima pode ser uma fonte muito importante da relativa estabilidade e durabilidade das estruturas de autoridade nas sociedades industriais.[53]

Não é muito certo, contudo, que essa formulação realmente responda às questões que poderíamos levantar sobre estabilidade política e social. A fundamentação das inclinações políticas (concebidas amplamente) e das relações com estruturas políticas e sociais está em um sistema de crenças que se baseia em padrões básicos de pressupostos "determinados" pela atividades social e econômica. Tais regras para essas atividades (consideradas fundamentais) são provavelmente mais importantes para a relação de uma pessoa com seu mundo do que imaginamos. Estivemos examinando um desses pressupostos constitutivos ideológicos.

Tenho defendido que as escolas distorcem sistematicamente as funções do conflito social na coletividade. As manifestações sociais, intelectuais e políticas dessa distorção são multifacetadas. Podem contribuir de maneira significativa para a sustentação ideológica que serve para fundamentalmente orientar os indivíduos em direção a uma sociedade desigual.

Apresenta-se aos alunos, na maioria das escolas, e nos centros urbanos em especial, uma visão que serve para legitimar a ordem social existente, pois o conflito, os homens e as mulheres como criadores e também como receptores de valores e de instituições são sistematicamente negligenciados. Tenho apontado para a maneira massificada da apresentação. Devemos agora enfatizar algo mais – o fato de que essas estruturas de significado são obrigatórias. Os alunos os recebem de pessoas que lhes são importantes, como os professores e modelos de conduta encontrados nos livros e em outros lugares. Para mudar essa situação, a compreensão dos alunos sobre quem eles devem buscar como detentores do "conhecimento especializado" deve ser radicalmente alterada. Nos guetos, uma resposta parcial é, talvez, instituir uma perspectiva mais radical nas escolas. Essa mudança pode ser realizada apenas por meio da atividade política. Como mencionado antes, pode ser que separar a existência educacional de um educador de sua existência política seja esquecer que, como ato de influência, a educação é também um ato inerentemente político. Com essa sensibilidade política deve também vir uma razoável medida de compreensão econômica e cultural que faça referência ao poder desses significados ideológicos, que os situe nos processos sociais que os geraram.

Assim, o fato de que existam tais pressupostos não deve nos surpreender, dados os argumentos sobre a "lógica interna" de determinada forma econômica e ideológica. A tradição seletiva que analisei neste capítulo é uma conseqüência "natural" das relações entre nossas instituições culturais e econômicas. Quando uma sociedade "exige", tanto econômica como culturalmente, a maximização (não a distribuição) da produção de conhecimento técnico, a ciência que se ensina estará separada das práticas humanas concretas que a sustentam. Quando uma sociedade "exige", economicamente, a "produção" de agentes que tenham internalizado normas que enfatizam o envolvimento com trabalhos freqüentemente sem sentido para os próprios agentes, que enfatizam a aceitação de nossas instituições políticas e econômicas como sendo estáveis e sempre benéficas, que enfatizam uma estrutura de crenças que depende do consenso e uma lógica positivista e técnica, então podemos esperar que os currículos formais e informais nas escolas, o capital cultural, se tornem aspectos da hegemonia. A lógica interna dessas tensões e expectativas definirá os limites, as regras constitutivas, que passarão a ser nosso senso comum. Qualquer outra resposta não parecerá natural, o que constitui precisamente a questão levantada tanto por Williams quanto por Gramsci.

Os ensinos aberto e oculto dessas visões de ciência e da vida social combinam-se com socializações anteriores e as justificam. Ambos fazem com que seja bastante difícil estar ciente da saturação ideológica que ocorre, pois, se os "fatos" do mundo realmente repousam nas nossas teorias a respeito deles, então o mundo que as pessoas vêem e os significados econômicos e culturais que dão a ele serão definidos de tal maneira que passam a ser autojustificáveis. Dão-se significados sobre como o mundo "realmente é" e também se legitimam os interesses econômicos e culturais que determinam *por que* ele é assim. A função ideológica é circular. O poder e o conhecimento estão aqui íntima e sutilmente conectados por meio de raízes de nosso senso comum, por meio da hegemonia.

Uma das primeiras tarefas deste capítulo foi apresentar lentes que são alternativas e que confrontam a maneira como os currículos são elaborados. Ficará mais claro nos próximos capítulos que o campo do currículo tem, ele próprio, limitado suas formas de consciência, de maneira que as pressuposições políticas e ideológicas que sustentam boa parte de seus modelos normais de atividade estejam tão ocultas quanto aquelas com as quais os alunos se deparam nas escolas.[54] Tenho indicado as possibilidades inerentes a uma abordagem mais realista da natureza do conflito como uma "forma de consciência" alternativa. Então, quando tudo estiver dito, será ainda possível questionar se tais investigações teóricas são heurística, política ou programaticamente úteis.

Uma das dificuldades em buscar desenvolver novas perspectivas é a óbvia e freqüentemente apontada distinção entre teoria e prática, ou para colocar em termos mais comuns, entre "meramente" entender o mundo e mudá-lo. Essa distinção está enraizada em nossa própria linguagem. Por isso é crucial nos lembrarmos de que enquanto Marx pensava que a tarefa principal da filosofia e da teoria não fosse meramente a de "compreender a realidade", mas a de mudá-la, é também verdade que, de acordo com Marx, o ato de revolucionar o mundo tem em seu fundamento uma compreensão adequada do que ele é. (Marx, afinal de contas, passou boa parte de sua vida escrevendo *O capital* ao mesmo tempo que participava de ações políticas e econômicas que serviam para ajudar a esclarecer a exatidão de tal compreensão. A ação e a reflexão se fundem na *práxis.*)[55]

O perigo mais significativo não é oferecer a "teoria" não oferecer um modo de criticar e mudar a realidade, mas poder levar ao quietismo ou a uma perspectiva que, como Hamlet, necessite um monólogo contínuo sobre a complexidade de tudo o que há, enquanto o mundo vem abaixo à nossa volta. Seria importante observar que não apenas a compreensão da realidade existente é uma condição necessária para mudá-la, mas é um grande passo para de fato efetuar uma reconstrução ética, estética e econômica adequada.[56] Contudo, com essa compreensão do meio social, no qual os teóricos do currículo atuam, deve também haver uma tentativa contínua de desenvolver a consciência e de agir contra os pressupostos epistemológicos e ideológicos ocultos que ajudam a estruturar as decisões que eles tomam, os ambientes que projetam e as tradições que selecionam. Esses pressupostos fundamentais podem ter um impacto significativo sobre o currículo oculto que os alunos experimentam de maneira tácita e que ajuda a recriar a hegemonia.

Sem uma análise e uma compreensão mais profunda desses pressupostos latentes, os educadores correm o risco muito real de continuar a deixar que os valores ideológicos atuem por meio deles (educadores). Uma defesa consciente de uma perspectiva mais realista sobre a dialética da mudança social e o seu ensino contribuiria, sem dúvida, para preparar os alunos com os instrumentos políticos e conceituais necessários para lidar com a densa realidade que devem enfrentar. Contudo, podemos fazer o mesmo com os especialistas em currículo e com outros educadores? Podemos esclarecer os instrumentos políticos e conceituais necessários a enfrentar a sociedade desigual na qual eles também vivem? A maneira mais fecunda de começar essa tarefa é documentar o que seus instrumentos conceituais e políticos fazem *agora*: será que sustentam um consenso falso? De que forma atuam como aspectos da hegemonia? Quais são suas funções ideológicas latentes? Com uma compreensão mais consistente da maneira pela qual as escolas ajudam a criar a hegemonia por meio da "socialização" dos alunos, é a esta tarefa – o modo como a hegemonia opera na cabeça dos educadores – que nos voltaremos.

NOTAS

1. Ver, principalmente, a análise de Basil Bernstein em seu novo capítulo, "Aspects of the Relation between Education and Production", *Class, Codes and Control: Towards a Theory of Educational Transmissions* (2. ed. London: Routledge & Kegan Paul, 1977).
2. Philip Jackson, *Life in Classrooms* (New York: Holt, Rinehart & Winston, 1968), p. 3-37.
3. Cf., Peter K. Eisinger, *Protest Behavior and the Integration of Urban Political Systems* (Madison: University of Wisconsin Institute for Research on Poverty, 1970, mimeografado).
4. Roberta Sigel (ed.), *Learning About Politics* (New York: Random House, 1970), p. xiii.
5. Ibid., p.104.
6. Ibid., p. 316. Tal afirmação é tão realista quanto crítica. Por um lado, os críticos da escola (e este autor em grande parte) estão presos a um dilema. É muito fácil subestimar as estruturas "educacionais" existentes (afinal, todos parecem fazê-lo); porém, não é muito fácil apresentar estruturas alternativas. O indivíduo que tenta melhorar algumas das condições mais debilitantes corre o risco, na verdade, de ajudar a reforçar e perpetuar o que pode muito bem ser um conjunto ultrapassado de programas institucionais. No entanto, não tentar melhorar as condições, mesmo que de maneira pequena e titubeante, é ignorar os seres humanos concretos que vivem nas escolas durante a maior parte de suas vidas pré-idade adulta. Portanto, tenta-se atuar em duas frentes de batalha. De um lado, criticam-se os pressupostos ideológicos e econômicos fundamentais presentes nas escolas de hoje e, ao mesmo tempo, paradoxalmente, tenta-se tornar essas mesmas instituições um pouco mais humanas, um pouco mais educativas. Trata-se de uma posição ambígua, mas, afinal de contas, também é ambígua a situação geral de todos nós. Minha discussão dos principais comentários sobre a natureza e a necessidade do conflito e do ensino tácito que o acompanha demonstra essa ambigüidade. Contudo, se a educação, em particular, pode fazer a diferença (leia-se: diferença política e econômica), então mudanças concretas devem ser efetuadas agora *enquanto* as críticas mais fundamentais estejam sendo articuladas. Uma não deve servir de desculpa para a outra.
7. Ver, por exemplo, Edith F. Gibson, "The Three D's: Distortion, Deletion, Denial", *Social Education*, XXXIII (abril, 1969), p. 405-409, e Sidney M. Willhelm, *Who Needs the Negro?*, (Cambridge, Mass.: Schenkman, 1970).
8. Helen McClure e George Fischer, *Ideology and Opinion Making: General Problems of Analysis* (New York: Columbia University Bureau of Applied Social Research, julho, 1969, mimeografado).
9. A linguagem das "regras da atividade" é menos problemática analiticamente do que a distinção em geral feita entre pensamento e ação, pois implica que a distinção é de certa forma ingênua e capacita a ação – perceptual, conceitual e corporal – a ser a categoria fundamental da resposta que um indivíduo pode dar à sua própria situação.

Embora em geral usemos as regras de atividade e as de pressuposições de maneira intercambiável, devemos salientar que as pressuposições em geral conotam uma categoria menos inclusiva de fenômenos e são na verdade indicativas da existência de regras e limites socialmente sedimentados que parecem afetar até mesmo nossas próprias percepções. Outros trabalhos sobre tais regras podem ser encontrados na literatura etnometodológica e, é claro, no último Wittgenstein. Ver, por exemplo, Harold Garfinkel, *Studies in Ethnomethodology* (Englewood Cliffs, N.J.: Prentice-Hall, 1967), e Ludwig Wittgenstein, *Philosophical Investigations* (New York: Macmillan, 1953).
10. Em essência, o "sistema" que muitos indivíduos depreciam *não é apenas* uma inter-relação ordenada de instituições, mas um modelo de pressuposições fundamentais que atuam em uma relação dialética com essas instituições.
11. Robert Dreeben, *On What is Learned in Schools* (Reading, Mass.: Addison-Wesley, 1969), p. 144-145.
12. Michael W. Apple, "Community, Knowledge and the Structure of Disciplines", The *Educational Forum*, XXXVII (novembro, 1972), p. 75-82.
13. Michael Polanyi, *Personal Knowledge* (New York: Harper & Row, 1964).
14. Warren Hagstrom, *The Scientific Community* (New York: Basic Books, 1965), p. 256,
15. Ibid., p. 264.
16. Alvin Gouldner, *The Coming Crisis of Western Sociology* (New York: Basic Books, 1970), p. 102-103. Ver também Polanyi, op. cit. Sobre a relação entre concepções positivistas de objetividade e formas econômicas e comunicativas, ver Jurgen Habermas, *Toward a Rational Society* (Boston: Beacon Press, 1970).
17. Thomas Kuhn, *The Structure of Scientific Revolutions* (2. ed. University of Chicago Press, 1970). A obra seminal de Kuhn é tema para uma análise mais detalhada, e discutida com réplica e tréplica em Imre Lakatos e Alan Musgrave (eds.), *Criticism and the Growth of Knowledge* (New York: Oxford University Press, 1970). Esse volume é dedicado aos ensaios – epistemológicos e sociológicos – suscitados pelo livro de Kuhn. Ver também Stephen Toulmin, *Human Understanding* (Princeton University Press, 1972).
18. Imre Lakatos, "Falsification and the Methodology of Scientific Research Programmes", *Criticism and the Growth of Knowledge*, Imre Lakatos e Alan Musgrave (eds.) (New York: Oxford University Press, 1970), p. 155. A ciência normal refere-se àquela ciência que concorda sobre os paradigmas básicos de atividade a serem usados pelos cientistas para interpretar e agir em suas respectivas áreas. Ver Kuhn, op. cit., para uma análise intensa da ciência normal e da ciência revolucionária.
19. Apple, op. cit., e Michael Mulkay, "Some Aspects of Cultural Growth in the Natural Sciences", *Social Research*, XXXVI (primavera, 1969), p. 22-52.
20. Hagstrom, op. cit., p. 81. É importante fazer a distinção entre conflito e competição, porém. Enquanto o conflito parece derivar de várias condições que examinamos ou examinaremos – novos paradigmas, discordâncias sobre objetivos, metodologia, etc. –, a competição parece ter suas raízes no "sistema de trocas" da ciência. Ver, por exemplo, a análise de Storer sobre o lugar da reconhecimento profissional e da troca de mercadorias na comunidade científica, em Norman W. Storer, *The Social System of Science* (New York: Holt, Rinehart & Winston, 1966), p. 78-79.
21. Hagstrom, op. cit., p. 130 e 173.
22. Hilary Rose e Steven Rose (eds.), *The Radicalization of Science* (London: Macmillan, 1976).
23. Hagstrom, op. cit., p. 82-83.
24. Ver, Robert Olby, *The Path to the Double Helix* (Seattle: University of Washington Press, 1974).
25. Storer, op. cit., p. 78-79.

26. Hagstrom, op. cit., p. 193-194. Publicações como *Science for the People, Marxist Perspectives, Radical Science* e *Dialectical Psychology* fornecem exemplos interessantes e importantes sobre esse tipo de discussão e de debate inclinados politicamente.
27. Ralf Dahrendorf, *Essays in the Theory of Society* (London: Routledge & Kegan Paul, 1968), p. 112.
28. Gouldner, op.cit., p. 193.
29. Ibid., p. 48.
30. Ibid., p. 210-218.
31. Ibid., p. 206.
32. Ibid., p. 427. Ver também a discussão interessante, apesar de às vezes acrítica, em Peter Berger e Thomas Luckmann, *The Social Construction of Reality* (New York: Doubleday, 1966).
33. Lawrence Senesh, "Recorded Lessons", *Our Working World: Families at Work*, Lawrence Senesh (ed.) (Chicago: Science Research Associates, 1964).
34. Center for the Study of Instruction, *Principles and Practices in the Learning of the Social Sciences: Teacher's Edition* (New York: Harcourt, Brace & World, 1970), p. T-17. É questionável se muitos negros ou latinos dos guetos dos Estados Unidos dariam apoio irrestrito a essa "descrição".
35. Ibid., p. T-26.
36. Maxine Durkin et al., *The Taba Social Studies Curriculum: Communities Around Us* (Reading, Mass.: Addison-Wesley, 1969), p. v.
37. Nathan Hare, "The Teaching of Black History and Culture in the Secondary Schools", *Social Education*, XXXIII (abril, 1969), p. 385-388, e Preston Wilcox, "Education for Black Liberation", *New Generation*, L1 (inverno, 1969), p. 20-21.
38. Ralf Dahrendorf, *Class and Class Conflict in Industrial Societies* (Stanford: Stanford University Press, 1959), p. 27. Para estudos concretos sobre o conflito dentro e entre as classes da sociedade corporativa, ver R. W. Connell, *Ruling Class, Ruling Culture* (Cambridge: Cambridge University Press, 1977), e Nicos Poulantzas, *Classes in Contemporary Capitalism* (London: New Left Books, 1975).
39. Jack Walker, "A Critique of the Elitist Theory of Democracy", *Apolitical Politics*, Charles A. McCoy e John Playford (eds.) (New York: Crowell, 1967), p. 217-218.
40. Citado em Dahrendorf, *Class and Class Conflict,* op. cit., p. 207.
41. Lewis Coser, *The Functions of Social Conflict* (Chicago: Free Press, 1956), p. 31.
42. Ibid., p. 126. Talvez a melhor ilustração de material sobre a dimensão da transgressão das leis presente no conflito seja um texto de nível fundamental, *Respect for Rules and Law* (New York: State Bureau of Elementary Curriculum Development, 1969). Um conjunto de materiais curriculares de fato apresenta alguns passos interessantes e proveitosos ao permitir uma apreciação muito mais franca do conflito. Ver Donald Oliver e Fred Newmann (eds.), *Harvard Social Studies Project: Public Issues Series* (Columbus, Ohio: American Educational Publications, 1968).
43. Ibid., p. 124-125.
44. Ibid., p. 90.
45. Peter Berger, *The Sacred Canopy* (New York: Doubleday, 1967), p. 24-25, e Clifford Geertz, "The Integrative Revolution: Primordial Sentiments and Civil Politics in the New States", *Old Societies and New States*, Clifford Geertz (ed.) (New York: Free Press, 1963), p. 118. A literatura sobre a história das lutas das mulheres para obterem alguma autonomia está, ainda bem, tornando-se muito mais ampla. Algumas das mais interessantes contribuições recentes à história desse conflito podem ser vistas em Gerda Lerner, *The

Female Experience: An American Documentary (Indianapolis: Bobbs-Merrill, 1977); Nancy F. Cott, *The Bonds of Womanhood* (New Haven: Yale, 1977); Linda Gordon, *Woman's Body, Woman's Right* (New York: Grosman, 1976); e Mary P. Ryan, *Womanhood in America* (New York: New Viewpoints, 1975).
46. Coser, op. cit., p. 33. Esse é talvez um dos mais fecundos *insights* de Piaget.
47. Mulkay, op. cit.
48. Ver, por exemplo, Mary Roth Walsh, *Doctors Wanted, No Women Need Apply* (New Haven: Yale, 1977); Edward T. James, Janet Wilson James e Paul S. Boyer, *Notable American Women 1607-1950* (Cambridge, Mass.: Belknap Press, 1971); H. J. Mozans, *Woman in Science* (Cambridge, Mass.: Massachusetts Institute of Technology, 1974).
49. Ver, por exemplo, Ariel Dorfman e Armand Mattelart, *How to Read Donald Duck* (New York: International General, 1975) e Martin Carnoy, *Education as Cultural Imperialism* (New York: David McKay, 1974). Um dos livros mais interessantes para crianças que trata de algumas dessas questões é Pal Rydlberg et al., *The History Book* (Culver City, California: Peace Press, 1974).
50. Dentre as bibliografias disponíveis estão *Women in U.S. History: An Annotated Bibliography* (Cambridge, Mass.: Common Women Collective, 1976) e Jim O'Brien et al., *A Guide to Working Class History* (2. ed., Somerville, Mass.: New England Free Press, n.d.).
51. As propostas de Fred Newmann sobre um currículo de ação social são interessantes. Ver *Education for Citizen Action* (Berkeley: McCutchan, 1975). Para uma discussão sobre alguns dos problemas de tais propostas, ver Michael W. Apple, "Humanism and the Politics of Educational Argumentation", *Humanistic Education: Visions and Realties*, Richard Wellel (Berkeley: McCutchan, 1977), p. 315-330.
52. David Easton e Jack Dennis, *Children in the Political System* (New York: McGraw-Hill, 1969); p. 162.
53. Ibid., p. 271-276.
54. Dwayne Huebner, "Politics and The Curriculum", *Curriculum Crossroads*, A. Harry Passow (New York: Teachers College Press, 1962), p. 88.
55. Shlomo Avineri, *The Social and Political Thought of Karl Marx* (New York: Cambridge University Press, 1968), p. 137.
56. Ibid., p. 148.

6

O modelo sistêmico de gestão e a ideologia do controle

No Capítulo 4, vimos como, historicamente, "a ciência" oferece a justificativa retórica para encobrir o fato de que o pensamento acerca do currículo tem como base pressuposições ideológicas. Esse processo não parou, seja nessa maneira que acabo de mencionar, segundo a qual determinadas visões da ciência e da vida social são selecionadas como sendo o conhecimento mais legítimo no currículo aberto nas escolas, seja nas funções ideológicas da ciência como justificativa para pesquisas e tomadas de decisões conservadoras. Assim, teremos de examinar como a visão de educação enquanto ciência funciona ideologicamente hoje. Tanto quanto a hegemonia se mantém nas escolas por meio do ensino tácito que lá ocorre, também são mantidas uma visão acrítica das instituições e uma visão excessivamente técnica e positivista de ciência como aspecto de uma cultura eficaz e dominante levada a cabo por "intelectuais", cujas ações a fazem legítima, parecendo um conjunto de categorias neutras que conferem significado para que possamos agir adequadamente ao trabalhar com as crianças.

Teremos de fazer várias perguntas sobre a saturação ideológica da consciência dos *educadores*, da mesma forma que antes perguntamos como a vida dos alunos dentro da caixa-preta contribui para a reprodução econômica e cultural. Qual é o papel latente da estrutura lingüística e lógica das perspectivas técnicas, eficientes e "científicas" no currículo e na educação em geral? Quem se beneficia com tais perspectivas? Como essas categorias e formas de consciência servem como mecanismos de interesse social e econômico, quando elas são claramente guiadas pelo anseio liberal de ajudar? Os indivíduos "ajudados" por tais interesses são reais ou abstratos?

Os representantes atuais dessas abordagens, que se encaixam na longa linhagem do trabalho "científico" do currículo baseado nas tradições do desempenho e da socialização, são os objetivos comportamentais e o modelo sistêmico de gestão, a avaliação de orientação técnica e positivista realizada por "especialistas", e a terminologia e a pesquisa clínicas. Cada um desses itens tem seu lugar nos cérebros dos educadores. Os próximos dois capítulos do livro enfocam essas áreas. A análise começa com uma das "tecnologias" que mais rapidamente crescem no arsenal retórico da educação, a do modelo sistêmico de gestão. A "ciência" desempenha um papel importante, oferecendo os "princípios mais corretos" sobre os quais deve haver consenso, novamente. Ainda que dessa vez o consenso ideológico esteja menos nas cabeças do alunos e mais na dos intelectuais, como os educadores. Por causa de sua natureza, esse conjunto de "princípios" ideológicos tem um grande impacto sobre as perspectivas fundamentais que os próprios educadores empregam para ordenar, guiar e dar significado às próprias atividades, sobre os princípios usados para organizar e estruturar o conhecimento e os símbolos que as escolas selecionam e distribuem, pois eles representam o filtro pelo qual o conhecimento e os símbolos são escolhidos e organizados. Como nas nossas discussões anteriores, parecem autojustificar-se. Tornaram-se parte do senso comum.

SOBRE O ESTADO ATUAL DA ÁREA

Há poucos anos, um teórico do currículo começou a argumentar a favor de objetivos comportamentais – um dos precursores e em geral uma doutrina básica dos "procedimentos de modelo sistêmico de gestão" na educação – com alguns comentários bastante interessantes. Embora aponte a necessidade de diálogo para examinar a validade de diferentes posições sobre o controverso tema da elaboração de atividades educacionais em termos de "comportamentos mensuráveis do aprendiz", esse teórico fez algumas observações que são bastante pertinentes à análise do lugar ideológico da "ciência" no currículo. Gostaria de citá-las:[1]

> Nos últimos anos, desenvolveu-se um debate bastante intenso na área do currículo e do ensino no que diz respeito aos méritos de se estabelecer objetivos de ensino pela mensurabilidade do comportamento do aprendiz. Pelo fato de estar inteiramente comprometido, tanto racional quanto visceralmente, com a proposição de que as metas de ensino devam ser estabelecidas de acordo com o comportamento, vejo esse debate com alguma ambivalência. Por um lado, acho que é desejável haver um diálogo desse tipo entre especialistas de nossa área. Passamos a nos conhecer mutuamente – entre os ataques. Testamos o valor de posições opostas. Podemos realizar bons simpósios como este. Por outro, porém, sendo eu parte dessa controvérsia, preferiria mesmo receber o apoio unânime à posição que defendo. Compreendam, são os outros que estão errados. Ao aderir a um princípio filosófico de que o erro é mau, repugna-me ver meus amigos chafurdarem no pecado.

O teórico continua:

> Além disso, a forma pela qual pecam é mais perigosa do que algumas das perversões consagradas pelas sociedades civilizadas. Será mais prejudicial a algumas pessoas do que, por exemplo, as formas mais exóticas de pornografia. Acredito que as pessoas que não incentivam os educadores a explicar com precisão seus objetivos de ensino permitem, se é que não promovem, o mesmo tipo de pensamento obscuro que tem levado a uma péssima qualidade de ensino neste país.

Bem, acho essa citação de Popham (1970) deveras interessante. Primeiro, ela documenta a situação intelectual da área do currículo. Embora muitas das críticas feitas por indivíduos como Joseph Schwab (1970) à área do currículo sejam tautológicas, tendo a concordar com suas sugestões de que a morte iminente de uma disciplina se dá pelo aumento de argumentos *ad hominem*,[2] tais como este que acabamos de citar. Segundo, e mais importante, é o conjunto de pressuposições que essa citação espelha, pressuposições que oferecem os fundamentos ideológicos para o modelo sistêmico de gestão em educação. Tais pressupostos estão voltados à defesa tácita de uma visão que mais uma vez nega a importância do conflito intelectual e valorativo, tem uma perspectiva bastante limitada sobre o trabalho científico, uma incapacidade de lidar com a ambigüidade e, finalmente, uma separação obsoleta entre questões morais e questões técnicas. O uso crescente da terminologia sistêmica na educação tem como base este conjunto de crenças que, quando examinadas, se revelam irreais e conservadoras, social e politicamente.

Para começar, deixe-me esclarecer algumas de minhas perspectivas. Da mesma forma que vimos como o conhecimento oculto e o conhecimento aberto encontrados nas escolas não podem ser considerados separadamente de outras instituições sociais e econômicas de uma coletividade – que tal conhecimento está intimamente envolvido com as instituições dominantes de uma sociedade, espelhando-as e ajudando a reproduzi-las –, é também importante percebermos que nosso próprio pensamento sobre a escolaridade e a elaboração do currículo está também fundamentalmente ligado à estrutura da ordem social em que existimos.[3] Embora minha intenção seja a de evitar uma interpretação excessivamente determinista da consciência, eu defenderia a posição de que o modelo básico da racionalidade da maior parte dos currículos sustenta e aceita os modelos econômicos, políticos, ideológicos e intelectuais *existentes* e que distribuem o poder e as oportunidades na sociedade norte-americana. Não peço a vocês que compartilhem de todas minhas percepções sobre como exatamente esse modelo se volta à sublimação dos sentimentos humanos mais básicos e da repressão de uma grande parte de pessoas que nele estão inseridas. O que de fato peço é que as percepções não sejam dispensadas de maneira imediata e que os especialistas em currículo parem de atuar com base em pressupostos tácitos que lhes impedem de enfocar os comprometimentos ideológicos e epistemológicos definidos que sustentam. Parte da tarefa dos especialistas em currículo é trazer à tona os resultados latentes de nosso trabalho, pois os valores continuamente se manifestam por nosso intermédio e estão sedimentados na própria maneira de resolvermos nossos problemas. Talvez seja mesmo o caso de as atividades e conseqüências desiguais e problemáticas da escolarização não serem fundamentalmente alteradas até que paremos de buscar soluções simples para nossos problemas. Parte da resposta, mas apenas parte, é esclarecer nossas orientações políticas e conceituais. É possível que ambas estejam consideravelmente entrelaçadas.

Gostaria de apontar as tendências nos procedimentos do modelo sistêmico de gestão que freqüentemente têm algo interessante a dizer sobre os compromissos sociais do currículo – compromissos que podem estar mais ocultos do que aqueles defendidos pelos primeiros especialistas da área, mas que são, ainda assim, poderosos. Tais compromissos registram a maneira pela qual os primeiros interesses ideológicos dos primeiros elaboradores de currículo deixaram de ser interesses abertos de classe para transformarem-se em princípios "neutros" de ajuda. Eu, por exemplo, considero a linguagem sistêmica como expressão de uma retórica social conservadora e vou tentar analisá-la mais profundamente para relatar sua visão incorreta de ciência. Primeiro, observemos o pensamento sistêmico como um modelo intelectual geral na educação. Deixe-me dizer, contudo, que as questões a serem levantadas aqui se aplicam aos usos que a educação faz da lógica sistêmica, e não necessariamente ao pensamento sistêmico *per se* (essa última questão permanece aberta ao debate).

CONTROLE SISTÊMICO E TÉCNICO

Em geral, as pessoas utilizam as abordagens sistêmicas para obter uma análise mais exata e "científica". Contudo, a visão da atividade científica subjacente ao uso das estratégias sistêmicas na educação e na elaboração dos currículos está menos baseada numa visão precisa dos processos científicos do que em um exame *a posteriori* dos produtos científicos. Uma distinção útil aqui é a que se deve fazer entre *a lógica em uso* de uma ciência e sua lógica *reconstruída*.[4] A primeira conota o que os cientistas de fato fazem, e isso *não é* necessariamente a progressão linear de estabelecimento de metas absolutamente claras, de testes e verificação ou falsificação de hipóteses por meio de análises estatísticas e de outras análises, e assim sucessivamente. A segunda conota o que observadores, filósofos da ciência e outros dizem a respeito da *lógica* da investigação científica. Há uma história excepcionalmente longa no pensamento educacional, de Snedden até hoje, em que se toma emprestada uma lógica reconstruída da atividade científica e em que se espera que tal lógica seja suficiente para tratar o complexo problema da elaboração de currículos, isso para não falar sobre a "pesquisa" curricular.

Tal abordagem tem em geral tomado a forma do desenvolvimento de procedimentos que garantam a certeza, racionalizem e tornem explícitos tantos aspectos das atividades das pessoas quanto for possível, sejam essas pessoas o pesquisador, o tomador de decisões da área de educação ou o aluno. Huebner (1966) descreveu essa abordagem como sendo "tecnológica", pelo fato de buscar usar formas restritas de raciocínios do tipo meios-fins ou processo-produto e de estar interessada principalmente na eficiência, tendendo, assim, a excluir outros modos de valoração.[5] Exemplos incluem o trabalho mais antigo de Bobbitt, mencionado anteriormente, sobre a análise da atividade, que pareceu cristalizar o paradigma básico da área do currículo, e a sua ênfase mais recente em objetivos comportamentais. Cada um deles tem buscado especificar os limites operacionais da interação institucional e tem sido motivado por uma necessidade de fechamento e, especialmente, confiabilidade. O movimento pelos objetivos comportamentais, por exemplo, tanto em seu sentido mais fraco quanto no mais forte, tem buscado reduzir a ação do aluno a formas específicas de comportamento aberto, de forma que o educador possa ter certeza do resultado. Embora a necessidade de certeza seja compreensível, dada a grande quantidade de dinheiro gasto na educação, sua superficialidade é perturbadora. A própria orientação comportamental (assim como muitos aspectos constitutivos das abordagens do modelo sistêmico de gestão) foi tratada de maneira eficaz por análises mais antigas, como as feitas por Ryle (1949) acerca do conhecimento em seus sentidos de propensão e de desempenho, pelo estudo de Polanyi (1966) sobre as formas do conhecimento tácito e, no exame profundo, feito por Hannah Arendt (1958), de como a necessidade de certeza freqüentemente interfere na criação de significados pessoais e efetivamente enfraquece a base da ação política.[6] Colocando de lado essas questões analíticas, a perspectiva sistêmica como algo que permite uma abordagem mais "científica" dos problemas educacionais exige mais investigação.

Diferentemente da busca incessante pela confiabilidade entre os educadores, a atividade científica não tem se caracterizado tanto quanto supomos pela preferência pela certeza, pela lenta e estável acumulação de dados técnicos. Aquilo que a maioria dos membros da comunidade científica chamaria de boa ciência é um processo que se constitui sobre um salto ou ato de fé, uma sensibilidade estética, um compromisso pessoal e, algo de grande importância, uma capacidade de aceitar a ambigüidade e a incerteza.[7] Sem tais qualidades, que mantêm o trabalho científico como um artefato essencialmente humano e em mudança, a ciência se torna mera tecnologia. A visão da ciência usada para dar legitimidade a uma boa parte do pensamento acerca do currículo, especialmente nas abordagens sistêmicas, lembra mais uma marca positivista do século XIX do que o discurso científico e filosófico atual. Embora a tendência ao reducionismo ingênuo, por exemplo, no modo como se abordam as ações humanas seja proveniente da filosofia da década de 1930,[8] muito do que hoje se pensa sobre o currículo, como veremos, não foi muito além disso.

O problema de apelar para uma lógica reconstruída compõe-se ainda por nossa crença na neutralidade inerente ao modelo sistêmico de gestão. Parece haver um pressuposto tácito de que os procedimentos desse modelo são técnicas simplesmente "científicas", técnicas livres de qualquer interesse e que podem ser aplicadas na "engenharia" de qualquer problema com que nos deparemos. Uma análise mais profunda, contudo, revela algumas questões provocativas sobre esse pressuposto.

Para ser preciso, os modelos sistêmicos de gestão não estão livres de interesse. Seu próprio interesse constitutivo reside principalmente em provocar e manter o *controle técnico e a certeza*,[9] que são também sua conseqüência social. Esse interesse, como a lógica reconstruída das chamadas ciências rigorosas, tem como objetivo, fundamental e inarredavelmente, as regularidades do comportamento humano, colocando do lado oposto a linguagem das "diferenças individuais". Trata-se, portanto, de uma lógica essencialmente manipulativa. A perspectiva manipulativa é inerente à questão da certeza. Na verdade, é difícil visualizar como uma exigência inflexível de exatidão nas metas e nas determinações comportamentais poderia não ser manipulativa, dadas as propensões que temos de existir em relação dialética para com a realidade social – isto é, de fazermos o nosso próprio significado e irmos além do modelo e da textura de significados e instituições socialmente sedimentados.[10] É aqui, na criação de um indivíduo abstrato, que tem uma relação totalmente unilateral e acrítica com sua realidade social, que encontramos um exemplo fundamental da orientação conservadora tão profundamente engastada nos modelos "tecnológicos" do pensamento educacional.

Uma questão similar é levantada por Sennett (1970) em sua discussão sobre tendência de os planejadores urbanos criarem sistemas cujo ideal é o de "nada estar fora de seu controle", para que a vida institucional "seja manipulada tão de perto que todas as atividades diferentes sejam governadas por um mínimo denominador comum".[11] O autor resume sua análise da propensão que os planejadores de sistemas têm a usar modelos tecnológicos e de produção, assim:[12]

> Seu impulso tem sido o de dar espaço à tendência (...) de os homens controlarem ameaças desconhecidas, eliminando a possibilidade de que experimentem surpresas. Por meio do controle do que está disponível para a interação social, doma-se o caminho subseqüente da ação social. A história social é substituída pelo "produto" passivo do planejamento social. Encrustado nesse apetite pelo pré-planejamento de verdadeiras linhas de montagem está o desejo de evitar a dor, de criar uma ordem transcendente de vida que seja imune à variedade e, conseqüentemente, do conflito entre os homens.

A ingenuidade filosófica e o aspecto fortemente determinista do modelo sistêmico de gestão conforme o modo que é aplicado na educação ficam talvez mais evidentes no ditado que exige de quem constrói esses sistemas educacionais "uma formulação de objetivos de aprendizagem determinados, que declarem peremptoriamente o que se espera que o aluno *faça, saiba* e *sinta* como resultado de suas experiências de aprendizagem"[13] (grifos meus). Mesmo um exame superficial das análises psicológicas, e especialmente das análises filosóficas sobre a natureza das inclinações, realizações e propensões e de como essas são "ensinadas" e relacionadas com outros tipos de conhecimento, demonstra a falta de uma mínima parcela de pensamento voltada a como os seres humanos de fato atuam na vida real.[14] Além disso, a mentalidade reducionista, em que os componentes da cognição estão divorciados do "sentimento" e podem ser determinados comportamentalmente, interpreta de maneira equivocada a natureza da ação humana.[15] A própria idéia de que os educadores deveriam especificar todos ou mesmo os principais aspectos da ação de uma pessoa substitui a grande tarefa de fazer escolhas morais pelo simples *slogan* da manipulação.

Deve-se deixar claro que a elaboração do currículo e a criação de ambientes educativos, nos quais os alunos terão de viver, são inerentemente um processo político e moral. Envolve concepções ideológicas, políticas e bastante pessoais de valiosas atividades educacionais. Além do mais, um de seus principais componentes é o fato de influenciar outras pessoas – nomeadamente, os alunos. Nosso pensamento do senso comum na educação, contudo, tende a mover-se em uma direção que é praticamente oposta às considerações morais e políticas. Em vez disso, as esferas de tomadas de decisão são percebidas como *problemas técnicos* que apenas necessitam de estratégias instrumentais e de informações produzidas por especialistas técnicos,[16] removendo eficazmente, portanto, as decisões do alcance do debate político e ético, e encobrindo as relações entre o *status* do conhecimento técnico e a reprodução econômica e cultural. Em outras palavras, muito embora fundamentos como os procedimentos sistêmicos estejam disfarçados sob o manto da linguagem de "serem realistas", há uma forte tendência neles para o nivelamento da realidade, para declarar inexistentes as complexas ações de valoração por meio de uma forma de pensamento que é receptiva apenas à competência técnica. Na essência, o emprego de procedimentos sistêmicos *qua* fórmula tendem a obscurecer para o educador o fato de que ele está tomando decisões éticas e econômicas sobre um grupo de outros seres humanos.

A verdadeira questão não é as técnicas sistêmicas produzirem informações e retornos que podem ser usados pelos sistemas de controle social. Elas próprias *são* sistemas de controle.[17] O que tem igual importância é o fato de o sistema de crenças subjacente a elas e uma grande parte da área do currículo derivarem e funcionarem como uma ideologia tecnocrática que freqüentemente pode servir para legitimar a distribuição de poder e dos privilégios existentes em nossa sociedade.[18] A própria linguagem usada por um número de proponentes do modelo sistêmico de gestão na educação demonstra seus pressupostos. Apesar de a mudança ser considerada importante, geralmente se lida com ela com noções como as de *ajustamento sistêmico*.[19] A base do próprio sistema permanece não questionada. O uso de procedimentos sistêmicos toma como fundamento dado que as instituições educacionais são sadias. Isto é, enquanto a "qualidade do ensino" for fraca, o mesmo padrão geral de interação humana será suficiente na educação, caso a escola possa ser, por assim dizer, "afinada". Os problemas de escolarização devem ser resolvidos por "modestos *inputs* de administração centralizada, juntamente com serviços especializados, pesquisa e aconselhamento". A falta de qualidade na educação é vista em termos de falta de sofisticação técnica e pode ser resolvida eficazmente por meio da reengenharia.[20] Todavia, a crescente insatisfação, por parte dos alunos, com muitas das estruturas obrigatórias de significado da escolarização e o aumento do número de estudos voltados à relação entre escolarização e desigualdade desmentem tal percepção.

Como a teoria de Tyler, o modelo sistêmico de gestão pressupõe que a efetividade de um sistema pode ser avaliada pelo "grau de satisfação que o *output* do sistema oferece em relação ao propósito pelo qual existe".[21] Contudo, na busca de organização, ignora-se o processo político pelo qual visões em geral opostas lidam umas com as outras e passam a uma espécie de entendimento. Novamente, como Tyler, alguém – o gerente de uma instituição talvez – atua como "engenheiro" de um mundo irreal. Não progride, assim, a compreensão dos difíceis problemas éticos, ideológicos e até estéticos de quem decide quais e o que devem ser essas visões existentes no mundo real da educação.

Agora, o próprio projeto sistêmico é um procedimento analítico em si mesmo, tendo uma história própria e, geralmente, seus próprios modos de autocorreção quando mantidos *dentro* de sua tradição. Contudo, a orientação educacional rotulada de planejamento sistêmico não se aproxima dessa sofisticação; e não toma emprestado mais do que um verniz terminológico, que é usado para encobrir a metáfora dominante que os teóricos de currículo têm utilizado para a escolarização há mais de 50 anos. Como ficou evidente em minha análise histórica anterior, essa metáfora ou modelo retrata a escola como uma fábrica e finca suas raízes no início do currículo como campo de estudo, especialmente no trabalho de Bobbitt e Charles.[22] Na análise de sistemas, no campo das ciências da computação, *inputs* e *outputs* são *informações*; nos procedimentos sistêmicos na educação, eles são em geral as crianças. A escola é a fábrica, e o "homem escolarizado" é o "produto".[23] Dado o fato de que a linguagem de uma área e seus construtos metafóricos em geral ajudam a determinar seus modos de operação, o uso da linguagem da criança *qua* produto está apto a preservar e ampliar o etos já bastante manipulativo da escola, *ethos* que ficou muito claro nas experiências das crianças da pré-escola citadas no Capítulo 3. Esse *ethos* é também fomentado pela relativa falta de *insight* que os educadores demonstram ter em relação ao próprio pensamento sistêmico.

Dificilmente encontramos mais do que referências ocasionais aos teóricos sistêmicos mais criativos na literatura sobre modelos sistêmicos de gestão na área do currículo. O estruturalismo de Von Bertalanffy está quase ausente, assim como está a sutileza da maneira pela qual ele tenta lidar com os problemas. Embora encontremos algumas poucas referências ao autor, fica bastante óbvio que as noções fundamentais sobre procedimentos sistêmicos não são advindas de sua escola de pensamento. Em vez disso, vemos um modelo que é na verdade tirado de áreas como a tecnologia e indústria de armamentos.[24] O que não encontramos é de considerável importância, dada nossa tentativa de sermos "científicos". O que se encontra, contudo, é o encaixe do modelo escola-como-fábrica em uma camada de *slogans* que dariam à área uma legitimidade intelectual e econômica e um sentido de neutralidade. O projeto de sistemas como uma área de estudo científico tem em si mesmo mecanismos de autocorreção. A contínua crítica da pesquisa e do pensamento e o conflito interno à área de sistemas entre membros de opiniões divergentes criam um contexto que mantém o interesse por esse campo. Os educadores tomaram emprestada apenas a linguagem, freqüentemente apenas a linguagem superficial (o que chamei de lógica reconstruída), e, portanto, tiraram a terminologia de seu próprio contexto de autocorreção. Assim, eles têm poucos *insights* sobre o diálogo crítico contínuo existente na área de projetos de sistemas e que a faz manter-se forte. Ainda temos de aprender quais são os riscos da apropriação de modelos de outras áreas muito distantes e de sua aplicação à educação. Com bastante freqüência, os modelos são rapidamente ultrapassados, são representações intelectualmente imprecisas daquelas desenvolvidas na área original,[25] oferecendo pouco no que diz respeito aos recursos conceituais necessários para lidar com o complexo problema de projetar ambientes e selecionar e preservar "tradições" que fazem a mediação da relação existente entre, de um lado, a procura de um aluno e de um grupo concreto por significados pessoais e, de outro, a necessidade de uma sociedade preservar seu tecido social de instituições e de conhecimento.

A análise de sistemas começou *não* como uma técnica de administração, mas como um modo pelo qual a natureza complexa dos problemas podia ser esclarecida. Ela buscava demonstrar como os componentes de uma área estavam inter-relacionados e agiam uns sobre os outros. A análise de sistemas era um modo de pensamento que buscava ampliar nossa compreensão acerca da mudança e da estabilidade – o subsistema A se relaciona do modo X com o subsistema B, o qual, por sua vez, se relaciona da forma Y com um subsistema C. A combinação cria uma relação diferente, Z. Qualquer alteração em C, portanto, teria profunda repercussão em A e B, e em todas as conexões entre eles. O pensamento sistêmico, então, era um modelo para a compreensão, não necessariamente para o controle. Contudo, muitos teóricos do currículo parecem estar empregando-o para administrar seus problemas, sem primeiro entender a complexidade das próprias relações. Esse é um dos pontos sobre os quais Schwab está correto. Apenas quando começarmos a inserir a natureza intricada das relações entre os aspectos do ambiente educacional é que iniciaremos a agir não só como técnicos.[26] Como modelo para abertura de possibilidades, a análise de sistemas tem seu lugar, mas não como um quadro do que deveria ser. Como uma estrutura de administração que torna os significados institucionais obrigatórios e que cria consensos falsos, não é sequer neutra, para dizer o mínimo.

Enquanto os defensores de procedimentos sistêmicos buscam ampliar o *status* científico de seu trabalho, o pensamento sistêmico que eles tomaram emprestado, como já comentei, não pertence ao ramo científico da lógica sistêmica. Ao contrário, eles escolheram apropriar-se dos modelos de operação da comunidade empresarial,[27] o que, obviamente, não é novidade alguma.[28] Embora seja um pouco injusto apontar que tais interesses pelo "sucesso", como o da Lockheed (que exigiu uma grande intervenção econômica estatal para que não houvesse falência), são os maiores proponentes de procedimentos sistêmicos para empreendimentos de grande escala, não seria inadequado apontar que a subestrutura econômica e empresarial nos Estados Unidos continua a gerar caminhos que oferecem meios extremamente limitados de poder e controle equânimes para uma grande parte da população. Temos de nos perguntar se esses modelos são de fato apropriados para lidar com os estudantes. Essa questão torna-se ainda mais potente quando percebemos que o modelo sistêmico de gestão foi criado originalmente para ampliar a capacidade dos proprietários de *controlar* a mão-de-obra mais eficazmente, aumentando, portanto, os lucros e enfraquecendo os sindicatos no início do século XX.[29]

Há outras questões que poderiam ser levantadas sobre a idéia de que os procedimentos sistêmicos sejam "científicos", representando técnicas neutras para estabelecer melhores práticas educacionais. Como já observei, esta é uma das pressuposições fundamentais que devem ser examinadas de perto. Gostaria de ir um pouco mais a fundo e levantar algumas questões sobre o seu conservadorismo latente. Uma questão diz respeito à linguagem sistêmica como retórica social; a outra, ao aspecto constitutivo dos procedimentos sistêmicos da forma que são aplicados hoje na educação – nomeadamente a especificação de objetivos de ensino precisos, e em geral comportamentais, como preservação tácita inegável dos modos dominantes da interação social em uma economia desigual, enquanto aspectos da reprodução. Examinarei, então, como a predileção pela ordem no currículo de hoje cumpre uma função similar. Examinemos a questão da linguagem sistêmica primeiro.

OS PROCEDIMENTOS SISTÊMICOS COMO RETÓRICA

O princípio wittgensteiniano, de que o significado da linguagem depende de seu uso, é bastante apropriado para analisar a linguagem sistêmica aplicada no discurso do currículo. De uma maneira similar à que a linguagem da ciência e da tecnologia funcionou para os primeiros especialistas do currículo e educadores que examinamos no Capítulo 4, a linguagem sistêmica desempenha hoje uma função retórica e política. Se não compreendermos isso, passaremos ao largo de um aspecto importante. Uma de suas principais utilizações, ainda que muitas vezes latentes, é a de convencer os outros do estado sofisticado em que se encontra a educação. Se uma área puder convencer as agências de investimentos, o governo ou a população em geral de que os procedimentos científicos estão sendo empregados, sejam ou não de fato úteis, terá ampliado a probabilidade de apoio monetário e político. Dado o alto *status* do conhecimento técnico e a alta estima de que goza a ciência nas nações industrializadas, isso é importante (infelizmente, não é a ciência *per se* que é vista positivamente, mas a tecnologia e sua aplicabilidade concreta). Exprimir os problemas de uma área em terminologia sistêmica desperta significados tácitos na audiência, significados que sustentam um sistema de crenças protocientífico. Mais importante do que isso, pelo fato de o financiamento tornar-se cada vez mais centralizado no controle governamental e a experimentação educacional quase sempre acompanhar os financiamentos, a linguagem sistêmica tem como função principal a tarefa política de gerar dinheiro a partir do governo federal. Portanto, podemos esperar que a controvérsia "ciência menor, ciência maior", que ainda perdura nas ciências físicas, venha a dar as caras também na educação.[30] Dada a pressão pela descentralização, a questão dos financiamentos e do controle *não pode ser ignorada*. Os procedimentos sistêmicos de gestão tendem à centralização mesmo sem levar em conta os financiamentos e a retórica. A fim de ser mais eficaz, um grande número de variáveis – interpessoais, econômicas, etc. – deve ser colocado sob o próprio sistema e controlado por ele. A ordem e o consenso tornam-se muito mais importantes; o conflito e a desordem são tidos como antitéticos ao plácido funcionamento do sistema. Mais uma vez é ignorado o fato de o conflito e a desordem serem extraordinariamente importantes para impedir a reificação dos padrões de interação institucionais.[31]

Entretanto, o *conteúdo* dos procedimentos sistêmicos é vazio. O pensamento sistêmico é, digamos, um conjunto metodológico formal que pode ser aplicado aos problemas educacionais. Seu vazio conceitual permite que sua aplicação a uma gama de problemas que requerem a formulação precisa de metas, procedimentos e instrumentos para *feedback* seja considerada supostamente "neutra". Como a metodologia sistêmica passa essa idéia de neutralidade, ela é ideal para a obtenção de consenso. Esse processo de formação do consenso e o ato de evitar o conflito fazem com que os interesses dos gerentes administrativos das instituições dirijam as questões relativas à escolaridade (mas sempre dentro das "determinações" das reais conexões entre as instituições econômicas e culturais).[32]

Essa evocação de significados tácitos é crucial para o exame do pensamento do modelo sistêmico de gestão. Não apenas se geram sentimentos de apoio, mas a aquiescência política é também ampliada. Por exemplo, pode ser o caso de a escola comum e os fundamentos ideológicos que a sustentam *jamais* terem servido para educar adequadamente, digamos, as minorias raciais dos Estados Unidos.[33] Pode ser também que as escolas tenham servido basicamente para repartir e distribuir oportunidades que são sem dúvida desiguais em termos de classes econômicas. O que a utilização de raciocínios "científicos" sofisticados pode fazer por meio da evocação de sentimentos de apoio, então, é impedir que uma parcela da população veja que as escolas simplesmente não atendem muitas das necessidades das minorais. O próprio *status* institucional das escolas integra uma variedade de outras formas institucionais – econômicas, por exemplo – que ampliam as estruturas políticas e econômicas existentes.

Essa aquiescência surge sob dois aspectos distintos e se dirige a dois públicos. Primeiro, a linguagem do modelo sistêmico de gestão se volta aos críticos da atividade educacional corrente – usemos de novo o exemplo dos grupos minoritários – e está em geral aliada à noção de "responsabilidade final" (*accountability*), que confere a eles a sensação de que alguma coisa está de fato sendo feita,[34] pois parece mesmo tratar-se de linguagem concisa e direta. Todavia esse não é o aspecto essencial. Afinal de contas, os moradores dos guetos, por exemplo, talvez não estejam muito familiarizados com a terminologia técnica, têm pouco poder político e não influenciam os recursos econômicos e os financiamentos tanto quanto o segundo conjunto de grupos a que essa linguagem se dirige. A audiência principal é composta pelos membros da classe média e industrial,[35] que ecoam fortemente a tecnicidade e a lógica industrial e que acham tal lógica bastante significativa. Mesmo quando os membros das minorias e de outros grupos determinam que a vida escolar, durante determinado momento, continua a ser plenamente repressiva, como de fato acontece com freqüência, o outro grupo, mais poderoso, devido à profundidade da aceitação implícita dos benefícios da racionalidade técnica e da especialização técnica na solução dos problemas humanos, provavelmente continuará a manifestar seu apoio. Assim, o modelo sistêmico de gestão instaura o significado: define a situação. Ainda que essa definição sirva aos interesses daquelas classes que já "possuem" capital econômico e cultural.

Para ser mais preciso, outro público deve ser mencionado: os usuários da própria linguagem sistêmica. Muito da história do discurso do currículo nos últimos 50 anos tem indicado uma necessidade, para quem trabalha com o currículo, de fazer com que a área se torne mais científica. Não vou estender-me em considerações sobre a possibilidade de psicanalisar essa necessidade de prestígio. Contudo, uma função latente das abordagens sistêmicas é, sem dúvida, que elas confirmam psicologicamente os laços que os especialistas em currículo buscam manter com determinado grupo de referência – a comunidade científica e, como já observei e observarei, uma comunidade científica duvidosa.

Deve ficar claro, então, que as abordagens sistêmicas não são essencialmente neutras, nem estão apenas desempenhando uma função "científica". Ao fazer com que seus usuários e outros públicos envolvidos ignorem determinados problemas fundamentais das escolas como instituições, o modelo sistêmico de gestão também atua para gerar e dar expressão a sentimentos políticos que sustentem os modos existentes de acesso ao conhecimento e ao poder.[36]

Além de realizar essas funções políticas associadas aos financiamentos e ao apoio "afetivo", a função retórica da terminologia sistêmica e das metodologias técnicas tende a sustentar de outra forma a dominância das instituições existentes. Ao lidar com um tipo de pensamento sistêmico na sociologia, Gouldner declara provocativamente que, além de servir "para desfocar as dimensões ideológicas da tomada de decisões, retirando a atenção das diferenças presentes nos principais valores e mesmo das conseqüências mais remotas das políticas sociais às quais sua pesquisa está subordinada", as perspectivas técnicas supostamente isentas e não-valorativas oferecem a solução para um grupo elitizado de problemas gerenciais,[37] não para as complexas e fundamentais questões valorativas que encontramos, digamos, na educação e que dizem respeito às maneiras adequadas de se educar as crianças, ou questões de educação *versus* treinamento, liberdade e autoridade. Gouldner resume isso muito bem:[38]

> À medida que os financiamentos se tornam cada vez mais disponíveis, a ênfase em metodologias rigorosas assume uma função retórica especial. Serve para oferecer um modelo a fim de resolver diferenças limitadas entre os administradores de organizações e instituições – administradores cujo conflito acerca de valores básicos ou mapeamentos sociais é pequeno –, dando a sanção de ciência a políticas também limitadas que fazem referência aos meios e aos modos de ação. Ao mesmo tempo, sua ênfase cognitiva serve para desfocar o conflito de valores que permanecem presentes nas diferenças políticas e para enfocar as disputas em questões de fato, implicando a possibilidade de resolução do conflito de valores sem política e sem conflito político. O Positivismo [e as perspectivas, tais como o modelo sistêmico de gestão que dele derivam parcialmente, acrescentaria eu] assim continua a servir como maneira de evitar conflitos no que diz respeito ao mapeamento social. Entretanto, apesar desse caráter aparentemente neutro e não-partidário, o impacto social [dessas perspectivas] não é aleatório ou neutro no que diz respeito à competição entre os mapeamentos sociais; por causa de [sua] ênfase ao problema da ordem social, por causa das origens sociais, da educação e do caráter de [seu] próprio pessoal, e por causa das dependências geradas por [suas] exigências de financiamento, [elas] tendem persistentemente a sustentar o *status quo*.

O argumento de Gouldner é bastante interessante, e todos nós deveríamos refletir sobre ele. O modelo sistêmico de gestão é "apenas" um modo pelo qual uma elite institucional e administrativa evita o conflito acerca de valores *fundamentais* e sobre visões da educação? Ao fazer escolhas sobre opções limitadas, dentro do modelo existente de interação, as questões sobre a base da própria estrutura são obstruídas? Como, por exemplo, os procedimentos do modelo sistêmico de gestão lidam com o embate travado entre duas ideologias acerca da escolarização em que as metas não podem ser facilmente definidas? Essas questões exigem um exame muito mais atento para que as instituições de ensino possam dar conta de seus variados públicos.

Defendi ao longo deste capítulo que a consciência dos próprios especialistas em currículos, e também a de outros educadores, pode ser considerada como latentemente política e algo conservadora com freqüência. Isto é, os especialistas usam formas de pensamento que, pelo menos parcialmente, derivam de uma subestrutura social e econômica existente e da distribuição de poder de uma sociedade corporativa como a nossa, e podem atuar tacitamente para mantê-la. Os procedimentos do modelo sistêmico de gestão oferecem um exemplo intrigante desse problema. Darei mais um exemplo desse aspecto do papel do "intelectual" na ampliação da hegemonia.

Uma parte significativa da estrutura do modelo sistêmico de gestão está voltada e se baseia na formulação precisa de metas, em um nível de microssistema, em geral com a especificação de metas comportamentais, isto é, o comportamento de um aluno é selecionado *antes* que ele se envolva na atividade educacional, e esse comportamento é usado como o produto-final do sistema para que se obtenha um *feedback*. Fundamentalmente, isso vai alimentar um nível de macrossistema para o gerenciamento de grandes sistemas. Examinemos isso. O estilo de raciocínio processo/produto utilizado aqui, um estilo que é mais evidente no apelo por objetivos comportamentais, é bastante funcional para uma sociedade que requer, de uma grande parte de seus trabalhadores, o envolvimento na mão-de-obra geralmente entediante das linhas de montagem ou em trabalho burocrático sem importância. Ao aprenderem como trabalhar para as metas pré-ordenadas pelos outros, usando os comportamentos pré-selecionados pelos outros, os alunos também aprendem a "funcionar" em uma sociedade cada vez mais corporativa e burocratizada, na qual o papel do adulto que temos de desempenhar já está sedimentado no tecido social. Cada papel tem sua própria marca de pensamento *já* embutida,[39] e os alunos irão se sentir à vontade ao desempenhar esses papéis relativamente alienantes, apenas porque aprenderam que esse é o modo adequado de existir. Os especialistas em currículo, pela internalização e pelo uso de uma orientação que se presta a tal preordenação, nada podem fazer a não ser contribuir para a manutenção de uma ordem política e econômica que cria e mantém esses papéis e os significados já distribuídos.[40] Esse problema está intricadamente relacionado à perspectiva sobre a desordem que a maioria dos educadores tem.

OS SISTEMAS, A CIÊNCIA E O CONSENSO

É surpreendente a visão sobre a ordem e o conflito espelhada em boa parte das abordagens sistêmicas empregadas nas escolas. Ela é indicativa daquela regra constitutiva observada no Capítulo 5, que faz com que a maioria de nós veja a ordem como algo positivo, e o conflito, como negativo.[41] A ordem torna-se uma necessidade psicológica, e isso é muito importante. Como mencionei antes, as abordagens sistêmicas tentam elaborar uma solução técnica para problemas políticos e de valor. Não há nada estranho sobre essa ocorrência. A maior parte das sociedades industrializadas avançadas parece transformar suas questões éticas, políticas e estéticas em problemas de (re)engenharia.[42]

Conflitos profundos entre posições ideológicas e morais opostas são traduzidos em quebra-cabeças a serem resolvidos pela especialização técnica, maximizada pelo aparato cultural. Agora, quando questionados sobre a tendência para eliminar o conflito, ou para redefini-lo, e sobre a busca do consenso, os proponentes dos procedimentos do modelo sistêmico de gestão na educação poderiam tomar a posição, e de fato o fazem, de que estão apenas tentando ser científicos em relação aos problemas com que se deparam. É aí que temos uma dificuldade fundamental. A perspectiva que eles têm da ciência é notavelmente imprecisa, de uma maneira ainda mais complicada do que aquela a que me referi anteriormente.

Na citação de Popham, sobre os objetivos precisos de ensino no começo deste capítulo, vimos uma perspectiva que legitimava o consenso intelectual, pedia que houvesse um acordo total sobre o "paradigma" a ser usado no currículo, de maneira que pudéssemos ser mais científicos. Na verdade, aqueles que olhavam desconfiadamente para o paradigma aceito eram rotulados como pessoas divergentes. Tal universo, mantenedor da atividade verbal, não está errado em si mesmo, nem é incomum.[43] Associar a racionalidade científica ao consenso, contudo, é prestar um desserviço à ciência e demonstra uma profunda má compreensão da história das disciplinas científicas.

Precisamos reiterar que a história da ciência e o crescimento das disciplinas individuais *não* aconteceram por consenso. Na verdade, o progresso mais significativo dessas áreas foi ocasionado por conflito intenso, tanto intelectual quanto interpessoal, e pela revolução conceitual.[44] É principalmente por meio desse conflito que se fazem avanços significativos, não principalmente pelo acúmulo de dados factuais baseados na solução de problemas gerados por um paradigma que todos devam compartilhar. A própria estrutura normativa das comunidades científicas tende ao ceticismo, e não necessariamente ao consenso intelectual.[45] O apelo ao consenso não é, portanto, um apelo à ciência.

Algo que a citação esclarece, porém, é o intenso compromisso pessoal que os modos de pensar já aceitos geram. Isso se dá provavelmente em todas as áreas. Todavia, de certa forma amortece nosso conceito tradicional de neutralidade. O pensamento aceito torna-se um compromisso psicológico e valorativo, uma norma de comportamento. Os cientistas estão intensa e pessoalmente comprometidos,[46] e essa é uma das primeiras fontes de conflito interno às disciplinas. Portanto, clamar pelo consenso é clamar por uma *falta* de compromisso e ignorar o valor crucial do que é incerto e do conflito conceitual para o progresso de uma área. A exigência oculta de que haja uma falta de compromisso importa bastante. A terminologia do modelo sistêmico de gestão, como mencionado, tende a impor soluções técnicas para os dilemas morais – qual é a maneira adequada de influenciar outro ser humano, por exemplo. Se os compromissos morais forem menos consistentes, a tarefa de nivelar a realidade fica muito mais fácil. Quando a "realidade" é desigual, quando as classes com poder econômico e cultural controlam as classes sem tal poder, o nivelamento acarreta graves conseqüências.

A BUSCA DE ALTERNATIVAS

Há várias formas de lidar com algumas das possíveis dificuldades associadas ao uso de procedimentos do modelo sistêmico de gestão na educação. Primeiro, os educadores devem envolver-se em uma análise contínua e em profundidade de outras formas de teoria sistêmica, que não sejam tomadas emprestadas do mundo industrial e corporativo. As perspectivas dos sistemas abertos e dos sistemas biológicos poderiam oferecer excelentes modelos para exames futuros. Segundo, eles poderiam aprofundar-se nas questões e controvérsias internas à área sistêmica, para que se conscientizassem das dificuldades concretas, teóricas e práticas que enfrentam a análise de sistemas como área do conhecimento. Dessa forma, os educadores podem impedir uma recapitulação do histórico de tomar emprestado o conhecimento retirado de seu contexto de autocorreção e, portanto, geralmente superficial e parcial. Embora o uso das abordagens sistêmicas tenha uma plausibilidade imediata óbvia, não fazemos justiça à complexidade intelectual associada ao próprio pensamento sistêmico ou à natureza intricada das relações institucionais da educação (que as abordagens sistêmicas podem pelo menos esclarecer parcialmente), se basearmos nossas análises em concepções de sistemas a que possamos conferir apenas uma fraca autoridade no contexto mais amplo da comunidade sistêmica. Há alternativas no discurso sistêmico que os educadores ainda têm de explorar mais rigorosamente.

Esse exame rigoroso, porém, não eliminará todas as dificuldades, pois há várias outras questões que poderíamos levantar referentes aos procedimentos do modelo sistêmico de gestão. Talvez uma das mais cruciais se centre na possibilidade muito real de aumentar a burocratização e o controle social por meio da racionalização da educação. Isso não significa erguer o espectro de uma máquina burocrática que atropele os interesses humanos. Na verdade, implica sermos realistas, se não trágicos. Qualquer pessoa que esteja familiarizada com o crescimento das escolas urbanas sabe que a história da racionalização e da centralização da tomada de decisões, independentemente de quais sejam os sentimentos humanos ou liberais que estejam por detrás dela, tem quase que invariavelmente levado à cristalização institucional e à reificação.[47] O fato de não estarmos familiarizados com nossa própria história referente às "reformas" dessa natureza simplesmente documenta a simplicidade com que lidamos com tais problemas.

Não há alternativas fáceis a uma ideologia de administração e controle. Poderíamos facilmente demonstrar os problemas epistemológicos e psicológicos associados aos objetivos comportamentais,[48] por exemplo; poderíamos documentar o fato de que a teoria de Tyler sobre o currículo é pouco mais do que um documento administrativo que não lida adequadamente com a realidade concreta das escolas. Ainda assim, esse tipo de atividade trata essas análises comportamentais como se estivessem logicamente fundamentadas e cientificamente defensáveis. Pode ser bem o caso de que não o sejam. Como tenho tentado demonstrar, parecem ser expressões de uma consciência industrializada dominante que busca a certeza acima de qualquer coisa, isto é, são configurações sociais e ideológicas que derivam de (e refletem) um conjunto de regras fundamentais de pensamento que são parte da realidade percebida como dada pelos especialistas do currículo e de outros educadores. São aspectos da hegemonia que ajudam a criar uma "realidade" que faz com que nos inclinemos a buscar maneiras relativamente fáceis de eliminar os dilemas humanos e as contradições sociais e econômicas envolvidas no tratamento da diversidade e de concepções alternativas de atividades que se devam valorizar.

Pedir, então, que haja *um* substituto ou *uma* alternativa aos procedimentos do modelo sistêmico de gestão é confirmar a hipótese de que problemas muito complexos podem ser resolvidos facilmente dentro da estrutura aceita e sem a necessidade ambígua e grandiosa de ter de envolver-se na tarefa crucial de desafiar ou de, pelo menos, esclarecer a própria estrutura. A tarefa não é encontrar a *única* alternativa aceitável que nos fará "simplesmente" controlar melhor nossas escolas. Ao contrário, é começar a revelar os problemas associados às nossas visões de escolarização baseadas no senso comum e começar a abrir e a explorar caminhos conceituais e econômicos que pareçam fecundos e possam nos preparar para entender e agir sobre a complexidade, mais do que declará-la concretamente como se não existisse.

As metáforas sistêmicas como *modelos de compreensão* podem mostrar-se úteis aqui. Entretanto, há questões anteriores com as quais precisamos lidar. Devemos aprender (talvez *reaprender* seja mais adequado) como nos envolver seriamente no debate ético e político.[49] Nisso, os educadores podem orientar-se pelo trabalho da análise filosófica que lida com os modos do raciocínio moral e da argumentação avaliativa. Investigações como a tentativa recente de Rawls de explicar as posturas morais justificadas[50] adquirem grande importância como um começo, dada a intensa controvérsia que cerca as escolas hoje. Todavia, isso não é suficiente, pois devemos reaprender nossa história. De onde vem o modelo sistêmico de gestão na indústria? Como ele funciona na acumulação de capital? Quem ganha com seu uso? Uma vez postas essas questões, podemos começar a visualizar as possibilidades de diferentes alinhamentos institucionais para impedir que a reificação do presente se estenda ao futuro. Contudo, a área atualmente carece de uma imaginação e de um senso estético, econômico e histórico para que possa antever a possibilidade de um ambiente educativo e econômico alternativo. É bem possível que a necessidade de resultados operacionalmente predeterminados seja mitigada pelo desenvolvimento de tal imaginação.[51]

Finalmente, uma parte significativa do currículo como área do conhecimento deve ser dedicada à responsabilidade de tornar-se uma "ciência crítica" (noção que merecerá mais atenção no Capítulo 7). Sua função principal é ser emancipatória, na medida em que reflete criticamente sobre o interesse dominante da área de manter a maioria dos aspectos do comportamento humano – se não todos – em instituições educacionais sob controle técnico supostamente neutro.⁵² Tal responsabilidade tem suas raízes na análise relacional, na busca e no esclarecimento das pressuposições ideológicas e epistemológicas do pensamento sobre o currículo. Busca tornar os especialistas do currículo mais autoconscientes. Somente quando essa dialética da consciência crítica tiver começado é que os especialistas do currículo poderão verdadeiramente declarar que estão preocupados com a educação e não apenas com a mera reprodução cultural e econômica. Somente então poderemos começar a explorar de maneira rigorosa e variada os complexos problemas do planejamento e da avaliação dos ambientes educacionais,⁵³ uma maneira que responda menos às exigências hegemônicas econômicas e culturais e mais às necessidades de todos os indivíduos, grupos e classes que concretamente constituem essa sociedade.

Uma palavra fundamental aqui nesta última frase é *avaliação*, pois as maneiras fundadas no senso comum pelas quais refletimos, e atribuímos valor a nossa atividade educacional, são grande parte do problema ideológico que precisa ser esclarecido.

Como já vimos, dado o *status* econômico e cultural das formas técnicas e positivistas – que são ensinadas de forma aberta e oculta muito cedo na escola –, outras formas de ação e reflexão são impedidas de alcançar consideração séria por parte dos educadores. Dessa maneira, exatamente do jeito que a tradição seletiva estabelece limites aos modos pelos quais os alunos possam pensar a saturação ideológica que experimentam, os conjuntos de valores do senso comum e as regras constitutivas que os educadores empregam para avaliar o seu "sucesso" ou "fracasso", e o de seus alunos, determinam sua posição ideológica e o real funcionamento de suas teorias, princípios e modos de organização. A maneira como os procedimentos bastante básicos da linguagem e do pensamento que dominam a educação hoje, de um lado, conferem significado (e latentemente impedem que outras formas de significado sejam seriamente consideradas) e, por outro, servem a determinados interesses é a próxima área que precisamos investigar.

NOTAS

1. W. James Popham, "Probing the Validity of Arguments Against Behavioral Goals", reimpresso em Robert J. Kibler et al., *Behavioral Objectives and Instruction* (Boston: Allyn Bacon, 1970), p. 115-116.
2. Joseph J. Schwab, *The Practical: A Language for Curriculum* (Washington, D.C.: National Education Association, 1970), p. 18.
3. Cf., a análise da relação entre conhecimento e instituições, em Peter L. Berger e Thomas Luckmann, *The Social Construction of Reality* (New York: Doubleday Anchor Books, 1966).
4. Abraham Kaplan, *The Conduct of Inquiry* (San Francisco: Chandler, 1964), p. 3-11.
5. Dwayne Huebner, "Curricular Language and Classroom Meanings", *Language and Meaning*, James B. Macdonald e Robert R. Leeper (eds.) (Washington, D.C.: Association for Supervision and Curriculum Development, 1966), p. 8-26.

6. Cf., Gilbert Ryle, *The Concept of Mind* (New York: Barnes & Noble, 1949); Michael Polanyi, *The Tacit Dimension* (New York: Doubleday Anchor Books, 1966); Hannah Arendt, *The Human Condition* (New York: Doubleday Anchor, 1958).
7. Ver, por exemplo, a discussão sobre teoria das ondas *versus* teoria das partículas de luz em Thomas S. Kuhn, *The Structure of Scientific Revolutions* (University of Chicago Press, 1970). Ver também Imre Lakatos e Alan Musgrave (eds.), *Criticism and the Growth of Knowledge* (Cambridge University Press, 1970), e Michael Polanyi, *Personal Knowledge* (New York: Harper Torchbooks, 1964).
8. J. O. Urmson, *Philosophical Analysis* (London: Oxford University Press, 1956), p. 146.
9. Trent Schroyer, "Toward a Critical Theory for Advanced Industrial Society", *Recent Sociology*, 2, Hans Peter Dreitzel (ed.) (New York: Macmillan, 1970), p. 215, e Jürgen Habermas, "Knowledge and Interest", *Sociological Theory and Philosophical Analysis*, Dorothy Emmet e Alasdair Macintyre (eds.) (New York: Macmillan, 1970), p. 36-54.
10. Peter L. Berger e Thomas Luckmann, op. cit., p. 129.
11. Richard Sennett, *The Uses of Disorder* (New York: Vintage Books, 1970), p. 94.
12. Ibid., p. 96.
13. Bela H. Banathy, *Instructional Systems* (Palo Alto, California: Fearon, 1968), p. 22.
14. Cf., Donald Arnstine, *Philosophy of Education: Learning and Schooling* (New York: Harper and Row, 1967), e Stuart Hampshire, *Thought and Action* (New York: Viking Press, 1959).
15. Essa separação ingênua e os aspectos destrutivos de especificações comportamentais podem ser vistos com mais freqüência em discussões sobre o pensamento científico, especialmente em Michael Polanyi, op. cit. A análise de Susanne Langer sobre a "mente", em *Philosophy in a New Key* (New York: Mentor, 1951), também é muito proveitosa aqui.
16. Schroyer, op. cit., p. 212.
17. Alvin W. Gouldner, *The Coming Crisis of Western Sociology* (New York: Basic Books, 1970), p. 50.
18. Schroyer, op. cit., p. 210.
19. Banathy, op. cit., p. 10.
20. Gouldner, op. cit., p. 161.
21. Banathy, op. cit., p. 13.
22. Herbert M. Kliebard, "Bureaucracy and Curriculum Theory", *Freedom, Bureaucracy, and Schooling*, Vernon Haubrich (ed.) (Washington, D.C.: Association for Supervision and Curriculum Development, 1971), p. 74-93. Essa não é uma ligação inconsciente com a obra dos primeiros teóricos, como o trabalho por vezes bastante problemático de Bobbitt. Ver, por exemplo, Robert Kibler et al., *Behavioral Objectives and Instruction* (Boston: Allyn & Bacon, 1970), p. 105.
23. Banathy, op. cit., p. 17.
24. Ibid., p. 2.
25. Talvez um dos exemplos mais interessantes disso esteja refletido na obra de Snedden. Sua apropriação do que há de pior da sociologia serviu a interesses ideológicos conservadores. Ver Walter Drost, *David Snedden and Education for Social Efficiency* (Madison: University of Wisconsin Press, 1967).
Outro exemplo é nosso uso crescente da teoria da aprendizagem. Ela nos ensina pouca coisa aplicável à complexa realidade do dia-a-dia da vida educacional, e não temos estado, de modo persistente, conscientes dos problemas que a própria teoria da aprendizagem tem em seu próprio mundo acadêmico. A análise mais completa das dificulda-

des conceituais pode ser encontrada em Charles Taylor, *The Explanation of Behavior* (New York: Humanities Press, 1964), e Maurice Merleau-Ponty, *The Structure of Behavior* (Boston: Beacon Press, 1963).
26. Schwab, op. cit., p. 33-35.
27. Bruce R. Joyce et al., *Implementing Systems Models for Teacher Education* (Washington, D.C.: U.S. Department of Health, Education and Welfare, 1971).
28. Ver Raymond Callahan, *Education and the Cult of Efficiency* (University of Chicago Press, 1962).
29. Essa história política e econômica é claramente documentada em Harry Braverman, *Labor and Monopoly Capital* (New York: Monthly Review Press, 1975), e Stanley Aronowitz, *False Promises* (New York: McGraw-Hill, 1973).
30. Cf. Derek J. De Solla Price, *Little Science, Big Science* (New York: Columbia University Press, 1963), e Warren O. Hagstrom, *The Scientific Community* (New York: Basic Books, 1965).
31. Para uma versão mais poética sobre esse problema, ver Maxine Greene, "The Matter of Mystification: Teacher Education in Unquiet Times", *Identity and Structure: Issues in the Sociology of Education*, Denis Gleason (ed.) (Driffield: Nafferton Books, 1977), p. 28-43.
32. Gouldner, op. cit., p. 445. Uma visão provocativa sobre como essas "determinações" funcionam no controle da ação educacional pode ser encontrada na obra do filósofo marxista francês Louis Althusser. Ver Alex Callinicos, *Althusser's Marxism* (London: Pluto Press, 1976). Ver também Michael Erben e Denis Gleason, "Education as Reproduction", *Society, State and Schooling*, Michael Young e Geoff Whitty (eds.) (Guildford, Inglaterra: Falmer Press, 1977), p. 73-92, e Erik Wright, *Class, Crisis and the State* (London: New Left Books, 1978).
33. Colin Greer, "Immigrants, Negroes, and the Public Schools", *The Urban Review*, III (janeiro, 1969), p. 9-12.
34. O uso da linguagem de "relevância" pela administração escolar para responder aos críticos educacionais e para impor a aquiescência nos guetos é bastante similar. Michael W. Apple, "Relevance – Slogans and Meanings", *The Educational Forum*, XXXV (maio, 1971), p. 503-507.
35. Murray Edelman, *Politics as Symbolic Action* (Chicago: Markham, 1971).
36. Comparar com a discussão sobre a teoria sistêmica em sociologia como sendo uma teoria tácita de políticas conservadoras, e também em Gouldner, op. cit.
37. Ibid., p. 105.
38. Ibid., p. 105.
39. Erving Goffman, *The Presentation of Self in Everyday Life* (New York: Doubleday Anchor, 1959).
40. Berger e Luckmann, op. cit., p. 72-79.
41. Para um estudo concreto sobre como um conflito intenso e uma rejeição de uma ordem simbólica imposta podem levar as pessoas a uma "demonstração da beleza e da força do espírito humano", ver a análise imperiosa sobre o desenvolvimento da cultura e consciência negras em Eugene Genovese, *Role, Jordan, Role* (New York: Random House, 1974).
42. Ver, por exemplo, a análise provocativa, mas exagerada e problemática, política e analiticamente, de Jacques Ellul, *The Technological Society* (New York: Vintage, 1964).
43. Berger e Luckmann, op. cit., p. 105.

44. Kuhn, op. cit. Para uma discussão mais profunda sobre o lugar do conflito na ciência, uma discussão que sugere muito mais um modelo darwiniano do que revolucionário, ver Stephen Toulmin, *Human Understanding* (Princeton University Press, 1972).
45. Norman W. Storer, *The Social System of Science* (New York: Holt, Rinehart & Winston, 1966), p. 78-79.
46. Polanyi, op. cit., p. 171.
47. Análises históricas sobre esse problema podem ser encontradas em Carl Kaestle, *The Evolution of an Urban School System* (Cambridge, Mass.: Harvard University Press, 1973), e David Tyack, *The One Best System* (Cambridge, Mass.: Harvard University Press, 1974).
48. Michael W. Apple, "Behaviorism and Conservatism", *Perspectives for Reform in Teacher Education*, Bruce R. Joyce e Marsha Weil (eds.) (Englewood Cliffs N.J.: Prentice Hall, 1972).
49. O tratamento às formas da argumentação, em Arendt, op. cit., e da ação política e pessoal da *polis* é útil aqui.
50. John Rawls, *A Theory of Justice* (Cambridge, Mass.: Harvard University Press, 1971).
51. Ver, em *Interchange,* II (n. 1, 1971), o interessante debate sobre alternativas a modos existentes de escolarização. Quase todo o debate é dedicado ao tema. Sobre a necessidade da visão imaginativa na educação, ver William Walsh, *The Use of Imagination* (New York: Barnes & Noble, 1959), e Fred Inglis, *Ideology and the Imagination* (New York: Cambridge University Press, 1975).
52. Habermas, op. cit., p. 45.
53. Dois artigos de Huebner são bastante importantes no que diz respeito a isso. Ver Dwayne Huebner, "Curriculum as the Accessibility of Knowledge" (artigo apresentado no *The Curriculum Theory Study Group*, Minneapolis, 2 de março de 1970) e "The Tasks of the Curricular Theorist", *Curriculum Theorizing: The Reconceptualists*, William Pinar (ed.) (Berkeley: McCutchan, 1975), p. 250-270.

7

As categorias do senso comum e as políticas de rotulação

"Temos o mensageiro do rei", disse a Rainha. "Ele está na prisão agora, sendo punido, mas seu julgamento sequer começa antes da próxima quarta-feira, e é claro que o crime será a última coisa a acontecer."
"Suponha que ele jamais venha a cometer o crime", disse Alice.
"Isso seria muito melhor, não seria?", disse a Rainha, enquanto ajustava a atadura em volta do dedo com um pedaço de fita.
Alice sentiu que isso não podia ser negado. "É claro que seria muito melhor", disse, "mas não seria muito melhor que ele fosse punido".
"É aí que você se engana", disse a Rainha. "Você já foi punida alguma vez?"
"Apenas por cometer erros", disse Alice.
"E você se sentiu muito melhor por isso, eu sei!", disse a Rainha, triunfante.
"Sim, mas eu havia feito as coisas pelas quais fui punida", disse Alice. "Isso faz toda a diferença."
"Mas se você não as tivesse feito", disse a Rainha, "seria melhor ainda, melhor, e melhor, e melhor!"

Lewis Carroll, *Alice através do espelho*

ÉTICA, IDEOLOGIA E TEORIA

Tendo como base o importante trabalho de Williams e Gramsci, defendi bem no começo deste livro que o controle e a dominação estão freqüentemente presentes nas práticas e na consciência do senso comum subjacentes a nossas vidas, bem como na manipulação econômica e política explícita. A dominação pode ser tanto ideológica quanto material.

O modelo sistêmico de gestão e os objetivos comportamentais não são os únicos exemplos da saturação do pensamento educacional pelas configurações ideológicas. Embora tais procedimentos educacionais de fato desempenhem os papéis duais de uma ideologia eficaz – dando definições "adequadas" de situações e servindo aos interesses de quem já possui capital cultural e econômico hoje –, estão relacionados a outros aspectos de nosso aparato conceitual, formando uma perspectiva dada como certa e que domina a educação. Para confrontar o uso dos procedimentos do modelo sistêmico de gestão e similares, devemos também levantar questões sobre as próprias categorias que empregamos para organizar nosso pensamento e ação nas instituições culturais e econômicas, como as escolas.

Portanto, neste capítulo examinarei de que forma essas categorias do senso comum que usamos para pensar a própria base do que somos, bem como os modos de aperfeiçoamento que derivam delas, também são aspectos da configuração hegemônica maior de uma cultura efetivamente dominante.

O último capítulo indicou a importância de analisar as dimensões éticas e ideológicas das maneiras já aceitas pelas quais vemos os alunos, observando que ambas estão consideravelmente entrelaçadas. Isso precisa ser examinado um pouco mais. Como defendi, as questões educacionais são, pelo menos parcialmente, questões morais, pois uma das coisas que acontecem é que elas determinam as escolhas quanto aos domínios especializados que os educadores devem usar para compreender as crianças e a escola. Como Blum (1972) diz: "Toda investigação [especialmente a educacional, eu acrescentaria] traz um compromisso moral na medida em que elege de maneira impositiva como os fenômenos devem ser entendidos".[1] Além disso, se as concepções de "moral" dizem respeito a questões sobre o que deve ser feito e sobre o que é o bem, deveria então ficar claro que as questões educacionais, de acordo com esse critério, são também questões morais. Finalmente, pelo próprio fato de os alunos serem influenciados pelas pessoas que trabalham na escola é que os atos destas não podem ser interpretados integralmente sem que se use uma rubrica ética. Contudo, há vários fatores que fazem com que os educadores percebam seus problemas de modo bastante diferente. Por esse nexo causal ser excepcionalmente complexo, este capítulo não tem a pretensão de explorar todos os aspectos da dificuldade. Para fazê-lo, seria necessária uma investigação intensa da relação entre ciência, ideologia e pensamento educacional[2] e uma análise mais completa da redução das concepções do humano e das instituições a considerações técnicas nas sociedades industriais avançadas e, especialmente, nas sociedades corporativas.[3] Este capítulo, como os outros deste livro, talvez possa servir como estímulo a novas pesquisas sobre essas áreas e especialmente sobre as maneiras pelas quais as pessoas que trabalham nas escolas ignoram as implicações éticas e, como veremos, políticas e econômicas de seus atos.

Embora parte de minha análise seja mais teórica do que a dos capítulos anteriores sobre o currículo aberto e oculto, na medida em que continuará a investigação sobre o modo de a hegemonia operar no pensamento de intelectuais como os educadores, suas implicações para a densidade da vida cotidiana da sala de aula são excepcionalmente importantes. Estou usando a idéia da investigação teórica de uma maneira bastante específica neste aspecto particular de minha análise, como um modo de evitar as categorias ideológicas e as pressuposições do senso comum subjacentes à área do currículo. Parte desse tipo de orientação foi observada de maneira bastante clara por Douglas (1971) em sua defesa das diferenças entre uma perspectiva naturalista e uma perspectiva teórica. É isto o que ele diz:[4]

> Existem maneiras diferentes de fazer uso das experiências do senso comum(...) Há, especialmente, uma distinção fundamental entre adotar a perspectiva *natural (ou naturalista)* e adotar a perspectiva *teórica*, como há muito tempo a fenomenologia as tem chamado. Adotar a perspectiva natural consiste primeiramente em *adotar o ponto de vista do senso comum*, de *agir dentro desse senso comum*, ao passo que a perspectiva teórica consiste em *evitar* o senso comum e em *estudar o senso comum para determinar sua natureza*.

Para Douglas (1971), e também para mim, devemos colocar entre parênteses qualquer compromisso para com a utilidade de empregar perspectivas já aceitas e dadas como certas, de maneira que os pressupostos do senso comum possam se sujeitar à investigação. Dessa forma, esses pressupostos, oriundos de nosso senso comum, podem ser usados como *dados*, ou seja, como informações, para enfocarmos a significação latente de muitas das coisas que fazemos, sem questionar, nas escolas. Isso é especialmente importante porque proporciona a lógica fundamental que organiza nossa atividade e que freqüentemente atua como orientação tácita para determinar o sucesso ou o fracasso de nossos procedimentos educacionais.

Não é o caso, contudo, de essas configurações ideológicas terem sido construídas conscientemente. O próprio fato de serem hegemônicas e serem aspectos de nosso "conjunto total de práticas, expectativas e de nossa compreensão corriqueira" faz com que nos seja ainda mais difícil lidar com elas. Torna-se difícil questioná-las, pois apóiam-se em pressuposições que são inarticuladas e que parecem essenciais ao progresso na educação. Outras coisas contribuem para a falta de um *insight* crítico. Na área da educação, essas configurações são respeitáveis acadêmica e socialmente, e são sustentadas pelo prestígio de um processo que "dá todas as indicações de ser conhecimento acadêmico válido, repleto de tabelas e números, notas de rodapé abundantes e terminologia científica". Além disso, os elementos altruístas e humanitários dessas posições são bastante evidentes. Por isso, é difícil concebê-los como algo que funcione principalmente para diminuir nossa capacidade de resolver problemas sociais ou educacionais.[5]

Contudo, uma investigação da história de muitas reformas que visavam à melhoria e que eram sustentadas por pesquisas e perspectivas similares às que continuaremos a considerar aqui documenta o fato interessante de que as reformas em geral têm resultados bastante problemáticos. Com freqüência, elas acabavam até prejudicando os indivíduos que buscavam ajudar. O tratamento que Platt (1969) dá à reforma do sistema de justiça juvenil ao final do século XIX é um exemplo esclarecedor. Na tentativa de criar condições mais humanas para a juventude "desobediente", essas reformas criaram uma categoria de desvio chamada "delinqüência juvenil", que, a longo prazo, serviu para reduzir os direitos civis e constitucionais da juventude.[6] De muitas formas, temos ainda que nos recuperar dessas "reformas". Como argumentarei neste capítulo, muitas das reformas propostas pelas pessoas que atuam nas escolas – reformas que aparentemente visam a melhoria –, assim como muitos dos pressupostos subjacentes a elas, têm o mesmo efeito: acabam por prejudicar, e não por ajudar, encobrindo questões fundamentais e conflitos de valores, em vez de contribuir para que os enfrentemos de maneira honesta.

É esse, em especial, o caso do assunto principal deste capítulo, o processo de utilizar nas escolas perspectivas, assim como avaliações e rótulos, que sejam especializados (e "científicos"), clínicos, psicológicos e terapêuticos. Essas formas de linguagem e as perspectivas que carregam consigo podem ser interpretadas não como mecanismos liberais de "ajuda", mas, mais criticamente, como mecanismos pelos quais as escolas se engajam no ato de tornar anônimos e de classificar indivíduos abstratos para brechas sociais, econômicas e educacionais já preordenadas. O processo de rotulação, assim, tende a funcionar como uma forma de controle social,[7] um sucessor "digno" para aquela longa linha de mecanismos escolares que buscavam homogeneizar a realidade social, eliminar percepções incompatíveis e usar meios supostamente terapêuticos para criar um consenso moral, valorativo e intelectual.[8] O fato de que esse processo possa ser mortificante, que o capital cultural de quem detém o poder seja empregado como se fosse natural – assim ampliando tanto o consenso falso quanto o controle econômico e cultural –, que resulte na eliminação da diversidade e que, finalmente, ignore a importância do conflito e da surpresa na interação humana, é algo que freqüentemente se perde em nosso afã de "ajudar".

Não há nada muito estranho sobre o fato de que geralmente não enfoquemos os pressupostos básicos que utilizamos. Primeiro, eles são normalmente conhecidos apenas tacitamente, permanecem não sendo mencionados e são muito difíceis de formular explicitamente. Segundo, essas regras básicas tanto já fazem parte de nós mesmos que não precisam ser expressas. Pelo próprio fato de serem pressuposições *compartilhadas*, o produto de um grupo determinado de pessoas, e comumente aceitas pela maioria dos educadores (se não pela maioria das pessoas), só se tornam problemáticas quando um indivíduo as viola ou então quando uma situação anteriormente rotineira passa a se alterar significativamente.[9] Todavia, para sermos fiéis às demandas de uma análise rigorosa, precisamos de uma investigação crítica exatamente de coisas muito básicas, como a rotina de nossa experiência cotidiana.

SOBRE A NECESSIDADE DE CONSCIÊNCIA CRÍTICA

A área do currículo e a educação como um todo têm buscado orientar-se pela idéia do aperfeiçoamento, da melhoria. Isso é compreensível, dada a ideologia liberal que orienta a maior parte da atividade educacional e dadas as pressões e os interesses para que a área sirva às escolas, a seus programas e metas. A marcada absorção imposta pelas reformas que visam ao aperfeiçoamento tem, contudo, causado alguns efeitos bastante deletérios. Ela não só tem feito com que se ignorem questões e pesquisas que poderiam contribuir a longo prazo para nossa compreensão do processo de escolarização,[10] mas também negligencia o papel crucial que a reflexão crítica deve desempenhar para que uma área permaneça vital. A reflexão crítica é importante por uma série de razões. Primeiro, os especialistas em currículo ajudam a estabelecer e manter instituições que afetam os alunos e outras pessoas de formas muitíssimo variadas. Por causa desses efeitos, esses especialistas devem estar cientes das razões e das intenções que os orientam. Isso é especialmente verdadeiro no que diz respeito aos objetivos ideológicos e políticos, tanto manifestos quanto latentes.[11] Como tenho demonstrado ao longo deste livro, devido às escolas, como instituições, estarem tão interligadas a outras instituições políticas e econômicas que dominam a coletividade e por, freqüentemente, agirem sem questionar ao distribuir conhecimento e valores por meio do currículo aberto e do oculto – os quais em geral atuam para sustentar essas mesmas instituições –, é necessário que os educadores se envolvam em análises que contemplem as maneiras pelas quais eles próprios deixam que valores e compromissos atuem inconscientemente por meio deles mesmos. Segundo, é importante argumentar que a própria atividade da investigação racional requer um estilo crítico. A área do currículo tem sido por demais aberta às formas de pensamento que não fazem justiça à complexidade da pesquisa e, assim, não tem mudado sua perspectiva básica há décadas. Tem usado as noções de sistematicidade, com certeza, e de controle como ideais de atividade programática e conceitual, em seu tratamento da pesquisa e das pessoas. Isso se reflete muito nos objetivos comportamentais e na busca por taxonomias que codifiquem o comportamento "cognitivo", "afetivo" e "psicomotor". Essas atividades encontram sua base em uma concepção de racionalidade que não é nada eficaz hoje. Não só é bastante limitadora,[12] mas também é imprecisa histórica e empiricamente.

Nossa visão, que toma tudo como dado, põe em jogo uma concepção de racionalidade baseada na ordenação de crenças e conceitos em estruturas lógicas perfeitas e nos paradigmas intelectuais existentes que parecem predominar na área do currículo em determinado momento. Todavia, qualquer concepção séria de racionalidade não deve estar voltada a determinadas posições intelectuais utilizadas por um grupo profissional ou por um indivíduo, mas sim *às condições sobre as quais e à maneira pela qual essa área de estudo está preparada para criticar e mudar essas doutrinas aceitas*.[13] Dessa forma, o fluxo intelectual, e não "a imutabilidade intelectual", é a ocorrência esperada e normal. O que tem de ser explicado *não* é por que devemos mudar nossa estrutura conceitual básica, mas sim a estabilidade ou cristalização das formas de pensamento que uma área emprega ao longo do tempo.[14]

A cristalização e falta de mudanças das perspectivas fundamentais não são, de forma alguma, um problema novo na área do currículo. Na verdade, um grande esforço foi feito na década de 1940 para identificar e lidar justamente com essa situação.[15] Muitos especialistas na área do currículo não estão cientes da tradição bem real de lidar com a tendência que a área tem de cristalizar suas posições, apontando, obviamente, para a necessidade de que se dê maior atenção ao conhecimento histórico na área do currículo.

O conservadorismo intelectual é em geral coerente com um conservadorismo social. Não se trata de dizer que uma perspectiva crítica seja "simplesmente" importante para esclarecer a estagnação da área do currículo. Muito mais importante é o fato de que devemos encontrar meios para esclarecer as maneiras concretas pelas quais a área sustenta os interesses amplamente conhecidos do controle técnico da atividade humana, a racionalização, a manipulação, a "incorporação" e a burocratização da ação individual e coletiva, e a eliminação do estilo pessoal e da diversidade política. Esses interesses dominam as sociedades industriais avançadas e contribuem muito tanto para o sofrimento das minorias e das mulheres, como para a alienação da juventude, o mal-estar e a falta de sentido do trabalho para a grande parte da população. Dessa forma, aumentam a sensação de impotência e o cinismo, que parecem dominar nossa sociedade. Os especialistas em currículo e os educadores precisam estar cientes de todas essas situações, ainda que haja pouca análise em profundidade sobre o papel que o pensamento do senso comum desempenha ao fazer com que sejamos relativamente impotentes em face desses problemas.

Embora os educadores procurem de maneira consistente argumentar que são "científicos", se referindo ao *status* "científico" (ou técnico) – e, portanto, neutro de sua atividade –, para assim dar legitimidade a ela, ignoram o fato de que boa parte da pesquisa das ciências sociais está hoje sendo fortemente criticada pelo apoio dado a pressuposições e a instituições burocratizadas, às quais negam dignidade e possibilidade de escolha a indivíduos e a grupos de pessoas. Essa crítica não pode ser posta de lado facilmente pelos educadores, pois diferentemente de outras pessoas, sua tarefa tem influência direta no presente e no futuro de milhões de crianças. Por ser a primeira instituição pela qual os indivíduos passam a tornar-se adultos "competentes", a escola dá às crianças poucas escolhas quanto aos meios pelos quais são designadas a determinados papéis na sociedade. Como vimos e veremos, a terminologia "científica neutra" atua como um verniz que encobre esse fato e, assim, torna-se mais ideológica do que útil.[16]

Talvez uma das razões fundamentais pelas quais a área esteja estagnada tanto socialmente quanto intelectualmente seja nossa falta de interesse por um conhecimento menos positivista – falta de interesse que espelha o ideal positivista ensinado aos alunos. Estivemos muito pouco abertos a formas de análise que contrabalançariam de maneira eficaz nosso uso de procedimentos que incorporam interesses do controle e da certeza técnicos e sociais. Essa falta de abertura fez com que não prestássemos atenção às funções dos próprios sistemas de linguagem que empregamos e nos levou a desprezar áreas cujo potencial reside no interesse pela perspectiva crítica. Isso requer um exame mais profundo.

AS COISAS SÃO COMO PARECEM SER?

Enfoquemos primeiro os instrumentos lingüísticos que usamos para falar sobre os "alunos" nas escolas. Desejo demonstrar fundamentalmente que muito da linguagem que utilizamos, embora aparentemente neutra, não é neutra no impacto que causa, nem é imparcial no que diz respeito às instituições de ensino existentes. Subjaz a esse argumento a tese de que é indevida nossa já aceita crença de que o conjunto das "técnicas neutras da ciência e da tecnologia" dará as soluções a todos os dilemas com que nos deparamos. Tal convicção tende a obscurecer o fato de que boa parte da pesquisa educacional justifica (e serve a) sistemas de controle técnico, cultural e econômico já existentes, que aceitam como certa a distribuição de poder na sociedade norte-americana.[17] Boa parte da discussão que farei aqui será estimulada por *insights* derivados da recente "teoria crítica" e da erudição neomarxista, especialmente pela forte noção de que nossas perspectivas básicas em geral ocultam nossas "reais" relações com outras pessoas com quem temos em comum conteúdo real e simbólico. A análise empregará argumentos da pesquisa sobre o processo de rotulação para tornar esse ponto inicial mais claro.

A análise do processo de rotulação torna-se consideravelmente importante aqui, pois rotular é o projeto final de nossos modos de atribuir valor a nossas próprias ações e a dos estudantes. Relaciona-se diretamente aos princípios que estão por trás das práticas com que nos envolvemos para diferenciar os alunos de acordo com sua "capacidade" e com sua posse de determinados tipos de capital cultural. Assim, como Ian Hextall (1976) afirma:[18]

> A diferenciação, (...) a atribuição de notas [e a avaliação] que realizamos nas escolas estão articuladas com a mais abrangente e ampla divisão do trabalho. Com isso não quero dizer que exista uma relação direta entre a diferenciação na educação e, digamos, a divisão ocupacional do trabalho. Tal pressuposto seria, claramente, mecanicista e simplificador. Mas por meio de nossas atividades [de avaliação] estamos ajudando a estabelecer um modelo geral da força de trabalho que o mercado mais tarde aperfeiçoa em determinadas categorias ocupacionais. Dessa forma, os procedimentos adotados nas escolas são parte de um contexto político-econômico no qual elas estão inseridas. As diferenciações, avaliações e juízos de valor realizados nas escolas estão intimamente relacionados a determinadas formas da divisão social do trabalho.

Portanto, como a atribuição de valores e categorias é considerada um dos meios bastante significativos pelos quais os alunos estejam cultural e economicamente estratificados, é fundamental que examinemos esses princípios e valores oriundos do senso comum. Para fazer isso, precisamos lembrar que certos tipos de capital cultural – desempenho, conhecimento, inclinações, realizações e propensões – não são necessariamente bons em si mesmos. Ao contrário, são considerados assim por causa de determinados pressupostos tomados como certos. São em geral "condicionados" histórica e ideologicamente. As categorias que empregamos para pensar o que estamos fazendo com os alunos, o sucesso e o fracasso deles e o nosso, são parte de um processo de avaliação social. Os princípios orientadores que usamos para planejar, ordenar e avaliar nossa atividade – concepções de realizações, de sucesso e fracasso, de bons e maus alunos – são *construtos sociais e econômicos*. Não são automaticamente inerentes aos indivíduos ou grupos. São, ao contrário, instâncias da aplicação de *regras* sociais identificáveis sobre o que se considera um bom ou mau desempenho.[19] Portanto, as próprias maneiras pelas quais falamos sobre os alunos oferecem-nos excelentes exemplos dos mecanismos por meio dos quais as ideologias dominantes operam. As investigações recentes dos teóricos críticos, *quando usadas criticamente*, podem ajudar bastante a revelar esses mecanismos.

A palavra "criticamente" tem considerável importância aqui. Há riscos em utilizar a própria teoria crítica não criticamente, em especial porque ela vem tendendo a tornar-se cada vez mais isolada do estudo da economia política, que tão bem a complementa. Com esses riscos em mente, no entanto, quero de fato usar alguns dos aspectos do programa da teoria crítica como modos de revelar como funciona a consciência dos intelectuais. Ao mesmo tempo, contudo, precisamos lembrar que, da mesma forma que uma postura excessivamente determinista e economicista, por tratar as escolas como caixas-pretas, passa a ser um programa limitado demais para entender como as escolas criam o que os economistas políticos querem analisar, também há limitações significativas em qualquer análise totalmente "cultural".[20] Em vez disso, as duas posturas devem estar integradas para explicar completamente os papéis que as escolas desempenham na reprodução cultural e econômica das relações de classe. Assim, a combinação de partes selecionadas do programa cultural dos teóricos críticos (seu enfoque no controle da linguagem e da consciência, por exemplo), com teorias econômicas mais específicas das recentes interpretações marxistas das escolas (as maneiras que as escolas atuam na "alocação" de alunos em posições determinadas na sociedade, por exemplo), pode oferecer algum *insight* sobre como as instituições educacionais ajudam a criar as condições que sustentam esse sistema de alocações econômicas.

Antes de prosseguir, contudo, seria inteligente examinar algumas das possíveis explicações de por que tal entendimento crítico marxista tem tido um impacto muito pequeno em nosso pensamento do senso comum. Isso é estranho, pois considera-se tal entendimento algo bastante consistente em outras áreas e no continente europeu, onde causou um impacto muito forte no pensamento filosófico francês e alemão, por exemplo, bem como na prática política e econômica de grandes grupos de pessoas.[21]

Há várias razões pelas quais a tradição acadêmica marxista reconstruída não encontra um lugar sério nas investigações educacionais anglo-ocidentais. Embora, historicamente, o marxismo ortodoxo tenha tido um efeito na década de 1930 sobre educadores como Counts e outros, perdeu sua potência devido à situação política que surgiu mais tarde, especialmente o clima político repressivo, que ainda não superamos totalmente.

A essas idéias, podemos acrescentar, é claro, as interpretações excessivamente deterministas e dogmáticas de aplicar a análise marxista, realizada por muitos "marxistas" tardios. Parte do problema de aplicar *insights* críticos a sociedades industriais avançadas, como a nossa, é liberar tais *insights* de seu engastamento em tal dogmatismo.[22] Não deveria ser preciso dizer, mas infelizmente se deve, que a natureza rigidamente controlada de várias sociedades modernas tem pouca relação com as singulares e convincentes análises encontradas na própria tradição marxista. O fato de negarmos essa tradição acadêmica diz mais sobre o passado carregado de medo da sociedade norte-americana do que sobre os méritos (quase nunca explorados) da tradição da análise crítica. Também remete de maneira muito eloqüente à questão que mencionei antes neste livro. A própria tradição tornou-se um exemplo de como a tradição seletiva opera. Tornou-se vítima da política da distribuição do conhecimento, pelo fato de esquecermos a presença de nossas raízes nesses interesses.

Entretanto, há outras explicações mais básicas e menos abertamente políticas para a atrofia e falta de aceitação de uma tradição intelectual e política marxista em lugares como os Estados Unidos. O espírito atomista, positivista e estritamente empiricista, que tanto prevalece em nosso pensamento (sendo ensinado de maneira bastante eficaz, como vimos no Capítulo 5), tem dificuldades com a noção criticamente orientada da necessidade de uma pluralidade e de um conflito de maneiras de se entender o mundo. Sobre isso, a intelectualidade crítica defende uma postura bastante similar àquela da fenomenologia, no sentido de que a "verdade" de alguma coisa só pode ser vista por meio do uso da totalidade de perspectivas que podemos trazer à baila para lidar com ela (embora obviamente algumas sejam mais básicas do que as outras, no sentido de as sutis interpretações econômicas, de classe e culturais assumirem uma função organizadora nas questões que fazemos nessa tradição crítica).[23]

Além disso, a tendência nas sociedades industrializadas ocidentais de separar rigidamente valor *de* fato tornaria difícil fazer com que houvesse a aceitação de uma posição que sustentasse que a maior parte das categorias sociais e intelectuais são elas próprias *valorativas* em sua natureza, podendo refletir comprometimentos ideológicos, fato que será de excepcional importância para esta discussão. Mais ainda, a longa tradição do individualismo abstrato e de uma forte visão utilitária faria com que, sem dúvida, considerássemos de maneira pouco positiva tanto uma concepção mais social do "homem" quanto um compromisso que está menos apto a ser imediatamente benéfico e mais apto a suscitar questões básicas sobre o próprio modelo de vida cultural e social aceito como dado em uma sociedade.[24]

Ao contrário de pressuposições atomistas que predominam no nosso pensamento do senso comum, o ponto de vista crítico sempre considera um objeto "relacionalmente". Esse é um aspecto importante para entender o tipo de análise que podemos fazer a partir de tal perspectiva. Isso implica duas coisas. Primeiro, qualquer matéria sob investigação deve ser vista em relação a suas raízes históricas – como evoluiu, de que condições surgiu, etc. – e a suas contradições e tendências latentes no futuro. Isso acontece porque, no mundo altamente complicado da análise crítica, as estruturas existentes estão de fato em uma espécie de movimento contínuo. As contradições, a mudança e o desenvolvimento são a norma e qualquer estrutura institucional é "meramente" um estágio do processo.[25] Dessa forma, a reificação institucional é problematizada, assim como os padrões de pensamento que sustentam essa falta de mudança institucional. Segundo, qualquer coisa que se examinar se define não apenas por suas características óbvias, mas também por seus laços menos explícitos a outros fatores. São de fato esses laços ou relações que fazem a matéria que se estuda ser o que é, dando-lhe seus significados primordiais.[26] Dessa forma, nossa capacidade de esclarecer a interdependência e a interação de fatores expande-se consideravelmente.

Aceitar essa visão relacional é obviamente contrariar nosso conceito tradicional, segundo o qual tudo o que vemos é o que parece ser. Na verdade, nossas percepções dadas como certas nos enganam, e essa é uma limitação muito grande para nosso pensamento e ação. Em outras palavras, qualquer coisa é muito mais do que parece ser, especialmente quando estamos lidando com instituições complexas e inter-relacionadas, como a escola.[27] É justamente essa questão que nos permitirá progredir ainda mais no desvelamento de algumas das funções ideológicas da linguagem educacional.

Uma última questão pode ser levantada. Historicamente, a teoria crítica e uma boa parte da análise neomarxista foram reduzidas a variantes do pragmatismo, especialmente por indivíduos como Sidney Hook e outros. Embora não queira ridicularizar a tradição pragmática da educação norte-americana (afinal de contas, ainda temos muito o que aprender com um tratamento sério da análise de Dewey sobre os meios e fins da educação, por exemplo), quero alertar para que não se interprete a análise crítica de maneira que ela se encaixe facilmente em nossas regras constitutivas dadas como certas. Fazê-lo é perder o potencial de uma perspectiva crítica que nos levaria além de algumas das inclinações conformistas um tanto quanto reais do pragmatismo. A posição pragmática tende a ignorar a possibilidade de que algumas teorias devam contradizer a realidade presente e que, de fato, devam trabalhar contra ela.[28] Essas investigações críticas *atuam como testemunhos* da negatividade envolvida nos variados sistemas institucionais de hoje (econômicos, culturais, educacionais, políticos) e assim iluminam a possibilidade de mudança significativa. Dessa forma, o ato de crítica contribui para a emancipação, ao demonstrar o caminho pelo qual as instituições sociais e lingüísticas foram reificadas ou coisificadas, a ponto de os educadores e o público em geral terem esquecido por que tais instituições são como são, e que foram as pessoas que as constituíram e que, portanto, podem mudá-las.[29]

A intenção de tal crítica e dos estudiosos de orientação crítica tem, então, dois aspectos. Primeiro, objetiva esclarecer as tendências para a dominação, a alienação e a repressão indiscriminadas e com freqüência inconscientes dentro de determinadas instituições culturais, políticas, educacionais e econômicas. Segundo, por meio da exploração dos efeitos negativos e das contradições de boa parte do que ocorre sem sofrer questionamento nessas instituições, busca "promover a atividade emancipadora consciente [individual e coletiva]".[30] Examina o que supostamente estaria acontecendo, digamos, nas escolas quando se leva a sério a linguagem e os *slogans* de quem lá atua e, simultaneamente, demonstra como essas coisas *de fato* funcionam como vetores da destruição da racionalidade ética e do poder político pessoal e institucional. Uma vez examinado esse funcionamento real, ela tentará apontar atividades concretas que levarão a contraposição às atividades tomadas como certas.

LINGUAGEM INSTITUCIONAL E RESPONSABILIDADE ÉTICA

Uma das questões mais relevantes levantadas pelos autores críticos ao longo dos anos é a tendência que temos de esconder as inter-relações profundas entre as pessoas e de usar a linguagem "neutra" das mercadorias.[31] A discussão anterior de Williams sobre a função ideológica do indivíduo abstrato aponta parcialmente para esse problema. Os educadores não estão imunes a essa tendência, isto é, desenvolveram categorias e modos de percepção que reificam ou coisificam os indivíduos de maneira que (os educadores) confrontam os alunos como abstrações institucionais mais do que como pessoas concretas com quem têm laços reais no processo de reprodução cultural e econômica. Dada a complexidade da educação em massa, isso é compreensível. Contudo, as implicações do crescimento dessa forma de linguagem são profundas e também devem ser examinadas profundamente.

Para isso, devemos esclarecer algo. Pelo próprio fato de as categorias empregadas pelos especialistas em currículo e outros educadores serem construtos sociais, também implicam a noção do poder que um grupo teve para "impor" essas construções sociais aos outros grupos. Por exemplo, as categorias pelas quais diferenciamos as crianças "inteligentes" das crianças "burras", áreas "acadêmicas" de "não-acadêmicas", "brincar" de "aprendizagem" ou "trabalho", e mesmo "alunos" de "professores", são todas construções do senso comum *que derivam da natureza das instituições existentes*.[32] Enquanto tais, devem ser tratadas como dados historicamente condicionados, não como dados absolutos. Isso não quer dizer que estejam necessariamente erradas; mais do que isso, apontam para a necessidade de serem entendidas pelo que são – categorias desenvolvidas a partir de determinadas situações sociais e históricas que se conformam a determinado modelo de pressupostos e de instituições. O uso dessas categorias traz também consigo a lógica dos pressupostos institucionais.

Como mencionei, a própria área tem a tendência de "disfarçar" as relações entre as pessoas como se fossem relações entre coisas e abstrações.[33] Portanto, questões éticas, como o problema profundamente difícil relacionado às maneiras pelas quais uma pessoa pode buscar influenciar outra, não são geralmente tratadas como se fossem considerações importantes. É aqui que as categorias abstratas derivadas da vida institucional se tornam bastante sérias. Se um educador pode definir o aluno como alguém "que aprende devagar", "que tem problemas disciplinares" ou qualquer outra categoria generalizante, pode então prescrever tratamentos "gerais" que são aparentemente neutros e úteis. Contudo, pelo próprio fato de as categorias estarem baseadas em abstrações definidas institucionalmente (o que, pelo senso comum, equivale às médias estatísticas), o educador fica livre da tarefa mais difícil de examinar o contexto institucional e econômico, que fez com que esses rótulos abstratos fossem aplicados a um indivíduo concreto. Assim, a compreensível tentativa de reduzir a complexidade leva ao uso de "tratamentos médios" aplicados a quem preenche papéis abstratos. Isso preserva o anonimato da relação intersubjetiva entre "educador" e "aluno", que é tão essencial para que prevaleçam as definições institucionais. Protege, portanto, tanto a instituição existente quanto o educador de se colocarem em dúvida e protege a inocência e a realidade da criança.

Tudo isso tem implicações importantes para os educadores. Pelo uso de categorias oficiais e de construtos, como os definidos pelas práticas institucionais – cujos exemplos podem ser os estudos sobre os "alunos que aprendem devagar", de "problemas disciplinares" e de "recuperação" –, os pesquisadores do currículo talvez estejam emprestando o prestígio retórico da ciência ao que poderíamos chamar de práticas questionáveis de uma burocracia educacional[34] e de um sistema econômico estratificado. Isto é: não há tentativa rigorosa de examinar a culpabilidade *institucional*. A noção de imputar culpabilidade é de considerável importância para minha análise. Scott defende de maneira bastante clara esse ponto, quando discute os efeitos de se rotular alguém como sendo diferente ou desviante.[35]

> Outra reação que comumente ocorre quando se aplica um rótulo de desvio é que na comunidade surge um sentimento de que "temos de fazer alguma coisa por essa pessoa". Talvez o mais importante sobre essa reação em nossa sociedade é que quase todos os passos dados *são dirigidos somente a quem se desvia*. Punição, reabilitação, terapia, coerção e outros mecanismos comuns do controle social são coisas que são feitas a ele, o que implica que as causas do desvio residem na própria pessoa, em quem o rótulo é grudado, e que as soluções para o problema podem ser alcançadas quando se faz alguma coisa pela pessoa ou com ela. Isso é curioso, especialmente quando examinado em relação ao pano de fundo da pes-

quisa das ciências sociais sobre o desvio – pesquisa que aponta claramente ao papel crucial desempenhado pelas pessoas comuns na determinação de quem é rotulado como alguém que se desvia e de como esse mesmo indivíduo desviante se comporta. *Essa pesquisa sugere que nenhuma das medidas corretivas que são tomadas poderá ter sucesso da maneira que pretendiam, a não ser que seja dirigida a quem aplica os rótulos de desvio e a quem tais rótulos são aplicados.* [grifos meus]

Em linguagem mais clara: na escola, os alunos são as pessoas que enfocamos expressamente. Presta-se atenção primordialmente a seus "problemas" comportamentais, emocionais e educacionais. Assim, há uma forte inclinação para que a atenção não se volte às inadequações da própria instituição educacional[36] e a quais condições burocráticas, culturais e econômicas provocaram a necessidade de usar esses construtos desde o início.

Observemos de maneira um pouco mais profunda a configuração ideológica e ética que cerca a idéia de culpabilidade. Em geral, os rótulos institucionais, especialmente aqueles que implicam alguma espécie de desvio do tipo "aluno atrasado", "problema disciplinar", "leitor deficiente", etc., podem servir novamente como tipos encontráveis nos ambientes educacionais – conferindo um *status* inferior a quem os recebe. Isso tem um significado moral. O rótulo "desviante" tem uma qualidade *essencial* no fato de que toda a relação da pessoa (no caso, o aluno) para com a instituição é condicionada pela categoria aplicada a ela. O aluno *é* aquilo e somente aquilo. Essa questão é similar ao ponto defendido por Goffman de que a pessoa a quem se aplica o rótulo do desvio é geralmente considerada como moralmente inferior, e sua "condição" ou comportamento é freqüentemente interpretado como evidência de sua "culpabilidade moral".[37] Assim, tais rótulos não são neutros, pelo menos não em sua significação para a pessoa. Os rótulos contêm traços de significação moral – a criança não é só diferente, mas inferior –, portanto, sua aplicação tem um impacto profundo. Uma vez aplicados, esses rótulos passam a ser *duradouros*, devido à realidade orçamentária e burocrática de muitas escolas – as restrições orçamentárias, a própria estrutura das relações existentes entre a escolaridade e o controle econômico e cultural, a falta de conhecimento ao lidar com "problemas de aprendizagem" de determinados alunos, etc., Tudo isso faz com que seja realmente muito difícil mudar as condições que contribuíram para que a criança se tornasse um "aluno lento" ou qualquer outra categoria citada, conferindo peso ainda maior aos pontos que venho tentando esclarecer. Como só muito raramente um aluno é reclassificado,[38] o efeito desses rótulos é imenso, pois convocam formas de "tratamento" que tendem a confirmar a pessoa na categoria aplicada pela instituição.

Com freqüência se argumenta que tais recursos retóricos, como as categorias e os rótulos aos quais venho me referindo, sejam realmente usados para ajudar as crianças. Afinal de contas, depois de caracterizado, o aluno poderá receber o "tratamento adequado". Contudo, pode-se também levantar com propriedade a hipótese de que, dada a realidade da vida escolar e o papel da escola na maximização da produção, tanto de certos tipos de capital cultural quanto de agentes "exigidos" pelo aparato econômico de uma sociedade, a própria definição de aluno como sendo alguém que precisa de tratamento o prejudica.[39] Como tenho indicado, tais definições são "essencializantes": tendem a ser generalizadas para todas as situações com que o indivíduo se depara. Como Goffman ilustra tão claramente, nas instituições "totais" – e as escolas compartilham muitas de suas características –, o rótulo e tudo o que ele traz consigo serão provavelmente usados pelos colegas do indivíduo e por quem é responsável pelo próprio indivíduo (isto é, outras crianças, professores e administradores) para *defini-lo*. O rótulo governa quase toda a conduta dirigida à pessoa, e, mais importante, a definição acaba por governar a conduta do aluno em relação aos outros, funcionando, portanto, para sustentar uma profecia que se cumpre por si mesma.[40]

O que defendo não é negar que dentro do modelo institucional existente da escolarização haja "coisas" como "alunos lentos", "de baixo desempenho" ou "pouco motivados", que possamos identificar de acordo com o senso comum. Embora, como eu tenho defendido, tal linguagem esconda a questão mais básica de investigar quais são as condições sob as quais um grupo de pessoas consistentemente rotula os outros como sendo indivíduos que se desviam, ou aplica outra categoria do senso comum a eles. Gostaria, mais do que isso, de defender que esse sistema lingüístico, da forma que é comumente aplicado pelas escolas, não tem uma função psicológica ou científica, como muitos gostariam que tivesse. Para colocar as coisas bem diretamente: serve para rebaixar e degradar aqueles indivíduos e classes de pessoas a quem tais designações são tão rapidamente atribuídas.[41]

Um fato que deveria trazer esse argumento a um enfoque ainda mais claro – isto é, de que o processo de classificação como funciona na pesquisa e na prática educacional é um ato moral e político, não um ato neutro de ajuda – é a evidência de que esses rótulos são *maciçamente* aplicados às crianças das minorias pobres e étnicas, muito mais do que às crianças daqueles mais poderosos econômica e politicamente.

Além da documentação histórica que apresentei no Capítulo 4, há recentes evidências empíricas que sustentam parte do argumento apresentado aqui. Por exemplo, a análise de Mercer sobre os processos pelos quais as instituições como as escolas rotulam os indivíduos como, digamos, mentalmente atrasados confirma esse quadro.[42] As crianças com históricos socioculturais que não se encaixam no modelo e as dos grupos minoritários são as que predominam em grau muito maior nessa rotulação. Isso se deve primeiramente a procedimentos-diagnósticos centrados quase que totalmente naquilo que a autora chamou de dominância do "anglocentrismo" nas escolas. É uma forma de etnocentrismo que faz com que as pessoas atuantes no ensino ajam como se seu próprio estilo, linguagem, história, valores e estrutura normativa fossem as diretrizes "apropriadas" segundo as quais as atividades de todas as outras pessoas devessem ser comparadas e mensuradas. Eram desproporcionalmente rotulados não só os alunos de classe socioeconômica mais baixa, mas também os alunos não-brancos. Mais importante, porém, do que isso era que, os alunos de origem mexicana ou negra, por exemplo, que recebiam o rótulo de retardado mental, eram, na verdade, menos "desviantes" do que os brancos, pois tinham um QI *mais alto* do que os "anglos" que também assim eram rotulados. Conforme os argumentos de Bourdieu citados no Capítulo 2, isso não deve nos surpreender tanto.

Outro fato também deve ser destacado. A escola era, na maioria das vezes, a única instituição a rotular esses alunos que não se encaixavam como sendo atrasados, especialmente por causa das suposições de normalidade que eram sustentadas por quem nela atua. Esses alunos tinham um desempenho muito bom quando fora dos limites da instituição.

Mercer (1968) está pelo menos parcialmente correta quando atribui essa superdistribuição do rótulo de retardo intelectual à "máquina" de diagnosticar, avaliar e testar da escola.[43] Baseada como está nas formulações que se conformam às suposições institucionais problemáticas que dizem respeito à normalidade e ao desvio, oriundas das estruturas políticas e econômicas em geral parciais, essa máquina desempenha um papel muito grande no processo de canalização de determinados tipos de aluno em categoria preexistentes. O fato doloroso de que essa máquina supostamente útil de diagnóstico e de recuperação não perceba a realidade da criança é documentado pelo importante estudo de Mehan sobre a reconstrução feita por crianças supostamente "normais" do significado de uma situação de teste e dos próprios instrumentos de avaliação.[44] Em essência, o que o autor constatou foi que mesmo nos testes administrados de maneira mais pessoal, aqueles que realizavam os testes eram capazes de usar rótulos especulativos e imprecisos para simplificar resultados ainda mais especulativos e imprecisos. Os testes escolares na verdade *obscureciam* o real entendimento que as crianças tinham dos materiais e das tarefas, não captavam as variadas capacidades de raciocínio adequado delas e não demonstravam "as decisões de mensuração negociadas e derivadas do contexto que o responsável pelos testes fazia enquanto qualificava o trabalho da criança como 'correto' ou 'incorreto'". Embora isso se aplicasse especialmente às crianças que não se ajustavam ao modelo (no caso, as crianças de língua espanhola), também era observado em todos os outros alunos. Se essa pesquisa estiver correta, dada a intensa pressão pela "responsabilidade final" (*accountability*) hoje, a predominância de uma mentalidade em que os testes são feitos com base no processo-produto, portanto, levará sem dúvida a instituições ainda mais problemáticas, anônimas e cultural e economicamente enviesadas devido aos rótulos que derivam do próprio processo de aplicação de testes. A importância dada aos testes nas escolas não pode ser de forma alguma subestimada. Os rótulos surgidos dessas "diagnoses" e avaliações não são facilmente eliminados; são de fato usados por outras instituições para continuar a definição imputada pela escola.

Deveria, então, estar bem claro que a escola não só desempenha uma função central ao aplicar rótulos às crianças no processo de classificá-las e de distribuir diferentes conhecimentos, inclinações e visões do eu a cada um dos grupos rotulados, mas, tão importante quanto isso, a escola também ocupa *a posição central* em uma rede maior composta por outras instituições. Os rótulos imputados pelas escolas públicas são tomados emprestados pelas instituições legais, econômicas, de saúde e comunitárias para definir o indivíduo.[45]

Da mesma forma que as instituições fortemente influenciadas pelos modelos estatísticos e "científicos" de operação para definir a normalidade e o desvio – modelos que são consistentemente enviesados em favor das normas sociais existentes –, as escolas parecem ter um efeito desproporcional na rotulação dos alunos. Pelo fato de as escolas públicas dependerem quase que exclusivamente de um modelo estatístico no que diz respeito a seu quadro normativo, geram categorias de desvio que são preenchidas com indivíduos que derivam em grande parte de grupos socioeconômicos mais baixos e de minorias étnicas.[46] As implicações éticas, políticas e econômicas dessa criação de identidades desviantes deveriam ser óbvias.

Isso torna muito significativa uma das noções aqui abordadas. A única maneira séria de se ver algum sentido nessas imputações de rótulos nas escolas é analisar os pressupostos subjacentes às definições de competência que eles acarretam. Isso só pode ser feito com uma investigação de quem está em uma posição que permite *impor* tais definições.[47] Assim, a noção de *poder* (que grupo econômico ou classe social de fato o tem e como este poder está sendo realmente usado) se torna uma noção fundamental para que entendamos por que determinadas formas de significados sociais – a eleição impositiva de que Blum (1972) fala na citação do começo deste capítulo – são usadas para selecionar e organizar o conhecimento e as perspectivas que os educadores empregam para compreender, ordenar, valorizar e controlar as atividades nas instituições educacionais.

PODER E ROTULAÇÃO

Não devemos subestimar o quanto é importante, para nossa compreensão do processo de rotulação, a noção de como o poder atua – pelo menos por uma razão em particular. Um conjunto muito grande de pesquisas sobre a rotulação desenvolveu-se nos últimos anos, sendo influenciado pela fenomenologia social, pelo interacionismo simbólico e por outras perspectivas que tendem a ver, em parte corretamente, que os rótulos, como a "realidade", são construtos sociais.[48] Todavia, essa tradição mais fenomenológica tem geralmente estado menos voltada ao que tenho chamado de análise relacional. Por causa disso, devemos ser prudentes quanto a algumas limitações significativas na análise usual de categorias e rótulos elaborados por teóricos da rotulação e por outros.

Na verdade, um enfoque não-relacional sobre a rotulação, enfoque que não esteja explicitamente voltado à conexão entre o poder econômico e cultural e as escolas, pode levar-nos a uma armadilha conceitual e política da qual, com muita freqüência, têm se aproximado os interacionistas simbólicos, os teóricos da rotulação e os sociólogos fenomenológicos da escola.[49] Pelo exame do processo de rotulação (como indicador de como a saturação ideológica na cabeça dos educadores de fato opera no dia-a-dia da vida escolar), podemos esquecer que se trata de um indicador de algo que está além de si mesmo, pois, como a citação de Whitty no Capítulo 2 indica, o mero fato de essas categorias e rótulos serem construtos sociais não explica por que essa situação particular existe, nem por que é tão resistente à mudança.

A discussão realizada por Sharp e Green sobre a relação entre poder e rotulação, presente em seu estudo etnográfico de uma escola fundamental da classe operária britânica, apresenta um número significativo de comentários sobre esse perigo. Para esses autores, a fenomenologia social, o interacionismo simbólico, a teoria da rotulação, etc., simplesmente não oferecem um modelo analítico adequado para entender o *porquê* de coisas como a estratificação e rotulação de crianças continuarem a ocorrer nas instituições educacionais. O modelo não só é conceitualmente fraco, mas é inerentemente menos político do que deveria ser para que compreendêssemos a complexa relação entre significados, práticas e decisões do senso comum nas escolas e o aparato ideológico e institucional que cerca as instituições culturais.

Sharp e Green (1975) estão em pleno acordo com outros sociólogos britânicos, que criticam a pesquisa fenomenologicamente orientada como sendo parcial e em última análise apolítica. A maior parte dos estudos fenomenológicos, por exemplo, quer enfocar a construção da realidade social da sala de aula e como as interações do senso comum tanto de professores e alunos criam e mantêm os conjuntos de significados e identidades que permitem à vida da sala de aula prosseguir de maneira relativamente tranqüila. Entretanto, é aqui que as pessoas influenciadas pelas perspectivas marxistas e neomarxistas querem ir mais longe, pois o mundo social, sendo a educação parte dele, não é meramente o resultado dos processos criativos de interpretação em que os atores sociais se engajam, questão muito cara ao que há de mais central aos fenomenólogos sociais. Isso é o que ocorre em parte, claro. Contudo, o mundo cotidiano com que nos confrontamos em nossas vidas como professores, pesquisadores, pais e crianças, e assim sucessivamente, "não é estruturado simplesmente pela linguagem e pelo significado", por nossas interações simbólicas e por nossas sucessivas construções sociais, "mas pelos modos e forças da produção material e pelo sistema de dominação que se relaciona de alguma forma à realidade material e a seu controle".[50]

A descrição e a análise fenomenológica dos processos sociais e de rotulação, embora com certeza importantes, fazem com que nos inclinemos a esquecer que de fato há, "lá fora", instituições e estruturas objetivas que têm poder, que podem controlar nossas vidas e nossas próprias percepções. Ao concentrar-se em como a interação social sustenta as identidades das pessoas e suas instituições, a fenomenologia pode desviar a atenção do fato de que a interação e a conceitualização individuais são influenciadas pela realidade material.

Não estou querendo dizer que devamos simplesmente dispensar a fenomenologia social ou a teoria da rotulação. Em vez disso, devemos combiná-las com uma interpretação social que estude a criação de identidades e significados em determinadas instituições – como as escolas – enquanto algo que ocorre em um contexto que freqüentemente determina os parâmetros do que é negociável e significativo. Esse contexto não reside simplesmente no nível da consciência; é o que vincula as instituições econômicas e políticas; é a relação que define o que as escolas deveriam ser, que estabelece limites para esses parâmetros. Essas questões têm implicações importantes para uma análise séria da rotulação em sala de aula, para o uso de categorias "neutras" por parte dos educadores e para a distribuição de diferentes tipos de conhecimento para crianças rotuladas diferentemente.

Boa parte da literatura sobre rotulação de crianças nas escolas, por exemplo, tende a depender de uma espécie particular de "idealismo", isto é, assume que as identidades do aluno são criadas quase que inteiramente pelas percepções que o professor têm dos mesmos alunos em sala de aula. Contudo, essa não é meramente uma questão de a consciência do professor determinar a consciência do aluno – isto é, não é porque um professor considera um aluno "realmente estúpido" que a criança se torna "realmente estúpida", mesmo que haja algum elemento a indicar que isso seja verdadeiro. Também envolve as circunstâncias objetivas materiais e as expectativas que tanto fazem quando cercam o ambiente escolar. Como Sharp e Green (1975) defendem:[51]

> Quando consideramos a geração das identidades dos alunos, por exemplo, a estrutura de oportunidades do aluno para adquirir qualquer identidade particular se relaciona não somente ao fato de o professor trabalhar categorias conceituais em sua consciência, mas também às facetas da estrutura da organização da sala de aula, que tem de ser entendida em relação a uma variedade de pressões externas que podem ou não ser levadas em consideração pelo professor e pelos alunos. É importante tentar entender a estrutura social da sala de aula como produto tanto de um contexto simbólico quanto de circunstâncias materiais. Estas últimas tendem a ser subestimadas no interacionismo e na fenomenologia social.

Assim, os modos de interação na sala de aula, os tipos de controle, a criação e a rotulação das identidades dos alunos precisam ser entendidos como uma relação dialética entre a ideologia e o ambiente material e econômico. Como observei antes, as concepções que os professores têm de competência, do que seja "um bom desempenho do aluno", de conhecimento importante *versus* conhecimento não importante, de "comportamento adequado" não são idéias soltas. Essas produções mentais vêm de algum lugar. São respostas ao que se percebe como problemas reais, causados, em parte, por condições situacionais muito concretas nas escolas e, freqüentemente, pelas condições econômicas e sociais que ocorrem do "lado de fora". Assim, para entender as escolas, devemos ir além do que os educadores e teóricos pensam estar acontecendo, vendo o resultado das conexões entre esses pensamentos e ações nas condições ideológicas e materiais – tanto dentro quanto fora da escola – que "determinam" o que pensamos ser nossos problemas "reais". A chave para desvelar isso é o poder.

Ainda assim, como demonstrei neste livro, o poder nem sempre é visível como manipulação e controle econômicos. É freqüentemente manifesto como formas de ajuda e como formas de "conhecimento legítimo", formas que parecem oferecer sua própria justificativa por serem interpretadas como neutras. Assim, o poder é exercido por meio de instituições que, pelo seu ritmo natural, reproduzem e legitimam o sistema de desigualdade. Tudo isso pode de fato parecer até mais legítimo por meio do papel desempenhado pelos intelectuais, como os educadores, que ocupam profissões cujo objetivo é assistir, ajudar.

Trata-se de algo bastante complexo, mas, mesmo que tivéssemos de entender uma parte do todo, pelo próprio fato de nos considerarmos profissionais cujo objetivo é ajudar, nossa ideologia predominantemente liberal faria com que lidássemos com os problemas da rotulação por meio da instituição de melhorias limitadas. Introduziríamos pontos como mais abertura nas escolas. Está por trás dessas reformas a noção de que, pela abertura das salas de aula, o processo de rotulação iria se tornar menos essencial. As crianças seriam capazes de ter um desempenho excelente quaisquer que fossem seus talentos individuais. Contudo, esses tipos de reforma devem ser examinados com muito cuidado. Tais reformas podem ser muito contraditórias e criar de fato um problema, da mesma forma que os "problemas de desempenho" foram gerados, no Capítulo 2.

Na verdade, como Sharp e Green (1975) demonstram, o que parece acontecer é que a variedade de rótulos que podem ser aplicados aumenta sob condições e ambientes mais abertos, especialmente naqueles que estejam em áreas da classe trabalhadora e culturalmente diferentes, em que a rotulação é mais intensa. Na sala de aula tradicional, o que se considera como conhecimento importante e manifesto tende a se limitar a "áreas acadêmicas" – matemática, ciências, etc. Assim, os alunos podem tender a ser rotulados, quando os critérios de desempenho são usados, de acordo com um conjunto bastante limitado de formas de conhecimento público. Contudo, em ambientes mais abertos, que são parte do sistema público escolar (com seu interesse histórico pela estratificação social e "intelectual" e pelo consenso ideológico), o que se constrói como conhecimento especificamente escolar aumenta. Podemos dizer que todos estão mais interessados na "criança como um todo" agora. Portanto, os aspectos emocionais, as inclinações da criança, seus aspectos físicos e outros atributos de cunho geral são adicionados ao currículo acadêmico tradicional como áreas abertas a que devemos também nos voltar. O resultado latente parece ser um *aumento da variedade de atributos* de acordo com os quais os alunos podem estar estratificados, isto é, pela mudança da definição de conhecimento escolar, de maneira que ele inclua elementos mais pessoais e inerentes às inclinações dos alunos, também estamos latentemente permitindo que haja uma possibilidade mais ampla de rotular nesses ambientes mais "abertos". As identidades dos alunos podem ainda ser mais fixas do que antes. Isso provavelmente ocorre porque os objetivos básicos da instituição – isto é, classificar os alunos de acordo com seu "talento natural", maximizar a produção de conhecimento técnico, etc. – não são realmente modificados. Ao mesmo tempo, é claro, as salas de aula abertas nas áreas da classe média são idealmente feitas para ensinar a tomada de decisões, a flexibilidade, etc., para alunos que se tornarão administradores e profissionais. Essa constatação não é trivial, pois, se as salas de aula abertas das instituições tradicionais realmente criarem um sistema mais poderoso de estratificação, seu funcionamento real terá de ser interpretado em termos de reprodução e não apenas de melhorias.

Isso está muito próximo da discussão sobre o currículo oculto, realizada nos capítulos anteriores. Da mesma maneira que as crianças aprendem a aceitar como naturais as distinções sociais entre conhecimento importante e não-importante que as escolas tanto reforçam quanto ensinam, entre normalidade e desvio, entre trabalho e brincadeira, e as regras e normas ideológicas sutis inerentes a essas distinções, também internalizam visões, tanto da maneira pela qual as instituições deveriam ser organizadas quanto de seu lugar *apropriado* nessas instituições. Isso é aprendido de maneira diferente por alunos diferentes, óbvio, e é aí que o processo de rotulação se torna tão importante para a diferenciação de classe social e econômica. A rotulação de alunos e a ideologia de melhoramento da escola que cerca a decisão de usar determinados rótulos sociais têm um forte impacto sobre os alunos que aceitam determinadas distinções como naturais.

A LINGUAGEM CLÍNICA, O ESPECIALISTA E O CONTROLE SOCIAL

Como sustentei nos Capítulos 2 e 3, uma função latente importante da escolarização parece ser a distribuição de formas de consciência, com freqüência de maneira bastante desigual, aos alunos. Sociologicamente, então, por meio da apropriação dessas disposições e perspectivas, os alunos podem ser classificados entre os vários papéis sedimentados por meio do tecido de uma sociedade corporativa avançada. O processo de rotulação ocupa um lugar sutil, mas essencial nessa classificação. Pelo fato de as designações, categorias e instrumentos lingüísticos empregados pelos educadores, especialmente pela maioria dos especialistas em currículo de tendência comportamental, serem percebidos como algo que tem *status* "científico" e serem feitos para "ajudar" os alunos, pouco ou quase nada se constata que a própria linguagem que utilizam é idealmente feita para manter a racionalidade burocrática (e os efeitos concomitantes do controle e do consenso sociais) dominante na escolarização há muito tempo.[52]

Edelman defende um ponto de vista semelhante ao discutir a maneira que o sistema de linguagem das chamadas "profissões de ajuda" é utilizado para justificar e ordenar o apoio público às práticas profissionais que têm profundas conseqüências éticas e políticas:[53]

> Pelo fato de as profissões que visam a ajudar definirem o *status* das outras pessoas (e o seu próprio), os termos especiais que empregam para categorizar os clientes e justificar restrições de seus movimentos físicos e de sua influência moral e intelectual revelam de maneira singular as funções políticas da linguagem e das múltiplas realidades que ajuda a criar. A linguagem é tanto um indicador sensível quanto uma poderosa criadora de pressupostos sobre os níveis de competência e o mérito das pessoas. Da mesma forma que um simples numeral evoca todo o esquema numérico em nossas mentes, um termo, uma forma sintática ou uma metáfora com conotações políticas podem evocar e justificar uma hierarquia de poder na pessoa que a usou e nos grupos que respondem a ela.

O argumento básico de Edelman não sustenta que as formas da linguagem utilizadas por educadores e outros profissionais simplesmente "organizam" sua realidade, mas que também, de maneira velada, justificam o *status*, o poder e a autoridade. São, essencialmente, ideológicas em ambos os sentidos do termo. Em poucas palavras, devemos examinar a contradição entre uma perspectiva liberal que está aí para ajudar e ao mesmo tempo serve à distribuição de poder nas instituições e na sociedade.[54] É difícil não perceber essa contradição na linguagem utilizada na escola.

Talvez esse argumento seja mais bem resumido por uma citação do próprio Edelman.[55]

> Nos mundos simbólicos evocados pela linguagem das profissões de ajuda, as especulações e os fatos verificados rapidamente se fundem. A linguagem dispersa a incerteza da especulação, muda os fatos para fazer com que sirvam a distinções de *status* e para reforçar a ideologia. Os nomes para formas de doença mental, de delinqüência e para habilidades educacionais são os termos básicos. Cada um deles normalmente envolve um alto grau de falibilidade nos diagnósticos, nos prognósticos e na prescrição de tratamentos de reabilitação; mas também acarreta limites muito claros aos clientes, especialmente seu confinamento e sujeição à equipe e às regras de uma prisão, escola ou hospital. *O confinamento e os limites são convertidos em atos libertadores e altruístas quando definidos como educação, terapia ou reabilitação. A arbitrariedade e a especulação no diagnóstico e no prognóstico, por outro lado, são convertidos em percepções claras e determinadas da necessidade de controle (pelo "grupo assistencial")* Independentemente da arbitrariedade ou da falibilidade técnica dos termos profissionais, sua utilização política é manifesta; ordenam o apoio popular à determinação de uma atitude considerada profissional, concentrando a atenção do público nos procedimentos e racionalizando de maneira antecipada qualquer falha que os procedimentos apresentem ao tentar atingir seus objetivos formais. (grifos meus)

Em outras palavras, a linguagem supostamente neutra de uma instituição, muito embora dependa de dados altamente significativos e possa ser aplicada sem que realmente seja adequada, oferece um modelo que legitima o controle dos aspectos mais importantes do comportamento de um indivíduo ou de um grupo. Ao mesmo tempo, por parecer científica e "especializada", contribui para a aquiescência do público ao chamar a atenção deste para a "sofisticação", mas não para os resultados políticos ou éticos. Assim, práticas historicamente ultrapassadas, social e politicamente conservadoras (além de com freqüência desastrosas) não só são levadas em frente, mas se transformam em algo que seria supostamente mais esclarecido e eticamente correto ao lidar com as crianças.

Como em outras instituições, onde há pouca possibilidade de escolha no que diz respeito ao indivíduo (aluno, paciente, interno) ir e vir como lhe aprouver, os alunos, ao serem definidos por meio do uso de terminologia semicientífica, semiclínica e terapêutica e, portanto, que "demonstra" serem eles culpáveis e realmente muito "diferentes" (não são adultos ainda; não atingiram determinado estágio de desenvolvimento; têm uma atenção limitada, são "culturalmente e lingüisticamente carentes", etc.), os educadores não precisam enfrentar os aspectos em geral coercitivos de sua própria atividade.[56] Portanto, as questões éticas e ideológicas da natureza do controle nos ambientes escolares não precisam ser respondidas. A visão liberal, as perspectivas clínicas, o tratamento da linguagem, os rótulos de "ajuda" definem que tais questões não existem.

É possível argumentar, então, que essas críticas são na verdade genéricas para as perspectivas clínicas e para os rótulos de ajuda segundo a maneira pela qual ambos funcionam na educação, pois os pressupostos nos quais se fundam estão abertos ao questionamento.[57] Esses pontos de vista se distinguem por um número significativo de características que, quando combinadas com as outras, parecem logicamente levar a uma perspectiva conservadora no que diz respeito ao sistema institucional existente. A primeira característica é o pesquisador ou profissional estudar ou lidar com esses indivíduos que já foram rotulados como diferentes ou desviantes pela instituição. Ao fazer isso, ele adota os valores do sistema social que definiu a pessoa como desviante. Além disso, presume que os julgamentos feitos pela instituição e baseados nesses valores são *as mensurações válidas* acerca da normalidade e da competência, sem questioná-las com seriedade. Em segundo lugar, essas perspectivas clínicas e de ajuda têm uma forte tendência a perceber toda a dificuldade como um problema do indivíduo, como algo de que o indivíduo carece, e não a instituição. Assim, combinadas com o pressuposto de que a definição oficial é a única definição correta, quase todas as ações estão voltadas a mudar o indivíduo, e não a definir o agente, o contexto institucional mais amplo. Terceiro, os pesquisadores e os profissionais que aceitam os desígnios e as definições institucionais tendem a assumir que todas as pessoas dessas categorias são iguais. Há uma pressuposição de homogeneidade. Dessa forma, a complexidade individual é automaticamente nivelada. O verdadeiro processo de criar um indivíduo abstrato está encoberto pela perspectiva semi-individualista.

Todavia, isso não é tudo, pois parece haver fortes motivações intrínsecas para uso já embutidas nesses rótulos, nos processos e no conhecimento que estão por trás deles, isto é, "os ajudantes profissionais" que empregam as terminologias supostamente diagnósticas e terapêuticas *devem* encontrar (e portanto criar) indivíduos que se encaixem nas categorias, caso contrário seu conhecimento terá sido inútil. Esse é um fato que provavelmente se dá de maneira geral na educação. Quando um "novo" (mas sempre limitado) instrumento ou perspectiva para "ajudar" as crianças é criado, tende a ir além do "problema" para o qual foi inicialmente desenvolvido. Os instrumentos (aqui diagnósticos, terapêuticos e lingüísticos) também têm o efeito de redefinir as questões anteriores nessas outras áreas com que os instrumentos são capazes de lidar.[58] O melhor exemplo é a modificação do comportamento. Embora aplicável a uma variedade limitada de dificuldades nas escolas, torna-se tanto uma linguagem diagnóstica quanto uma forma de "tratamento" para uma gama mais ampla de "problemas do aluno". Assim, por exemplo, seu uso e aceitação cada vez maiores nas escolas dos guetos e das classes trabalhadoras – além de em outras áreas com crianças "rebeldes" –, e em turmas inteiras, como tem acontecido cada vez mais, realmente funcionam como um manto que encobre o fato político de que a natureza das instituições educacionais existentes não dá conta de uma grande parcela de alunos.[59] Além disso, sua linguagem funciona para esconder a relação alienante salário-produto que foi estabelecida e chamada de educação. Finalmente, a perspectiva, por definir a si mesma clinicamente, encobre as questões morais que devem ser levantadas no que diz respeito à adequação da própria técnica ao lidar com alunos que não têm como estar nas instituições.

Um dos pontos que complementa a discussão precedente é que aquelas pessoas percebidas como diferentes ou desviantes das expectativas institucionais são ameaçadoras para a vida cotidiana das escolas, para o modelo comum de operação constante e, com freqüência, estéril. A esse respeito, o ato de rotular pode ser visto como parte de um processo complexo de evitação. Ele atua para preservar a natureza sutil de muitas das relações interpessoais nas escolas, de que dependem as "definições adequadas das situações". Mais importante ainda é ele permitir que pessoas como professores, administradores, teóricos do currículo e outras pessoas que atuam nas escolas confrontem estereótipos em vez de indivíduos, pois as escolas não conseguem lidar com as características distintivas dos indivíduos em nível significativo. Há muitas pesquisas que apóiam o fato de as diferenças para com as expectativas institucionais em geral resultarem em reações de evitação de parte das pessoas que confrontam esses indivíduos "desviantes".[60] Assim, estereotipar e rotular são atitudes que crescem, preservando-se a confortável ilusão de que as crianças estão sendo ajudadas.

Como essa ilusão se mantém? As escolas são freqüentemente avaliadas. Tanto o pessoal quanto os cursos são repetidamente examinados, agora ainda mais, por causa da predominância das perspectivas de gestão que enfoquei no capítulo anterior. Uma grande variedade de especialistas em pesquisa e avaliação passa grande parte do tempo e usa boa parte de seu trabalho para investigar os efeitos da escolarização. Embora muitos desses especialistas observem as escolas por meio das lentes limitadas das tradições de desempenho e socialização, será que o funcionamento das atividades diárias não deveria parecer claro? Será que boa parte do trabalho das escolas e a especialização (clínica ou não) que está por trás de suas funções como um aspecto da reprodução cultural e econômica, não deveria ser assim identificada? A maneira pela qual os "intelectuais" utilizam seu conhecimento oriundo do senso comum não está clara para eles? Afinal de contas, a maioria das pessoas que atua nas escolas e dos pesquisadores se importa com seu trabalho e com os alunos.

Infelizmente, esse reconhecimento é bem difícil de atingir. Primeiro, como tenho sustentado, uma das principais razões é a maneira pela qual tal especialização funciona. Ela *é* ideológica. Oferece de fato uma definição de funcionamento de uma situação complexa (em muitos aspectos, da mesma forma que as condições materiais de um ambiente de ensino oferecem a justificativa para o tempo e a energia do professor, no Capítulo 3), enquanto recria continuamente desigualdades estruturais de base no conhecimento e no poder ao mesmo tempo. Segundo, há barreiras a essa autoconsciência, embutidas no próprio papel e na perspectiva tanto do especialista avaliador na sociedade corporativa quanto no receptor de tal conhecimento especializado.

Não devemos nos surpreender com o fato de que as perspectivas fundamentais dos "especialistas" sejam muito influenciadas pelos valores dominantes da coletividade a que pertençam à situação social da sociedade em que vivem. Esses valores necessariamente afetam seu trabalho.[61] Na verdade, como vimos, essas concepções já estão sedimentadas nas formas de linguagem e nas perspectivas implícitas encontradas nos papéis sociais desempenhados pelos intelectuais e pelos especialistas técnicos. Há instrumentos lingüísticos, programáticos, metodológicos e conceituais, bem como expectativas de como eles devam ser utilizados, todos embutidos no trabalho do avaliador. Não é muito comum que esses profissionais virem suas costas para as metas, os procedimentos e as normas institucionalizadas e o estoque de conhecimento construído ao longo dos anos na área e que serve a essas metas oficiais. Em parte, isso é assim porque essa agregação de conhecimento e de valores aceitos é reforçada pelas necessidades que os administradores institucionais têm de determinados tipos de consultoria "especializada". Essa questão é excepcionalmente importante.

Os pesquisadores e avaliadores são "especialistas disponíveis". Aqui não quero desmerecer a posição importante que ocupam. Em vez disso, o papel do especialista na sociedade norte-americana é bastante singular e leva a determinadas expectativas que são problemáticas nos ambientes educacionais.

Dado o *status* do conhecimento técnico nas economias corporativas, os "especialistas" estão sob considerável pressão para apresentarem suas descobertas como informações científicas, como conhecimento que tenha um grau significativo de garantia científica e, portanto, uma plausibilidade inerente.[62] Como vimos no Capítulo 2, isso teve um impacto bastante grande na rejeição das declarações de políticas de ação feitas por Jencks em *Inequality*, por exemplo. Além de se esperar que os especialistas, particularmente os que se voltam à pesquisa educacional e à avaliação, coloquem seus argumentos em termos científicos, também se considera que seus dados e perspectivas são legitimados por causa de sua posição no sistema social. O peso e o prestígio dado a esses especialistas são consideráveis.[63] Contudo, nossa discussão anterior acerca de como os educadores se apropriaram de uma visão imprecisa da atividade científica faz com que esse prestígio se torne problemático. Essa apropriação também leva a dificuldades consideráveis. Permite que os educadores realizem pesquisas irrelevantes e, mais importante, é um componente fundamental de sua tendência para confirmar os paradigmas de desempenho e de socialização sob os quais os pesquisadores da educação trabalham, embora saibamos que um progresso substancial requeira uma nova matriz disciplinar que venha a substituir a atual.[64] As numerosas constatações de diferença não-significativa podem apontar justamente para essa conclusão.

Embora haja dificuldades conceituais e técnicas (para não falar das ideológicas) consideráveis quanto à visão usual sobre o que seria uma pesquisa importante, uma coisa é óbvia: mesmo dadas essas dificuldades, as pessoas que atuam nas escolas e os tomadores de decisão sem dúvida percebem as informações que recebem dos especialistas técnicos como algo "meritório", pois vêm de quem ostenta o título de especialista.

Uma das tarefas do especialista é fornecer à liderança administrativa de uma instituição o conhecimento de que necessitam antes de tomar decisões. A instituição burocrática fornece os problemas a serem investigados, não o especialista. Portanto, o tipo de conhecimento que este tem de apresentar é *determinado de antemão*. Como o especialista não tem responsabilidade pelo resultado final de um programa, suas (do especialista) atividades podem ser orientadas pelos interesses práticos dos líderes administrativos, questão muito bem esclarecida anteriormente por Gouldner. O que os administradores *não* estão procurando são novas hipóteses ou novas interpretações que não sejam imediata e visivelmente relevantes para os problemas práticos com que se deparam no momento – o ensino da leitura, digamos. É muito importante que o especialista trabalhe nos problemas práticos de acordo com a definição da instituição e que não ofereça aconselhamento que esteja fora desses limites. Tem ficado cada vez mais claro que, por quaisquer razões (conformidade a uma posição, timidez por causa da pressão política, convicção de que as técnicas de engenharia resolverão todos os nossos problemas, "determinações" ideológicas e materiais que afetam essas instituições, etc.), a liderança administrativa de uma grande organização busca – e provavelmente se espera que busque – reduzir o que há de novo e incerto em uma situação complexa com a qual se confronta a uma combinação prática e segura de "velhas e confirmadas verdades" acerca dos processos de escolarização.[65] Contudo, há muito poucas coisas que sejam tão complexas conceitual, ética e politicamente quanto a educação. Os especialistas mal arranharam a superfície dos intricados problemas nela presentes. A questão de que essas "velhas e confirmadas verdades" possam ser menos eficazes diante das levantadas pelos teóricos da reprodução e por outros sobre a natureza complicada dos problemas educacionais nas cidades e em outros lugares não é freqüentemente percebida como algo importante por quem toma decisões, já que, afinal de contas, lidar com a complexidade é papel do especialista. Entretanto, como vimos, o conhecimento que se deseja do especialista já está predeterminado, e, assim, ficamos encurralados. Espera-se que o especialista apresente aconselhamento e serviços técnicos que ajudem a resolver as necessidades das instituições; contudo, a variedade de questões e os tipos de resposta de fatos aceitáveis são ideologicamente limitados por aquilo que o aparato administrativo tinha anteriormente definido como "problema". Dessa forma, prossegue o círculo de resultados inconseqüentes.

Isso certamente não é novo. O conhecimento especializado tem sido usado por quem elabora linhas de ação há muito tempo. Deve ficar claro, contudo, que desde o início da avaliação dos programas sociais e educacionais, os tipos de ajuda exigidos eram determinados principalmente pelas metas oficiais e, em apoio a elas, freqüentemente como resposta da instituição a sua clientela.[66]

Isso provoca uma questão bastante provocativa. É possível ver o real funcionamento do trabalho de alguém, estudar os resultados reais e os processos dos programas educacionais, quando nossa ação e pesquisa emprega categorias e dados da própria instituição e que a ela servem, sem ao mesmo tempo dar apoio ao sistema cultural e econômico a que essas mesmas categorias e dados também servem?[67] Por causa desse tipo de questão, um ponto crucial deve ser observado agora. De particular importância para a pesquisa curricular e para outras pesquisas educacionais e para a avaliação é, então, argumentar *contra* a tentação de usar de maneira acrítica estatísticas oficialmente coletadas baseadas naquelas categorias oficialmente definidas que estão, com freqüência, prontamente disponíveis. Em vez disso, a questão mais fundamental a se fazer é "Que pressupostos ideológicos subjazem aos construtos nos quais esses dados foram gerados?".[68] Por levantar questões desse tipo, podemos esclarecer as implicações muito fortes que estão envolvidas quando os educadores se referem aos alunos por meio de alguma abstração institucional.

Tenho argumentado que a distribuição de rótulos entre uma população estudantil é realmente o processo pelo qual um grupo social faz julgamentos de valor sobre a adequação ou inadequação da ação de outro grupo. Se tal perspectiva estiver correta, as questões que venho articulando sugerem que boa parte da investigação não foi ainda realizada para demonstrar como as estruturas ideologicamente hegemônicas dos grupos dominantes da sociedade norte-americana, quando impostos sobre as escolas, têm implicações éticas, políticas e sociais bastante amplas, no sentido de que poderem ajudar logo cedo a classificar os indivíduos de acordo com sua classe, raça e sexo.

Essas questões são francamente difíceis. Ainda assim, o próprio ato de buscar evitar as responsabilidades e os dilemas, por demais morais e políticos, de influenciar os outros. Os educadores fizeram o que Szasz (1970) chama de "mistificação e tecnicização de seus problemas de vida". É bastante significativo o que isso representa sobre a predominância no pensamento educacional de modelos e metáforas baseadas em uma imagem neutra e "estritamente científica".[69]

Na verdade, as orientações que predominam tanto no currículo quanto na teoria educacional e que de fato predominaram de maneira consistente no passado, obscurecem e, com freqüência, negam as profundas questões éticas e econômicas com que os educadores se deparam. Como já vimos, transformam esses dilemas em problemas de reengenharia ou em quebra-cabeças que são sensíveis a soluções técnicas "profissionais". Talvez o melhor exemplo seja a quase total dependência que a área tem de perspectivas retiradas da psicologia da aprendizagem. A terminologia oriunda dessa psicologia e das áreas aliadas a ela é bastante inadequada, pois negligencia e, em sua base, tende a desviar a atenção do caráter fundamentalmente político e moral da existência social e do desenvolvimento humano. A linguagem do reforço, aprendizagem, *feedback* negativo, etc., é um instrumento fraco para lidar com a contínua intromissão realizada pelas contradições sobre a ordem, com a questão do que conta como conhecimento legítimo, com a criação e recriação de significados pessoais e de instituições interpessoais, com a natureza reprodutora da escolarização e de outras instituições, e com noções como responsabilidade e justiça na conduta. Em essência, como a linguagem do modelo sistêmico de gestão, a linguagem da psicologia exercida no currículo "retira a ética das relações humanas e da conduta pessoal e as despolitiza".[70]

Por exemplo, muito de nosso esforço incessante para definir os objetivos operacionais e para declarar os "resultados" dos alunos de acordo com os termos comportamentais podem ser interpretados como exatamente isto: apenas trabalho incessante. Em outras palavras, por causa da preocupação da área com o funcionamento das suas metas declaradas e da "mensuração do *output*", a atenção é desviada das implicações políticas e morais cruciais de nossa atividade como educadores. Dessa forma, os meios são transformados em fins, e as crianças são transformadas em abstrações manipuláveis e abstratas que chamamos de "aprendizes", "alunos". Falando sobre o campo da sociologia, embora quase todas essas coisas possam ser ditas sobre grande parte da linguagem e da pesquisa curriculares, Friedrich (1970) articula claramente parte do problema:[71]

> O que os sociólogos parecem ignorar totalmente é o impacto de longo prazo de se passar a *conceber* que alguém possa ser manipulável. A linguagem – e a escolha de símbolos que ela acarreta – permeia toda a ação social significativa, seja aberta ou veladamente, consciente ou inconscientemente. A manipulação simbólica

do homem não pode estar inteiramente isolada do resto das relações simbolicamente mediadas de uma pessoa com as outras. Como a vida intelectual do homem exige cada vez mais essa manipulação simbólica, ele corre o risco cada vez maior de conceber o próprio homem em outras áreas de sua vida em termos que convocam relações do tipo meios-fins, em vez de relações que sejam fins em si mesmas.

Assim, o *ethos* manipulativo e as estruturas da dominação ideológica de uma sociedade como um todo são encontrados no discurso do currículo nas linguagens e categorias básicas comportamentais e de tratamento usadas até para conceber as relações educacionais. Cria, portanto, e reforça padrões de interação que não só refletem, mas de fato incorporam os interesses pela estratificação, poder desigual e controle que dominam a consciência das sociedades corporativas avançadas.

ALGUNS CONTRA-EXEMPLOS

Vários exemplos podem ser usados para demonstrar que essas concepções, categorias e rótulos que estive analisando aqui são, na verdade, baseados no senso comum e ideológicos, e não predeterminados e "naturais". Em nossa sociedade, há uma grande valorização da inteligência, em especial em relação à capacidade que o aluno tem de ampliar a produção de conhecimento economicamente importante. As escolas são obviamente em tese organizadas ao redor desse conceito e o valorizam. É importante que elas o limitem a versões bastante restritas e na maioria das vezes verbais – versões que geralmente incorporam o capital cultural dos grupos dominantes –, mas não é a questão principal aqui. Devemos observar que é possível descrever outras concepções ao redor das quais nossas instituições educacionais e sociais pudessem ser organizadas e nossa tecnologia projetada. Por exemplo, tente vislumbrar uma sociedade na qual a *graça* física, e não nossas definições exageradamente restritas de competência e inteligência, fosse a característica mais valorizada.[72] Aqueles que fossem desajeitados ou que não fossem graciosos poderiam então ser discriminados. A estrutura educacional da educação categorizaria os indivíduos de acordo com sua "capacidade de serem graciosos". A tecnologia seria projetada de modo que a elegância dos movimentos fosse necessária para sua utilização.

Além da beleza física (que não é um conceito tão estranho assim), poderíamos também apontar a possibilidade de se valorizar, digamos, a excelência moral ou o compromisso coletivo vistos nos alunos de muitos países socialistas. Afinal de contas, esses tipos de elementos inerentes às propensões de cada um são algumas das coisas que a educação de fato trata, não são? Contudo, como a literatura sobre o currículo oculto fortemente sugere, as regularidades básicas das escolas são excelentes ao ensinar o oposto. Por exemplo, por causa da predominância da avaliação individualista – tanto pública quanto privada, de si mesmo e de seus pares – nos subterfúgios do ambiente escolar, ensinamos os alunos a esconder sentimentos, a alegrarem-se pelo fracasso de alguém, etc. Isso ocorre meramente porque o aluno vive dentro de uma instituição e tem de lidar com sua densidade, poder e competitividade.[73]

As implicações desses contra-exemplos são bastante significativas, pois indicam que uma séria tentativa de mudar as concepções de competência oriundas do senso comum *na prática* talvez precisem mudar as regularidades básicas da própria estrutura institucional escolar. As próprias regularidades estão entre os "mecanismos de ensino" que transmitem as normas e disposições duradouras aos alunos, que instruem as crianças sobre "como o mundo realmente é". É importante observar as implicações críticas de cada uma dessas concepções alternativas para o mundo dos negócios, para a publicidade e para outras instituições da sociedade como um todo. Elas atuam como lembretes poderosos de que a crítica de muitas das características das escolas e a crítica social, política e cultural devem andar juntas. As escolas não existem no vácuo.

Por exemplo, muito do processo de rotulação que estive examinando aqui tem em suas raízes uma preocupação com a eficiência, isto é, as escolas como agentes tanto de controle social quanto de reprodução cultural e econômica de alguma forma precisam operar como organizações eficientes, e a rotulação ajuda muito a fazer isso.[74] Tanta atividade quanto possível deve ser racionalizada e transformada em metas específicas de maneira que a efetividade do custo e a suavidade das operações sejam ampliadas, e o "desperdício", a ineficiência e a incerteza, eliminados. Além disso, o conflito e a argumentação sobre metas e os procedimentos devem ser minimizados de modo que não ponham em perigo as metas e procedimentos existentes. Afinal de contas, há uma boa quantidade de investimentos econômicos e psicológicos nessas regularidades institucionais básicas. As técnicas para o controle e a manipulação da diferença devem ser desenvolvidas, então, para impedir que qualquer desordem invada a vida institucional. Se se encontra alguma diferença significativa (intelectual, estética, avaliativa ou normativa), ela deve ser incorporada, redefinida em categorias que possam ser manipuladas pelos pressupostos burocráticos e ideológicos existentes. A questão de que esses pressupostos passam relativamente sem exame e sejam, na verdade, *autoconfirmadores*, porque os educadores utilizam categorias que deles derivam, é esquecida.

Contudo, indicar que as escolas representam a origem dessa preocupação com a eficácia na educação, o que analisei nesses dois últimos capítulos, é uma apreciação muito limitada. As raízes dessa perspectiva estão em uma ideologia que apresenta o modelo constitutivo para o pensamento e a ação em todas as sociedades corporativas, uma ideologia instrumental que tem como pontos principais a eficiência, a técnica padronizada, o lucro, o aumento da divisão e do controle do trabalho e o consenso. Conseqüentemente, o fato de as escolas e, principalmente, a área do currículo terem sido incluídas no que Kliebard chamou de um modelo fabril[75] é parte de um problema social maior que diz respeito à falta de respostas de nossas instituições mais importantes às necessidades e aos sentimentos humanos. Perder isso de vista é não entender boa parte do problema.

Como vimos, o reconhecimento da relação dialética entre as escolas e o controle econômico e cultural não é algo que os educadores estejam acostumados a procurar. Esse é realmente um problema de *reconhecimento equivocado*, composto pela saturação ideológica da consciência dos educadores. Como os educadores empregam as tradições de desempenho e de socialização de maneira acrítica, os rótulos, as categorias e o conhecimento legítimo que surgem de tais perspectivas são vistos como naturais. As reais relações que essas "diferenciações, avaliações e julgamentos de valor" têm para com a divisão social do trabalho e com o controle econômico e cultural são obscurecidas pelo *status* aparentemente neutro das próprias perspectivas. Tomadas em conjunto, elas se constituem em um agente ideal da hegemonia.

Há uma combinação complexa de forças em funcionamento aqui. A tradição seletiva opera de modo que o capital cultural que contribuiu para o surgimento e para o domínio contínuo por parte de grupos e classes poderosas é transformado em conhecimento legítimo, sendo usado para criar as categorias pelas quais se lida com os alunos. Por causa do papel econômico da escola na distribuição diferenciada de um currículo oculto para grupos econômicos, culturais, raciais e sexuais diferentes, as diferenças lingüísticas, culturais e de classe, que não sejam "normais", serão maximamente enfocadas e rotuladas como desviantes. O conhecimento técnico será então utilizado como um filtro intricado para estratificar os alunos de acordo com sua "capacidade" de contribuir para a produção. Isso, portanto, aumenta a sensação de neutralidade do processo de estratificação cultural e econômica, cobrindo e tornando mais legítimos o real funcionamento do poder e da ideologia em uma sociedade desigual. Como Bourdieu e Passeron (1977) muito claramente dizem: "Todo o poder que consegue impor significados e os impõe como legítimos, escondendo as relações de poder que são a base de sua força, adiciona sua própria força simbólica a essas relações de poder".[76]

É combinando o uso que fazem de perspectivas "neutras" que incorporam os interesses do controle e da certeza técnicos e o modo pelo qual servem aos interesses da reprodução econômica e cultural que as escolas executam suas variadas funções. As perspectivas técnicas, ensinadas aos educadores e por eles usadas *como* meros procedimentos, complementam as necessidades que uma sociedade desigual tem de maximizar a produção do conhecimento técnico, da distribuição de uma perspectiva acrítica e positivista e da produção de agentes que tenham as normas e os valores adequados para preencher, ainda que mal, as exigências da divisão do trabalho na sociedade.[77] Esse é um processo dialético. As escolas também *tornam legítimo* o papel de tal conhecimento técnico e positivista. Elas podem, portanto, usá-lo como um conjunto de procedimentos supostamente neutros, baseados em "princípios fundamentalmente corretos", para estratificar os alunos de acordo com sua contribuição à maximização desse conhecimento e às necessidades econômicas. As formas culturais, portanto, que estão bem no fundo de nossos cérebros, trabalhando em conjunto com as relações que a escola possui para com o mundo econômico, ajudam a recriar a hegemonia ideológica e cultural de quem tem o poder.

O currículo aberto, o currículo oculto e a história de cada um deles estão ligados às categorias que empregamos muito facilmente para conferir significado a nossas atividades diárias, as quais, por sua vez, estão ligadas aos interesses sociais e os justificam. Pode ser difícil ver os resultados de nossos trabalhos programáticos e intelectuais como algo que contribua para a hegemonia. Todavia, observando como esses elementos se encaixam, relacionalmente, às estruturas reais de dominação de uma sociedade, podemos começar a entender os mecanismos pelos quais a reprodução econômica e cultural opera nas escolas. Ao fazê-lo, obtemos uma visão mais clara da situação segundo a qual "quem tem, mais terá". Considerando-se muitas das determinações que examinei neste livro, nas escolas e em outras instituições, isso é o que de fato acontece.

NOTAS

1. Alan F. Blum, "Sociology, Wrongdoing, and Akrasia: An Attempt to Think Greek about the Problem of Theory and Practice", *Theoretical Perspectives on Deviance*, Robert A. Scott e Jack D. Douglas (eds.) (New York: Basic Books, 1972), p. 343.
2. Cf. Jürgen Habermas, *Knowledge and Human Interests* (Boston: Beacon Press, 1971); Peter Berger e Thomas Luckmann, *The Social Construction of Reality* (New York: Doubleday, 1966).
3. Ver, por exemplo, Hannah Arendt, *The Human Condition* (New York: Doubleday, 1958), e Albrecht Wellmer, *Critical Theory of Society* (New York: Herder & Herder, 1971).
4. Jack D. Douglas, *American Social Order* (New York: Free Press, 1971), p. 9-10.
5. William Ryan, *Blaming the Victim* (New York: Random House, 1971), p. 21-22.
6. Anthony Platt, *The Child Savers: The Invention of Delinquency* (Chicago: University of Chicago Press, 1969). Ver também Steven L. Schlossman, *Love and the American Delinquent* (Chicago: University of Chicago Press, 1977).
7. Edwin M. Schur, *Labeling Deviant Behavior* (New York: Harper & Row, 1971), p. 33.
8. Quanto ao predomínio de uma ética de controle social nas escolas, ver Clarence Karier, Paul Violas e Joel Spring, *Roots of Crisis* (Chicago: Rand McNally, 1973), e Barry Franklin, *The Curriculum Field and Social Control* (tese de doutorado não publicada, Universidade de Wisconsin, 1974).
9. Douglas, op. cit., p. 181. Ver também a discussão sobre normas interpretativas e normativas em Aaron Cicourel, "Basic and Normative Rules in the Negotiation of *Status* and Role", *Recent Sociology*, n. 2, Hans Peter Dreitzel (ed.) (New York: Macmillan, 1971), p. 4-45.
10. Herbert M. Kliebard, "Persistent Curriculum Issues in Historical Perspective", *Curriculum Theorizing: The Reconceptualists*, William Pinar (ed.) (Berkeley: McCutchan, 1975), p. 39-50.
11. Novamente estou usando o conceito de ideologia aqui para me referir em parte às visões do senso comum de mundo defendidas por grupos específicos, não meramente como visões "politicamente" parciais. Deduz-se isso da afirmação de Harris de que "as

ideologias não são descrições disfarçadas do mundo, mas descrições reais do mundo a partir de determinado ponto de vista, assim como todas as descrições do mundo são feitas a partir de determinado ponto de vista". Nigel Harris, *Beliefs in Society: The Problem of Ideology* (London: A. Watts, 1968), p. 22.
12. Ver a perspectiva bem articulada de Susanne Langer sobre a necessidade de formas discursivas e não-discursivas de racionalidade em seu *Philosophy in a New Key* (New York: Mentor, 1951).
13. Stephen Toulmin, *Human Understanding: The Collective Use and Evolution of Concepts* (Princeton University Press, 1972), p. 84.
14. Ibid., p. 96.
15. Alice Miel, *Changing The Curriculum: A Social Process* (New York: D. Appleton-Century, 1946).
16. Discuti isso também em Michael W. Apple, "The Process and Ideology of Valuing in Educational Settings", *Educational Evaluation: Analysis and Responsibility,* Michael W. Apple, Michael J. Subkoviak e Henry S. Lufler Jr. (eds.) (Berkeley: McCutchan, 1974), p. 3-34.
17. Análises instigantes sobre essa tese podem ser encontradas em Roger Dale (eds.), *Schooling and Capitalism* (London: Routledge & Kegan Paul, 1976); Denis Gleeson (ed.), *Identity and Structure* (Driffield: Nafferton Books, 1977), e Trent Schroyer, "Toward a Critical Theory for Advanced Industrial Society", *Recent Sociology*, n. 2, Hans Peter Dreitzel (ed.) (New York: Macmillan, 1970), p. 210-234.
18. Ian Hextall, "Marking Work", *Explorations in the Politics of School Knowledge*, Geoff Whitty e Michael Young (eds.) (Driffield: Nafferton Books, 1976), p. 67.
19. Apple, "The Process and Ideology of Valuing in Educational Settings", op. cit.
20. Ver Phil Slater, *Origin and Significance of the Frankfurt School* (London: Routledge & Kegan Paul, 1977). Ver também a discussão de Marx sobre a relação *dialética* entre infra-estrutura e superestrutura em *Capital,* v. I (New York: New World, 1967), p. 459-507.
21. Cf. Jean-Paul Sartre, *Search For a Method* (New York: Vintage Books, 1963), e Andre Gorz, *Strategy for Labor* (Boston: Beacon Press, 1967).
22. Ver, por exemplo, o relato bem escrito da ausência de dogmatismo rígido de Marx em Michael Harrington, *Socialism* (New York: Bantam Books, 1972). Para uma reavaliação do suposto determinismo econômico de Marx, reavaliação que argumenta contra essa interpretação, ver Bertell Ollman, *Alienation: Marx's Conception of Man in Capitalist Society* (Cambridge University Press, 1971).
23. Essa sutil inter-relação entre as interpretações cultural e de classe é muito bem descrita por Terry Eagleton, *Marxism and Literary Criticism* (Berkeley: University of California Press, 1976). Para uma discussão sobre a teoria fenomenológica da "verdade", ver Aron Gurwitsch, *The Field of Consciousness* (Pittsburgh: Duquesne University Press, 1964), p. 184.
24. Charles Taylor, "Marxism and Empiricism", *British Analytic Philosophy,* Bernard Williams e Alan Montifiore (eds.) (New York: Humanities Press, 1966), p. 227-246.
25. Bertell Ollman, op. cit., p. 18.
26. Ibid., p. 15. Essa posição tem recebido o nome de "filosofia das relações internas". Estranhamente, essa visão tem de fato uma história extensa no pensamento norte-americano, mesmo no pensamento educacional. Ver, por exemplo, o trabalho de Whitehead, *Process and Reality.*

27. Ibid., p. 90.
28. Martin Jay, *The Dialectical Imagination* (Boston: Little, Brown, 1973), p. 83. Para uma história sobre a posição ideológica adotada por muitos dos pragmáticos em educação, ver Walter Feinberg, *Reason and Rhetoric* (New York: John Wiley, 1975).
29. Ibid., p. 268.
30. Trent Schroyer, *The Critique of Domination* (New York: George Braziller, 1973), p. 30-31.
31. Shlomo Avineri, *The Social and Political Thought of Karl Marx* (Cambridge University Press, 1968), p. 117. Avineri fala sobre isso dessa forma: "Em última análise, uma mercadoria é uma expressão objetivada de uma relação intersubjetiva".
32. Michael F. D. Young, "Knowledge and Control", *Knowledge and Control*, Michael F. D. Young (ed.) (London: Macmillan, 1971), p. 2.
33. Sobre a relação entre essa transformação da interação humana em outras formas reificadas e uma estrutura política e econômica ideológica, ver Ollmann, op. cit., p. 198-199.
34. Douglas, op. cit., p. 70-71.
35. Robert A. Scott, "A Proposed Framework for Analyzing Deviance as a Property of Social Order", Scott e Douglas, op. cit., p. 15.
36. Bonnie Freeman, "Labeling Theory and Bureaucratic Structures in Schools" (artigo não publicado, University of Wisconsin, Madison, n.d.).
37. Scott, op. cit., p. 14. Ver também a discussão sobre desvio como uma ameaça às perspectivas já dadas em Berger e Luckmann, op. cit.
38. Cf. Aaron Cicourel e John Kitsuse, *The Educational Decision-Makers* (Indianapolis: Bobbs-Merrill, 1963). O fato de esse processo de rotulação iniciar-se logo no ingresso dos estudantes na escola e de os mesmos rótulos se tornarem cada vez mais cristalizados é documentado em Ray C. Rist, "Student Social Class and Teacher Expectation: The Self-Fulfilling Prophecy in Ghetto Education", *Harvard Educational Review*, XL (agosto, 1970), p. 411-451.
39. Thomas S. Szasz, *Ideology and Insanity* (New York: Doubleday, 1970), p. 149. O fato de que, uma vez rotulados os estudantes, se fechem a outras oportunidades educacionais e econômicas está claramente documentado em James Rosenbaum, *Making Inequality* (New York: John Wiley, 1976).
40. Erving Goffman, *Asylums* (New York: Doubleday, 1961).
41. Szasz, op. cit., p. 58.
42. Jane R. Mercer, *Labeling the Mentally Retarded* (Berkeley: University of California Press, 1973).
43. Ibid., p. 96-123.
44. Hugh Mehan, "Assessing Children's School Performance", *Childhood and Socialization*, Hans Peter Dreitzel, (ed.) (New York: Macmillan, 1973), p. 240-264. Para uma maior discussão sobre como modos dominantes de avaliação e acompanhamento educacionais ignoram a realidade concreta dos estudantes e funcionam de modo político e epistemológico conservadores, ver Apple, "The Process and Ideology of Valuing in Educational Settings", op. cit.
45. Mercer, op. cit., p. 96.
46. Ibid., p. 60-61.
47. Michael F. D. Young, "Curriculum and the Social Organization of Knowledge", *Knowledge, Education, and Cultural Change*, Richard Brown, (ed.) (London: Tavistock, 1973), p. 350.
48. Alguns dos melhores trabalhos desse tipo, em educação, podem ser encontrados em David Hargreaves et al., *Deviance in Classrooms* (London: Routledge & Kegan Paul, 1975).

49. Várias dificuldades políticas da teoria da rotulação são expostas por Ian Taylor e Laurie Taylor, (eds.), *Politics and Deviance* (London: Pelican, 1973); Ian Taylor, Paul Walton e Jock Young, *Critical Criminology* (London: Routledge & Kegan Paul, 1974).
50. Rachel Sharp e Anthony Green, *Education and Social Control* (London: Routledge & Kegan Paul, 1975), p. 25. Minha discussão faz uso da excepcional análise teórica encontrada nos dois primeiros capítulos.
51. Ibid., p. 6.
52. Freeman, op. cit., e Herbert M. Kliebard, "Bureaucracy and Curriculum Theory", *Freedom, Bureaucracy, and Schooling,* Vernon Haubrich, (ed.) (Washington: Association for Supervision and Curriculum Development, 1971), p. 74-93.
53. Murray Edelman, "The Political Language of the Helping Professions" (artigo não publicado, University of Wisconsin, Madison, n.d.), p. 3-4.
54. Ibid., p. 4.
55. Ibid., p. 7-8.
56. Goffman, op. cit., p. 115.
57. Jane R. Mercer, "Labeling the Mentally Retarded", *Deviance: The Interactionist Perspective,* Earl Rubington e Martin S. Weinberg, (eds.) (New York: Macmillan, 1968). Para uma abordagem mais completa da postura conservadora dos pontos de vista clínicos e de ajuda, ver Apple, "The Process and Ideology of Valuing in Educational Settings", op. cit.
58. Uma questão interessante deve ser levantada aqui. As pessoas que empregam perspectivas clínicas para lidar com saúde ou desvio comportamental inclinam-se a rotular os indivíduos mais como "doentes" do que como "saudáveis", para evitar o risco do que poderia acontecer ao "paciente" caso estivessem erradas. Aqui, pode-se revelar mais uma motivação para "encontrar" indivíduos que se ajustem a categorias institucionais. Thomas Scheff, *Being Mentally Ill: A Sociological Theory* (Chicago: Aldine, 1966), p. 105-106.
59. Vários pesquisadores críticos argumentaram que os "problemas de disciplina e de desempenho" nas escolas são, de fato, indicações de um conflito nascente de classes. Ver Christian Baudelot e Roger Establet, *La Escuela Capitalista* (Mexico City: Siglo Veintiuno Editores, 1975).
60. Schur, op. cit., p. 51. Isso não quer dizer que toda a rotulação possa ser dispensada. Significa, no entanto, que devemos começar a levantar questões críticas sérias sobre como determinadas rotulações e a presença maciça dessas categorias representam uma função nos ambientes escolares.
61. James E. Curtis e John W. Petras (eds.), *The Sociology of Knowledge* (New York: Praeger, 1970), p. 48.
62. Jack D. Douglas, "Freedom and Tyranny in a Technological Society", *Freedom and Tyranny: Social Problems in a Technological Society,* Jack D. Douglas, (ed.) (New York: Alfred A. Knopf, 1970), p. 17.
63. Ver a discussão sobre o papel do especialista em Alfred Schutz, "The Well-informed Citizen: An Essay on the Social Distribution of Knowledge", *Collected Papers II: Studies in Social Theory* (The Hague: Mirtinus Nijhoff, 1964), p. 120-134.
64. Michael W. Apple, "Power and School Knowledge", *The Review of Education,* III (janeiro/fevereiro, 1977), p. 26-49; Michael W. Apple, "Making Curriculum Problematic", *The Review of Education* II (janeiro/fevereiro, 1976), p. 52-68.
65. Florian Znaniecki, *The Social Role of the Man of Knowledge* (New York: Harper & Row, 1968), p. 45-49.

66. Douglas, *American Social Order*, op. cit., p. 49. Ver também a discussão sobre como o conhecimento especializado em engenharia foi usado para fortalecer uma ideologia administrativa para controlar a força do trabalho, em David Noble, *America By Design: Science, Technology and the Rise of Corporate Capitalism* (New York: Knopf, 1977).
67. Isso não quer dizer que ignoramos os dados oficiais. Como demonstrou Marx em *O Capital*, os dados oficiais podem ser excepcionalmente importantes para clarear o verdadeiro funcionamento e as suposições que estão por trás de um sistema econômico.
68. Ian Taylor, Paul Walton, e Jock Young, "Advances Towards a Critical Criminology", *Theory and Society*, I (inverno, 1974), p. 441-476.
69. A expressão "estritamente científica" refere-se aqui a campos cujos interesses fundamentais refletem e estão dialeticamente relacionados aos interesses dominantes de sistemas econômicos industriais avançados e, assim, baseiam-se na lógica processo-produto ou objetivo-racional. Há interesse por regras técnicas, controle e exatidão. Entre as áreas que se poderiam apontar estão a psicologia comportamental e a sociologia. Ver Jürgen Habermas, "Knowledge and Interest", *Sociological Theory and Philosophical Analysis*, Dorothy Emmet e Alasdair MacIntyre (eds.) (New York: Macmillan, 1970), p. 36-54; Michael W. Apple, "Scientific Interests and the Nature of Educational Institutions", *Curriculum Theorizing: The Reconceptualists*, William Pinar, (ed.) (Berkeley: McCutchan, 1975), p. 120-130.
70. Szasz, op. cit., p. 2.
71. Robert W. Friedrich, *A Sociology of Sociology* (New York: Free Press. 1970), p. 172-173.
72. Lewis A. Dexter, "On the Politics and Sociology of Stupidity in Our Society", *The Other Side*, Howard S. Becker (ed.) (New York: Free Press, 1964), p. 37-49.
73. Jules Henry, *Culture Against Man* (New York: Random House, 1963); Philip Jackson, *Life in Classrooms* (New York: Holt, Rinehart & Winston, 1968). O conceito de Goffman sobre "ajustamentos secundários" é bastante útil para a interpretação de partes do currículo oculto. Goffman, op. cit., p. 189. Algumas alternativas a essas práticas pedagógicas podem ser encontradas em William Kessen (ed.), *Childhood in China* (New Haven: Yale University Press, 1975); Geoff Whitty e Michael Young (eds.), *Explorations in the Politics of School Knowledge* (Driffield: Nafferton Books, 1976).
74. Schur, op. cit., p. 96.
75. Kliebard, "Bureaucracy and Curriculum Theory", op. cit.
76. Pierre Bourdieu e Jean-Claude Passeron, *Reproduction in Education, Society and Culture* (London: Sage, 1977), p. 5.
77. Um estudo etnográfico recente e excepcionalmente interessante sobre como essa produção de agentes opera no dia-a-dia – estudo que se afasta da visão das escolas como caixas-pretas – pode ser encontrado em Paul Willis, *Learning to Labour* (Westmead: Saxon House, 1977).

8
Para além da reprodução ideológica

CONHECIMENTO VERDADEIRO E PODER VERDADEIRO

Em seu sugestivo exame da formação da consciência ideológica nas sociedades corporativas, Stanley Aronowitz (1973) ajuda a traçar o desenvolvimento de uma idéia particular que passou a habitar a base de nosso pensamento. A idéia e sua função ideológica são bastante similares à linha que guiou a análise dos capítulos anteriores, especialmente o Capítulo 7. O autor argumenta que a hegemonia opera em grande parte por meio do controle do significado, por meio da "manipulação" das próprias categorias e modos de pensamento que usamos de acordo com o senso comum. Assim, há uma "tendência interna no capitalismo para dar às relações entre as *pessoas* o caráter de relações entre *coisas*. A produção de mercadoria intromete-se em todos os cantos do mundo social".[1] O mundo social desigual em que os educadores vivem é representado pela reificação, pela mercantilização da própria linguagem que usam. O controle cultural, portanto, como Gramsci e Williams notaram, atua como uma força reprodutiva importante. Por meio da definição, incorporação e seleção do que é considerado conhecimento legítimo ou "real", por meio do estabelecimento de um consenso falso sobre o que são fatos, habilidades esperanças e medos apropriados (e da maneira que devemos avaliá-los), o sistema econômico e o cultural estão dialeticamente ligados. Aqui o conhecimento *é* poder, mas principalmente nas mãos de quem já o tem, de quem já controla o capital cultural e o capital econômico.

Já faz muito tempo, desde Marx, que lidamos com a compreensão das conexões entre quais idéias são consideradas "conhecimento verdadeiro" em uma sociedade e a desigualdade do poder econômico e cultural em sociedades industriais avançadas. *A ideologia alemã,* texto em que Marx articulou sua máxima de que "a classe dominante dará às suas idéias a forma da universalidade e as representará como as únicas idéias racionais universalmente válidas", ainda serve como um grande ponto de partida para explicar as relações existentes entre conhecimento, ideologia e poder. Assim, independentemente do quanto nossas análises sejam complexas (e certamente precisam ser), um princípio fundamental de orientação de tais investigações é estabelecer as conexões entre as idéias dominantes de uma sociedade e os interesses de determinadas classes e grupos.

Infelizmente, isso foi interpretado por muitas pessoas como uma espécie de teoria conspiratória – a de que haveria, por exemplo, um número relativamente pequeno de pessoas com poder que conscientemente conspiram para suprimir as classes mais baixas. O próprio Marx sem dúvida queria indicar algo mais complicado com essa afirmação. Seu argumento, que ofereceu o modelo constitutivo para a investigação que este livro faz da ideologia e do currículo, era o de que "naturalmente" gerados a partir das relações entre indivíduos e grupos sociais serão "os princípios, as idéias, as categorias" que se conformam a essas relações produtivas (desiguais) e a sustentam.[2]

A frase que abre um dos parágrafos anteriores é um pouco confusa, contudo. Embora eu tenha dito "Já faz muito tempo que, desde Marx, *nós* lidamos...", ainda é problemático dizer quem está incluído nesse "nós", pois, como observei nos Capítulos 1 e 2, o pronome se refere a indivíduos e grupos de pessoas interessadas que se envolveram com o que talvez fosse mais bem chamado de tradição intelectual neomarxista. Esse "nós" em geral não inclui sociólogos da educação ou pesquisadores do currículo, talvez devido à intenção de aperfeiçoamento assistencialista (o que é compreensível), que orienta ambas as áreas.[3]

Como vimos, as tradições usuais tanto na sociologia da educação quanto no campo do currículo tratam o conhecimento escolar, "aqueles princípios, idéias e categorias" que são preservados por nossas instituições de ensino e que nelas residem, como relativamente neutros. O enfoque tem sido sobre a mensuração da aquisição de informações, propensões, habilidades e disposições, e o efeito de tal aquisição na vida futura. Quanto maior a aquisição de tal conhecimento, dos "paradigmas", maior o sucesso da escola. A tradição alternativa que tenho empregado aqui, a qual tem raízes profundas na sociologia do conhecimento e na sociologia crítica, entendeu as formas de conhecimento curricular de maneira um tanto diferente. Compreendeu tais formas como mecanismos potenciais para a seleção socioeconômica e para o controle, e assim os interpretou, pelo menos parcialmente, por meio da máxima de Marx.

Essa tradição alternativa, porém, não é vista pelos participantes (o "nós" antes referido) como sendo meramente uma escola de pensamento entre muitas. Em vez disso, e aqui concordo totalmente, o enfoque tem se voltado às questões necessárias *anteriores* que devem ser feitas antes que nos envolvamos com os tipos usuais de pesquisa sobre o conhecimento escolar ou talvez como maneira de substituir esse envolvimento. Assim outra série de perguntas – "De quem é esse conhecimento? Por que está sendo ensinado a esse grupo em particular, dessa maneira particular? Quais são as funções reais ou latentes das complexas relações entre poder cultural e controle dos modos de produção e distribuição de bens e serviços em uma economia industrial avançada como a nossa?" – é feita antes daquelas que geralmente se faz sobre o sucesso e o fracasso na escola – "Os alunos atingiram tal e tal nível de conhecimento?". São perguntas diferentes em termos de lógica e política, e somente quando pudermos responder a elas fará sentido inquirir sobre nosso relativo sucesso na promoção da aquisição de determinadas formas de capital cultural.

Agora, deveria ser óbvio que esse tipo de investigação tem a ver com as questões ideológicas. Por questões políticas e conceituais, elas tanto criticam os modos de pesquisa existentes sobre o currículo quanto sugerem um programa de pesquisa sério como alternativa. Da mesma forma que Young e Bernstein repetidamente enfatizaram, embora haja alguma consciência sobre o caráter ideológico dos aspectos da educação, havia pouca ou nenhuma consciência até bem pouco tempo de que a própria forma e conteúdo das mensagens da sala de aula, da vida escolar cotidiana, incorporavam "transmissões" ideológicas. A fim de corrigir isso, a seleção e transmissão de conhecimento e as idéias que as guiam precisam, então, tornar-se o principal enfoque da investigação sociológica e cultural orientada criticamente nas escolas.[4]

Visto sob essa luz, o estudo do currículo, daquilo que é considerado conhecimento escolar apropriado e os princípios usados para selecioná-lo e valorizá-lo, é parte de um problema mais amplo. Ao longo deste livro, meu argumento tem sido o de que tal pesquisa propicia o surgimento de uma área pela qual podemos examinar a reprodução econômica e cultural das relações de classe em sociedades desiguais. Por causa disso, é importante observar que tais investigações sobre a criação e recriação da hegemonia obtêm seu primeiro significado não "simplesmente" por causa da contribuição de tais investigações para o nosso entendimento, embora isso seja de fato importante. Esse significado também vem de as situarmos em um movimento politicamente progressista mais amplo. Na verdade, há uma questão política a ser feita aqui sobre como tal movimento progressista político e econômico (e o entendimento que o acompanha) avança. Tal movimento deve incorporar um *compromisso coletivo* que vise a esse entendimento. Esse compromisso em compartilhar o progresso é uma espécie de visão neomarxista, é claro, quando colocada em termos políticos, mais bem avaliada pelo falecido Lucien Goldmann(1974).[5]

> A meu ver, a principal característica inerente ao pensamento marxista é o conceito de *sujeito coletivo*: a afirmação de que, historicamente, ações efetivas jamais são realizadas por indivíduos isolados, mas por grupos sociais, e que é apenas em relação a estes que podemos entender os fatos, os comportamentos e as instituições.

Por questões retóricas, Goldmann (1974) enfatizou um pouco demais seu argumento, mas as implicações do que defende são bastante importantes para pensarmos sobre nosso próprio trabalho. É somente por meio do nosso compromisso de examinar coletivamente e de maneira mútua o trabalho dos outros, de usar e ir além do que possa ter deixado de ser útil ou mais fraco do que pensávamos, de aprendermos com os outros, é que poderemos de fato progredir em nosso entendimento sobre instituições como as escolas e sobre a maneira que nelas atuamos.

Assim, não devemos esperar que uma pessoa responda ou mesmo faça todas as perguntas importantes referentes ao que talvez fosse mais bem entendido como sendo a relação entre poder e conhecimento. Certamente, não o fiz neste livro. Grupos concretos de pessoas afiliadas a uma tradição social e intelectual mais ampla tornam-se excepcionalmente importantes. Outros, talvez criticando e desenvolvendo o que escrevi aqui, chegarão a uma maior clareza política e conceitual.

Obviamente, ainda há alguns passos importantes a serem dados no programa da análise sobre a sociologia e a economia do conhecimento escolar que articulei aqui. Portanto, gostaria de sugerir alguns caminhos que tais análises poderiam tomar. Embora seja perigoso reduzir todo o conhecimento escolar a conhecimento ideológico, e isso seria uma posição analiticamente tola (um mais um é algo ideológico?), ainda há muito a ser feito sobre a questão de quais grupos específicos controlam a seleção curricular nas escolas.[6] De quem é o capital cultural, tanto aberto quanto oculto, colocado "dentro" do currículo escolar? De quem é a visão da realidade econômica, racial e sexual? De quem são os princípios de realidade econômica? De quem são os princípios de justiça social engastados no conteúdo da escolarização? Essas questões lidam com poder, recursos econômicos e controle (também com a ideologia e a economia de indústria corporativa editorial). Elas são provavelmente mais bem entendidas por meio de uma análise neomarxista do conteúdo cultural real e precisam ser desveladas em suas representações concretas nas escolas.

A fim de realizar isso, precisamos de uma minuciosa sociologia crítica das formas culturais, ligada a como esses artefatos culturais são distribuídos na sociedade. Portanto, o estudo da relação entre ideologia e currículo precisa ver a si próprio como algo que tem fortes conexões com as apreciações socioeconômicas de outros mecanismos sociais que preservam e distribuem a cultura popular e de elite. As obras de Lukács, Williams e Goldmann, por exemplo, se tornam bastante importantes para que comecemos a entender como tanto o conteúdo quanto a forma do conhecimento escolar, como o conteúdo e a forma dos grandes romances e dramas, estão relacionados a estruturas do ambiente social individualista das economias industriais avançadas como a nossa.[7] O conhecimento que penetra na escola – aqueles "princípios, idéias e categorias legítimas" – deriva de uma história determinada e de uma realidade econômica e política também determinada. Para entendê-lo, precisamos situá-lo naquele contexto socioeconômico.

Como realizar isso? Para entender mais completamente a relação entre ideologia e cultura, entre poder e conhecimento, tais investigações exigem ligações entre nossas considerações sobre as formas que predominam nas escolas e uma análise mais estrutural dos tipos de possibilidades imaginativas que são considerados legítimos pela sociedade como um todo. Assim, por exemplo, teríamos de pesquisar não só o conhecimento escolar manifesto e oculto, as bases ideológicas, éticas e avaliativas das maneiras pelas quais em geral pensamos sobre nossa atividade nas escolas – como fiz aqui –, mas também outros aspectos do aparato cultural de uma sociedade. A televisão e os meios de comunicação de massa, os museus e *outdoors*, livros e filmes, todos dão contribuições duradouras à distribuição social, organização e, acima de tudo, controle dos significados.[8] Esses artefatos, quando acrescentados às preocupações sobre o currículo que enfoquei neste livro, poderão então ser relacionados de tal forma que possamos desembaraçar a maneira como a organização cultural das qualidades humanas está relacionada às condições históricas de sistemas econômicos desiguais como os nossos.[9]

Esses tipos de investigação não se sustentam por si próprios, é claro. Uma teoria estrutural sobre o conhecimento escolar, e o problema da reprodução cultural e econômica das relações de classe que estão por trás dela, é parte de uma tarefa mais ampla de demonstrar tanto analítica quanto empiricamente que as desigualdades são "naturalmente" geradas pelo sistema econômico, social e cultural em que figuram. Essas desigualdades não são, digamos, ajustes malfeitos que se prestem ao conserto, mas são, ao contrário, regularizadas. Estão dialeticamente entrelaçadas e conectadas a questões de poder e de controle econômico e cultural.[10] Assim, qualquer preocupação séria para com a relação entre ideologia e currículo se torna ainda mais potente no sentido de que objetiva também explicar a economia política da educação formal. Na verdade, pode ser algo perto do impossível fazer uma coisa sem fazer a outra.[11]

Ao longo deste livro, minha posição incorporou um compromisso político. A alegação de que é muito difícil para a teoria educacional e social ser neutra está implícita em minha análise de alguns aspectos das maneiras pelas quais as escolas e os intelectuais desempenham funções na reprodução cultural e econômica das relações de classe. Assim, como defendi no Capítulo 1, a pesquisa sobre o currículo e a de cunho mais geral precisam deitar suas raízes em uma teoria de justiça econômica e social, uma teoria que tenha seu enfoque principal na ampliação do poder e do favorecimento aos menos favorecidos. Defender esse ponto de vista é defender que tanto os tópicos de nossas teorias e pesquisas quanto as explicações fundamentais das relações entre os fenômenos que estão sendo estudados são freqüentemente julgamentos tácitos sobre o tipo de sociedade em que vivemos.[12] Talvez, ao termos mais clareza em nossos julgamentos sobre o tipo de sociedade em que vivemos, nossa compreensão dos papéis desempenhados pelas escolas na reprodução dessa sociedade também se torne mais clara. Tenho tentado demonstrar onde a busca coletiva por tal compreensão poderia lucrativamente ir, tanto conceitual quanto politicamente, pois, afinal de contas, o julgamento pessoal sobre nosso papel na sociedade em que vivemos não é uma questão abstrata, mas uma questão que devemos enfrentar. Não fazê-lo seria preencher o papel do indivíduo abstrato de alguém que não assume a investigação das verdadeiras relações que tem com grupos concretos de pessoas que produzem as condições que nos permitem fazer nosso trabalho. Não conseguir pensar relacionalmente sobre isso serviria para ilustrar aquela noção de Williams, segundo a qual nossa própria idéia de comunidade está seca já na raiz.

Talvez Williams esteja correto. As regras conceituais que empregamos para definir nossas situações, que usamos para projetar nossas escolas e selecionar as tradições que devem ser preservadas e distribuídas por elas, demonstram um sinal de que tais apreciações críticas são negligenciadas. Para superar esse problema, seria necessária uma teoria crítica e coerente da ordem social na qual vivemos. É essa exatamente a questão, pois não só fracassamos em situar o conhecimento que ensinamos, bem como a escola que ajudamos a manter e a nós mesmos nessas relações estruturais básicas de que somos parte, mas também interpretamos mal os benefícios diferenciais dessas próprias estruturas.

Isso não é de pouca importância. Assim como nossas práticas, valores e teorias oriundos do senso comum são aspectos da hegemonia, nossa consciência (ou falta de consciência) do funcionamento das estruturas de nosso sistema político e econômico opera de forma semelhante. Também faz com que não pensemos estruturalmente ou relacionalmente. Estabelece limites sobre a variedade de interpretações que damos para definir nosso sistema econômico, cultural e político. Em vez disso, usamos como substituta uma noção acrítica – distribuída pelas escolas, pela mídia e por outros mecanismos de uma cultura efetivamente dominante – de democracia pluralista que não fornece uma definição adequada de como o interesse e o poder de fato operam em uma economia corporativa avançada.

Os argumentos de Navarro (1976) sobre a natureza do "pluralismo" em uma sociedade desigual são instrutivos aqui, especialmente os argumentos sobre como a visão de democracia pluralista encobre os conflitos muito reais que existem e os usos diferenciais do poder para obter o que determinados grupos querem às custas de outros grupos.[13]

> Deixe-me enfatizar aqui que a predominância da classe industrial e da classe média-alta em nossos corredores de poder político não é a causa, mas antes um sintoma do padrão de predominância de classe em nossa sociedade. Deixe-me também sublinhar que não presumo que a classe industrial, ou qualquer outra classe, seja uniforme ou que todos seus membros tenham os mesmos interesses. Sem dúvida, as classes sociais estão divididas de acordo com blocos de poder que competem pela influência política, e é essa competição que em geral passa em nossos meios de comunicação e na academia como o "grande pluralismo norte-americano". Nessa competição por influência política, os blocos de poder da classe média-alta e da classe industrial exercem um domínio muito, muito maior sobre os órgãos do Estado do que os blocos de poder pertencentes à classe-média baixa e à classe operária. Como Schattschneider indicou: "O problema do paraíso pluralista é que o canto do coro paradisíaco acentua demais determinadas notas... O sistema é torto, carregado e desequilibrado em favor de uma fração de uma minoria". Na verdade, subjacentes e transcendentes a esses determinados blocos de poder, estão interesses de classe muito mais importantes, que são fun-

damentais para explicar o comportamento político de nosso sistema. Assim, com muita freqüência, a legislação federal produz um padrão consistente de efeitos que beneficiam mais os 20% que estão no topo do que os 80% que estão na base de nossa sociedade.

Dessa forma, o capital econômico vai para o capital econômico. Muito embora nossas convicções ideológicas nos façam acreditar no contrário, a forma política e os interesses econômicos dos poderosos estão unidos nos verdadeiros benefícios naturalmente gerados por essa conjuntura.

Tenho procurado esclarecer como essa conexão íntima entre poder e controle que existe entre o governo e as classes dominantes, descrita por Navarro, também existe entre a escola e esses grupos. É pela união da análise econômica e cultural e pelo enfoque sobre os mecanismos históricos e atuais – que permitem aos educadores e às escolas continuar a desempenhar seus papéis na reprodução do indivíduo abstrato, da tradição seletiva, do consenso ideológico e da hegemonia – que todos esses tipos de conexão podem ser esclarecidos.

PARA ALÉM DA REPRODUÇÃO

Ao longo deste livro, usei a linguagem da distribuição e da reprodução. Ela trouxe o benefício conceitual de ajudar a revelar o poder que as instituições existentes têm para ampliarem-se, para estabelecer limites, tanto sobre a ordem social quanto sobre nossas maneiras de pensar sobre ela, a fim de que as vantagens de quem já tem capital econômico e cultural sejam maximizadas. Contudo, mesmo com esse tipo de benefício conceitual, as próprias metáforas de que me vali aqui podem encobrir algo em si mesmas. A noção de reprodução pode levar a uma suposição de que não há (ou talvez não possa haver) resistência significativa alguma a tal poder.[14] Todavia, não é isso que ocorre. A luta contínua pelos direitos democráticos e econômicos de parte dos trabalhadores, dos pobres, das mulheres, dos negros, índios norte-americanos, latinos e outros atua como uma lembrança importante da possibilidade e da realização de uma ação concreta. Boa parte dessa luta permanece relativamente não-ordenada e sem uma teoria coerente de justiça social a sustentá-la. Parte dela tem sido "incorporada" por caminhos que não são de forma alguma ameaças aos interesses já estabelecidos.[15] Muito dessa luta permanece oculta na mídia e não é registrada no "conhecimento legítimo" que encontramos nas escolas. Contudo, o próprio fato de haver mais uma vez movimentos e grupos de estudos sérios de orientação socialista no operariado, de haver grupos de estudo da história do trabalho entre professores e administradores em várias escolas, de haver conhecimento, debate e interesse renovado nas universidades, entre os grupos oprimidos, e em outros lugares, sobre a teoria marxista e a ação coletiva – tudo isso aponta para o problema de usar a noção de reprodução acriticamente.

Com certeza, devemos ser francos sobre as maneiras como o poder, o conhecimento e o interesse estão inter-relacionados e se manifestam, sobre como a hegemonia se mantém, econômica e culturalmente. Também devemos lembrar que *a própria sensação de futilidade pessoal e coletiva que pode se originar de tal franqueza é em si mesma um aspecto de uma cultura dominante eficaz.* Como forma ideológica, ela pode nos desviar de agir concretamente contra as condições que nos negam "os valores que mais prezamos".

Há, porém, outro lado nessa questão da sensação de futilidade. Envolve a crença concomitante de que qualquer ação em nível de melhoria cotidiana nas escolas, no local de trabalho e em outros lugares meramente sustenta um sistema desigual. Tal posição é problemática.

Penso que é muito estranha a noção de que toda a ação que vise à melhoria parcial seja uma espécie de suborno inconsciente pago pelos reformistas liberais às mulheres, aos negros, aos trabalhadores e a outros – algo que os impede de pressionar por mudanças mais radicais. Depende de um pressuposto simplista demais. Presume que haja uma correspondência direta entre tentar fazer da vida algo melhor hoje ou no futuro próximo e impedir uma revolução que surgiria naturalmente caso apenas esperássemos que a situação piorasse. A lógica aqui é muito estranha, para dizer o mínimo. O *status* da palavra "naturalmente" é bastante estranho, pois implica um retorno à concepção mecanicista da história. Presume que há leis imutáveis de desenvolvimento econômico e político, leis que não são formadas e reformadas pela prática de grupos conscientes de atores humanos.

Além disso, tal noção é estranhamente anistórica. Como Aileen Kelly (1978) deixou claro em seus comentários sobre as relações entre a política socialista e as reformas aperfeiçoadoras, tais lutas pela melhoria das condições do cotidiano de nossa economia e as instituições culturais são fundamentais. Podem evoluir para o que a autora chamou de "batalhas políticas".[16] Em outras palavras, somente pela ação sobre questões cotidianas é que um modelo crítico poderá ser sentido mais profundamente. Não se envolver nessa espécie de ação bem pensada é perder a oportunidade de educar politicamente e de testar as teorias na prática.[17]

PARA ONDE VAI O CURRÍCULO?

Essas questões têm importantes implicações para que repensemos algumas de nossas posições ideológicas como estudiosos do currículo, pesquisadores e educadores, independentemente das sugestões para análises futuras que foram discutidas anteriormente neste capítulo. A fim de levá-las a sério, nosso movimento deveria afastar-se progressivamente do modelo "semicientífico" e de gestão, que tem suas raízes nas tradições de desempenho e socialização que agora orientam a maior parte dos trabalhos da área, e deveriam mover-se de maneira consistente em direção a uma estrutura política e ética. Embora certamente haja necessidade de conhecimento técnico na área – afinal de contas, os especialistas em currículo são convocados a ajudar a projetar e criar os ambientes concretos com base nas nossas diferentes visões sobre a educação –, com muita freqüência é uma perspectiva técnica e de eficiência que acaba por estabelecer os problemas, e outras considerações, como as analisadas neste livro, perspectivas que vêm em um segundo plano, não sendo às vezes nem sequer considerados. Uma relação mais adequada exigiria que a "ciência" educacional e a competência técnica estivessem firmemente ancoradas em um modelo que sempre buscasse a autocrítica e colocasse no centro de suas deliberações tanto a responsabilidade que uma pessoa deve ter de tratar as outras ética e justamente quanto a busca de um conjunto de instituições econômicas e culturais que tornem tal responsabilidade o mais coletiva possível.

Habermas amplia esses argumentos e suas implicações pela reconstrução da pesquisa e da prática do currículo. Ele defende que as instituições burocratizadas e de controle de sociedades como a nossa exigem um conhecimento cada vez mais científico e técnico. As comunidades de pesquisa, por exemplo, geram novas racionalidades e técnicas que fazem com que seja possível o controle e a dominação de indivíduos e grupos por parte das forças econômicas e ideológicas. Contudo, embora essas comunidades produzam dados que sustentam as rubricas e os mecanismos institucionalizados existentes de reprodução e controle, também estão em uma posição estratégica cada vez mais fundamental. Pelo fato de as contradições estruturais das universidades e as normas sociais básicas que idealmente orientam as várias comunidades "científicas" e "intelectuais" dependerem muito de uma comunicação aberta e honesta,[18] há o potencial, nesses grupos, e também na classe trabalhadora, no movimento feminista e em outros grupos, para que se reconheça como desnecessários o controle e a dominação existentes em muitas das instituições da sociedade. Além disso, o reconhecimento, mesmo que advindo apenas de uma pequena parcela da comunidade de pesquisadores e de professores, de que as perspectivas que dominam suas ações, racionalização, linguagem e investigações não são de fato neutras, teria o efeito positivo de esclarecer o modo como as pesquisas educacionais e outras formas de pesquisa social e de reformas não dão conta do significado ético, econômico e político de seu trabalho.[19] Em outras palavras, o desenvolvimento de uma perspectiva crítica na comunidade educacional pode "contribuir para a criação de programas alternativos de pesquisa e de desenvolvimento" que desafiem as concepções do senso comum subjacentes à área.

Tão importante quanto isso é a seguinte afirmação:[20]

> Pode-se gerar um conhecimento que se relaciona com as necessidades das pessoas que estão tentando construir a comunidade social, resistem à manipulação cultural, facilitam os movimentos de descentralização e via de regra contribuem

para a realização das necessidades humanas que são em geral ignoradas. Pela reorientação da comunidade científica ou pelo menos de uma parte significativa dela, [as perspectivas críticas] podem tornar-se uma força material para a mudança, contrapondo-se à tendência atual da ciência para a formação e implementação de uma política estatal.

Esses argumentos implicam que os modelos defensores da pesquisa e da prática são fundamentalmente necessários para que se faça algum progresso substancial.

A realidade, porém, tem de ser enfrentada aqui. Para muitas pessoas, a própria idéia de reconquistar qualquer controle real sobre as instituições sociais e sobre o desenvolvimento pessoal é algo abstrato e que "não tem sentido". Em geral, a hegemonia realmente existe, e muitas pessoas vêem as instituições econômicas, sociais e educacionais da sociedade como sendo fundamentalmente auto-suficientes, sem a necessidade de falar e discutir sobre os seus fins e meios. Muito embora a desintegração de aspectos da vida familiar, escolar, trabalho, saúde, etc., seja evidente (embora a centralização de controle desses aspectos de nossa vida coletiva esteja ficando encoberto pela retórica liberal e pluralista), as categorias básicas da lógica corporativa tornaram-se tão presentes no senso comum que muitas pessoas nem sequer vêem a necessidade de emancipação, a não ser em um sentido anômico em alguns segmentos da população. Isso faz o desenvolvimento de uma comunidade *crítica* do currículo ainda mais fundamental, pois é aqui que poderá surgir uma *parte* da crítica sistemática sobre as categorias e práticas básicas que derivam das instituições problemáticas e dos agentes que a elas pertencem. Uma das condições fundamentais da emancipação é a capacidade de "ver" o verdadeiro funcionamento das instituições em toda a sua complexidade, positiva *e* negativa, esclarecer as contradições das regularidades que há e, enfim, ajudar os outros (e deixar também que nos ajudem) a "lembrar" as formas de espontaneidade, de escolha e de modelos de controle mais equânimes.[21]

Isso significa que os especialistas em currículo devem defender uma posição sobre uma série de frentes fundamentais, na educação e fora dela. Entre os exemplos "internos" mais importantes estariam aqueles que apóiam os direitos estudantis (e os direitos democráticos dos professores, dos grupos oprimidos e de outros). Pelo fato de o currículo enquanto área ter como uma de suas principais ocupações a tarefa de criar acesso ao conhecimento e à tradição, especialmente para aquelas áreas que têm sido vítimas da tradição seletiva, a questão do direito do aluno de ter livre acesso a informações política e culturalmente honestas, à liberdade de expressão nelas baseadas, não pode estar dissociada de nossa própria busca por ambientes educacionais justos.[22]

O modelo de defesa crítica não só deveria orientar-nos nas questões econômicas, legais e culturais dos direitos dos alunos, professores e grupos oprimidos, mas também em outras, como o aumento do uso de modelos terapêuticos na educação – modelos que servem como desculpa para mudar a criança, e não a estrutura social e econômica da escola, fazendo-a mais responsável e responsiva.

Considere-se, por exemplo, o atual rápido crescimento de uma linguagem, por parte dos educadores, cujo objetivo é o "tratamento" de questões. A modificação do comportamento ou a abordagem de objetivos comportamentais pode nos oferecer bons exemplos disso. Os educadores falam em dar determinados "tratamentos" para que surjam determinados "resultados". Descontando-se o fato de que as supostas relações de causa e efeito entre o tratamento e o resultado sejam bastante difíceis de estabelecer em termos psicológicos e lógicos, há implicações éticas e especialmente legais concernentes às perspectivas dos quais surgem categorias, rótulos e procedimentos clínicos e terapêuticos, os quais devem ser trazidos à baila e podem oferecer meios táticos para desafiar muitas das práticas comuns nas instituições de ensino.

Vários estudiosos das questões legais consideram que, antes de utilizar programas terapêuticos de qualquer espécie, há muitos critérios que devem ser satisfeitos. Primeiro, devemos estar cientes de que o motivo subjacente a eles seja verdadeiramente terapêutico e *que não se transforme em um mero mecanismo de controle social*. Como vimos, contudo, boa parte do trabalho na área do currículo do passado funcionou exatamente dessa forma. Isso diz respeito, em especial, à ideologia de controle na tendência de avaliação e testes,[23] embora muitas das mesmas coisas possam ser ditas sobre muitas práticas educacionais que continuamos a empregar, os tipos de instituições que projetamos e as formas de interação que as dominam. Esse questionamento não deve ser visto apenas em relação ao passado e ao presente, mas também em termos de seus usos futuros. Nenhum programa amplo de diagnóstico e tratamento, de recuperação, melhoria e "ajuda" deveria receber o endosso institucional – pois os profissionais precisam de muito mais flexibilidade nos métodos que utilizam para ser mais eficazes –, sem, ao mesmo tempo, o programa demonstrar claramente que não excede o que é necessário para alcançar seus objetivos (se é que os objetivos e meios são ética, política e educacionalmente justos).

Segundo, o programa deve demonstrar, *antes de sua implementação*, que é capaz de realizar suas metas. Sem isso, "o programa pode tornar-se uma intervenção sobre as vidas e liberdades das pessoas, sem um motivo aceitável. O indivíduo terá sido sacrificado, e a sociedade não terá recebido nada". Terceiro, e talvez mais importante para minha própria análise: *quaisquer efeitos colaterais indesejados, quaisquer resultados latentes de tal interferência sobre a vida de um indivíduo que possam ser antevistos devem ser conhecidos de antemão e adequadamente pesados*.[24] Como demonstrei aqui, algumas contradições e resultados éticos e políticos latentes de nosso próprio trabalho são de fato profundos.

Os educadores têm muito a aprender com o fato de que novas técnicas, cada vez mais sutis, de controle social e comportamental pareçam gerar um ímpeto que faz com que sejam generalizadas para além de sua situação imediata. Portanto, qualquer uso que se proponha dessas técnicas deve ser examinado com bastante cuidado e, pelo menos, incorporar salvaguardas – em seus procedimentos para alunos e pais – que impeçam o abuso de programas e que garantam que são compatíveis com uma sociedade (supostamente) "pluralista" e diversa.[25]

Essas precauções e salvaguardas legais, contudo, são apenas um passo e na verdade representam uma abordagem limitada ao problema do controle e do uso ético de nossas práticas e perspectivas do senso comum, embora, como observei, possam ser importantes em estimular ações concretas e a educação política. Um segundo passo é examinar criticamente e levantar sérias questões sobre a própria base desses programas e processos e sobre seus papéis na criação da hegemonia. Como um exemplo cotidiano final, consideremos o crescimento, digamos, de um modelo terapêutico sobre os materiais e as técnicas para esclarecimento de valores nos estudos sociais. Eles são exemplos da transformação contínua dos interesses de classe em linguagem científica e liberal de ajuda neutra, exemplos do poder da escolarização de estender seu etos racionalizador mesmo às mais íntimas e pessoais características dos alunos, de maneira que estes possam ser controlados mais de perto? São indicativos da necessidade, de parte de uma sociedade dominada por interesses relativos ao controle, à acumulação de capital, à racionalidade instrumental e à certeza de "produção" de indivíduos que se sintam à vontade em instituições que tenham pouco significado pessoal? São eles o equivalente, como eu suspeitaria, do uso cada vez maior dos procedimentos das relações humanas no local de trabalho para aumentar o controle dos trabalhadores de chão de fábrica e dos executivos?[26] Embora essas questões não possam ser respondidas com facilidade, devem ser examinadas caso os especialistas em currículo e outros educadores queiram conscientizar-se das funções ideológicas latentes de seu trabalho.

Deve ficar claro, portanto, que parte da tarefa de estabelecer uma base mais firme para a área do currículo e da educação em geral é que os profissionais se distanciem daqueles que controlam o poder econômico e político e dos caminhos cada vez mais curtos até eles que agora se apresentam na sociedade. Com isso não quero dizer que os especialistas em currículo não devam envolver-se em argumentação e análise política e econômica. *O caso é exatamente o oposto.* Os membros da área devem afastar-se de sua posição de aceitar totalmente a ideologia e as instituições que prevalecem em sociedades corporativas como as nossas. Precisam se unir com os grupos culturais, políticos e econômicos que estão trabalhando de maneira autoconsciente para alterar o sistema institucional que estabelece os limites às vidas e esperanças de muitas pessoas desta sociedade. É óbvio que isso envolve uma forma de questionamento bastante difícil. A não ser que observemos outras maneiras de ação e reflexão, tais como aquelas geradas a partir de tradições críticas a que me referi, que podem nos capacitar a levantar questões mais importantes e a nos engajar em ação coletiva eficaz, estaremos sendo muito pouco honestos para com nós mesmos.

Conseqüentemente, o que estou defendendo aqui é uma redefinição de nossas situações, uma redefinição que reconheça não o ideal ideologicamente enviesado do intelectual que de nada participa, mas que, isto sim, leve seriamente em consideração o envolvimento apaixonado por que Gramsci clamava em sua noção de intelectual *orgânico*, que participa ativamente na luta contra a hegemonia.[27]

Um conjunto final de questões precisa ser enfrentado de maneira bastante aberta, acredito eu. Como educadores, podemos francamente lidar com a probabilidade de que a certeza não esteja disponível, que muitas de nossas respostas e ações sejam situacionais e ambíguas? Com isso em mente, como devemos nos comprometer com a ação? Parte da resposta a isso é perceber que nosso próprio compromisso com a racionalidade, no mais amplo sentido do termo, *requer* que comecemos a dialética do entendimento crítico que será parte da práxis política. Outra parte da resposta é esclarecida por meus argumentos neste livro. Até mesmo nossa atividade supostamente "neutra" talvez não o seja, pois nosso trabalho já serve a interesses ideológicos. É impossível não se estar, de alguma forma, comprometido.

NOTAS

1. Stanley Aronowitz, *False Promises* (New York: McGraw-Hill, 1973), p. 95. Grifo de Aronowitz.
2. Rob Burns, "West German Intellectuals and Ideology", *New German Critique*, VIII (primavera, 1976), p. 9-10.
3. Isso *não* implica que o aperfeiçoamento seja necessariamente neutro. Como demonstrei neste livro, as conseqüências políticas, econômicas e éticas dessas práticas não deveriam nos deixar muito esperançosos sobre muitas das atividades desse tipo.
4. Dennis Warwick, "Ideologies, Integration and Conflicts of Meaning", *Educability, Schools, and Ideology*, Michael Flude e John Ahier (eds.) (London: Halstead Press, 1974), p. 89.
5. Lucien Goldmann, *Power and Humanism* (London: Spokesman Books, 1974), p. 1.
6. Incluí algumas propostas de pesquisa sobre esse tema em Michael W. Apple, "Politics and National Curriculum Policy", *Curriculum Inquiry*, VII (n. 4, 1978), p. 355-361.
7. Ver, por exemplo, Fredric Jameson, *Marxism and Form* (Princeton University Press, 1971); Raymond Williams, *Marxism and Literature* (New York: Oxford University Press, 1977); Raymond Williams, *The Long Revolution* (London: Chatto & Windus, 1961); Lucien Goldmann, *Towards a Sociology of the Novel* (London: Tavistock, 1975). Examinei isso com maior profundidade em Michael W. Apple, "Ideology and Form in Curriculum Evaluation", *Qualitative Evaluation*, George Willis, (ed.) (Berkeley: McCutchan, 1978).
8. Ver, por exemplo, Michael W. Apple e Jeffrey Lukowsky, "Television and Cultural Reproduction", *Journal of Aesthetic Education*, no prelo.
9. Eberhard Knödler-Bunte, "The Proletarian Sphere and Political Organization", *New German Critique,* IV (inverno, 1975), p. 53.
10. Para uma visão interessante da forma como essa perspectiva tem sido aplicada a uma área das políticas sociais diferente da educação, ver Ian Taylor, Paul Walton e Jock Young, "Towards a Critical Criminology", *Theory and Society,* I (inverno, 1974).

11. Samuel Bowles e Herbert Gintis, *Schooling in Capitalist America* (New York: Basic Books, 1976). É o primeiro passo para uma economia política da educação; no entanto, falho na medida em que negligencia a reprodução cultural – com exceção da discussão que fazem sobre as normas e características que as escolas tanto ensinam quanto reforçam.
12. Taylor, Walton e Young, op. cit., 463.
13. Vicente Navarro, *Medicine under Capitalism* (New York: Neale Watson Academic Publication, 1976), p. 1.
14. Devo à Professora Yolanda Rojas da Universidade da Costa Rica algumas dessas idéias.
15. Ver a discussão sobre a história de alguns aspectos do movimento trabalhista norte-americano em Aronowitz, op. cit.
16. Aileen Kelly, "A Victorian Heroine: A Review of Eleanor Marx", *New York Review of Books,* XXIV (26 de janeiro de 1978), p. 28.
17. Essa combinação de ações nas questões cotidianas com objetivos de longo prazo é excepcionalmente bem relatada em William Hinton, *Fanshen* (New York: Vintage, 1966).
18. Cf., Norman Storer, *The Social System of science* (New York: Holt, Rinehart & Winston, 1966).
19. Schroyer, *The Critique of Domination* (New York: George Braziller, 1973), p. 165-166.
20. Ibid., p. 172.
21. Schroyer, op. cit., p. 248. Ver também Hinton, op. cit.; Joshua S. Horn, *Away With All Pests* (New York: Monthly Review Press, 1969).
22. Michael W. Apple, "Justice as a Curriculum Concern", *Multicultural Education,* Carl Grant (ed.) (Washington: Association for Supervision and Curriculum Development, 1977), p. 14-28.
23. Clarence Karier, "Ideology and Evaluation", *Educational Evaluation: Analysis and Responsibility,* Michael W. Apple, Michael J. Subkoviak e Henry S. Lufler Jr. (eds.) (Berkeley: McCutchan, 1974), p. 279-320.
24. Nicholas N. Kittrie, *The Right to be Different: Deviance and Enforced Therapy* (Baltimore: John Hopkins, 1971), p. 336.
25. Ibid., p. 339.
26. Harry Braverman, *Labor and Monopoly Capital* (New York: Monthly Review Press, 1975),
27. Carl Boggs, *Gramsci's Marxism* (London: Pluto Press, 1976), especialmente o Capítulo V. Isso não é mero ideal teórico. Modelos desse papel sobre os quais possamos desejar refletir podem ser encontrados em Cuba.

9
Pedagogia, patriotismo e democracia
Ideologia e educação depois do 11 de setembro

INTRODUÇÃO

Ao longo deste livro meus pontos de vista centraram-se nas maneiras complexas pelas quais a ideologia funciona na educação. Como relatei, as questões de poder são o próprio núcleo de nossa compreensão (equivocada ou não) das realidades do currículo, da pedagogia e da avaliação. O senso comum é algo complicado. Como já documentei muito mais detalhadamente em outros textos,[1] ele tem impulsos contraditórios e contém elementos tanto de um "bom senso" quanto de um "mau senso". Isso significa que as maneiras pelas quais as tensões ideológicas se resolvem e pelas quais as relações hegemônicas se constituem, reconstituem e sofrem restrições serão bastante complexas e mudarão de acordo com novas realidades históricas.

Vivemos em uma daquelas épocas em que novas realidades históricas são criadas diante de nossos próprios olhos. As relações de domínio e subordinação estão de fato sendo reconstituídas. Os horrendos acontecimentos que cercam o 11 de setembro, a criação de outra versão de um Estado de segurança nacional, o enfraquecimento da proteção das liberdades civis – cruciais e pelas quais muito se lutou – que alguns dos líderes políticos de tal Estado dizem ser agora necessário, a invasão do Iraque sem a sanção da ONU e contra a vontade da maioria das nações, o contínuo abafamento de opiniões dissidentes e da crítica a erros de imensa proporção, a construção do que parece ser muito mais um império norte-americano arrogante (a lista poderia continuar) – todas essas coisas estão muito entrelaçadas. Não é exagero apontar os paralelos bastante reais entre o que está acontecendo hoje e o macartismo, cujo descrédito era evidente anos atrás. Todas essa coisas estão provocando grandes efeitos sobre a maneira pela qual pensamos as relações entre cultura e poder, sobre quem está dentro ou fora de nossa comunidade, sobre o que deveríamos ensinar e aprender nas escolas e sobre o aparato cultural necessário para que nos preparemos para entender as vidas e as realidades de tantas pessoas hoje, tanto nacional quanto internacionalmente. Sem dúvida, algumas das opiniões ideológicas que hoje circulam tão amplamente poderiam ser muito facilmente atribuídas a figuras históricas discutidas neste livro – Thorndike, Bobbit, Charters, Snedden. Como estamos observando, as revoluções podem ser conservadoras. Podem andar para trás.

Depois de décadas de lutas contra as forças que identifico em *Ideologia e Currículo*, muitas conquistas foram obtidas por professores de orientação crítica, ativistas comunitários e membros de grupos oprimidos e despossuídos. Esses avanços foram obtidos com muito esforço, sendo freqüentemente interrompidos, e, às vezes, as conquistas representaram comprometimento com os grupos dominantes que voltaram à cena durante o período de ataque econômico e ideológico à esfera pública pelas forças neoliberais e neoconservadoras sob as quais vivemos há bastante tempo. Contudo, abriram-se espaços para o trabalho contra-hegemônico, e conquistas na educação e em outras áreas da sociedade se realizaram.[2] Os grupos dominantes, todavia, têm usado a crise atual para tentar fazer o tempo andar para trás. Várias forças conservadoras que analiso neste livro voltaram com muita intensidade. Não retornaram só por causa do capital econômico, político, cultural e social que possuem, embora esse capital tenha sido de fundamental importância para o seu ressurgimento. A causa de sua volta também não é a inteligente compreensão gramsciana de que, para vencer no Estado, se tem que vencer na sociedade civil. Esse retorno também não se deve à estratégia de redefinir os significados de conceitos ideológicos fundamentais que organizam nosso senso comum, como democracia e cidadania.[3] Todos esses elementos são, é claro, cruciais, mas às vezes o domínio retorna não por causa de planos inteligentes, mas por eventos históricos que são "acidentais", que não são previsíveis. Os grupos dominantes conseguem colocar grande número de pessoas sob sua liderança porque já prepararam o campo ideológico para nossa compreensão desses eventos e nos ajudaram a criar o que Raymond Williams (1977) chamou de "estruturas de sentimento", algo que faz com que seja difícil resistir aos elementos neoliberais e neoconservadores que lenta, mas eficazmente, se tornam parte de nosso senso comum.[4] Assim, mesmo quando não planejados, os significados hegemônicos e as relações diferencias de poder que eles legitimam podem reconstituir-se de um modo bastante prejudicial. Este capítulo toma o horror catastrófico do 11 de setembro como um exemplo de como isso pode acontecer.

DEPOIS DO 11 DE SETEMBRO

Tem sido grande o material publicado sobre a tragédia de 11 de setembro. Embora parte desse material contenha uma aceitação acrítica da visão oficial do episódio, boa parte foi consideravelmente mais autocrítica sobre o papel que o Estados Unidos possivelmente tenham desempenhado, ajudando a criar as condições de desespero que teriam levado as pessoas a acreditar que uma ação como aquela poderia ser uma resposta legítima à hegemonia norte-americana. Não penso que haja alguma maneira de justificar os atos de 11 de setembro, mas penso que eles não podem ser entendidos sem que levemos em conta o contexto internacional e nacional dos quais surgiram. Deixarei o estudo do contexto internacional para outras pessoas.[5]

Neste capítulo, quero fazer outra coisa – atualizar, por assim dizer, a ideologia, de maneira que os elementos do que chamo no Capítulo 1 de *teoria da anomia* ("teoria da tensão social") e *teoria do conflito* possam abarcar o que aconteceu. Quero concentrar-me no mais local dos níveis: as maneiras complicadas pelas quais o 11 de setembro foi experimentado fenomenologicamente por professores como eu e os efeitos pouco conhecidos que teve sobre a pedagogia e sobre a urgência de fazer com que as escolas participassem de um complicado conjunto de discursos e práticas patrióticos que varreram os Estados Unidos logo após o desastre. Dado esse enfoque, parte de minha análise precisará ser de caráter pessoal. Não faço isso porque penso ter uma visão melhor da realidade do que o leitor, mas porque todos nós poderemos entender melhor os efeitos do 11 de setembro, e sua participação nas complexas e contínuas transformações ideológicas, por meio da compreensão do que ele significou para atores sociais identificáveis como eu. Assim, começo pelo nível pessoal, mas meu objetivo é participar de um projeto coletivo no qual as pessoas de muitas localidades e posições sociais diferentes contam as histórias do que o 11 de setembro significou, e continua a significar, para suas vidas e práticas educacionais.

Depois discuto o impacto do 11 de setembro sobre a política local, sobre as direções das escolas em Madison, Wisconsin, onde moro. Veremos que a política do "patriotismo" fez com que fosse muito mais difícil para as escolas, de todos os níveis, adotarem uma crítica social, ou mesmo realizarem um diálogo significativo sobre as políticas e o poder econômico norte-americanos. Como também veremos, o 11 de setembro teve efeitos poderosos e preocupantes, que são com freqüência ocultados em nossa pressa de usar as escolas para objetivos patrióticos, de maneira muito semelhante aos setores mais repressivos do projeto de americanização realizado em décadas anteriores na história dos Estados Unidos.

HORROR E HOLLYWOOD

"Droga. Quem será que está ligando agora?" Meu aborrecimento era evidente. Aquela era uma das poucas manhãs em que eu pudera achar um tempo sem interrupções para me dedicar a escrever com seriedade. Corri do computador até o telefone, esperando não perder minha concentração. A chamada era de um dos meus alunos mais politicamente ativos.

"Michael, sua TV está ligada? Ligue-a *agora, rápido*! O World Trade Center está *indo abaixo*. É inacreditável. Certamente teremos um novo macartismo! O que você acha que devemos fazer?"

Liguei a TV. Você vai ter de me perdoar, mas as primeiras palavras que saíram da minha boca foram "Puta merda!". Sentei-me. Assisti ao que estava acontecendo. Definitivamente, não o fazia de maneira passiva. "Hipnotizado" não é a palavra certa para descrever meu estado. À medida que os prédios caíam, minha mente se enchia de todo um universo de emoções e sentimentos contraditórios e que competiam entre si. Não se tratava da fuga em câmera lenta de O. J. Simpson. Nem era algo que lembrasse muito minha experiência de jovem professor recebendo a notícia de que Kennedy havia sido assassinado. Eu estava ministrando um teste ortográfico quando o assassinato foi anunciado pelo alto-falante da escola. Continuei com o teste, pois estava muito chocado para fazer qualquer outra coisa. A semelhança para com o assassinato de Kennedy estava no choque intenso que experimentei. Tinha diante de mim um avião que, de maneira surreal, se dirigia em direção às torres gêmeas – as quais ameaçavam cair – e, pior do que tudo mais, via as pessoas se jogarem de andares altos. Eu havia mudado, e também havia mudado o modelo cultural pelo qual todos faziam interpretações sobre o que estava acontecendo.

Quase que exatamente no mesmo momento em que eu sentia imenso horror pelo desastre do World Trade Center, outra coisa não parava de se imiscuir na ótica pela qual via as imagens na tela. A palavra-chave aqui é exatamente esta: "tela". Parecia algo quase irreal. As explosões não eram grandes ou dramáticas o suficiente para parecerem reais. Era como se eu esperasse que Bruce Willis fosse sair correndo dos prédios depois de uma bola de fogo de proporções gigantescas ter incendiado o céu. Mas a bola de fogo era muito pequena. A cena do segundo avião indo em direção à segunda torre – uma cena transmitida e retransmitida incessantemente como se estivesse em funcionamento uma espécie de política perversa de prazer – foi muito pouco dramática, pouco emocional (era como se faltasse um crescendo musical para anunciar a tragédia iminente). A única palavra que posso usar para descrever aquela parcela de confusão de significados e emoções é a de que muito embora eu me orgulhasse de ser criticamente consciente das maneiras pelas quais funcionam nossas formas culturais dominantes e transformadas em mercadorias, eu também tinha sido "hollywoodizado". O horror da morte encontrara o *Inferno na torre*. Foram os corpos que caíam que me trouxeram de volta à realidade. Era essa a imagem que colocava o horror, provocado pelas mortes, em seu devido lugar.

Assim como muitas pessoas, tenho certeza, sentei-me para assistir ao que estava acontecendo – durante horas. Entrevistas, pessoas gritando e correndo, fugindo ou buscando abrigo, mas sempre correndo. Havia outro avião – que não se sabia onde estava. Qual seria seu alvo? Veio, então, a notícia de que o Pentágono havia sido atingido, o que criou um conjunto ainda mais complexo de interpretações e leituras. Por que minhas emoções agora estavam ainda mais complicadas? Eu havia participado de manifestações no Pentágono contra a Guerra do Vietnã. Haviam me atingido com gás lacrimogêneo lá. Lá estava o centro de poder e força norte-americanos. Por um momento fugaz, senti que de alguma forma o Pentágono quase que *merecia* ser um alvo. Pessoas de verdade foram mortas lá – pessoas que trabalhavam lá não porque haviam escolhido, mas porque em uma economia cujo melhor nome seria o de keynesianismo militarista (usar os recursos do governo para fortalecer a economia – canalizando, porém, grande quantidade de dinheiro para empreendimentos militares), o Pentágono e locais similares eram onde se encontrava trabalho.

Naquela noite, e nos dias e noites que se seguiram, as potestades reinantes deram-se o direito de dar a versão pública daquilo que seriam as interpretações legítimas do desastre. A construção visual de autoridade na tela e os próprios textos falados darão aos analistas críticos da mídia material suficiente para que demonstrem como o poder é desempenhado em público, como a combinação de um ambiente sóbrio, as vozes da retidão e as tropas do patriotismo e da vingança todos atuam em conjunto para criar um apelo poderoso, não por justiça, mas por vingança[6] (essa é uma das razões pelas quais eu e muitas outras pessoas unimos forças para criar o movimento pela justiça, e não pela vingança, em muitas cidades do país).

Para entender isso, tento lembrar que a mídia não só nos ajuda a construir a natureza dos problemas com que nos deparamos, mas também atua como um forte instrumento mobilizador. Para onde quer que nos voltemos depois do 11 de setembro, há vozes na mídia que dizem a mesma coisa. As vozes dissidentes não estão totalmente em silêncio, mas o choque as afetou também, e suas mensagens foram emudecidas. Estamos em guerra. Os terroristas estão aqui. A liberdade sofre um duro golpe, mas Deus está do nosso lado. Não podemos nos dar ao luxo de nos preocuparmos com as liberdades civis. Políticas lenientes para com os imigrantes, o enfraquecimento financeiro e do poder do FBI e da CIA, nosso poderio militar diminuído – todas essas coisas e tantas outras foram praticamente a única resposta oficial. Devemos dar uma resposta unitária. Procurem por *eles* em todos os lugares, sem medir custos! Encontrem seus simpatizantes, onde quer que estejam, especialmente se estiverem aqui. Quaisquer questões sobre *por que* motivo tantas pessoas em tantos países possam não confiar nos Estados Unidos – e às vezes até odiá-lo – serão vistas como um ato quase não-patriótico; não seriam toleradas. Ah! Essas perguntas podem até ter seu valor, mas só serão respondidas depois que *nós* destruirmos a ameaça que o terrorismo internacional representa para o nosso modo de vida. É claro que até o simples fato de fazer a pergunta "Por que eles nos odeiam?" é um problema. Ao mesmo tempo, também percebo que pela construção binária *nós/eles*, a própria natureza da questão estabelece relações centro/periferia que estão profundamente implicadas na produção de um senso comum reacionário. Os bons/maus termos sempre dominaram o cenário político norte-americano, especialmente quanto às relações internacionais.

Como podemos interpretar isso? Falando de maneira muito geral, grande parte do público norte-americano tem pouca paciência para as complexidades das relações internacionais e ainda menos conhecimento da cumplicidade norte-americana para com o apoio e fornecimento de armas a regimes ditatoriais; também não tem uma compreensão desenvolvida e detalhada da dominação que os Estados Unidos exercem sobre a economia mundial, dos efeitos negativos da globalização, dos efeitos ambientais das políticas e práticas de desperdício de energia e de muitas outras coisas, apesar dos quase heróicos esforços dos críticos da política internacional norte-americana, como Noam Chomsky (1999).[7] Isso remete à realidade da tradição seletiva no conhecimento oficial e do mundo além de nossas fronteiras pintado pelas notícias. Mesmo tendo havido conquistas no currículo escolar – a consciência ambiental é um bom exemplo –, elas ou foram adotadas sob suas formas mais tímidas[8] ou então não conseguiram se propagar ao exterior. Reciclar garrafas e latas é bom; relações entre o consumo de uma parcela desproporcional dos recursos do mundo e nosso comportamento diário são quase inexistentes nas escolas ou na grande mídia. A esse respeito, é bom lembrar os veículos não-comerciais comprados nos Estados Unidos, em sua maior parte, são agora caminhonetes, minivans e utilitários esportivos (isso para não falar dos carros da marca Hummer!) – uma garantia de que a conservação da energia será um discurso ausente das práticas do consumidor norte-americano e mesmo uma garantia futura de que a relação entre as estratégias econômicas e militares do país e a defesa de mercados e, digamos, os recursos petrolíferos serão em geral interpretados como uma luta para proteger o "American Way of Life", custe o que custar.

Menciono tudo isso porque é importante colocar o que aconteceu após o 11 de setembro em um contexto da psique "norte-americana" e da nossa própria compreensão dominante sobre o papel que os Estados Unidos desempenham no mundo.[9] Nos eventos domésticos que cercam o 11 de setembro, *nós* havíamos passado a ser os oprimidos. O reconhecimento (sempre relativamente fraco) da realidade dos palestinos ou dos pobres que vivem no que arrogantemente chamamos de Terceiro Mundo estava agora ainda mais esvaziado. Quase imediatamente, houve muitas situações no país em que pessoas que "pareciam árabes" foram ameaçadas nas ruas, nas escolas e nos ambientes comerciais. Menos reconhecidos, mas, na minha opinião, de grande importância por mostrar as complexidades dos compromissos éticos das pessoas nas relações diretas do dia-a-dia, foram os exemplos repetidos de solidariedade – incluindo passeatas de apoio realizadas por universidades e comunidades – a alunos, amigos e membros da comunidade de origem islâmica. Apesar de significativos, esses momentos de solidariedade não puderam encobrir coisas como a retaliação e a ameaça a alunos de origem islâmica, sikh ou panjabi ou de outras etnias nas escolas de ensino médio e nas universidades e, no caso de algumas alunas do ensino médio de origem panjabi, ter havido ameaça de estupro como forma de vingança pelo 11 de setembro. Isso serve para documentar as conexões existentes entre alguns elementos da identidade nacional e formas de masculinidade, uma relação que exige análise muito séria.[10]

Nas universidades, alguns professores ignoraram o horror, talvez muito pela mesma razão que eu, quando jovem, em 1963, havia lidado com o assassinato de Kennedy simplesmente apelando à normalidade como uma defesa contra o fato de me sentir paralisado. Em outras turmas, discutiram-se os eventos. Tristeza, incredulidade e choque foram registrados, mas também o ódio e um patriotismo ressurgente vieram à tona. Qualquer análise crítica dos eventos e de suas raízes estarem na falta de esperança, na negação à dignidade e no desespero dos povos oprimidos – como eu e um bom número de meus colegas colocamos em nossas aulas e seminários – tinha de ser feita de maneira extremamente cautelosa, não apenas por causa da ambiente carregado emocional e politicamente, mesmo em uma universidade progressista como a nossa, mas também porque muitos de nós não estavam imunes aos sentimentos de ódio e horror. Até para os educadores progressistas, os eventos do 11 de setembro anularam a contradição entre o que seria o bom e o mau senso que também carregávamos conosco, ameaçando levar-nos para direções que, em outras épocas, teriam parecido simplistas e mesmo chauvinistas. Contudo, pelo menos para mim e para a vasta maioria de meus colegas e de alunos de pós-graduação, o bom senso prevaleceu.

Dado o bom senso, ficou claro que precisávamos realizar um trabalho pedagógico. Todavia, esse não era um assunto simples, porque uma questão constante, e uma certa tensão, estava sempre à minha mente. Como é que podíamos condenar os eventos assassinos, dar aos alunos um modelo histórico e político que colocasse esses eventos em seu contexto crítico mais amplo, e organizar uma discussão séria na qual discordâncias e debates poderiam acontecer de maneira proveitosa, a fim de que uma política de marginalização não ocorresse nas classes – e ao mesmo tempo não fôssemos vistos como pessoas que estivessem justificando os ataques, que sob circunstância nenhuma poderiam ser justificados? Embora eu tivesse sentimentos muito intensos sobre a necessidade de usar esse momento para fazer com que os alunos refletissem sobre a horrível tragédia humana que acabávamos de testemunhar e para mostrar-lhes o efeito das políticas econômicas e culturais do país, eu também tinha a sensação muito forte de que esse *não* era o momento para incumbir-me de uma pedagogia impositiva. Não era possível dizer para os alunos ou para o público: "A maneira como vocês compreendem as coisas está simplesmente errada; o que vocês percebem como ameaça, assim como seus sentimentos de ódio, são expressões de seu egoísmo; nenhuma expressão de tais sentimentos será aceitável". Isso estaria entre as pedagogias mais contraproducentes que eu poderia imaginar. Ela não só confirmaria as percepções já quase à tona que muitas pessoas têm de que a esquerda não é patriótica, mas tal pedagogia também poderia forçar as pessoas a tomarem posições direitistas, da mesma forma que eu havia argumentado em minha própria obra sobre o porquê de as pessoas se tornarem "direitas".[11] Isso exigia uma noção muito estratégica de como falar e agir, tanto como professor quanto nas minhas aparições na mídia nacional.

Tomemos minha atividade de professor como um exemplo importante. Eu queria que meus alunos apreciassem o fato de que o embargo ao Iraque, liderado pelos Estados Unidos, havia causado a morte de milhares e milhares de crianças no Oriente Médio e havia ajudado a criar conseqüências verdadeiramente aniquiladoras no Afeganistão. Contudo, somente se os sentimentos e as opiniões de meus alunos fossem verbalizados e levados a sério é que o resultado não seria exatamente o oposto do que qualquer professor decente quer. Em vez de uma compreensão mais complicada das vidas das pessoas que estão entre as mais oprimidas do mundo – freqüentemente como resultado das políticas ocidentais[12] –, os alunos poderiam ser levados a rejeitar qualquer entendimento contextual crítico, porque a política pedagógica pareceria arrogante. Em minha experiência, tanto como ativista quanto como acadêmico, isso aconteceu mais freqüentemente do que alguns teóricos da "pedagogia crítica" gostariam de admitir.[13] Nenhum de nós é um professor ideal, e eu estou certo de que cometi mais do que alguns poucos erros nas minhas tentativas de estruturar as discussões em minhas aulas de maneira que fossem abertas e críticas ao mesmo tempo. Contudo, fiquei impressionado com a vontade da vasta maioria dos alunos de reexaminar seu ódio, de se colocar no lugar dos oprimidos, de colocar em ação sua compreensão mais matizada e crítica.

Uma das coisas verdadeiramente impressionantes foi o fato de que um grupo de alunos de minhas turmas organizou ações concretas em suas escolas e comunidades, tanto quanto na universidade. O movimento era para interromper a crescente dinâmica antiislâmica chauvinista que estava presente mesmo em áreas progressistas como Madison e a Universidade de Wisconsin. Esse ativismo se estendeu mais tarde, criando protestos contra a imposição, de parte do governo federal e das universidades, de uma taxa que fosse cobrada de todos os alunos estrangeiros, a qual seria usada para cobrir os custos de sua vigilância para "proteger nossa segurança". No momento em que escrevo, a taxa foi temporariamente retirada, pelo menos em Wisconsin. Assim, as coalizões de ativistas que trabalham contra a crescente perda de liberdades civis dos alunos estrangeiros e de residentes permanentes e de cidadãos no país têm durado e continuam a se envolver em mobilizações. Defender nossa nação é importante, mas, se perdermos a razão, *teremos de nos defender dela*, pois o país se tornará bem diferente ao longo do processo, e os inimigos do que chamamos de democracia "densa" vencerão – e perderemos nosso espírito ético e político.

Essa política de interrupção tornou-se ainda mais importante porque essas questões pedagógicas complicadas e as emoções e políticas contraditórias que foram produzidas como conseqüências do 11 de setembro se fizeram sentir muito além dos muros da sala de aula da universidade. Às vezes também tiveram o efeito de transformar radicalmente a política de controle da escolarização em nível local em várias comunidades dos Estados Unidos. Um exemplo de Madison pode servir como uma forte lembrança dos efeitos ocultos da circulação de discursos sobre patriotismo e sobre "ameaças" na medida que estes passam da mídia à nossa vida cotidiana.

PATRIOTISMO, A BANDEIRA E O CONTROLE DAS ESCOLAS

Em uma noite de outono que sugeria a chegada de temperaturas mais frias, mais do que 1.200 pessoas lotavam o auditório onde a Secretaria de Educação de Madison havia convocado uma reunião especial. As bandeiras estavam por todos os lugares, nas mãos das pessoas, nas lapelas, coladas em seus casacos. A velha e batida frase de que "era possível cortar a tensão com uma faca" parecia estranhamente adequada ao momento. A tensão era *física*: podia ser de fato sentida, quase como uma corrente elétrica que passava por nossos corpos. Para algumas pessoas presentes no encontro, as figuras sentadas à mesa mereciam exatamente isso: receberem um choque elétrico; estavam quase merecendo alguma coisa semelhante à cadeira elétrica.

Meses antes do desastre de 11 de setembro, as sementes desse conflito haviam sido plantadas de maneira aparentemente inócua. Introduzido clandestinamente no orçamento estadual estava um pequeno prejuízo, inserido por legisladores conservadores que buscavam ganhar pontos para a próxima eleição. Havia uma seção na autorização orçamentária que exigia dos alunos de todas as escolas públicas que jurassem a bandeira ou que as escolas tocassem ou cantassem o hino nacional – hino eminentemente militarista e que traz consigo o benefício extra de que quase nenhuma pessoa consegue cantá-lo, especialmente as crianças. Muito embora a legislação permitisse a não-participação, dada a longa e inglória história de legislações desse tipo nos Estados Unidos, havia uma implicação clara de que essa falta de participação não seria bem-vista. Era como se fosse uma bomba-relógio esperando para explodir – e explodiu. Em meio ao crescente fervor patriótico que se seguiu ao 11 de setembro, a Secretaria de Educação de Madison, Wisconsin, decidiu-se por seguir a lei, mas da maneira mais minimalista possível. Para alguns membros da secretaria, a lei parecia ser a maneira errada de ensinar o patriotismo. A memorização de rotina não era a melhor maneira de abordagem caso se quisesse propiciar as condições para o crescimento de uma cidadania consciente. Para outros, a lei era claramente uma artimanha política dos legisladores conservadores para tentar ganhar mais apoio entre eleitores de direita na próxima eleição. Para outros membros da secretaria, havia vários princípios em questão: o Estado não deveria intervir no conteúdo das decisões desse tipo tomadas pelas secretarias locais. Além disso, a nova lei ainda não tinha passado pelo escrutínio público nem por um debate sério e também ameaçava o estimado (pelo menos na teoria) direito constitucional de se ter a liberdade para divergir. Por todas essas razões, a maioria das pessoas da Secretaria da Educação votou pela não-obrigatoriedade do juramento e da execução do hino nas escolas públicas de Madison.[14]

Em poucas horas, o furor em relação a essa decisão atingiu um ponto muito alto. A mídia transformou o caso em sua principal história. Manchetes em letras garrafais de um jornal conservador local diziam coisas como "Secretaria de Educação bane o juramento à bandeira", mesmo sabendo que a secretaria tinha acedido à letra fria da lei, e muito embora a secretaria tivesse ouvido manifestações públicas antes de suas ações – manifestações em que muitas pessoas tinham realmente se oposto tanto à lei quanto a ter de cantar o hino ou jurar a bandeira. Os políticos e manifestantes conservadores, alimentando a idéia de medo e horror proveniente da queda do World Trade Center, mobilizaram-se rapidamente, pois achavam que isso não poderia ser tolerado. Tratava-se de algo não só não-patriótico, mas desrespeitoso tanto às pessoas que morreram no desastre quanto aos militares que estavam no exterior. Para quem se deixava levar por esses apelos também era um sinal de que a secretaria estava fora da realidade dos "verdadeiros" norte-americanos – tratava-se, na verdade, de um exemplo a mais do controle da elite sobre as escolas –, controle que ignora os desejos da "maioria silenciosa" de norte-americanos que amam a liberdade e que também são patriotas.

No encontro proposto pela Secretaria de Educação de Madison, aproximadamente 50% das pessoas que se manifestaram na audiência apoiaram a primeira decisão, que não exigia nem o juramento nem o hino. Esse fato foi profundamente ignorado pela mídia que, de maneira insistente, dava destaque à mobilização conservadora contra a secretaria. Isso aconteceu em parte porque as vozes dos que apoiavam o voto da secretaria eram abafadas pelos membros da audiência que a eles se opunham. Uma cacofonia de assobios, vaias, cantos e frases remanescentes de um período anterior em que se acusavam os oponentes de serem "vermelhos" atingia toda pessoa que se manifestava a favor das ações da secretaria. Ao mesmo tempo, aqueles que falavam contra a secretaria eram aplaudidos e ovacionados (parecia tratar-se de um evento dos jogos olímpicos, em que se podia ouvir o grito "USA, USA").

Durante todo esse processo, os componentes da secretaria tentaram manter uma postura civilizada e não responderam ao que eram às vezes ataques pessoais ao seu patriotismo. As muitas horas da reunião e os intensos conflitos que se seguiram podiam ser interpretados como um exemplo de democracia em ação. Em parte, essa interpretação está sem dúvida correta, ainda que a aspereza da linguagem, a teatralidade dos símbolos patrióticos e os ecos de uma febre de guerra contribuíssem também para uma política de intimidação. Dito isso, houve também uma sensação de expressão genuína de dor emocional e física. Um reconhecimento de que norte-americanos comuns haviam sido mortos e de que as escolas tinham de reconhecer as mortes como sendo mortes de pessoas como nós mesmos.

As notas populistas que estavam sendo entoadas aqui são cruciais, pois as alianças hegemônicas *somente* podem ter sucesso quando estão conectadas com os elementos de bom senso das pessoas.[15] As preocupações populares com as crianças e com as escolas que elas freqüentam, em uma época de *downsizing* corporativo radical e de fuga de capitais, preocupações quanto à estabilidade social e às tradições culturais que estão sendo constantemente subvertidas pelos processos de mercantilização e pela lógica do capital, e por muitas outras coisas – tudo isso permite aos grupos conservadores tentar anexar essas preocupações à sua agenda antipública. Assim, um conservadorismo desenfreado e apreensivo juntamente com um patriotismo acrítico não são as únicas dinâmicas em jogo nesta situação, muito embora a questão em aberto fosse sobre o juramento e o hino. Nada disso teria acontecido sem que houvesse o temor pelo futuro das crianças, pela natureza de um mercado de trabalho instável e, especialmente, sem o projeto ideológico de muitas décadas, no qual a direita se envolveu para fazer com que muitas pessoas acreditassem que a fonte dos problemas sociais, culturais e econômicos que enfrentamos era "um governo excessivamente grande".[16]

Ainda havia mais razões conjunturais para essa resposta. É sempre bom lembrar que embora o Estado de Wisconsin seja o local onde surgiram a legislação mais progressista e partes significativas da tradição socialista democrática nos Estados Unidos, foi também o local de onde veio o senador Joseph McCarthy – isso mesmo, o homem que dá nome ao machartismo. Assim, por trás dos impulsos populistas e social-democratas, que têm uma história tão longa aqui, está outro tipo de populismo. Este, segundo Stuart Hall (1980),[17] é o que chamamos de *populismo autoritário*. É uma montagem retrógrada de valores que incorporam visões "do povo" ao mesmo tempo nacionalistas, antiimigrantes, anticosmopolitas, anticomunistas, pró-militares e muito conservadoras em termos de valores religiosos.[18] Em tempos de crise, essas tendências podem passar ao primeiro plano – e o fazem com um tom vingativo.

É claro que não podemos entender nada disso sem que compreendamos a longa história das lutas sobre o próprio significado da liberdade e da cidadania nos Estados Unidos.[19] Para todos os protagonistas da controvérsia com a Secretaria de Educação, o que estava em jogo era a *liberdade*. Para alguns, era o perigo de o terrorismo internacional destruir nosso modo de vida, que é livre. Nada deve interromper a defesa da liberdade norte-americana. Assim, as escolas deveriam estar na primeira linha de defesa. Para outros, tal liberdade não teria essencialmente nenhum significado se os cidadãos não pudessem agir de acordo com ela, especialmente em tempos de crise. Silenciar as vozes dissidentes e impor formas compulsórias de patriotismo eram atos antitéticos à liberdade. Um currículo oculto em que o patriotismo fosse compulsório faria essencialmente isso.

Tudo isso ilustra um ponto importante. Conceitos como "liberdade" são significantes escorregadios, isto é, não possuem significados fixos, estando em um terreno de discussão no qual existem diferentes visões de democracia em um campo social no qual há recursos desiguais para influenciar as definições publicamente aceitas de palavras fundamentais. Segundo a leitura de um dos mais competentes historiadores sobre tais conceitos:

> A própria universalidade da linguagem da liberdade camufla uma série de conotações e aplicações divergentes. Não faz sentido tentar identificar um único significado "real" para julgar todos os outros de acordo com ele. Em vez de termos a liberdade como uma categoria fixa ou conceito predeterminado, (...) temos um "conceito que é essencialmente aberto à contestação", um conceito que por sua própria natureza é matéria de desacordo. O uso de tal conceito automaticamente pressupõe um diálogo contínuo com outros significados que com ele competem.[20]

Perceber que conceitos como "democracia" e "liberdade" atuam como significantes que variam e podem ser mobilizados por grupos diferentes, com agendas diferentes, nos leva de volta a uma questão que levantei antes, à qual diz respeito ao projeto ideológico no qual a direita econômica e cultural está envolvida. Precisamos entender que o amplo sucesso de efeitos daquilo que Roger Dale (1989/1990) e eu chamamos de "modernização conservadora" tem sido precisamente isso: um amplo sucesso.[21] Estamos testemunhando – vivendo, seria um verbo mais adequado – um projeto social/pedagógico que visa a mudar nosso senso comum, a transformar radicalmente nossos pressupostos sobre o papel das "elites liberais", sobre o governo e a economia, sobre o que são os valores adequados, sobre o papel da religião nos assuntos públicos, em questões de gênero e sexualidade, questões raciais e uma série de outras áreas fundamentais. A democracia deixou de ser um conceito político para tornar-se um conceito econômico. O sentido coletivo de liberdade que antes era muito maior (embora seja necessário não sermos românticos aqui) foi amplamente substituído pelas noções individualistas de democracia como uma simples questão de escolha do consumidor. Apesar de isso ter tido um grande efeito sobre o poder dos sindicatos e sobre outros tipos de movimentos sociais coletivos importantes, também criou outras necessidades e desejos ocultos além daqueles referentes ao ator racional e econômico que toma decisões individuais e calculadas em um mercado.[22] Penso que essas necessidades e desejos também desempenharam um papel muito grande na mobilização do sentimento aparentemente direitista que venho estudando aqui.

Sob a criação do individualismo despretensioso do mercado está um desejo quase inconsciente de comunidade. Contudo, a formação da comunidade pode tomar muitas formas, tanto progressistas quanto retrógradas. À época do 11 de setembro, ambas vieram à tona. Aquela decisão da Secretaria de Educação de Madison ameaçou a comunidade imaginada pela nação, no mesmo momento em que esta de fato parecia estar sob uma ameaça física.[23] Também propiciou que houvesse um estímulo à formação de uma comunidade verdadeira, uma organização para recuperar o espaço da escola para o patriotismo. A defesa da liberdade está costurada no projeto de defesa da nação, o qual está costurado em um projeto local de formar uma comunidade (direitista) contra-hegemônica para contestar as decisões antipatrióticas e ideologicamente motivadas das elites urbanas progressistas. Assim, a necessidade de "estar com os outros", que é um efeito oculto das relações não-sociais do capitalismo atual, tem elementos de bom e mau senso em si. Sob determinadas circunstâncias históricas, esses elementos do bom senso podem ser mobilizados para sustentar uma visão de democracia que é inerentemente não-democrática em seus efeitos reais sobre as pessoas de uma comunidade que desejam defender uma visão de liberdade que não só legitima a dissidência mas também abre espaço para sua expressão.[24]

Por ter dito isso, não me interprete como se eu fosse totalmente contrário à idéia de nação ou de construção de comunidades imaginadas. Na minha concepção, contudo, a crítica social é o principal ato de patriotismo. Como disse em *Official knowledge*, a crítica rigorosa das políticas da nação demonstra um compromisso para com a própria nação. Em tal livro, digo que é necessário agir sobre os princípios que são supostamente parte das narrativas que fundam uma nação e são empregadas para legitimar a construção de determinados sistemas de governo. Significa que eu/nós vivemos aqui e que este é de fato nosso país e também nossa bandeira. Nenhuma narrativa nacional que exclua a rica história do dissenso como parte constitutiva da nação poderá ser considerada legítima. Assim, ao defender que a Secretaria de Educação de Madison havia agido de maneira não-patriótica, a multidão que agitava suas bandeiras e o movimento ainda parcialmente incipiente que a sustentava estavam, na minha opinião, envolvidos em um ato verdadeiramente não-patriótico, algo que demonstrou que a narrativa social de liberdade e justiça estava sujeita à constante renegociação e luta no que diz respeito a seu próprio significado.[25] A tragédia de 11 de setembro propiciou condições para tais disputas em nível local, não apenas nas salas de aula das universidades, mas também no modo pelo qual dirigimos as escolas.

PATRIOTISMO COMPULSÓRIO E OS EFEITOS OCULTOS DAS QUESTÕES RACIAIS

Em Madison, não prosperou a ameaça de convocar uma eleição especial para expulsar os integrantes da secretaria que tinham votado contra a obrigatoriedade do hino e do juramento à bandeira. Na verdade, a campanha foi um amplo fracasso. Os conservadores não conseguiram sequer chegar perto do número mínimo necessário para forçar uma nova eleição. Esse é um elemento crucial em qualquer apreciação dos efeitos duradouros do 11 de setembro. Em face do surgimento de um patriotismo acrítico e do ódio, diante da ampliação de um estado de segurança nacional e do apelo para que as escolas fizessem parte da primeira fila na defesa do país, foi o ponto de vista mais inteligente de pessoas com uma visão substancial de democracia que prevaleceu em nível local. Contudo, a história não acaba aqui. A pressão da direita teve mesmo suas conseqüências. A Secretaria de Educação de Madison deliberou que cada escola decidiria como lidar com a idéia do patriotismo obrigatório. Essa decisão neutralizou a controvérsia de uma maneira bastante conhecida na história dos Estados Unidos. As decisões locais prevalecem, mas não há garantia de que as decisões de cada escola apóiem uma visão de democracia densa que considera o dissenso como uma forma de compromisso patriótico.

Ainda assim, as questões que cercam a democracia densa em nível local não liquidam a questão de o dissenso ser ou não bem-vindo. Para ilustrar por que devemos ir adiante nesse assunto, preciso apontar outras dinâmicas cruciais que estavam em ação e que foram os resultados imprevistos dessa controvérsia. Quando a campanha pela reeleição na secretaria fracassou, os conservadores passaram a se dedicar a vencer a próxima eleição para a mesma secretaria. Duas das cadeiras que estavam com a maioria dos integrantes que haviam originalmente tomado a controversa decisão deveriam ser contestadas. Aqui também os conservadores fracassaram e ambas as cadeiras foram conquistadas pelos progressistas. Isso parece indicar que nossa história recebera um final relativamente feliz. Não falar um pouco mais sobre essa história deixaria de lado um dos efeitos ocultos mais importantes da conexão entre o 11 de setembro e o juramento da bandeira. O que agora vou descrever mostra algo muito diferente – que freqüentemente os efeitos das aparentes vitórias contra a mobilização direitista devem ser entendidos como algo complicado e que ocorre juntamente com uma dinâmica múltipla de poder.

Por causa de tensões, controvérsias e ataques pessoais que se seguiram após as deliberações da secretaria, um dos membros que havia votado pela resposta minimalista abdicou, justamente um pouco antes da data de encerramento para registrar-se como candidato para a nova eleição. Tal participante, de origem afro-americana, que participava da secretaria havia alguns anos, estava desgastado pela controvérsia. Em essência, embora seja banal dizer isso, foi a gota d'água. Tanta energia e tempo haviam sido utilizados nas batalhas (contra os cortes de investimentos, pelo desenvolvimento de programas voltados exclusivamente à população crescente de crianças negras em Madison, por todas essas coisas que fazem o ato de integrar uma secretaria ser uma experiência tão gratificante quanto frustrante para alguém que é membro de uma minoria), que o trabalho emocional e o tempo envolvidos no conflito sobre o patriotismo compulsório e suas conseqüências criaram uma situação quase insustentável para aquele participante. Muito embora um candidato progressista tenha conquistado a vaga para a cadeira, uma voz convincente que representava a comunidade negra havia sido perdida.

Isso aponta para um conjunto de resultados que não foram pretendidos. A legislação introduzida subliminarmente no orçamento produziu ecos de uma dinâmica muito diferente daquela envolvida no conflito sobre o juramento da bandeira, mas tais ecos foram, ainda assim, profundos. No contexto do 11 de setembro, essa legislação aparentemente inconseqüente não só criou as sementes para conflitos muito reais e para mobilizações conservadoras, mas, por um longo encadeamento de fatos, também levou à perda de conquistas obtidas a duras penas. Como vimos, um participante bem articulado da secretaria e que lutava por justiça social acabara de desistir. Nos eventos conjunturais e imprevisíveis que ocorreram, tanto antes quanto depois do horror do 11 de setembro, um certo embuste, em que os legisladores republicanos buscaram proteger seu flanco direito, ressoa na realidade de poder diferencial em nível local. Obviamente, as questões de raça não estavam tanto nas cabeças dos legisladores que inseriram tal legislação no orçamento como estavam nas cabeças de alguns dos educadores e legisladores mais abertamente racistas de períodos anteriores da história norte-americana, discutidos antes neste livro.[26] Contudo, as conseqüências a que tal legislação levou foram profundamente racistas em nível da administração local.

Quero enfatizar a importância dessas conseqüências. Em qualquer situação real, há relações múltiplas de poder e todo um conjunto de relações hegemônicas e contra-hegemônicas às vezes contraditórias. Por causa disso, qualquer visão séria sobre os verdadeiros resultados do 11 de setembro sobre a educação precisa ser ampliada. Como demonstrei, no momento posterior ao 11 de setembro, a politização do comando das escolas locais ocorreu de uma maneira bastante forte. Sem a compreensão de outros tipos de política, nesse caso a política racial, perderíamos um dos mais importantes resultados da luta sobre o significado de liberdade. O 11 de setembro teve efeitos mais amplos do que supúnhamos.

CONCLUSÃO

No relato que apresentei na segunda metade deste capítulo, não fica claro quem realmente ganhou ou perdeu, mas uma coisa está clara: nenhuma análise dos efeitos do 11 de setembro nas escolas se pode dar sem a compreensão das maneiras pelas quais o global está dinamicamente ligado ao local. Tal análise deve compreender de maneira mais completa o trabalho e a história do projeto neoliberal e neoconservador e de suas conseqüências para os discursos que circulam e se tornam o senso comum de nossa sociedade. Nenhuma análise se pode permitir ignorar as necessidades contraditórias que esse projeto criou. Dado o poder da raça nesta sociedade, qualquer visão séria deve constantemente examinar as maneiras pelas quais a dinâmica racial é executada nos campos do poder que não pareçam, à primeira vista, dizer respeito a questões raciais.

Há mais: uma análise completa exigiria que observássemos os efeitos dos produtos de formas culturais populares de entretenimento que cada um de nós utiliza para entender os eventos importantes que ocorrem à nossa volta. Os analistas culturais críticos nos ensinaram muitas coisas. Há algo de prazer e culpa no que fazemos (de que forma podemos explicar meu modo de ver as cenas do 11 de setembro como se fossem imagens hollywoodianas?). É, sim, possível ler qualquer forma ou conteúdo cultural de acordo com uma visão dominante, ou mediada, ou, ainda, de oposição. Todavia, talvez seja inteligente lembrar que – pelo menos no caso das maneiras pelas quais Michael W. Apple experimentou o horror representado pelos aviões chocando-se com os prédios, bem como os corpos caindo pelas janelas em 11 de setembro – as três coisas aconteceram ao mesmo tempo.

Assim, quero dizer que nós educadores – estejamos ensinando em uma turma universitária ou tomando parte de uma decisão da secretaria da escola – devemos em primeiro lugar reconhecer nossas próprias respostas contraditórias aos acontecimentos de 11 de setembro e às suas conseqüências. Devemos também entender que essas respostas, embora parcialmente compreensíveis no contexto da tragicidade dos fatos, podem criar uma dinâmica que traz conseqüências muito duradouras. Muitas dessas conseqüências podem solapar a própria democracia que acreditamos defender e sustentar. Essa compreensão política mais complicada pode muito bem ser o primeiro passo para descobrirmos estratégias pedagógicas adequadas e socialmente críticas para trabalhar dentro de nossas próprias classes e comunidades, a fim de interromper os projetos hegemônicos – incluindo a redefinição de democracia como "fervor patriótico" – com que continuaremos a nos deparar no futuro. O que o presente e o futuro nos reservam – tanto negativa quanto positivamente – será discutido em maiores detalhes na entrevista que constitui o núcleo do último capítulo desta nova edição de *Ideologia e currículo*.

NOTAS

1. Ver Michael W. Apple, *Official Knowledge* (2. ed. New York: Routledge, 2000); Michael W. Apple, *Educating the "Right" Way: Markets, Standards, God, and Inequality* (New York: Routledge Falmer, 2001), e Michael W. Apple et al., *The State and the Politics of Knowledge* (New York: Routledge, 2003).
2. Ver Michael W. Apple e James A. Beane (eds.), *Democratic schools* (Alexandria, VA: Association for Supervision and Curriculum Development, 1995); Apple, *Educating the "Right" Way*; Apple et al., *The state and the Politics of Knowledge*.
3. Ibid.
4. Raymond Williams, *Marxism and Literature* (Oxford: Oxford University Press, 1977).
5. Ver, por exemplo, Noam Chomsky, *9-11* (New York: Seven Stories Press, 2002).
6. Para o modo pelo qual a análise crítica da mídia pode questionar tais representações, ver Apple, *Official Knowledge*.
7. Noam Chomsky, *Profit over People* (New York: Seven Stories Press, 1999).
8. Ver a discussão sobre necessidades e discursos da necessidade em Nancy Fraser, *Unruly Practices* (Mineapolis: University of Minnesota Press, 1989).
9. Coloquei a palavra "americana" entre aspas, com um objetivo social em mente, pois trata-se de uma realidade que gostaria de agora comentar. A América do Norte, Central e do Sul são igualmente partes integrantes da América. No entanto, os Estados Unidos (e a maior parte do mundo) considera que o termo se refere somente aos Estados

Unidos. A própria linguagem que usamos é uma marca do passado e do presente imperialistas. Ver Edward Said, *Orientalism* (New York: Pantheon, 1978) para uma das primeiras, e ainda muito convincente, análises sobre o tema.
10. Marcus Weaver-Hightower, "The Gender of Terror and Heroes?", *Teachers College Record,* no prelo.
11. Michael W. Apple, *Cultural Politics and Education* (New York: Teachers College Press, 1997). Ver também Apple et al., *The State and the Politics of Knowledge.*
12. William Greider, *One World, Ready or Not* (New York: Simon and Schuster, 1997).
13. Essa é uma das razões pelas quais eu tenho alguma afinidade com vários dos argumentos do livro *Feminisms and Critical Pedagogy* (New York: Routledge, 1992), de Carmen Luke e Jenny Gore, eds. – embora muitos deles possam ter sido baseados em apenas uma leitura limitada de parte da tradição pedagógica crítica – e não muita afinidade com a reação defensiva exagerada de parte de vários autores da "pedagogia crítica". Os projetos políticos/educacionais, para que sejam tanto democráticos quanto eficazes, são sempre coletivos. Isso exige que se dêem boas-vindas à crítica séria e engajada, mesmo quando não se concorda com tudo o que ela diz.
14. A realidade foi um pouco mais complicada do que um simples ato de proibição. A Secretaria na verdade concordou com a lei, fazendo com que apenas a música do hino fosse tocada nos alto-falantes. Assim, ao tocar o hino, a versão instrumental era executada, eliminando as palavras de incitação à guerra que compõem a letra. Alguns integrantes da Secretaria acharam que em um momento de tragédia, no qual tantas vidas inocentes haviam sido perdidas, a última coisa que os estudantes e as escolas precisavam era de letras que glorificassem o militarismo. A solução foi então um acordo: tocar apenas a versão instrumental. Isso também levou a algumas respostas interessantes e parcialmente contra-hegemônicas. Em uma escola, uma famosa interpretação de Jimi Hendrix para o hino foi tocada. Tal versão – dissonante e em alto volume – era parte da tradição antiguerra da música da época do Vietnã. Isso provocou ainda mais a fúria dos "patriotas", que já estavam bastante inflamados por causa do voto da Secretaria.
15. Ver Apple, *Cultural Politics and Education,* Apple, *Educating the "Right" Way.*
16. Ibid. Ver também Michael B. Katz, The *Price of Citizenship* (New York: Metropolitan Books, 2000).
17. Stuart Hall, "Popular Democratic vs. Authoritarian Populism", em Alan Hunt (ed.), *Marxism and Democracy* (London: Lawrence and Wishart, 1980).
18. Apple, *Educating the "Right" Way.*
19. Eric Foner, *The Story of American Freedom* (New York: Norton, 1998).
20. Ibid, p. xlv.
21. Ver Apple, *Educating the "Right" Way,* e Roger Dale, "The Thatcherite Project in Education", *Critical Social Policy,* 9:4-19 (1989/90).
22. Ver Apple, *Official Knowledge;* Apple, *Educating the "Right" Way,* e Linda Kintz, *Between Jesus and the Market* (Durham: N. C. Duke University Press, 1997).
23. Benedict Anderson, *Imagined Communities* (New York: Verso, 1991).
24. Naturalmente, os grupos conservadores que se mobilizaram contra a decisão inicial da Secretaria alegaram que estavam exercendo uma função de discordância, isto é, que seus integrantes estavam também envolvidos em uma ação democrática. Isso é verdade só até certo ponto, pois quando a discordância sustenta a repressão e a desigualdade, e rotula como não-patrióticas as ações de outras pessoas que estão apenas defendendo seus direitos constitucionais, ela então certamente não se baseia em uma visão de democracia forte. Essa atitude está, na verdade, bem distante de ser satisfatória.

25. A esse respeito é importante saber que o próprio juramento à bandeira sempre foi contestado. Suas palavras são as seguintes: "Juro fidelidade à bandeira dos Estados Unidos da América e à República pela qual ela está hasteada, uma Nação, sob o poder de Deus, com liberdade e justiça para todos".
A frase "sob o poder de Deus", porém, foi acrescentada durante a época de McCarthy, no início dos anos 1950, como parte de uma batalha contra os "comunistas sem Deus". Até mesmo a frase "à bandeira dos Estados Unidos da América" é um acréscimo. O juramento foi escrito por um socialista bem conhecido e só continha as seguintes palavras: "Juro fidelidade à bandeira". Nos anos 1920, um grupo de mulheres conservadoras, o Daughters of the American Republic (Filhas da República Americana), conseguiu adicionar as palavras "dos Estados Unidos da América", como parte de uma campanha antiimigrantes. Tinham um medo muito grande de que os imigrantes pudessem prestar juramento à bandeira de outro país e, portanto, usá-lo para expressar pensamentos revoltosos.
26. Todavia, conforme apontei em *Educating the "Right" Way,* as questões de raça e a política da "brancura" desempenharam um papel significativo no desenvolvimento histórico do ódio neoliberal, neoconservador e populista autoritário ao Estado, e também no desenvolvimento de suas propostas para a reforma escolar.

10

Sobre a análise das novas relações hegemônicas

INTRODUÇÃO

O texto deste capítulo é uma entrevista comigo, realizada por Michael F. Shaughnessy, Kathy Peca e Janna Siegel. Publicada originalmente em 2001, eu a editei e atualizei. Como mencionei no prefácio para esta edição de *Ideologia e currículo*, acredito que há várias vantagens no formato de uma entrevista. Primeiro, ela cria as condições para que o autor tenha de ser mais claro do que o usual acerca de argumentos complicados e de textos densos. Tais argumentos complexos podem ser necessários, e, às vezes, nossa linguagem deve refletir as complexidades que estamos tentando revelar. Contudo, é bom, tanto para o leitor quanto para o autor, encontrar maneiras de tornar esses argumentos mais compreensíveis.

Segundo, as entrevistas são humanizadoras. Por possuírem um tom mais conversacional, tanto o leitor quanto o autor atuam de um modo bem diferente do que no simples ato passivo de leitura de um texto acadêmico. É claro que nenhuma leitura é de fato passiva. Os leitores podem ler ativamente – podem ler de forma dominante, negociada ou de oposição: aceitando tudo o que um autor tem a dizer; parcialmente mediando o que lêem, parcialmente reinterpretando e/ou aceitando o que o autor diz; lendo com espírito contrário, rejeitando muitas das afirmações, estabelecendo uma discussão interna com o autor. Dito isso, as conversas podem ser formas produtivas de comunicação, que ampliam as conexões entre as pessoas.

A entrevista lida com várias questões cruciais que hoje enfrentamos – a reestruturação neoliberal e neoconservadora da educação, a discussão sobre os livros-texto e o conhecimento oficial, a educação multicultural e anti-racista, currículos nacionais, testes nacionais, diplomas e mercantilização, a tendência ao certificado nacional para professores e, principalmente, os limites e as possibilidades de construção de uma comunidade mais inclusiva, socialmente crítica e progressista, para contrapor-se à direita e criar uma educação digna.

A entrevista serve como um resumo de muitas das atividades com que me envolvi nos últimos dez anos. Por causa disso, é na verdade uma introdução às formas mais matizadas de análise que eu e muitos outros autores temos desenvolvido desde que *Ideologia e currículo* foi publicado. *Ideologia e currículo* foi um começo, mas, já que a luta por uma educação criticamente democrática e socialmente justa constitui algo contínuo, o fim do processo não pode ser vislumbrado. É justamente essa a questão, não é? A educação é um ato *inerentemente* político e ético – totalmente humano. Essas questões não vão desaparecer, e as novas gerações precisarão dar continuidade à nossa compreensão das relações de dominação e desigualdade e ao modo como agimos sobre elas.

ENTREVISTA

Quais questões você considera as principais em termos de política educacional?

Há várias questões que considero cruciais. Na minha opinião, a mais importante é a que chamo, em meus livros mais recentes (como *Cultural politics and education*, *Official knowledge*, *Educating the "right" way*, e *The State and the politics of knowledge*), de restauração conservadora ou "modernização conservadora", isto é, o movimento que visa cada vez mais redefinir para que serve a educação e como devemos nela proceder, tanto no que diz respeito às práticas quanto no que diz respeito às políticas adotadas. Há uma nova aliança que está exercendo a liderança na política e na reforma educacionais. Em muitos países, houve uma passagem de um acordo ou aliança limitada social e democrática para uma coalizão centrada em três ou quatro grupos que empurram a educação e as políticas sociais em geral para direções conservadoras. Essa nova aliança ou "novo bloco hegemônico" se estende a muitas coisas; é também algo tenso e repleto de tendências contraditórias. Todavia, tomadas em conjunto, têm sido muito eficazes. Deixe-me apenas mencionar algo sobre os grupos que se encontram sob esse bloco.

O primeiro grupo é o que chamamos de neoliberais. São modernizadores econômicos que querem centrar a política educacional na economia, em objetivos de desempenho com base em uma conexão mais íntima entre a escola e o trabalho remunerado. Quero enfatizar aqui a palavra "remunerado", porque essas pessoas têm uma visão muito patriarcal da força de trabalho. Elas tendem a não pensar sobre quem faz o trabalho não-remunerado nesta sociedade – em geral, as mulheres. Os modernizadores econômicos estão, via de regra, em posições de liderança neste novo bloco. Vêem as escolas como algo conectado ao mercado de trabalho, especialmente ao mercado capitalista global e às necessidades de mão-de-obra e aos processos desse mercado. Também consideram as escolas algo que precisa ser modificado, tornadas mais competitivas, inserindas em mercados de trabalho por meio de créditos para a educação, redução de custos e outras estratégias similares de comercialização. As evidências contra essas posições são agora quase que avassaladoras. Produzem-se mais desigualdades, e não menos.

Para usar a metáfora do guarda-chuva: pelo fato de os neoliberais ocuparem posições de liderança nessa aliança, podemos dizer que são eles que seguram o guarda-chuva. Sua liderança tem obtido sucesso sob muitas formas diferentes. É interessante, por exemplo, que alguns membros dos grupos de despossuídos estejam sendo trazidos para baixo do guarda-chuva da mercantilização direitista, assunto sobre o qual escrevi recentemente com Tom Pedroni. Embora eu seja muito simpático às lutas dos grupos oprimidos, não acredito que a longo prazo a mercantilização, os créditos para a educação e políticas similares levem a transformações sociais e educacionais duradouras e reduzam os resultados que caracterizam a educação no que diz respeito a questões de raça.

Como já disse, os neoliberais não estão sozinhos. Há um segundo grupo, que poderíamos chamar de neoconservadores. Na maioria dos casos, é importante fazer uma distinção entre os modernizadores econômicos neoliberais e os neoconservadores, embora em alguns países eles de fato estejam sobrepostos. Os neoconservadores em geral concordam com a ênfase dada pelos neoliberais dão à economia, mas seu principal objetivo é a restauração cultural. Exemplos nos Estados Unidos são os de pessoas como E. D. Hirsch, o ex-secretário de Educação William Bennett e o falecido Alan Bloom. Diane Ravitch também defende muitas das idéias deste grupo. Trata-se de pessoas que desejam um retorno a uma versão totalmente romantizada da escolarização, na qual temos um currículo padrão, baseado naquela ficção eloqüente: a tradição ocidental. Eles gostariam de um retorno a um conhecimento de alto nível, dominado pelo professor, amplamente baseado nas tradições historicamente consideradas como o conhecimento mais legítimo nas universidades de elite. Disse que se trata de uma tradição romântica, pois é bem sabido que jamais houve um tempo (pelo menos com certeza nas escolas dos Estados Unidos) em que todos aprendiam o mesmo currículo, em que todas as pessoas falavam a mesma língua e em que todos concordavam que a tradição ocidental devesse ser o modelo dominante ou sobre o que devesse ser incluído ou excluído dessa tradição. Assim, tal posição tem como base uma versão inteiramente romântica do passado, seja uma visão romântica dos alunos e professores do passado, seja uma visão que supõe que, sem controle externo, a verdadeira cultura será destruída.

Por causa disso, os neoconservadores estão profundamente comprometidos em estabelecer mecanismos mais rígidos de controle sobre o conhecimento, a moral e os valores por meio dos currículos nacionais ou estaduais, ou por meio de exames (muito redutores) chancelados pelo Estado. Isso se baseia em uma desconfiança muito grande em relação aos professores e administradores locais de escolas. Acreditam que apenas por meio de um controle central forte é que o conteúdo e os valores do "conhecimento legítimo" assumirão o seu devido lugar no currículo. Além disso, há também o compromisso com um currículo supostamente mais rigoroso, baseado no que eles acreditam ser padrões mais altos. Assim, a própria escolarização deve ser mais competitiva, com os alunos sendo reestratificados com base no que se considera conhecimento neutro e em testes neutros de desempenho. Em essência, isso tem provado ser um retorno aos princípios do darwinismo social na educação. Também criou uma situação na qual, digamos, "o rabo do teste balança o cachorro pertencente ao professor".

Há um terceiro grupo que se torna cada vez mais poderoso nos Estados Unidos (e que conta com similares em outros países). De acordo com Stuart Hall, podemos chamá-los de populistas autoritários, que são (pelo menos nos Estados Unidos) os fundamentalistas cristãos e evangélicos que querem retornar ao que eles acreditam ser *a* tradição bíblica, como base de conhecimento, como textos sagrados e como autoridade sagrada. Essa parte da aliança é freqüentemente muito desconfiada quanto à presença do multiculturalismo no currículo, embora tenham tentado tomar para si o manto, digamos, da autoridade de Dr. Martin Luther King, alegando serem os novos oprimidos. Isso é algo profundamente falso, pois sua situação e a das pessoas de cor que foram sujeitas a políticas e práticas discriminatórias assassinas não têm paralelos. Em grande parte, o que desejam é também um retorno a uma pedagogia que se baseia em relações tradicionais de autoridade, nas quais o professor e os adultos estão sempre no controle. A justificativa para isso está na infalibilidade das leituras da Bíblia.

Os conservadores religiosos populistas e autoritários estão muito preocupados com as relações entre as escolas e o corpo, e também com a sexualidade. Preocupam-se com a relação entre a escola e o que eles consideram a família tradicional. Para eles, a família tradicional é um dom de Deus, como são as relações de gênero e de idade; Deus colocou os homens em posições dominantes de autoridade e decretou que a autoridade religiosa deve suplantar a política pública. Nos Estados Unidos, isso levou ao que foi chamado de "campanhas secretas", nas quais pessoas social e religiosamente conservadoras escondem suas crenças religiosas e concorrem nas eleições para as diretorias das escolas ou para as escolas estaduais com uma plataforma de responsabilidade fiscal. Quando no poder, tentam expurgar do currículo quaisquer elementos de posições socialmente ousadas e de quaisquer elementos que não tenham base na Bíblia. Suas mobilizações têm sido eficazes – tão eficazes que muitos currículos estaduais e livros se tornaram ainda mais conservadores do que eram antes, e muitos professores passaram a autocensurar-se para evitar conflitos sobre o currículo.

Os conservadores religiosos populistas e autoritários estão também no primeiro plano na "reforma" educacional que mais rapidamente cresceu nos Estados Unidos – o ensino doméstico. Assim, precisamos enfocar seus efeitos não apenas no interior da escola, mas também sobre a remoção das crianças do contato com os supostos males da educação formal secular.

O quarto grupo que tem influenciado as políticas educacionais não necessariamente concorda com todas as posições dos três outros grupos que compõem o novo bloco hegemônico. É um grupo que não considera ter uma agenda ideológica, sendo composto pelos membros da nova classe média profissional e gerencial. Se me permitirem falar de maneira talvez um pouco indelicada, essas pessoas são, em essência, profissionais de aluguel.

São em geral empregados pelo Estado por causa de seu conhecimento técnico sobre avaliação e testes, eficiência, gerenciamento, análise de custo-benefício e de habilidades técnicas e de procedimentos similares. Essas habilidades e esse conhecimento são seu capital cultural e têm permitido que conquistem seu espaço de autoridade no Estado. Sua agenda é voltada ao gerenciamento, e são com freqüência suas necessidades que estão representadas na imposição que o Estado faz de políticas de "condução a distância" por meio de exames nacionais e estaduais e de um controle mais rígido, por meio do uso de modelos industriais, pela presença de currículos e de uma pedagogia mais redutora nas escolas, etc. Seu capital cultural é o que chamo de "conhecimento técnico-administrativo", em *Education and power*. Ele permite que os grupos mais poderosos da modernização conservadora, os neoliberais e os neoconservadores, endireitem o rumo do barco e nos façam mais responsáveis. De certa maneira, essas pessoas são os filhos e netos de especialistas em eficiência e dos gerentes do modelo sistêmico de gestão que analiso neste livro.

Cada um desses grupos tem sua agenda, mas a liderança sobre as principais questões é exercida pelos neoliberais ou pelos modernizadores econômicos. Eles, é claro, têm de comprometer-se com os outros grupos de maneira que a aliança contenha questões importantes para os neoconservadores, para os populistas autoritários e para a nova classe média profissional e gerencial ascendente. Contudo, em geral, a agenda é estabelecida por quem quer conexões mais íntimas entre as escolas e a economia (globalizada). É exatamente essa agenda complexa e excepcionalmente conservadora que está presente no apelo de Bush para que "nenhuma criança fique para trás" (na verdade, para que "nenhuma criança deixe de ser testada") e na política administrativa de ignorar qualquer pesquisa que não imite um modelo médico ou semicientífico.

Essa taxonomia da aliança que cerca a modernização conservadora, contudo, é uma visão parcial. Há outro lado, sobre o qual serei um pouco mais breve, que envolve aquelas questões referentes a uma visão e uma prática de democracia e de justiça social mais densas do que a fraca visão de democracia como prática de consumo, proposta pelos neoliberais.

Essas questões dizem respeito ao poder da tomada de decisões (coletivas), de um currículo que vem de baixo, e não de cima (e que responda cada vez mais às necessidades, histórias e culturas das pessoas oprimidas, das pessoas de cor, das pessoas pobres) e de uma pedagogia atuante. Nos Estados Unidos, embora essas questões sejam menos conhecidas do que, digamos, os créditos para educação e planos para testes de "alta-qualidade", elas estão se tornando cada vez mais fortes. Assim, um de meus livros mais recentes, escrito com Jim Beane, *Democratic schools*, retrata em detalhe várias escolas que são organizadas de acordo com essa agenda mais democrática. O livro conta suas histórias, como um modo de interromper a direita e de mostrar na prática que é possível envolver-se em atividades social e educacionalmente críticas que resolvam os problemas reais de escolas reais em comunidades reais. Uma das razões pelas quais as políticas conservadoras predominam é os professores e outras pessoas não disporem de alternativas realistas que de fato funcionem. *Democratic schools* é uma tentativa consciente, realizada por um grupo de educadores críticos, que busca responder à questão "O que fazer na segunda-feira pela manhã?" de maneira socialmente justa. Respostas à essa pergunta estão sendo dadas de maneira muito forte pelo que acontece em Porto Alegre/RS, algo que Luis Armando Gandin e eu explicamos com detalhe em *The State and the politics of knowledge*.

Se acrescentarmos o trabalho – educacional e político – muito importante que está sendo realizado pelas publicações cada vez mais visíveis da *Rethinking Schools*, nas quais a crítica social está combinada com currículos e ensino contra-hegemônicos sérios, disciplinados e cuidadosos, teremos razão para acreditar que a agenda da modernização conservadora pode ser, e está sendo, significativamente contraposta.

Assim, há pelo menos duas agendas, uma baseada nos compromissos internos das forças da modernização conservadora, em grande parte orientada pelos pressupostos neoliberais, e outra organizada em torno dos compromissos das comunidades progressistas e múltiplas, de educadores, ativistas e outros. Ambas continuam a "bater cabeça", por assim dizer. Para ser franco, neste exato momento não estou totalmente otimista quanto à possibilidade de a agenda mais democrática conseguir a atenção pública que merece e se tornar tão visível quanto a agenda mais conservadora. Contudo, o fato de que o livro *Democratic schools* tenha vendido centenas de milhares de cópias (assim como as publicações da Rethinking schools) e tenha sido traduzido para muitas línguas nos dá alguma razão para sermos otimistas.

Você poderia comentar a tendência para a educação multicultural?

Isso é complicado, porque não quero dizer coisas que possam parecer uma afronta a pessoas que estão trabalhando intensamente, e em especial porque muitas delas são minhas amigas e aliadas. Primeiro, temos de entender que o modo pelo qual as alianças hegemônicas são formadas e mantidas pelos grupos poderosos e os modos pelos quais as agendas são estabelecidas e mantidas são dependentes da existência de comprometimentos, de conciliações. Além disso, se quisermos entender por que as coisas mudam nas escolas norte-americanas, precisaremos saber que, na grande maioria das vezes, não é por causa das reformas pretendidas ou internas. O que provoca as mudanças é a pressão dos movimentos sociais de grande escala que geram as condições nas quais as escolas são transformadas. Um dos maiores movimentos transformadores do século XX nos Estados Unidos foi o movimento africano-norte-americano pela libertação, que pressionou as escolas a mudar sua pedagogia, currículo e organização. Partes desse movimento tinham uma agenda bastante radical.

Agora, para que os grupos dominantes mantenham a liderança, devem incorporar alguns segmentos limitados dessa agenda. O que os grupos dominantes de fato fizeram, de maneira bastante notável, e com muito sucesso em alguns aspectos, foi pegar tanto a forma (como é que posso dizer isso?) mais moderada quanto a mais segura do multiculturalismo – as formas mais conservadoras – e colocá-las nas escolas e no currículo. Portanto, agora temos nos livros, por exemplo, o que tem sido chamado de *menções,* em que você vê páginas e páginas que mencionam a contribuição dos africano-americanos, dos latinos, dos asiáticos, ou das mulheres. Em geral, aparecem como seções separadas nos livros-texto e, portanto, têm o *status* de meros acréscimos referentes à cultura e à história "do outro". Assim, o *status* de "outro" perante os "verdadeiros americanos" está garantido. No processo, os alunos nunca vêem o mundo pelos olhos das pessoas oprimidas. Não vêem o mundo pelos olhos das pessoas de verdade que estão socialmente na base da pirâmide, por assim dizer.

Então, por um lado, o multiculturalismo foi uma vitória, porque grandes movimentos sociais fizeram com que as forças dominantes respondessem. Devemos sempre nos lembrar disso. O multiculturalismo não foi uma dádiva. Foram necessárias décadas de lutas com uma estrutura de poder dominada pelos brancos. Ao mesmo tempo, boa parte do multiculturalismo instituído nas escolas é do tipo mais "seguro" – que não interrompe o poder branco como sendo o "comum". Essa é uma das formas pelas quais as relações de poder existentes inserem em sua própria lógica dominante os movimentos que lhe fazem oposição.

Algumas dessas questões estão sendo constantemente levantadas por grupos de pessoas (ativistas africano-americanos, norte-americanos nativos, descendentes de asiáticos, *gays* e lésbicas, membros da comunidade dos direitos dos deficientes físicos e muitos outros grupos) que sentem que suas culturas e histórias não estão representadas no currículo. Por causa disso, acho que o multiculturalismo é bastante contraditório. Quero aplaudi-lo por suas vitórias. Mas ainda estou preocupado: com a restauração conservadora, muitas das conquistas sociais mais progressistas podem estar sendo diluídas, pois nos dirigimos cada vez mais para um currículo que é "seguro" e que contém muito poucos elementos de ativismo social. Preferiria que não tivéssemos apenas uma educação multicultural, mas uma educação especificamente anti-racista. Uma educação que perceba que os Estados Unidos foram construídos sobre a exploração racial e que têm uma estrutura racial de poder. Assim, as histórias das pessoas oprimidas não-brancas não seriam apenas um mero acréscimo nos livros. Constituiriam parte integrante da maneira pela qual a nação se formou. Isso exigiria o reconhecimento de que a história dos Estados Unidos (e de muitas outras nações) é também a história da opressão racial. Sem essa parte da história, não há história. Também seria necessário que víssemos o mundo pelos olhos das pessoas de cor, não apenas mencionando suas contribuições como adendos. É claro, temos modelos de como pensar produtivamente sobre essas questões e sobre como formular políticas e práticas que lhes digam respeito nas obras de Gloria Ladson-Billings, Cameron McCarthy, David Gillborn, Michelle Foster, Rudolfo Torres, Heidi Safia Mirza e outros.

Qual é sua opinião sobre outros sociólogos da educação, por exemplo, Basil Bernstein e Pierre Bourdieu?

Considero o trabalho de ambos extremamente importantes. Como você sabe, tenho criticado a ambos por escrito, já que acredito que o modo que você tem de demonstrar que respeita a obra de alguém é levá-la suficientemente a sério a ponto de sujeitá-la a análise crítica (é por isso que aceito bem a crítica, todos temos muito a aprender com os outros). Serei o primeiro a admitir que me valho do trabalho de ambos. Suas mortes nos privaram de mentes verdadeiramente criativas e poderosas. Basil Bernstein era meu amigo e me ensinou muito. Embora eu conhecesse Pierre Bourdieu, não o conhecia assim tão bem.

Quero falar sobre eles separadamente, mas só depois de dizer alguma coisa sobre os pontos em comum que possuem. Ambos fazem apreciações bastante não-românticas da natureza das relações de poder. Nenhum deles foi totalmente aceito por algumas das formas mais agressivas do pós-modernismo, as quais têm esquecido que isso é o capitalismo e que tal fato faz uma grande diferença. Ambos os autores não esqueceram de que há estruturas que de fato existem. Tanto para Bernstein quanto para Bourdieu, o mundo não é simplesmente um texto; essas estruturas não são simplesmente construções discursivas. Ambos, além disso, fazem uma avaliação não-romântica das relações de classe. Na minha opinião, isso é fundamental, especialmente em uma época em que nos afastamos, nos Estados Unidos e em outros países, da análise de classe e da análise estrutural. Não quero defender uma análise estrutural redutora, mas, em uma época em que um número excessivamente grande de pessoas parece ter perdido a memória coletiva das vitórias conquistadas pelas tradições da análise estrutural, é importante manter vivas tais tradições.

É claro que as questões de classe são muito complicadas tanto empírica quanto conceitualmente, isso para não mencionar os aspectos históricos. As classes não existem sozinhas. As pessoas estão inseridas em classes, gênero, raça e região a que pertencem, tudo ao mesmo tempo. Assim, não se pode falar em classes como se fossem algo isolado de outras dinâmicas fundamentais de poder. Também não é possível supor que tudo se explique pela economia. Isso seria horrivelmente redutor e essencializador.

Por outro lado, supor que as relações de classe tenham de alguma forma desaparecido, ou que não faz diferença que haja uma economia como a que temos, é algo inteiramente romântico (é óbvio que o que Bernstein e Bourdieu querem dizer com *classe* não é necessariamente o que, digamos, os neomarxistas dizem ao falar em classe e dinâmica de classe). Dito isso, é claro que ambos compartilham determinada agenda, que quer perguntar: "Qual é a relação entre cultura, poder e economia na educação e na sociedade como um todo?". Considero essa questão extremamente importante e repito: cada um deles ensinou-me muito sobre como podemos perguntar e responder a esse tipo de questão, reconhecendo sua complexidade.

Agora, deixe-me falar um pouco de suas diferenças. Bernstein, eu acho, está muito mais relacionado às realidades das escolas, dos currículos e do ensino. Por essa razão, penso que ele provavelmente me influenciou no modo em que considero determinadas relações curriculares e pedagógicas. Embora sua agenda geral seja similar à de Bourdieu, ela é mais profundamente conectada aos tipos de coisa que dizem respeito a quem trabalha na educação.

Bourdieu, eu acho, tem um projeto mais amplo, embora sua obra sobre várias formas de capital – cultural, social, simbólico, econômico, etc. – e sobre as estratégias de conversão coerentes a eles seja excepcional e tenha influenciado uma geração de pesquisa crítica, e certamente a mim também. Incluo-me neste grupo de pesquisadores, porque a obra de Bourdieu oferece uma maneira de pensar sobre o papel da educação na reprodução e na transformação (Bourdieu às vezes não é tão bom nesta última dinâmica) de várias formas de capital e sobre como a educação e essas estratégias de conversão se situam nas áreas sociais do poder. Mesmo tendo criticado partes da obra de Bourdieu, considero sua abordagem bastante produtiva. Isso está bastante evidente em minha análise do poder da nova classe média gerencial e profissional em *Educating the "right" way*. Realmente, não penso que seja possível entender por que a educação está sendo reconstruída de modo tão prejudicial hoje sem que empreguemos a obra de Bourdieu (e de Bernstein).

Deixe-me mencionar brevemente algumas das críticas que fiz a eles. Repito: ambos são brilhantes. Contudo, como já escrevi, penso que Bernstein é um tanto quanto estruturalista às vezes. Em sua obra, você não vê pessoas de verdade em ação, nem vê movimentos sociais de verdade em formação e em ação, nem, finalmente, vê os processos e resultados da transformação social. Penso que todos esses elementos sejam cruciais para nossa compreensão da educação. Precisamos enfocar as transformações e os movimentos sociais, não apenas as formas estruturais e as posições na sociedade, mas os efeitos transformadores dos movimentos sociais. Assim, eu iria consideravelmente mais longe do que ele, como fiz em minha análise dos movimentos sociais direitistas e de sua história e efeitos em *Official knowledge, cultural politics and education* e *Educating the "right" way*. Contudo, a análise dos movimentos sociais e de seus efeitos nas lutas bem-sucedidas contra formas colonizadoras de domínio que Ting-Hong Wong e eu fazemos em *The State and the politics of knowledge* deve muito a Bernstein. Fica bastante claro que sua obra pode ainda ser de considerável importância, mesmo quando desejamos avançar um pouco mais do que ele.

Como Bernstein, Bourdieu é complexo e às vezes obscuro. No entanto, precisamos ser pacientes quando o lemos. Uma das conclusões a que cheguei ao longo dos anos é a de que o leitor não deve fazer todo o trabalho sozinho. Acho que é muito importante que lutemos (e às vezes trata-se mesmo de uma luta) para ser tão claros quanto nosso assunto permite. Deixe-me dar um exemplo pessoal. Tanto na primeira edição de *Official knowledge*, em 1993, e na segunda edição, publicada em 2000, não enviei o livro aos editores até que estivesse satisfeito em ter escrito de maneira tão clara quanto possível. No caso da edição de 1993, isso implicou atrasar a publicação em um ano. Não se tratava apenas de uma preocupação com o estilo. Tratava-se da política da representação. Dado o fato de que a direita seja tão poderosa hoje, é importante que os textos progressistas não exijam a leitura de outros sete livros para que se façam entender. A teoria é absolutamente crucial, mas me preocupo com o excesso de teorização. Às vezes, Bourdieu sofre desse mal, embora haja realmente momentos em que um assunto exige um alto grau de abstração. É exatamente aqui que a luta para ser tão claro quanto possível se torna mais importante. Não quero, contudo, ser mal-interpretado. A teoria é importante, e de modo muito significativo. Afinal de contas, como eu poderia ter escrito livros como *Ideologia e currículo* se acreditasse que alguma teoria nova e muitas vezes difícil não fosse absolutamente essencial para vermos e entendermos o mundo de maneira radicalmente diferente? Perceber isso não elimina a necessidade de lutar com o texto para fazê-lo mais claro, e eu espero ter melhorado nesse aspecto com o passar do tempo.

Tenho outras preocupações sobre algumas partes da obra de Bourdieu: sobre sua suposição de que a cultura francesa é a cultura do mundo, sobre sua multiplicação de formas de capital que às vezes parecem infinitas, sobre o ponto até o qual podemos suportar analogias de mercado como instrumentos analíticos, sobre sua tendência para ocasionalmente generalizar em excesso e sobre como podemos fazer tal trabalho sem estarmos mais profundamente envolvidos em movimentos políticos e culturais concretos (esta última crítica parece menos forte para mim, dadas as recentes traduções para o inglês de seus escritos mais políticos). No geral, contudo, quero realmente aplaudir as obras de Bourdieu e Bernstein.

Por que a teoria crítica tem sido mais rapidamente aceita em outros países e não nos Estados Unidos?

Para responder à essa pergunta, preciso fazer outra: "O que queremos dizer com teoria crítica?". A *teoria crítica* tem uma longa história como determinado tipo de abordagem analítica e política na Alemanha e na França, especialmente na Alemanha durante e depois da República de Weimar, sendo, depois, forçada a fugir ou a ser expurgada por conta do regime nazista. Nomes como Benjamin, Adorno, Horkheimer e Marcuse são, é claro, associados a essa tradição.

Essa forma de teoria crítica foi uma tentativa de pensar a relação entre cultura, formas de dominação e sociedade. Ela começou como uma análise política/cultural da cultura de massa capitalista e depois se estendeu para além do capitalismo e de suas formas sociais – assim, por exemplo, temos a análise do conhecimento técnico e dos interesses cognitivos como formas de dominação, feita por Habermas.

Isso tudo tem uma história bem determinada. Presumo que, pela questão feita, quando dizemos "teoria crítica" de fato estejamos nos referindo ao que prefiro chamar de "estudos educacionais críticos", que são uma categoria muito mais ampla, incluindo obras marxistas e neomarxistas e também obras mais relacionadas à Escola de Frankfurt, que acabei de citar. Inclui também trabalhos dos estudos culturais críticos, da análise feminista pós-estrutural, da *queer theory*, da teoria crítica racial e outras abordagens críticas. Por causa disso, vou defini-la como um conjunto mais amplo de abordagens. A resposta para a questão de por que ela tem sido menos desenvolvida nos Estados Unidos é muito complicada e se relaciona à importante questão histórica "Por que não há movimentos socialistas de grande escala nos Estados Unidos?". Tudo depende muito das inclinações especificamente não-teóricas, positivistas e pragmáticas que historicamente ocorrem aqui na academia. Parte disso é resultado do fato de que havia tradições propriamente norte-americanas que levantavam questões similares e que não foram reconhecidas como pertencentes à teoria crítica. Outra parte tem a ver com as maneiras pelas quais a esquerda tem sido marginalizada e às vezes demitida das universidades durante períodos de crise.

A teoria crítica tem sido conceitualmente atrelada ao socialismo como forma de impedir sua aceitação geral?

Deixe-me unir essa duas últimas perguntas. Antes de mais nada, como acabei de dizer, penso que ela tem sido menos aceita no Estados Unidos do que em outros países em parte porque a tradição socialista nos Estados Unidos foi truncada. Somos a única nação desse tipo no mundo que jamais teve um partido trabalhista grande e sério. Além disso, uma das coisas que esquecemos é que os barcos cheios de imigrantes que chegavam aqui estavam também cheios de imigrantes que voltavam a seus lugares de origem. Algumas pessoas que não se deram bem aqui – às vezes pessoas bem politizadas – freqüentemente voltavam.

Acrescente-se a isso o fato de que, com a vastidão do Oeste – depois do assassinato e do encarceramento forçado dos nativos americanos –, as pessoas que não estivessem tendo sucesso nos Estados Unidos industrial, nas fábricas ou nas áreas urbanas entre os imigrantes e trabalhadores (que se prestavam freqüentemente ao ativismo do tipo que associamos ao socialismo e ao marxismo) podiam ir para lá. Tínhamos então uma válvula de segurança aqui que não estava em geral disponível na Europa e em outros lugares. Além disso, a tradição aqui tem sido usar *criticamente* o liberalismo com o seu enfoque nos direitos humanos, que eu chamo de *direitos da pessoa*, em oposição aos direitos de propriedade. Isso significa que o liberalismo tem tido aqui uma história mais importante do que o socialismo.

Precisamos lembrar que a gênese do discurso social e político nem sempre preordena como ele será usado social e politicamente. Assim, quero apontar que o liberalismo tem sido usado para propósitos bastante radicais nos Estados Unidos. Não é que simplesmente tenha sido um instrumento de dominação (isto é, na verdade, uma mudança em relação à posição que defendi em minhas primeiras obras). Mesmo com sua visão do individualismo, em vez de ver a pessoa como sendo membro de uma comunidade, o liberalismo foi radicalizado e usado pelos homens e pelas mulheres para os seus próprios propósitos. A fim de obter direitos pessoais para você e para sua família, você tinha de ingressar nos sindicatos e lutar. Para as mulheres, serem tratadas como cidadãs integrais era crucial, tanto no ambiente de trabalho quanto em casa, e também no Estado. Portanto, o liberalismo foi reapropriado pelas mulheres como um instrumento para suas lutas sobre o controle pessoal e sobre os direitos econômicos e políticos. O liberalismo teve e tem suas contradições, mas se tornou um instrumento político mais flexível do que poderíamos esperar. Assim, por várias razões – a vastidão geográfica, a existência de menos simpatia a tipos mais coletivos de organizações (com muita freqüência baseada em um racismo nativista no qual o socialismo era visto como uma ideologia estrangeira, embora pudesse ele próprio ser bastante racista, como muitos historiadores documentam), as pessoas tanto indo embora quanto permanecendo aqui e, o que é muito, mas muito importante, a natureza repressiva daquilo em que se envolviam os industriais e o governo –, tudo isso teve suas conseqüências.

Tome-se, por exemplo, a educação. Em muitas comunidades, se você fosse um professor socialista, seria despedido. Se fosse um professor do ensino fundamental ou médio e escrevesse uma carta para um jornal expressando ideais socialistas, poderia perder seu emprego. Havia muito poucas universidades ou sistemas escolares nos Estados Unidos que não tinham uma história de tragédias similares ou de outras maneiras de expurgar pessoas da esquerda.

Talvez seja útil comparar essa história muito complicada dos Estados Unidos a outras nações e suas complexidades. Pense na Austrália e na Inglaterra. Ambas têm uma história nacional muito mais aberta de fortes lutas dos sindicatos. O que isso significa se revelou a mim quando trabalhei com sindicatos de professores e com educadores críticos na Austrália. Fui presidente de um sindicato de professores em Nova Jersey, que se orgulhava de sua história, repleta de ações sérias. Contudo, quando fui à Austrália, percebi que os sindicatos de lá faziam coisas impensáveis nos Estados Unidos. O sindicato dos professores de pré-escola entrou em greve e fechou as portas das escolas porque uma quantia de 300 dólares foi cortada do orçamento dos professores, utilizado para comprar material de leitura para suas turmas. Tal ação faz parte de uma grande tradição lá. Isso provavelmente nunca aconteceria nos Estados Unidos, em parte porque durante décadas as greves realizadas por trabalhadores do setor público, como são os professores, eram (e em algumas áreas ainda são) ilegais. Portanto, há uma história muito diferente, que atua tanto como causa quanto efeito do fato de que, digamos, a Inglaterra e a Austrália ou outras nações tenham um tradição de análise marxista e neomarxista – embora isso esteja mudando, dados os ataques a sindicatos e a progressistas em geral que lá também ocorrem.

Deixe-me acrescentar outras poucas coisas. Os Estados Unidos não só têm uma longa tradição de populismo radical, tradição sem muito embasamento teórico, que vem da história do movimento rural/trabalhista, mas também Marx não estava disponível aqui. Não havia edições norte-americanas de sua obra. Em essência, não era possível comprá-lo ou lê-lo, exceto com muito esforço. Não é que partes das tradições marxistas não fossem às vezes redutoras ou mesmo erradas, mas sem a disponibilidade plena de uma boa quantidade de material é difícil desenvolver uma posição crítica baseada em tais tradições.

Precisaria dizer muito mais, mas vou concluir com a lembrança de que as classes sempre foram orientadas pela raça e pelo gênero. As divisões de raça e de gênero sempre foram usadas pelos grupos dominantes nos Estados Unidos – e em outros lugares – para impedir que "unidades descentralizadas" se desenvolvessem de maneira a desafiar o poder hegemônico. Isso também funcionou para interromper alianças em comunidades progressistas. Assim, como observei anteriormente, as pessoas podem ser progressistas sobre uma dinâmica de poder e retrógradas sobre outras. Nosso trabalho não é privilegiar uma forma de opressão sobre as outras, mas construir o que se chamava de "frente popular" contra as múltiplas realidades opressoras que muitos de nossos companheiros experimentam diariamente, bem como construir uma política tanto de redistribuição quanto de reconhecimento (para usar os conceitos bem pensados de Nancy Fraser) de modo que uma contribua para com a outra, mutuamente e sem contradição.

A cultura norte-americana resiste em buscar os significados políticos subjacentes na educação e no currículo?

Todas essas questões são bastante complicadas. Estou ciente de que não disponho de um livro inteiro para respondê-las, por isso devo dar uma resposta que delineie um quadro geral.

Há uma história nos Estados Unidos que torna a cultura "americana" resistente à busca de significados políticos. (Coloquei a palavra "americana" entre aspas porque é importante que as pessoas nos Estados Unidos saibam que as pessoas que vivem na América do Norte, na América Central e na América do Sul têm o mesmo direito de ser "americanas". Nossa arrogância em alegar que somos os verdadeiros americanos é algo que traz tendências imperiais. Continuarei a usar a palavra, mas toda a vez que você a ler, por favor coloque-a mentalmente entre aspas.) Deixe-me explicar essa tendência à resistência. Dei a entender anteriormente que há uma história nos Estados Unidos de momentos positivos e negativos cercando o que poderia ser chamado de antiteoria e antiintelectualismo. Agora, de certa forma, temos uma possibilidade de enfoque muito progressista. Historicamente, a tradição de cultura aristocrática não está desenvolvida nos Estados Unidos. Assim, um dos momentos positivos da cultura americana é a sua forma populista. Há, em geral, uma aversão ao elitismo. Isso significa que aparatos teoricamente complexos, como os que se voltam a estudar a política da educação e o currículo, que requeiram muita disciplina e estudo são na verdade vistos como "mera teoria". Essas tradições são, então, pichadas. Isso está relacionado a uma tradição antiteórica que, como já mencionei, é em parte contraditória. Tem alguns momentos bastante positivos por causa da experiência americana com o pragmatismo, que reside em uma demanda: "Quero que essas coisas possam ser usadas no meu cotidiano". De muitas formas, eu respondo positivamente a isso.

Contudo, há um momento negativo também. É de fato muito necessário um trabalho mais intenso para que se examinem politicamente as coisas aqui, porque os tipos de recursos políticos e teóricos que estão disponíveis "naturalmente" nas universidades ou na imprensa e na mídia, por exemplo, na Europa e na América Latina, têm, aqui, uma história muito menor, porque, novamente, eram ou ativamente expurgadas ou difíceis de se encontrar. Pense na realidade social como uma espécie de rádio em que haja uma centena de estações. Noventa e nove tocam as mensagens que sustentam ou não questionam as interpretações dominantes do mundo. É necessário um esforço muito grande e consciente para encontrar a única estação que desafia as interpretações do senso comum.

Há uma última coisa que gostaria de dizer sobre essa questão. Eu, na verdade, não penso que a cultura americana seja necessariamente resistente à compreensão de significados políticos. Pode ser que o que consideramos como política seja algo diferente ou talvez mais amplo. Um exemplo: muitas pessoas nos Estados Unidos têm historicamente se posicionado, em geral de maneira muito forte, contra as maneiras pelas quais as escolas operam e contra o currículo e a pedagogia que nelas predominam. Essas críticas têm sido feitas em geral na linguagem do individualismo. Isso é também político e de fato tem sua própria tradição aqui, nas escolas. Contudo, a predominância do individualismo como um discurso e como um conjunto de condições estruturais nos Estados Unidos tem feito com que seja difícil para essas críticas transformarem-se em questões politicamente coletivas. No entanto, não se pode entender, por exemplo, a história das mulheres ou a história das pessoas de cor, ou a história da classe trabalhadora e da luta étnica nos Estados Unidos, sem dizer que para a vasta maioria das pessoas de cor e para muitas mulheres e para as pessoas da classe trabalhadora, *gays* e lésbicas e nativos, os significados da educação e do currículo têm sido constantemente criticados. É em geral a cultura dominante que não reconhece a natureza política do currículo na educação americana.

Quais são as questões políticas e ideológicas que hoje afetam a educação?

Respondi parcialmente à essa pergunta na minha primeira resposta, mas me deixe avançar um pouco mais. Como observei, há grandes transformações acontecendo agora. Um exemplo é que estamos transformando a educação em uma mercadoria que se compra. O próprio significado de democracia está agora ligado ao consumo. O que antes era um conceito e uma prática políticos, baseados no diálogo coletivo e na negociação, é agora um conceito *inteiramente* econômico. Sob a influência do neoliberalismo, o próprio significado de cidadania está sendo transformado radicalmente. O cidadão é agora simplesmente o consumidor. O mundo é visto como um vasto supermercado. As escolas, e mesmo os alunos – como no caso do Channel One (canal de televisão presente em um grande número de escolas dos Estados Unidos), no qual as crianças são vendidas como uma audiência cativa para os anunciantes que comercializam seus produtos nas escolas –, se tornam mercadorias que se compram e vendem da mesma forma que todas as outras coisas são compradas e vendidas.

Essa é uma grande transformação na maneira pela qual pensamos sobre nós mesmos. Pensar na cidadania como um conceito político significava que ser um cidadão era participar na construção e reestruturação das instituições. Ser um consumidor é ser um indivíduo que tem posses e que é conhecido por seus produtos. Você é definido por aquilo que compra, e não pelo que faz. Assim, o movimento sociológico e econômico que redefine a democracia e a cidadania como sendo um conjunto de práticas de consumo, e no qual o mundo é visto como um vasto supermercado, tem hoje um grande efeito sobre a educação. Esse é um dos grandes efeitos de coisas como maus planos de crédito de ensino, e é um desastre em termos de reestruturação de nosso senso comum. Se eu estiver correto quanto à idéia de que são os movimentos sociais que transformam a educação, pensar em si mesmo como simplesmente um consumidor de um mercado – onde a justiça social em essência dará conta de si mesma por meio de nossas atividades de compra – é a principal ideologia da desmobilização. É a melhor coisa que os neoliberais poderiam desejar.

Há outro movimento, ou movimentos, que penso estar causando um grande impacto. Esses movimentos são o que as teorias pós-modernas e pós-estruturais estão tentando representar. Eles têm como objetivo cada vez mais o que poderíamos chamar de unidades descentradas, isto é, movimentos políticos que não são mais centrados apenas em questões de classe, sindicatos de trabalhadores e nas questões tradicionais sobre quem os atores sociais verdadeiros são. Esses movimentos não presumem que um simples modelo adicional seja suficiente. Assim, não consideram que acrescentar o elemento racial e depois as questões de sexo ou gênero seja suficiente. Não estamos mais concentrados apenas em questões de raça; não nos voltamos apenas às questões de classe; não nos concentramos apenas em questões de sexo/gênero.

Isso em parte responde à fragmentação parcial dos movimentos sociais. Há movimentos sociais das lésbicas negras; há movimentos dos *gays* de origem latina; há movimentos baseados na destruição ambiental, que combinam questões de raça e gênero de maneira complexa. Portanto, há movimentos coletivos de larga escala, movimentos que a maioria de nós associaria a transformações progressistas necessárias na sociedade e na educação, mas que as teorias aceitas podem não reconhecer como atores importantes. Esse sentido de fragmentação do projeto emancipatório é desconcertante para muitos educadores críticos. Aquelas que antes eram questões já determinadas (classe, economia, Estado) receberam acréscimos importantes. Questões referentes à sexualidade e ao corpo, à deficiência, ao pós-colonialismo, etc., não foram apenas acrescentadas ao quadro existente, mas foram aceitas, às vezes como substitutas das lutas a que muitas pessoas dedicaram suas vidas. Essa situação criou uma crise real, porque os movimentos direitistas são relativamente coerentes e a política da esquerda está agora extremamente fragmentada.

Em alguns livros recentes, disse que não estou numa igreja e que, por isso, não temo estar cometendo heresia alguma, mas de fato tenho algumas reservas a alguns aspectos da política pós-moderna e das teorias pós-modernas, especialmente quando elas nos levam, como eu disse antes, a ignorar a economia de classe e a economia política, tratando o mundo como se fosse um texto. Essas formas de possibilidade romântica me preocupam. Minha própria posição é a de que eu deposito minhas esperanças no que chamo de unidade descentrada – grupos e movimentos que agem em conjunto em vários frentes. Isso tem alguma semelhança com a política popular de frentes, que permitiam às pessoas unirem-se, em vez de lutar umas contra as outras. Contudo, eu ampliaria o âmbito da política e das questões que são consideradas importantes. A política do corpo que envolve HIV/AIDS, por exemplo, combina lutas econômicas internacionais, a predominância do lucro das industrias farmacêuticas, a exploração dos povos do Terceiro Mundo, os direitos dos *gays* e lésbicas, o controle da mídia e da política da representação, a educação sobre a sexualidade e sua supressão por parte dos movimentos conservadores, para citar algumas das questões e movimentos que devem ser lembrados para que façamos algum progresso. O HIV/AIDS não é uma questão menor. Tem um efeito realmente devastador em continentes inteiros e é uma das áreas em que questões de classe, raça, gênero, sexualidade, antiimperialismo, realidades coloniais e pós-coloniais e religião se encontram. Lutas econômicas, políticas, culturais e educacionais estão todas presentes aqui. Não é nem mais nem menos importante do que as lutas de classe e trabalhistas ou do que outras disputas sobre políticas e práticas escolares. Não é um substituto para outras questões cruciais, mas um exemplo de como determinadas questões exigem a construção de coalizões que ultrapassem diferenças, a fim de que se criem alternativas contra-hegemônicas eficazes. É por isso que as obras de escritores como Nancy Fraser, Judith Butler, Bell Hooks e outros se tornam importantes. Eles estão tentando mapear uma trilha intelectual/politica/culturalmente defensável, que apresenta maneiras de compreender e agir sobre as dinâmicas que, com muita freqüência, agora dividem pessoas que precisam estar unidas para lidar com uma gama de opressões, nacionalmente e internacionalmente.

Sejamos francos. Isso será muito difícil de fazer, assim como será a manutenção de movimentos igualmente importantes de classe, raça, sexo/gênero dentro e fora da educação. Uma das maiores razões para isso é o poder cada vez maior dos novos movimentos hegemônicos de que falei no começo desta entrevista. As transformações ideológicas que redefinem a cidadania, que redefinem a democracia, têm, como um de seus efeitos, não mais classificar as pessoas de acordo com a classe, a raça e o gênero a que pertençam. Em outras palavras, definir todos como consumidores e a democracia como a escolha individual do consumidor é um projeto radicalmente individualizador com um radical conjunto individualizador de identidades a ele atreladas. Como mencionei há um minuto, uma política da esquerda, ou uma política múltipla de esquerda, torna-se então cada vez mais difícil.

De que outras maneiras o ressurgimento ou a força da atual política da direita afeta a educação?

Gostaria de falar aqui de maneira mais próxima, mais prática, mais perto da realidade da sala de aula. Peguemos os livros-texto, por exemplo. Quanto mais a direita ganha poder, especialmente a direita religiosa e a direita neoliberal e neoconservadora, o que encontramos com freqüência muito grande é o seguinte, no que diz respeito ao currículo.

Nos Estados Unidos, muito embora não haja uma regra oficial que indique que tal é o caso, o currículo é o livro-texto utilizado em sala de aula. Apesar de não termos um currículo nacional nos Estados Unidos e de não termos um ministro da Educação que diga que todos os professores devem usar os livros-texto, fica bem claro, gostemos ou não, que a maioria dos professores os usa. Mesmo sendo possível escolher entre vários textos, quase todos os livros-texto se parecem. Isso tem a ver com a economia política da publicação desses livros. Os livros-texto são vendidos no mercado e escritos de acordo com as especificações daquilo que os Estados mais populosos querem. Devido a esse mercado, qualquer conteúdo que seja politica ou culturalmente crítico ou possa causar uma reação negativa dos grupos poderosos é evitado. Assim, estamos observando um movimento crescente que se afasta de qualquer espécie de material provocativo. Qualquer coisa que ponha em risco as vendas deve ser evitado. Isso criou uma situação que se tem chamado de "estupidificação" (o que significa tentar tornar os livros bastante simples e insípidos). Outro efeito do poder crescente da direita é o movimento por posturas bastante conservadoras, ou distantes de muitas posições social-democratas e, com certeza, de qualquer posição radical que possa vir a ser encontrada no núcleo do currículo em períodos anteriores. Pelo fato de o currículo americano ter sido sempre um resultado de compromissos e concessões sobre qual e de quem deveria ser o conhecimento reconhecido como legítimo, ele sempre conteve alguns elementos progressistas. Discussões parcialmente progressistas sobre raça, sexo/gênero, deficiência, meio ambiente e dinâmicas de classe e história sempre tiveram seu espaço no currículo, depois de décadas de trabalho. Embora esses elementos não tenham sido removidos, são transformados em algo muito mais "seguro", integrado em temas e perspectivas muito mais conservadores.

Esses pontos são importantes, pois, para que os grupos dominantes mantivessem sua liderança, tiveram de ceder em alguns aspectos. Tiveram de apresentar algum conteúdo sobre sindicatos, mulheres, sobre o passado lamentável (e mesmo sobre o presente) da dinâmica racial em sua história. Atualmente, observamos um movimento que se distancia disso, mas também observamos um movimento que se aproxima de outros pontos. Por exemplo, para a direita neoconservadora, a noção de controle rígido sobre a escola se torna crucial como uma maneira de tornar certo que os valores e conhecimentos adequados são ensinados a todos. É claro que sua definição de "adequado" é muito diferente do que, digamos, uma perspectiva anti-racista ou que considere que o conhecimento é construído por meio da ação, não estando dado antecipadamente e sendo simplesmente ensinado de maneira que o papel do aluno seja apenas dominar qualquer conteúdo que se lhe apresente. Os neoconservadores estão pressionando para que haja um "currículo de fatos". Desejam um currículo nacional ou estadual e exames nacionais ou estaduais, e esses, por sua vez, devem centrar-se nos fatos "aceitos" que constituem o conhecimento "real" e na mensuração de resultados nos quais alunos e professores devem ser estritamente responsáveis pelo que dominam ou deixam de dominar.

Entretanto, a ênfase não está apenas nos fatos. Juntamente com eles, está uma ênfase neoconservadora em reinstilar valores conservadores no currículo, e também fazer com que tais valores sejam enfatizados no currículo, nas práticas de ensino e nos testes. Tudo isso como indicativo do fato de que – embora a retórica de algumas das últimas reformas enfatize a descentralização –, da mesma forma que ocorre na realidade, o controle irá se aproximar mais e mais do centro.

Os neoconservadores não estão sozinhos, disse eu. Ao mesmo tempo, o elemento mais poderoso da nova aliança que cerca a modernização conservadora – os neoliberais – querem uma maior proximidade entre as escolas e a economia (remunerada). Isso demonstra que subjacente à postura neoliberal estão pressupostos patriarcais – e raciais também. Esse fato é documentado muito mais detalhadamente em *Educating the "right" way* e *The State and the politics of knowledge*. Um dos efeitos disso tem sido o crescimento dos programas que conectam a escola ao trabalho.

Tais coisas são contraditórias e possuem elementos do bom e do mau senso. Envolvem possibilidades positivas de alguma forma, já que muitos currículos têm como objetivo os alunos que se voltam à universidade, e a maioria dos alunos pobres e/ou mesmo da classe trabalhadora jamais irá além do nível médio (o fato de você pensar ou não que é essencial que todos os alunos devam ir além do nível médio não é o caso aqui). Isso propicia uma abertura para a discussão de um enfoque sobre a educação politécnica como algo provavelmente inteligente *para todos*, não só para a classe trabalhadora. Há uma longa história sobre tais discussões, incluindo a obra de John Dewey e de outros autores. Assim, ainda que estranhamente, as posturas neoliberais podem abrir espaço para um tipo diferente de debate sobre os fins da educação.

Contudo, o modo pelo qual essa discussão foi definida é exatamente o oposto. Os neoliberais criticam as definições existentes sobre o conhecimento importante, especialmente aquele conhecimento que não tem conexões com o que é considerado como metas e necessidades econômicas. Eles querem trabalhadores criativos e empreendedores (e ainda obedientes). A flexibilidade e a obediência andam de mãos dadas aqui. Devido a isso, uma educação politécnica crítica e criativa que combina "coração, cabeça e mãos" não é patrocinada pelos neoliberais. O espaço possível para essa discussão é fechado por uma ênfase em uma educação cujo papel principal (e às vezes único) é o econômico.

Os movimentos associados com esse aspecto da direita estão tendo um efeito profundo nos livros-texto, nos exames e no currículo. Para dar outro exemplo: um dos cursos obrigatórios que todos os professores tiveram de fazer em meu Estado, Wisconsin, para certificarem-se ou licenciarem-se como professores, foi o "Education for Employment" (Educação para o Emprego). A legislação que impunha isso também impunha que toda a unidade do currículo de todas as disciplinas, da pré-escola ao ensino médio, devesse incluir elementos identificáveis referentes à educação para o emprego. O Estado de Wisconsin tem sido historicamente um dos mais progressistas da nação. O fato de que tenha tal legislação diz muito sobre o poder crescente do discurso hegemônico do neoliberalismo. Pode-se ver, de novo, que o movimento em direção à direita tem efeitos profundos.

Finalmente, há a direita populista e autoritária. Sua posição está se tornando bastante conhecida e cada vez mais influente nos conflitos sobre textos, ensino, avaliação e sobre o lugar da religião nas escolas (deseja-se um retorno às ênfases religiosas fundamentalistas e conservadoras evangélicas no currículo e/ou a não-ênfase sobre perspectivas seculares).

Orações patrocinadas pelo Estado nas escolas são proibidas nos Estados Unidos (em alguns Estados há momentos de silêncio, ou a proibição das orações é simplesmente ignorada). A reenfatização dos impulsos religiosos pelos populistas autoritários está fazendo com que os professores sintam bastante receio de serem atacados. Em muitos distritos escolares, os professores são cada vez mais cuidadosos sobre o que ensinam e como ensinam, pois estão profundamente preocupados com o fato de que o currículo esteja sujeito a severas críticas pelos conservadores religiosos, muitos dos quais querem alterá-lo radicalmente para alinhá-lo a suas próprias posturas teológicas e morais. Assim, com o rápido crescimento desse populismo direitista, há, entre os conservadores, um sentimento crescente de desconfiança em relação aos professores, ao currículo e à própria idéia da escola pública. Não só os professores em todo o país se sentem sob ataque desses grupos, mas também houve um rápido aumento de pais conservadores que estão agora ensinando seus filhos em casa. Estima-se que entre 1,5 e 2 milhões de crianças estejam estudando em casa para protegerem-se de supostos perigos ideológicos, espirituais e morais presentes nas escolas públicas. Esse número é muito maior do que, digamos, o número de crianças nas escolas independentes (*charter schools*), que têm publicidade muito maior, mas cujo crescimento é consideravelmente menor do que o ensino doméstico.

A isso precisamos acrescentar as formas repressivas de patriotismo compulsório que agora vieram à tona e a não-aceitação da discordância na educação, na mídia e em outras instituições, além dos efeitos ocultos que esse movimento tem tido, algo similar ao que descrevo no Capítulo 9, "Pedagogia, patriotismo e democracia". Como tenho dito com freqüência, a crítica é a forma mais sincera de patriotismo. Criticar é dizer: "Este também é nosso país", e esperamos e exigimos a sustentação dos ideais que ele defende.

Obviamente, só pude apresentar aqui um quadro geral de uma situação que é muito complicada, contraditória e tensa. Discuti esse tema em profundidade muito maior em *Educating the "right" way*.

Que restrições você considera que estão sendo impostas sobre a comunidade de pesquisa na educação? Quais serão os resultados?

Penso que aqui também temos uma situação bastante contraditória hoje, isto é, o que se considera ciência e pesquisa importante e legítima é algo que se transformou muito, não apenas nos Estados Unidos, mas em outros países. Por exemplo, em 1970, quando fiz meu primeiro discurso na American Educational

Research Association, eu era uma das poucas pessoas, entre 7 ou 8 mil pesquisadores, que não estava fazendo apenas pesquisa etnográfica, mas uma pesquisa etnográfica que era social e culturalmente crítica. Hoje há muitos pesquisadores que fazem isso. Portanto, quando olho para este país e para muitos outros, seria impossível deixar de ver a transformação que ocorreu naquilo que é considerado ciência.

Atualmente há trabalhos etnográficos (tanto descritivos quanto críticos) e trabalhos históricos críticos, e se dá muito mais ênfase ao trabalho conceitual, narrativo, sobre histórias de vida, análises baseadas nos estudos culturais, etc. – sendo todos em geral considerados legítimos. Se você acrescentar a isso a existência e o crescimento rápido de diversos tipos de pesquisa feminista, pesquisa pós-colonial, estudos críticos sobre a deficiência, teoria racial crítica, análise do discurso e muitas outras áreas e abordagens empolgantes, eu acho que houve conquistas significativas.

Contudo, como disse antes, as coisas não vão todas na mesma direção. Essas perspectivas emergentes também levaram a determinado tipo de fragmentação. Tem havido um crescimento das linguagens "privadas" e de maneiras esotéricas de expressar nossas teorias, que apenas especialistas em uma pequena área podem entender. Assim, apesar de o crescimento das múltiplas perspectivas de pesquisa ter sido algo bom, um dos perigos é ter ficado mais difícil para os pesquisadores progressistas se comunicarem. Para que avancemos em direção a um conjunto de perspectivas e de agendas de pesquisa mais criticamente democráticos, precisamos suplantar esse problema, além de combinar abordagens que permitam aos ativistas e pesquisadores unir seus esforços para esclarecer o que precisa ser defendido e o que precisa ser mudado nas práticas e políticas educacionais atuais.

Enquanto isso acontece, há pressões, devidas a financiamentos restritos, que limitam o que é considerado pesquisa legítima ou ciência na academia a apenas aquilo que tem relevância para projetos industriais – ou às prioridades e preocupações de formas positivistas tradicionais de investigação. Um exemplo é vermos os padrões de financiamento que estão surgindo na pesquisa educacional, os quais estão mais interessados em testes, avaliação, acompanhamento ou em questões de desempenho – não em qual conhecimento está de fato sendo ensinado –, padrões que têm chances muito maiores de obter financiamento do que os projetos socialmente críticos. Isso nem sempre acontece, já que algumas conquistas aconteceram, mas a tendência geral é bastante clara. Essa situação ficou ainda pior pela institucionalização, realizada pela pesquisa educacional na administração Bush, das formas mais redutoras de pesquisa como sendo as únicas legítimas.

Portanto, há transformações e pressões visíveis que são impostas tanto por causa da crise fiscal nos financiamentos de pesquisa quanto por causa da agenda ideológica da atual administração. Assim, embora o que passe como pesquisa tenha sido ampliado, o fato de você ter a chance de realizá-la e de publicá-la depende em parte de ter ou não fundos para executar o trabalho. O que há é uma política de financiamento de pesquisas que se organiza ao redor de determinadas interpretações do que é importante saber e de quais são os procedimentos legítimos para tanto.

Preciso levantar outra questão aqui, para que não me compreendam mal. Não estou dizendo que as pesquisas quantitativas não são importantes. Nem estou indo contra o uso das melhores perspectivas e instrumentos estatísticos sociais e psicológicos. O que de fato ocorre é que as boas pesquisas qualitativas críticas freqüentemente acolhem asserções estatísticas pela, digamos, porta dos fundos (pense na pesquisa qualitativa crítica sobre as crianças em situação de pobreza, em que os dados sobre pobreza, renda e outros itens propiciam os fundamentos para quem as estuda, ou na pesquisa sobre mulheres pobres que passam a ser ouvidas por meio dos dados de uma pesquisa sobre os efeitos do empobrecimento crescente das mulheres). Para ser franco, estou começando a pensar que os pesquisadores e ativistas críticos têm na verdade participado de sua própria derrocada ao rotularem qualquer trabalho quantitativo como sendo algo "poluído". Isso, de certa forma, tem sido um desastre, pois em geral deixa o trabalho crítico em desvantagem quando ocorrem os debates públicos.

Pense no livro *The bell curve*, de Herrnstein e Murray, baseado em grande parte nos mesmos pressupostos conservadores que estão ajudando a incentivar os atuais planos de crédito (*voucher plans*). Os autores buscam demonstrar que geneticamente os negros são em média inferiores aos brancos em inteligência, e que as mulheres são inferiores aos homens em matemática (o trabalho de Steven Selden em *Inheriting shame* e em outros textos sobre a história de como se dão tais financiamentos é muito importante). O livro de Herrnstein e Murray não só era fundamentalmente racista e sexista, mas também estatisticamente equivocado. Nenhum geneticista de renome jamais faria aquelas afirmações com base em dados tão insuficientes. Nos debates públicos, porém, os autores conseguiram defender sua tese como se fosse algo muito bem fundamentado, pois poucos pesquisadores críticos foram de fato capazes de demonstrar o quanto a obra era empiricamente má.

A longa história de oposição ao comunismo nos Estados Unidos fez com que houvesse ceticismo e rejeição à teoria crítica pelo fato de ela estar fundamentada em pressupostos marxistas?

Sim, bastante, mas é importante lembrar que os Estados Unidos têm sua própria tradição de radicalismo. Já disse algumas coisas sobre isso antes, quando falei sobre o porquê de a esquerda não ter se desenvolvido e de ser mais fraca aqui. Contudo, é igualmente importante entender o quanto as questões de raça foram (e são) cruciais aqui. Os problemas de classe foram em geral "racializados" e muitos movimentos radicais formaram-se em torno da intersecção de questões de classe e raça.

Qual é sua opinião sobre a certificação nacional para professores?

Deixe-me fazer um comentário introdutório. Acho que essa questão tem de ser vista como algo que surge em determinada época. Não sou, em princípio, contra os movimentos nacionais que visam a verdadeiras reformas democráticas. Os Estados Unidos têm uma história de descentralização. Quando descentralizamos as coisas – por exemplo, a descentralização das decisões do nível nacional para o estadual –, os interesses do capital e dos negócios às vezes têm muito mais poder no nível estadual do que no nível federal, em Washington. Por exemplo, em nível estadual uma grande corporação pode dizer ao governo: "Se você não nos der maiores isenções de impostos, levaremos nossas fábricas para outro Estado ou para o México". Isso continua a existir, repetidamente.

Dessa forma, tanto o capital global quanto o local são, em essência, capazes de impedir, quase roubar, o sistema de impostos e usá-lo para seu próprio benefício. Esse é um procedimento mais oculto do que ir ao banco, com revólveres, e dizer "Passe-me todo o dinheiro". A longo prazo, em termos de destruição das comunidades locais, em termos da mudança do peso dos impostos e do equilíbrio de poder a seu favor, fica mais fácil fazer isso em nível local ou especialmente estadual do que em nível nacional, onde os sindicatos nacionais podem intervir. Por causa disso, algumas questões são mais bem tratadas em nível nacional (embora isso também esteja mudando, dado o fato de que o *lobby* pelo capital e por fundamentos conservadores esteja na verdade ajudando a escrever a legislação sobre a política econômica, o meio ambiente e muitas outras coisas, na atual administração).

Agora, passando à questão da certificação dos professores. Ao mesmo tempo que nos encaminhamos para o certificado nacional – e isso é supostamente parte de um movimento que se afasta dos testes do tipo papel e lápis e passa a ser mais baseado na avaliação de desempenho dos professores –, há outros movimentos aos quais ele se liga e que podem fazê-lo menos progressista. Se formos fazer isso nacionalmente, deveríamos querer que houvesse uma maneira de saber não só se os professores conhecem a matéria, mas se também sabem de fato fazer coisas que sejam criativas e críticas, social e educacionalmente, para os alunos. Sejamos francos – para que isso funcione, teríamos de provavelmente gastar um bilhão de dólares, de que não dispomos agora. Por exemplo, nas escolas públicas de muitas de nossas cidades, como Nova York ou Los Angeles, há turmas que têm aulas nos banheiros e nos corredores das escolas. Em muitos sistemas escolares urbanos e rurais, três turmas compartilham os mesmos livros de matemática.

A longo prazo, então, dado o fato de que mal tenhamos dinheiro suficiente para sustentar as necessidades básicas de muitas crianças das áreas urbanas e rurais, ou teremos um modelo de certificação dificilmente exeqüível e baseado, como sempre, em testes do tipo papel e lápis, ou teremos duas classes de professores – uma menor, vista como sendo de elite e talentosa, e uma consideravelmente maior (composta pela grande maioria dos professores), vista como sem talento e menos merecedora de respeito, de salários melhores e de apoio. Isso pode configurar-se em um verdadeiro desastre, consideradas as condições de trabalho dos professores na maioria dos distritos escolares das áreas mais pobres.

Esse processo pode reproduzir experiências e efeitos negativos já conhecidos. Pode ter o mesmo efeito que obteve a National Teachers Examination, um teste que praticamente tinha um rótulo nele grudado, dizendo: "Se você é negro, indígena ou latino, ou simplesmente pobre, seu resultado será mais baixo e não responderá à sua cultura ou habilidades, o que aumentará a probabilidade e a possibilidade de que tenha como professores uma classe média mais opulenta, em grande parte branca e anglo-saxônica, muito embora a demografia do país esteja indo exatamente na direção contrária". Isso pode ser também perigoso numa época em que, em nível nacional, a direita neoliberal e neoconservadora está conquistando mais poder e capacidade de controlar as metas, os meios e conteúdos da educação.

Não me oponho de nenhuma forma ao aumento das habilidades e experiências dos professores, mas pergunto se a certificação nacional é algo inteligente em uma época de ressurgimento nacional do poder de grupos que definiram o significado e os meios e fins da democracia. Há alternativas mais participativas a essa certificação, algo similar ao que meu colega Kenneth Zeichner está fazendo sobre o desenvolvimento de modelos críticos e democráticos de educação e desenvolvimento docentes – modelos que são discutidos em seu livro, escrito com Dan Liston: *Teacher education and the social conditions of schooling* (New York: Routledge, 1991).

Você já falou sobre várias questões concernentes aos livros utilizados nas escolas hoje. Como podemos melhorar o modo pelo qual o material incluído nos livros é selecionado ou ensinado? Será que o desempenho seria melhor sem os livros-texto?

Vou responder à primeira pergunta porque é mais fácil começar por ela. Eu em geral não acredito em livros-texto. Normalmente, considero-os embrutecedores. Por outro lado, e isso é algo de que falo também em *Official knowledge*, temos de entender que uma das razões pelas quais os livros-texto se tornaram dominantes nos Estados Unidos é termos uma força de trabalho composta por professores jovens, em sua maioria mulheres (em geral muito inteligentes), nas escolas fundamentais. As salas de aula continham alunos de todas as idades e estavam em geral lotadas, sendo os professores responsáveis por todas as disciplinas. Dadas essas condições, os professores insistiam que precisavam de alguma ajuda. Apelaram para materiais padronizados, de maneira que pudessem ter tempo para de fato poderem ensinar um pouco. O livro-texto era, então, uma resposta progressista, não-retrógrada. É interessante notar que ele teve, então, uma história parcialmente democrática no trabalho dos professores. Os professores diziam: "Não dá para esperar que ensinemos tudo, pois não temos nem uma biblioteca nas escolas". Devido a isso, na virada do século XIX para o século XX, os livros-texto e o aconselhamento dos especialistas se tornaram mais fortes.

Assim, muito embora as editoras em breve passassem a explorar essa condição para seu próprio benefício, a predominância do livro-texto padronizado não vinha só delas. Era também uma resposta às demandas dos professores, que diziam: "Estou sendo explorado, não tenho tempo para fazer tudo isso". É claro que o desenvolvimento do livro-texto padronizado também se deveu a outras dinâmicas: a preocupação em americanizar os imigrantes, administradores que presumiam que as mulheres não tinham o talento suficiente para elaborar seu próprio material, pressupostos patriarcais sobre a necessidade de controlar o trabalho das mulheres, como eu demonstro em *Teachers and Texts*, preocupações que materiais racialmente "perigosos" pudessem ser ensinados, solapando a ordem racial existente nos Estados Unidos.

No geral, penso que um currículo baseado em um livro-texto tende a ser entediante e acrítico. Tende a não ser democrático. Para citar Stephen Ball, é um "currículo morto". Em *Democratic schools* (Alexandria, VA: ASCD, 1995), uma das coisas que James Beane e eu tentamos fazer foi mostrar várias salas de aula onde os professores passaram a usar um currículo negociado, em que os materiais eram utilizados por professores e alunos em resposta direta a problemas da comunidade local. Esse me parece ser um processo muito mais dinâmico do que depender de materiais em geral ultrapassados e conservadores. A Rethinking schools e outras editoras têm dado bons exemplos de como os professores podem ir além do material curricular padronizado, deparando-se abertamente com importantes questões.

Isso não quer dizer que não possamos interferir, fazendo com que os livros-texto existentes se tornem muito melhores. Há coisas que podemos fazer. Essa intervenção deve ser realizada com total consciência de como a economia e a política dos livros funcionam. Nos Estados Unidos, os textos são determinados em nível local ou estadual, dependendo do Estado em que se vive. Contudo a parte sul do país (cerca de 20 Estados) tem determinadas políticas estaduais para a adoção de livros. Tais Estados estabeleceram critérios rigorosos que devem ser atendidos para que o livro seja aprovado. Três desses Estados (Texas, Califórnia e Flórida) controlam boa parte do que se publica no país.

Pelo fato de esses Estados estarem entre os mais populosos e de os livros lá publicados serem vendidos em todo o seu território, as editoras publicarão apenas o que se vende no Texas, na Califórnia e na Flórida. Juntos, esses Estados respondem por 35% do mercado de livros-texto. São também regiões onde se desenvolvem poderosos movimentos conservadores. Lembre-se de que Ronald Reagan foi o governador da Califórnia antes de tornar-se presidente. Bush foi o governador do Texas, e seu irmão é o atual governador da Flórida. Devido a isso, se você quisesse alterar alguma coisa em seu próprio livro, na sua organização, teria de fazê-lo de acordo com esses três Estados. Isso significa que os movimentos progressistas têm de aprender o que a direita já aprendeu: organizar e direcionar bem seu movimento, enfocar aquelas áreas que tenham o maior potencial de efeito transformador e perceber que o processo levará anos de esforços culturais e de organização política. A direita fez esse trabalho duro. Devemos fazer o mesmo.

Qual é sua sensação sobre o currículo nacional?

Novamente, deixe-me apresentar uma questão introdutória, dizendo que, a princípio, não sou contra a idéia de que as coisas sejam decididas de maneira democrática e, depois, institucionalizadas em nível nacional. Contudo, na minha opinião, a única razão para um currículo nacional, *a única razão*, é estimular o debate sobre que conhecimento é importante em todos os níveis, da escola local às cidades, aos Estados, às regiões. A única razão para que falemos sobre isso é estimular um debate nacional!

Nos Estados Unidos, o movimento a favor do currículo nacional é em sua maioria um movimento conservador, embora contenha elementos mais liberais e mais progressistas. Um exemplo seria o de alguns intelectuais afro-americanos que querem um currículo nacional, porque pela primeira vez isso garantiria que em distritos muito conservadores, em geral racistas, teria de ser ensinada a história das pessoas de cor.

Por outro lado, acho que se mover em direção a um currículo nacional neste momento nos Estados Unidos seria bastante perigoso. Um dos efeitos de ter um currículo nacional agora é o de legitimar e institucionalizar um sistema de exames nacionais. Tanto os aspectos neoconservadores quanto neoliberais da modernização conservadora são fortemente a favor desses exames. Uma vez instituído, o exame nacional com base em um currículo nacional faria com que em geral o conhecimento dos grupos da elite econômica e cultural predominasse. Sabemos, a partir de experiências passadas em vários países, que esses grupos têm mais voz e mais poder para colocar o seu conhecimento nessa espécie de exame.

Assim, presumo que um currículo nacional levará inexoravelmente a um exame nacional. Também prevejo que o exame nacional seria usado, em Washington e em nível estadual, para justificar cortes de custos e de oportunidades. Em vez de demonstrar quais alunos precisam de mais incentivos financeiros e apoio, ele confirmaria o senso comum, tacitamente incluindo uma postura segundo a qual as crianças pobres e da classe trabalhadora são menos inteligentes.

Uma vez que isso se estabeleça como senso comum em nível nacional, não haverá mais dinheiro para as escolas que, em muitos lugares, vivem uma crise bastante grande. Assim, vários distritos nos Estados Unidos terão de fechar suas portas mais cedo no ano letivo, para não ter crianças que freqüentem as escolas durante os 180 dias regulamentares. Não haveria dinheiro para fazer qualquer coisa.

Há outro perigo nessa época de reformas neoliberais, que é o fato de o currículo nacional e o exame nacional exacerbarem ainda mais o processo de transformar as escolas em mercadorias. A ênfase neoliberal, lembremos, é fazer da escola uma parte da economia ou uma mercadoria em si mesma.

Como tem acontecido na Inglaterra, onde o currículo nacional está ligado a um exame nacional (cujos resultados são publicados como tabelas divididas em níveis, como as divisões de um campeonato de futebol, onde as escolas são comparadas), surgiria um mecanismo direto que permite à direita, em essência, colocar etiquetas de preço nas escolas e dizer: "Esta é uma boa escola, esta é uma má escola". Em essência, permite que digam: "Não há mais dinheiro para sustentar a reforma democrática na escola, por isso o que precisamos fazer é comercializar".

Temos aqui uma conexão direta com os planos de crédito que dão aos pais uma pequena quantia de dinheiro para que escolham as escolas comercializadas. Em breve, teremos um sistema no qual, se você tiver uma renda mais alta, poderá suplementar o dinheiro público daqueles planos de crédito e ir para qualquer escola que quiser. É uma fórmula para o desastre.

Tais dinâmicas são complicadas. O currículo nacional e o exame nacional levarão à privatização crescente, de um lado, e à centralização crescente, de outro, sobre o conhecimento oficial. Colocarão etiquetas de preço nas escolas, de modo que o mercado possa funcionar. O setor privado para os ricos será expandido e haverá uma ilusão de escolha para os pobres e para a classe trabalhadora. Isso é exatamente o que Whitty, Power e Halpin constataram em seu livro, *Devolution and choice in education* (Bristol, PA: Open University Press, 1998) e o que Lauder e Hughes constataram também em seu exame mais recente das conexões entre os mercados neoliberais, as políticas neoconservadoras sobre os currículos e os testes e a desigualdades em *Trading in Places* (Philadelphia: Open University Press, 1999). Os verdadeiros prejuízos causados por tal combinação para o que ocorre nas salas de aula estão demonstrados graficamente no excelente livro de Gillborn e Youdell, *Rationing education* (Philadelphia: Open University Press, 1999).

As implicações disso tudo são profundas. O dinheiro federal e estadual irá para as escolas privadas; os pais que tenham mais dinheiro tirarão suas crianças das escolas públicas com baixos financiamentos, que estarão caindo aos pedaços, e as colocarão em escolas privadas. Vão se recusar a pagar impostos para tornar melhores as escolas que sobrarem. O que sobrará serão escolas altamente controladas, altamente policiadas e decadentes nas áreas urbanas mais pobres. Será um processo destrutivo para todos os envolvidos. Na minha opinião, então, um currículo nacional em uma época de hegemonia neoliberal e neoconservadora é uma fórmula para o que chamo simplesmente de *"apartheid educacional"*.

Você acha que o National Council for Accreditation of Teacher Education (NCATE), uma organização burocrática que avalia a qualidade dos cursos de educação, e outras instituições similares tenham poder demais?

Sem dúvida. Na verdade, a Universidade de Wisconsin saiu do NCATE há mais de uma década. Uma das razões foi o fato de agências como essas terem um modelo universal que pensam poder impor a todo o programa educacional em toda a instituição. Pelo fato de nossa universidade naquela época e hoje ser considerada, de acordo com os índices nacionais, uma das melhores escolas de educação do país, os tipos de relatórios e mudanças programáticas e burocráticas que eles exigiam pareciam nos tirar uma significativa parcela de tempo e de dinheiro sem que houvesse muito retorno. Em nossas deliberações, estávamos certos de que podíamos fazer um trabalho melhor do nosso próprio jeito, por meio de nosso verdadeiro compromisso em construir um curso de graduação e pós-graduação de alta qualidade em educação.

Portanto, nos retiramos. Mais tarde, porém, estivemos sob considerável pressão para voltar, por causa do problema dos diplomas. Será que os diplomas dos mestres que saíam de nossos cursos seriam reconhecidos nacionalmente? Esse reconhecimento nacional é importante, é claro, mas em geral atua como um mero substituto a uma resposta mais séria e menos burocrática ao problema de construir um programa para formação de professores que seja social e educacionalmente crítico. Não estou de todo certo que o NCATE e organizações similares de fato nos ajudem a fazer isso. Assim, embora ache que haja elementos parcialmente progressistas no NCATE, penso que em geral tais organizações merecem a crítica que freqüentemente recebem.

Quais são as implicações do livro *The bell curve*, de Herrnstein e Murray para a educação?

Primeiramente, fiquei surpreso por terem publicado o livro! Sem dúvida, como disse antes, toda a sua lógica e todos os seus dados foram desacreditados. Como disse, nenhum geneticista de boa reputação faria as afirmações que os autores fazem. Não há argumento genético que você possa fazer sobre grandes populações com base na análise deles. Passamos pelo período de Arthur Jansen antes e sabemos que essas alegações são metodológica, ética e teoricamente erradas. Estatisticamente, também – trata-se simplesmente de ciência de má qualidade.

O que o livro prova é que o American Enterprise Institute, a Heritage Foundation, a Bradley Foundation e outros grupos de pesquisa neoliberais e neoconservadores são incrivelmente influentes e dispõem de muitos recursos financeiros. Eles ajudaram a colocar Murray (Herrnstein morreu antes de o livro ser publicado) em quase todos os *talk shows* da televisão e do rádio e em todos os jornais e revistas dos Estados Unidos. Eles contavam com milhões de dólares por trás dos panos para patrocinar tudo isso. Seus efeitos mais visíveis sobre a política educacional, a curto prazo, foram relativamente mínimos. As conseqüências ideológicas de longo prazo podem estar mais ocultas, mas talvez tenham implicações mais duradouras.

Mesmo que seja verdade que, em média, digamos, os afro-americanos tenham um QI mais baixo (uma odiosa alegação racista), sabemos que as extremidades das curvas sobrepõem-se de tal forma que não há política educacional que você possa fazer que seja diferente. Portanto, mesmo se as afirmações do livro fossem verdadeiras, não fariam diferença. Por outro lado, o que o livro fez, nessa época de políticas reacionárias, racismo, incertezas econômicas e individualismo possessivo, foi exacerbar essas tendências. As pessoas culpam os grupos minoritários e os imigrantes pelos problemas da economia. Os medos de ordem econômica organizam-se ao redor de temas direitistas. A ação afirmativa para os "grupos indignos" (biológica e moralmente) e políticas similares são vistas como as causas dos problemas sociais e educacionais. Isso permite aos grupos dominantes retirar a culpabilidade de si próprios ao tomar decisões políticas e econômicas fundamentais.

Em essência, o que isso faz é colocar mais um tijolo na parede que está sendo construída entre os grupos dominantes e nós. Pela exacerbação de uma situação em que as pessoas colocam a culpa de todos os seus problemas na economia, pela ênfase ao aumento dos crimes, pela falta de segurança presente mesmo em grupos menos poderosos, poderemos ter a destruição das comunidades e de qualquer sentido de bem comum. Acho isso bastante destrutivo. Os efeitos de longo prazo do livro sobre a educação podem, então, estar na justificação de cortes ainda maiores nos financiamentos para obras sociais, saúde, oportunidades de expansão de programas educativos, etc. Isso será feito pela confirmação e legitimação de intuições que determinadas pessoas tinham a respeito do outro, intuições em geral bastante racistas. Esses efeitos ocultos podem ser mais difíceis de ver, mas são significativos. Assim, muito embora coisas como *The bell curve* possam não ter um efeito maior sobre a educação em termos de mudanças óbvias na política e na prática, isso não significa que seus efeitos não estejam presentes. Tais efeitos são internacionais tanto quanto nacionais, pois, se esses argumentos baseados em dizer o que não se diz são considerados legítimos nos Estados Unidos, também o serão em outros países.

Deveria haver um sistema unificado de educação? A esse respeito, permita-nos apresentar alguns elementos. Temos a educação para pessoas superdotadas, temos a educação especial, a educação pela leitura e a educação vocacional. Deveríamos adotar um sistema unificado de educação ou uma educação fragmentada?

Em parte, já temos um sistema unificado de educação hoje, mas de uma maneira muito estranha, isto é, as escolas funcionam para classificar e selecionar. Não foi só para isso que elas foram construídas, mas é certamente uma das razões para terem sido construídas e organizadas do jeito que foram. Basta ler a obra de Horace Mann – ou de qualquer um dos primeiros idealizadores das escolas – e você entenderá que as escolas estavam lá para serem em parte "grandes motores da democracia". Esses motores teriam como base uma visão de democracia em que algumas pessoas seriam os líderes, e outras, seus seguidores. A noção de escolas unificadas como mecanismos de classificação e seleção está bem viva.

Temos também outro forte elemento de uniformidade, que se baseia no livro-texto. Como disse antes, temos um currículo nacional nos Estados Unidos, mas ele não é oficial. É quase como se tivéssemos um ministro da Educação exigindo que determinadas coisas fossem ensinadas, mas "da melhor forma possível".

Mais diretamente relacionado ao interesse de sua pergunta, que tipo de educação deveríamos ter? Minha própria postura a esse respeito já foi declarada antes. Em um mundo ideal, acho que uma boa educação é uma educação politécnica para todos, isto é, uma educação que se voltasse ao coração, à cabeça e às mãos de *todas* as pessoas. Não teríamos rastreamentos do desempenho dos alunos, ou peneiramentos. Não teríamos um currículo diferencial dizendo que determinados tipos de aluno irão para o treinamento vocacional e outros para lugar diferente. Acho isso muito perigoso. Em uma época de recursos escassos, independentemente da retórica que esteja por trás disso, tal visão diferencial simplesmente leva à reconstrução, por intermédio da escola, de modelos hierárquicos tradicionais da divisão social do trabalho. Assim, quero um modelo uniforme em termos da maneira que pensamos sobre uma educação para todos. Não quero que façamos diferenciações negativas. Sou também fortemente a favor da educação inclusiva, isto é, de que não tenhamos uma educação especial em separado para alunos rotulados como pessoas que tenham deficiências emocionais ou físicas. Acho que isso é importante não só para as crianças assim rotuladas, mas também para as que não o são. Que tipo de sociedade estaremos produzindo quando separamos as pessoas e não temos as responsabilidades coletivas que façam com que elas saibam como interagir?

Por outro lado, embora em uma situação ideal eu prefira escolas inclusivas, o que temos agora nas realidades de muitas salas de aula são turmas cada vez maiores, orçamentos decrescentes, maiores problemas sociais nas escolas e a intensificação do trabalho do professor. Para citar um de meus amigos que leciona em escolas de minha própria cidade: "Michael, não tenho tempo nem para ir ao banheiro durante o dia". Dado esse tipo de situação, o que está acontecendo aos professores é que a retórica diz "inclusão", mas a realidade diz: "Jogue essas crianças em uma sala de aula comum, e não ofereça ajuda, nem assistência, nem recursos a professores que já vivem em condições que fazem suas vidas extremamente difíceis". Portanto, na situação real de um número considerável de escolas e de salas de aula, o que temos é com freqüência o equivalente ao que fizemos quando fechamos os hospitais psiquiátricos nos Estados Unidos. Jogamos as pessoas de volta em suas comunidades e as deixamos lá para que "afundassem ou nadassem", dando-lhes muito pouco apoio de longo prazo. Em geral, elas afundaram.

Que impacto você acha que o atual Congresso norte-americano, que é republicano, e o popular radialista conservador Rush Limbaugh (um ultraconservador cujo programa de rádio é o mais escutado nos Estados Unidos) terão em aprovar uma agenda conservadora para a educação? Quais são os componentes desse impacto?

De certa forma, já respondi a essas questões antes. Acho que todas as tendências rumo à privatização, à comercialização, ao controle mais rígido do conhecimento e dos valores, culpar as escolas por tudo, e tantas outras coisas, continuarão a existir e vão proliferar-se. Teremos escolas cada vez melhores para as crianças ricas e escolas cada vez piores para as crianças pobres. A lacuna entre as escolas ricas e as escolas pobres será cada vez maior, como já é. Também penso que haverá cada vez mais a criação de um "senso comum" direitista, que é exatamente o que vemos agora. Em *Official knowledge* e *Educating the "right" way*, defendo que uma das maiores coisas que a direita percebeu é que, para ganhar no Estado, você tem de ganhar na sociedade civil, isto é, você deve mudar as idéias fundamentais de uma sociedade sobre a função das escolas (e de todas as políticas sociais).

Penso que Rush Limbaugh e personalidades conservadoras similares do rádio e da televisão são porta-vozes de boa parte do movimento sobre o qual venho falando aqui. O que as pessoas como ele dizem agora continua a ser muito prejudicial. Muito do que eles dizem é abertamente racista e sexista. Contudo, de fato fala ao ódio que se tem organizado ao redor de temas que a direita abraçou. Dá voz a um impulso populista, mas tal impulso foi colonizado pela direita de uma forma poderosa, de modo que as pessoas que estão furiosas com a maneira com que são tratadas e (justificadamente) preocupadas com seu futuro e com o futuro de seus filhos são levadas à proteção oferecida pela liderança da aliança conservadora. Tem havido um uso muito inteligente do discurso da responsabilidade individual aqui – um discurso que diz que *nós* somos responsáveis pela moral e *eles* (pessoas de cor, pobres, imigrantes, *gays* e lésbicas, empregados do Estado, etc.) não são. O que personalidades do rádio como Limbaugh fazem é legitimar a noção de que as pessoas são pobres por culpa delas, que as pessoas não levam a sério a escola não porque não haja empregos, nem futuro econômico, ou por causa das terríveis desigualdades de recursos, mas porque são estúpidas e não têm caráter ou moral. Ele e muitas outras pessoas que pensam iguais caracterizam qualquer pessoa que discorde por princípio dos conservadores como ideólogos ou como não-patriotas ou como alguém que tem "interesses especiais". Mas o capital não é do interesse de um grupo em especial? Os executivos das empresas petrolíferas que estão no centro do nosso governo não formam um grupo que tenha interesses especiais? As corporações que estão enfraquecendo nossas leis ambientais não são um grupo que tenha interesses especiais? E a direita cristã? E as fundações conservadoras não falam por determinado grupo que tenha interesses especiais? Organizações sólidas e com grandes recursos, em geral brancas, conservadoras e antiação afirmativa, não configuram grupos de interesse especial? Para mim, é sempre interessante ver como isso funciona. A linguagem tem mesmo um poder muito forte.

Isso significa e continuará a significar o mesmo no futuro. Receio que teremos administrações municipais, estaduais e nacionais que, para ganhar os votos daqueles que estão gerando o que poderíamos chamar de "ódio branco", cada vez mais vão desprezar a má situação em que já se encontra quem está de fato na base do processo. Os resultados dessas políticas serão encobertos, usando palavras que costumavam ser socialmente democráticas (democracia, liberdade, etc.). Na verdade, uma das coisas mais poderosas (e às vezes brutal) que a direita fez – e Rush Limbaugh foi eficaz ao popularizar essa estratégia – é tomar as opiniões populistas (a linguagem do povo), tão comuns e poderosas nos Estados Unidos, e dar a elas uma guinada à direita. Criou-se uma situação na qual a perspectiva cada vez mais dominante é "nós contra eles", sendo o "nós" os americanos que supostamente trabalham duro, que de alguma forma saíram da pobreza por seu próprio esforço, e "eles" os afro-americanos, os latinos e outras pessoas de cor. Isso está criando um clima no qual a segregação racial e econômica está sendo agora chamada de "escolha". Justifica-se usando a retórica da democracia como práticas de consumo. É uma estratégia brilhante, e os efeitos dela já são bem visíveis ao nosso redor. De fato aponta, contudo, para a importância crucial de os progressistas aprenderem como empregar a mídia de maneira criativa para contraporem-se às mensagens de pessoas como Limbaugh. Os *talk shows*, a internet e os filmes, e mesmo livros populares, como demonstrou Michael Moore – todos são fundamentais, e as comunidades progressistas estão apenas começando a aprender com usá-los de maneira eficaz.

Dado o que vem em geral acontecendo, contudo, estou muito, muito preocupado com o futuro da educação norte-americana. As transformações que estamos experimentando são bem reais. Contudo, as condições já foram más anteriormente e, ainda assim, as forças democráticas obtiveram grandes vitórias. Não quero usar de retórica aqui, mas posso dizer que, apesar dos problemas atuais e da perda de algumas expectativas referentes a algumas das promessas do PT, o que aconteceu, por exemplo, em Porto Alegre, com o crescimento do Orçamento Participativo e com a Escola Cidadã, nos dá motivos para termos esperança. É aqui que o sul tem muito a ensinar ao norte. Assim, sou um otimista sem ilusões. Raymond Williams foi sábio ao dizer que a esperança é um de nossos recursos mais valiosos. Agora temos de usá-lo.

ÍNDICE

Ação afirmativa, 269-272
Accountability (responsabilidade final), 10, 11, 41-42, 162-163, 187-188
Aculturação, 106-108, 112-113
Administração Bush
   Educação e, 10, 260-261
Administração das escolas
   campanhas secretas na, 244-245
   em Madison, Wisconsin, 24, 230-231, 235-237, n. 14
Adorno, Theodor, 250-251
Alemanha, 250-251
Alianças
   conservadoras, 271-272
   hegemônicas, 233-234, 246-247, 257-258
   progressistas, 253-254
Alunos
   ajuste à autoridade, 127-128
   alienação dos, 177-178
   conhecimento e, 88-89
   da classe trabalhadora, 258-259, 265-266
   da universidade, 258-259
   de cor, 236 237
   desempenho dos, 190-191
   direitos, 143-144, 218-219, 230-231
   educadores e, 183-184, 189-190
   estrangeiros, 230-231
   falantes de espanhol, 187-188
   histórico social dos, 65-66, 185-186
   identidades dos, 189-192
   mexicanos-americanos, 185-186
   minoria, 71-72, 185-186
   negros, 185-186
   papel de aprendiz dos, 88-90
   percepções dos professores sobre os, 189-191
   pobres, 71-72, 185-186, 258-259, 265-266
   problemas, 193-194
   rebeldes, 193-194
   resultados, 199-200
   rotulação, 184-192, 197-198, 202-203
   tipos de, 209, n. 20
Alunos lerdos, 183-186
América Latina, 254-255
American Enterprise Institute, 268-269
American Sociological Society, 85-86
American way of life, 228-229
Americanos nativos, 119-120, 142-143, 255-256
Análise estrutural, 248-249
Análise marxista, 180-181
   neo-, 181-182
Análise relacional, 43-47
Anglocentrismo
   nas escolas, 185-186
Apple, Michael, 7, 237-238
   Cultural Politics and Education, 15-16, 249-250, 260-261
   Educating the "rigth" way, 9-10, 15-16, 248-250, 260-261, 271-272
   Education and power, 23-25, 245-246
   Official knowledge, 15-16, 235-236, 249-250, 263-264, 271-272
   Professors and texts, 23-24, 28-29, 264-265
   The State and the politics of knowledge, 15-16, 245-246, 249-250
Aprendizagem
   ocasional, 127-128
   padronizada, 87-88
   problemas, 184-185
   psicologia da, 199-200
   teoria da, 64-65, 216, n. 25
Área de sistemas
   conflito interno à, 158-159, 165-166

Área do currículo, 54-55, 63-64, 76-77, 145-146, 210, n. 10
   ausência de mudança na, 177-178
   como ciência crítica, 167-168
   conhecimento social e, 210-211
   controle social e, 84-85
   crítica da, 152-153, 217-218
   domínio da tecnologia na, 82-83
   estado intelectual da, 152-153
   história da escola e da comunidade e, 102-106
   ideologia liberal e, 176-177
   importância da reflexão crítica na, 176-179
   modelos de organização coorporativa e, 116-117
   paradigmas intelectuais na, 177-178
   problema da comunidade e, 112-115
   procedimentos do modelo sistêmico de gestão na, 158-159, 162-163
Arendt, Hannah, 154-155
Aronowitz, Stanley, 28-29, 209-210
Asiáticos, 246-247
Aulas obrigatórias para, 259-260
   alunos e, 183-184, 189-190
   certificação nacional dos, 76-77, 241-242, 262-264
   condições de trabalho dos, 263-264
   falta de confiança nos, 259-260
   sindicatos, 253-254
Austrália, 253-254
   educadores da, 253-254

Ball, Stephen, 264-265
Beane, James, 14-15, 245-246, 264-265
Bem comum, o, 22-23
Benjamin, Walter, 250-251
Bennett, William, 26-27, 242-243
Berger, Peter, e Thomas Luckman, 53-54
Bernstein, Basil, 41-42, 63-70, 75-76, 247-248, 250-251
Bernstein, Basil, e Michael F. D. Young, 36-37, 50-51, 210-211
Bloom, Alan, 243-244
Blum, Alan F., 174-175, 188-189
Bobbitt, Franklin, 107-117, 154-158, 223-224
   consciência de grande grupo e, 109-110
Bourdieu, Pierre, 8, 28-29, 247-248, 250-251
   capital cultural e, 43-44, 67-68
   educação e, 41-42
   ordem social e, 66-70, 75-76, 202-203
   teoria da cultura e do controle de, 63-64
Bowles, Samuel, e Herbert Gintis, 36-38, 47-48, 52-53, 66-67, 75-76, 57-58, n. 11
Bradley Foundation, 268-269

Brasil, 12-13
   Escola cidadã no, 13-14, 272
   Partido dos Trabalhadores no, 12-14
   Porto Alegre, 13-15, 245-246, 272
   Rio Grande do Sul, 15
Brown, Richard, 50-51
Bush, George W., 10, 245-246, 265-266
Butler, Judith, 256-257

Califórnia, 264-266
Capital
   formas do, 249-250, 262-263
Capital cultural, 43-44, 70-71, 76-77, 101-102, 144-145, 162-163, 245-249
   aquisição de, 210-211
   conhecimento como, 41-42, 209-210
   controle do e acesso ao, 44-45, 66-67
   currículo e, 212-213
   distribuição desigual do, 67-68, 71-72, 83-84, 209-210
   distribuição social do, 88-89, 97-98
   dos grupos dominantes, 57-58, 200-202
   escolaridade e, 67-68, 81-85, 97-98, 185-186, 200-201
   técnico, 126-127
   tipos de, 179-180
   transmissão do, 97-98
Capital econômico, 70-71, 97-98, 162-163, 214-215, 248-249
   conhecimento e, 209-210
   controle do e acesso a, 66-67
   distribuição desigual do, 82-83, 209-210
Capitalismo, 209-210, 234
   formas sociais do, 250-251
Carnoy, Martin, e Levin, 47-48
Categorias (ver também rotulação, rótulos)
   abstratas, 183-184
   alternativas às, 200-203
   análise das, 188-189
   construção social e, 182-183
   criação de, 202-203
   de normalidade e desvio, 88-89, 188-192
   de trabalho e jogo (brincar), 90-95, 191-192
   do senso comum, 174-175, 183-184
   educadores e, 103-104, 192-193, 219, n. 58
   hegemônicas, 136-137
   homogeneidade das, 193-194
   institucionais, 219
   minorias e, 188-189
   neutras, 189-190
   preexistentes, 187-188
   significação moral das, 184-185
Center for the Study of Instruction, 138-139
Channel One, 255-256

Charters, W. W., 107-110, 157-158, 224-225
Chomsky, Noam, 226-227
Cidadania, 224-225, 231-232
   liberdades civis, 139-140, 223-224, 230-231
   significado da, 233-234, 255-256
Ciência
   como sistema lingüístico, 118-119
   competição na, 132-134
   conflito na, 128-129, 137-138, 142-143, 165-166
   educação e, 73-74, 117-119, 151-153
   ensino oculto e, 130-131, 142-143
   história da, 132-133, 142-143, 165-166
   normal, 213, n. 18
   racionalidade da, 118-119
   significado e, 118-119, 142-143
   status da, 161, 183-184
   técnicas neutras da, 119-120, 178-179
   teoria do consenso da, 131-132, 164-166
   valores da, 142-143
   vida social, 151-152
   visão positivista da, 151-152
Científico
   conhecimento, 71-72, 135, 216-217
   movimento gerencial, 85-86, 119-120
   terminologia, 178-179
Classe média, 162-163, 214-215
   alta, 214-215
   ameaças à, 114-115, 210, n. 18
   cultura americana e, 67-68, 110-111
   imigrantes e, 112-115
   nova, 244-249
   sistema de valores, 126-127
   situação de declínio da, 110-114
Classe trabalhadora, 11, 105-106, 127-128, 217-218, 255-259, 267-268
   corporativa, 109-110
   imigrante, 113-114
   rotulação e, 191-192
Classe, 11, 141-142, 197-198, 248-249, 253-259, 262-263
   conflito de, 62-63, 101-102, 113-114, 137-138
   desigualdade de, 22-23
   diferenças de, 116-117, 202-203
   dinâmicas, 25-26
   ideologia e, 125-126
   interesses de, 153-154, 219-220
   poder de, 48-49
   predominância de, 53-54, 61-62, 81-82, 214-215
   relações de, 11, 104-105, 248-249
   social, 63-64, 214-215
   surgimento de nova, 76-77
Cobb, Stanwood, 63-64

Coletiva
   ação, 220-221
   responsabilidade, 216-217
Competência
   definições de, 188-191, 200-201
   medidas de, 193-194
Competição, 200-201
   científica, 132-134
   conflito *versus*, 132-134, 213, n. 20
   encoberta, 132-133
comportamento
   abordagem de objetivos do, 154-155, 218-219
   controle do, 219-220
   modificação do, 193-194, 218-219
Comportamentos mensuráveis do aprendiz, 152-153
Compromisso coletivo, 211-212
   falta de, 165-166
   moral, 165-166
Comunidade
   americana, 110-111
   autonomia da, 141-142
   científica, 130-135
   controle social e, 103-104, 110-113
   currículo e, 102-105
   de cor, 236-237
   educação e, 103-104
   etnicidade, inteligência e, 115-116, 119-120
   formação, 234-236
   homogeneidade social e, 109-113
   ideal, 107-108
   latina, 105-106
   local, 262-263
   manutenção da, 119-120
   negra, 105-106, 141-142
   participação, 105-106
   pensamento igual e, 110
   pequena, 110-111
   perda da, 113-114, 117-118
   sentido de, 42-43, 112-113
   valores tradicionais da, 106-107
Comunidades científicas, 142-143, 216-217
   conflito nas, 130-131, 135
Comunismo, 262-263
Conflito, 95-96, 125-126
   aspectos positivos, 139-142
   avaliativo/valorativo, 153-154
   competição *versus*, 132-134, 213, n. 20
   consenso e, 164-165
   conseqüências do, 138-139
   currículo oculto e, 125-126, 146-147
   entre grupos, 129-130
   estudos sobre negros e mulheres e, 139-140
   evitação do, 161

Índice

importância do, 127-128, 132-133, 140-142, 176-177, 212
instituições e, 129-130
intelectual, 153-154
interno, 140-141
interpessoal, 142-143
limites legítimos, 129-130
medo do, 131-132
nas comunidades científicas, 130-135, 165-166
natureza do, 129-132, 145-146
negação do, 136-137
normativo, 129-130
pressupostos sobre o, 135, 138-139
propriedades do, 141-142
sociedade e, 135, 142-145
usos do, 128-131, 133-135, 137-140, 142-143
valor negativo do, 129-130
Conformidade, 136-137
Conhecimento
 aberto, 35-36, 57-58, 83-84, 153-154
 Acesso ao, 40-41, 48-49, 56-57, 70-71, 162-163, 218-219
 científico (*ver* conhecimento científico)
 classe e, 48-49, 61-62
 como capital cultural, 41-42
 consenso e, 125-126
 controle do, 38-39, 61-63, 270-271
 curricular (*ver* conhecimento curricular)
 de alto *status* (*ver* conhecimento de alto *status*)
 distribuição do, 45-46, 56-57, 69-70, 87-88, 180-181, 189-190, 195-196
 educacional (*ver* conhecimento educacional)
 encoberto, 35-36, 71-72, 83-84, 153-154
 escolar (*ver* conhecimento escolar)
 especialista (*ver* conhecimento do especialista)
 estratificação do, 36-37, 50-51, 70-74, 83-84
 formal, 24-25, 68-69, 104-105, 119-120
 formas de, 7, 44-45, 50-51, 70-73, 81-85, 88-89, 191-192, 243-244
 ideologia e, 47-48
 informal, 23-24, 68-69, 104-105
 legítimo, 8, 11, 40-41, 56-57, 83-84, 103-104, 110, 151-152, 202-203, 215-216, 243-244
 moral, 65-66, 69-70
 natureza da, 47-51
 oficial 7, 267-268
 poder e, 35-36, 40-41, 48-49, 209-210, 212-213
 política do, 8, 11, 40-41, 180-181
 preservação do, 95-96
 processamento do, 47-48, 70-71
 real, 25, 209-210, 214-215

reprodução econômica e, 69-72
 social, 36-37, 40-42, 50-51
 sociologia do 136-137, 210-211
 técnico (*ver* conhecimento técnico)
Conhecimento curricular, 47-48, 50-51, 71-72, 75-76
 aberto, 68-69
 consenso e, 40-41, 95-96
 conteúdo do, 95-96
 formas dominantes, 57-58
 modelos de desempenho e, 64-65
 oculto, 68-69
 sociologia do, 210-211
Conhecimento de alto *status*, 243-244
 distribuição do, 71-72
 domínio do, 70-71
 estrutura econômica e, 71-73
 ordem social, 76-77
 problemas do, 69-74
 produção de, 72-73
Conhecimento de sala de aula
 distribuição diferencial do, 88-89
 relações estruturais e, 96-97
Conhecimento educacional, 7, 47-48
 ideologia e, 83-84
 modelos tecnológicos de, 155-156
Conhecimento escolar, 42-43, 50-52, 83-85, 191-192
 aberto, 212-213
 análise do, 76-77
 área do currículo e, 210-211
 consenso e, 101-102
 conteúdo e forma do, 212-213
 controle social e, 57-58, 65-66, 103-104
 definições sociais sobre, 88-89, 103-104
 distribuiçõa de, 57-58
 economia e, 58-59, 65-70, 125-126, 211-212
 ideologia e, 62-65, 68-69, 87-88, 95-98, 127-128, 212-213
 oculto, 212-213
 parcialidade do, 128-129
 pesquisa sobre, 210-211
 redundância no, 95-96
 sociologia do, 47-48, 50-51, 58-59, 65-66, 211-212
 teoria estrutural do, 212-214
Conhecimento técnico, 70-72, 202-203, 216-217
 dominação e, 250-251
 educação e, 51-53, 151-152
 escolas e, 87-88
 especialistas e, 195-196
 maximização do, 144-145
 necessidades da economia e, 101-102
 produção de, 82-83, 101-102, 125-126
 status do, 72-73, 156-157, 161

Consenso, 57-58, 113-114, 136-137, 144-145, 201-202
  avaliativo/valorativo, 119-120, 176-177
  conflito e, 164-165
  conhecimento escolar e, 101-102, 125-126
  cultural, 110-111
  currículo e, 40-41, 95-96, 110, 137-138
  falso, 160, 176-177
  formação do, 161
  ideologia e, 40-41, 57-58, 95-96, 151-152, 214-215
  intelectual, 164-166, 176-177
  moral, 176-177
  perspectiva de, 139-140
  poder do, 126-127
  pressupostos sobre o, 138-139
  pró, 139-140
  sistemas e ciência e, 164-166
  teoria da ciência, 131-132
Conservador (ver também neoconservadores; direita, a)
  interesses, 86-87
  modernização, 234, 242-247, 258-259, 265-266
  movimento, 265-266
  pais, 260-261
  políticas, 245-246
  tradições, 57-58
Conservadorismo
  intelectual, 177-178
  patriotismo e, 233-234
  social, 177-178
Construção social, 61-62
  categorias e, 183-184
  da realidade, 62-63
  da sala de aula, 189-190
  do senso comum, 183-184
  rotulação e, 188-189
  trabalhadores do currículo e, 182-183
Consumidores, 27-28, 43-44, 255-258
  democracia e, 257-258, 220
Controle
  cultural, 176-177
  econômico, 176-177
  formas de significado e, 103-104
  ideologia do, 218-219
  modelos de, 218-219
  poder e, 214-215
Controle cultural, 52-53, 68-69, 103-104, 201-202
  como força reprodutiva, 209-210
  desigual, 39-40
  escolarização e, 184-185
Controle e dominação

práticas do senso comum e, 173-174
Controle econômico, 52-53, 72-73, 201-202
  capital cultural e, 44-45
  conhecimento escolar e, 103-104, 184-185
  desigual, 39-40
  hegemonia e, 128-129
  sistemas de, 178-179
Controle social
  capital cultural e, 36-37, 44-45
  cidades pequenas e, 110-113
  ciência e, 116-117
  comunidades e, 103-104
  consenso e, 192-193
  educação e, 36-37, 85-86, 103-104, 218-219
  escolas e, 66-67, 84-88, 201-202
  especialistas e, 191-192, 200-201
  estudos sociais e, 138-139
  história do, 85-87
  rotulação como, 175-176
  sistemas de, 156-157, 219-220
  teoria de, 52-53
Controle técnico, 162-163
  certeza e, 155-156
  preocupações empresariais e, 65-66
  sistemas e, 154-160, 178-179
Coorporativa
  classe, 214-215
  lógica, 217-218
Coser, Lewis, 140-141
Count, George, 22-23, 180-181
Criança integral, a, 191-192
Crítica
  análise, 180-182
  consciência, 176-179
  erudição, 182-183
  pedagogia, 229-230, 250-251, 222, n. 13
  teoria, 178-182, 250-254, 262-263
Cuba
  221, n. 27
Cultura
  americana, 253-258
  controle da, 37-38, 63-64
  de elite, 212-213
  distribuição da, 48-49
  dominante (*ver* cultura dominante)
  economia e, 24-25, 37-38
  ideologia e, 212-213
  legítima, 75-76
  poder e, 103-105, 223-224
  política da, 22-23
  popular, 212-213
  transmissão da, 66-67
Cultura americana, 253-254, 257-258
  homogêneo, 110-111

Cultura comum
 retorno a, 24-27
Cultural(is)
 análise, 179-180
 conformidade, 106-107, 112-113
 consenso, 115-116
 desigualdade, 56-57
 erudição, 62-63
 extratificação, 41-42
 forma, 212-213
 homogeneidade, 115-116, 119-120
 incorporação, 39-40
 mercadorias técnicas, 81-82
 recursos, 38-39
 transmissões, 69-70
Culture unitária, 110-111
 classe média e, 112-113
Currículo
 a erudição e o, 50-51, 153-154
 aberto, 55-57, 83-84, 95-96, 151-152, 176-177, 202-203
 baseado em livros-textos, 264-265
 centrado em disciplinas, 71-73, 138-139
 comunidade e, 102-116
 conhecimento legítimo e, 243-244
 consenso e, 40-41, 110-114
 conservadores religiosos e, 259-260
 construção do, 114-115, 119-120
 de estudos sociais, 138-139
 de fatos, 258-259
 de matemática e ciências, 71-72
 desenvolvimento, 40-41
 desigualdades e, 21
 diferenciação, 114-116, 270-271
 discurso do, 160-163
 economia do e, 63-65, 107-110
 estadual, 258-259
 financiamento do, 71-72
 formal, 144-145
 formas e conteúdo do, 24-25, 56-57, 64-65, 126-127
 função do, 65-66, 107-110, 115-116, 153-154
 ideologia e, 46-48, 55-56, 63-64, 87-88, 95-96, 107-108, 125-126, 212-214
 informal, 144-145
 integrado, 72-73
 modelo sistêmico de gestão e (*ver* modelo sistêmico de gestão na educação)
 modelos dominantes no, 55-57, 125-126
 multiculturalismo no, 244-245
 nacional, 258-259, 265-270
 oculto (*ver* currículo oculto)
 orientado ao processo, 40-41
 padronizados, 106-108, 243-244
 perspectiva científica do, 151-156
 política e, 20, 63-64, 253-254, 257-258
 problemas, 67-68
 projeto, 153-157
 psicologia e, 199-200
 reprodução cultural e econômica e, 125-168, 212-213
 seleção do, 64-65, 87-88, 103-104, 107-108, 212-213
 significado e, 84-87
 teoria de Tyler no, 157-158, 166-167
 teorias do, 64-65, 107-108
 trabalhadores do, 182-183
 tradicional, 71-72, 107-108
 tratamento do conflito no, 125-126, 146-147
Currículo oculto, 47-51, 56-57, 66-67, 75-76, 81-88, 95-96, 202-203
 conflito e, 176-177, 202-203
 hegemonia e, 146-147
 literatura, 200-201
 normalidade e desvio e, 103-104, 191-192
 pressupostos básicos e, 129-130, 135, 139-140
 trabalho e jogo (brincar) e, 191-192

Dale, Roger, 234
Darwinismo social
 educação e, 243-244
Delinquência juvenil, 175-176
Democracia, 30-31, 110-111, 118-119, 231-234, 262-264
 "magra", 13, 230-231, 245-246
 11 de setembro de 2001 e, 237-238
 consumismo e, 257-258, 272
 cultural, 30-31
 declínio na, 26-27
 definição de, 238, 255-256
 definições neoliberais de, 13-14, 235-236
 densa, 13, 230-231, 235-236, 222, n. 24
 dissensão e, 235-236
 educação e, 12-13
 escolas e, 104-105
 imigrantes e, 112-113
 individualista, 234
 pluralista, 214-215
 política (*ver* democracia política)
 prática da, 245-246
 radical, 14-15
 redefinição, 257-258
 senso comum e, 224-225
Desempenho
 acadêmico, 64-65
 deficiente, 67-68, 71-72
 ensino oculto do, 126-127

modelos, 64-66, 68-70, 73-74, 196-197
níveis de, 71-72
problemas, 58-59, 191-192
testes, 243-244
tradições, 64-66, 151-152, 216-217
Desempenho acadêmico, 64-65
  maximização, 65-66
Desemprego, 70-72
Desigualdade
  reprodução da 36-37, 52-53, 69-70, 213-214
Desigualdade econômica, 70-71, 75-76
  educação e, 75-76
  reprodução da, 56-57, 67-68
Desigualdade social
  educação e, 52-53, 114-115
Desvio, 58-59
  categorias de, 88-89, 188-189, 219, n. 58
  visões sobre o, 103-104
Dewey, John, 22-23, 181-182, 259-260, 210, n. 10
Direita, a (ver conservadores;
  11 de setembro de 2001 e, 236-237
  democracia e, 235-236
  educação e, 257-264, 271-272
  livros-textos e, 259-260, 265-266
  mercadização das escolas e, 242-244, 267-268
  movimento em direção à, 259-260
  neoconservadores), 26-28, 241-242, 249-250, 256-257
  religiosa, 243-244, 257-258
Direitos
  civis, 139-140, 223-224, 230-231
  das mulheres, 256-257
  de propriedade, 252
  dos alunos, 218-219, 230-231
  dos *gays* e lésbicas, 256-257
  dos trabalhadores, 215-216
  individuais, 252
Discurso do currículo, 56-57
  ética da melhoria no, 63-64
  modelo técnicos no, 63-64
Distribuição cultural, 68-69, 89-90
  hierarquias econômicas e políticas e, 68-70
  mecanismos de, 50-51, 61-62
  poder e controle da, 50-51
  social, 62-63
Divisão do trabalho, 61-62, 67-68, 76-77, 201-202
  currículo e, 109-110
  social, 179-180, 201-203, 270-271
Dominação
  econômica e cultural, 36-37
  formas da, 250-251,
  política da, 26-27

Dominante
  cultura, 40-41, 215-216
  grupos, 224-225, 253-254
  instituições, 28-29
Douglas, Jack D., 174-176
Dreeben, Robert, 65-67, 129-131
Durkheim, E., 53-54

Economia
  cultura e, 24-25, 37-38
  educação e, 21-24, 28-29, 35-36, 41-43, 70-71, 103-104
Economia capitalista
  governo e, 26-27
Economia coorporativa
  conhecimento técnico e, 70-71
  crescimento da, 110-111
  currículo e, 116-120
  especialistas e, 195-196
  expansão econômica e, 70-71
Economia mundial
  dominação dos Estados Unidos sobre a, 226-227
Edelman, Murray, 192-193
Educação
  como forma hegemônica, 54-55
  conflito e (ver conflito)
  conhecimento e (ver conhecimento educacional)
  conhecimento técnico e (ver conhecimento técnico)
  darwinismo social e, 243-244
  democracia e, 11, 23
  dissenso na, 260-261
  economia política da, 36-37, 72-73, 213-214
  efeitos sociais da, 12-13, 28-29, 36-37, 43-44, 47-48, 51-53, 67-68, 119-120, 210-211
  ensino e (ver ensino)
  especial, 269-271
  ideologia liberal, 51-54, 176-177, 190-191
  modelo sistêmico de gestão na, 151-152, 168
  modernização conservadora e, 15-16, 241-244, 247-248, 257-259, 265-271
  multicultural, 241-242, 246-248
  natureza anistórica da, 76-77, 105-106
  natureza política da, 22, 233-234, 246-247, 257-258
  o Estado e, 7, 75-76
  para liderança, 115-117
  para seguimento 115-117
  perspectivas científicas da, 151-152
  poder e, 7
  reestruturação da (ver reforma educacional)

relações econômicas e, 21-24, 28-29, 35-36, 41-43, 70-71, 103-104
relações institucionais em, 165-167
reprodução das relações sociais e, 13-14, 23-24, 36-37, 41-42, 51-52, 248-249
sistema unificado de, 269-271
teoria e prática, 25-26, 56-57
tipos de, 87-88, 106-107, 181-183, 218-220, 256-257, 269-271, 210, n. 10
urbana (ver escolas urbanas)
vocacional, 258-260, 269-271
Educação para o emprego, 259-260
Educacional(is)
ambientes, 86-87, 156-157
apartheid, 267-268
burocracia, 183-185
experimentação, 161
intervenções do governo, 75-76
linguagem, 181-182
movimentos, 87-88
práticas, 160, 218-219
recursos, 65-66
sistema, 83-84, 178-179
Educadores (ver professores), 37-38
como técnicos neutros, 41-44, 178-179
críticos, 256-257
estudantes e, 183-184, 189-190
hegemonia e, 56-58, 174-175
ideologia e, 189-190
progressistas, 63-64
racistas, 236-237
redefinição de, 58-59
reprodução cultural e econômica e, 44-45, 182-183
rotulação e, 189-190
Ellwood, Charles A., 112-113,
Ensino, vii, 40-41
aberto, 145-146
encoberto, 126-128, 130-131, 145-146
hegemônico, 56-57
ideológico, 55-57
natureza política do, 22-23, 43-44
recursos de, 200-201
tácito, 212, n. 6
Escola
créditos, 241-244, 255-256, 261-262, 267-268
programa da escola ao trabalho, 258-259
sistemas, 263-264
Escola de Frankfurt, 69-70, 126-127, 250-251
Escolarização
administração da, 230-231
ajustamento individual e, 130-131
capital cultural e, 81-85
controle econômico e cultural da, 184-185

controle social e, 48-49, 85-91
crescimento técnico e, 56-57
críticas revisionistas da, 75-76
estrutura institucional da, 44-45, 200-201
formação da personalidade e, 66-67
função ideológica da, 86-87, 106-108, 127-128, 163
função seletiva da, 72-73
instrumentação neutra da, 55-56
natureza reprodutiva da, 199-200
processos de, 196-197
resultados da, 44-45
urbanização e, 105-108
versão romantizada da, 243-244
visões do senso comum, 166-167
Escolarização caseira, 244-245, 260-261
Escolas
administração das, 10
capital cultural nas, 67-68, 84-85
como caixas-pretas, 179-180
como fábricas, 157-158, 201-202, 244-245, 265-266
como forças reprodutivas, 51-52, 61-62, 66-67, 77, 213-214
como instituições conservadoras, 126-127
como mecanismos de socialização, 44-45, 64-66, 106-108, 127-128
controle das, 38-39, 65-67, 84-85, 105-106, 193-194, 231-232
culpar as, 270-271
democracia e, 14-15, 104-105, 269-270
desigualdades nas, 22-23, 47-48, 81-82, 104-105
distribuição da cultura popular e de elite pelas, 50-51, 61-62, 127-128
do gueto e das classes trabalhadoras, 193-194
em sociedades industriais avançadas, 63-64
escolas especiais, 260-261
falta de humanidade nas, 82-83, 86-87
financiamentos para as, 10, 267-268
hegemonia e, 37-38
ideologias sociais e econômicas, 82-84, 88-89, 105-106, 127-128
inclusivas, 270-271
mercado de trabalho e, 242-244, 270-271
modernização e industrialização e, 86-87
papel comunitário das, 86-87, 105-106, 110
pobres, 270-271
privadas, 267-268
processos de rotulação nas, 50-51
públicas, 267-268
raízes urbanas das, 105-107
religião nas, 259-260

ricas, 270-271
urbanas (ver escolas urbanas)
uso da perspectiva neutra, 202-203
Escolas democráticas, 14-15, 246-247, 264-265
Escolas públicas
de Nova York, 105-106
falta de confiança nas, 259-260
financiamento das, 267-268
modelo estatístico e, 188-189
Escolas públicas de Madison, 231-232
Escolas urbanas, 10, 105-107, 110
classe média e, 110
crescimento das, 110-113, 166-167
problemas nas, 197-198
Esfera pública, a
ataque sobre a, 224-225
Especialistas
conhecimento, 117-118, 133-134, 197-198
controle social e, 191-192, 200-201
de aluguel, 195-196, 244-245
perspectivas dos, 195-196
técnicos, 195-196
Esquerda, a, 250-251, 256-258
Estados Unidos
bandeira, 253-254
cidadania nos, 233-234
consumismo nos, 226-229
democracia nos, 231-234
descentralização nos, 262-263
dissenso nos, 233-234
dominação da economia mundial pelos, 226-227
identidade nacional dos, 228-229
liberdade nos, 233-234
opressão racial nos, 247-248
política internacional, dos, 226-230
populismo nos, 253-254
tradições socialistas nos, 250-252
Estudos de movimentos, 142-144
Estudos sobre os negros, 139-140, 142-143
Estudos sociais
conflito social e, 128-132, 135, 138-139
ensino oculto e, 130-131, 142-143
Ética
ideologia e, 173-177
questões de, 183-184
responsabilidades e, 182-189
teoria e, 253-254, 267-268
Etnicidade
etnocentrismo, 185-186
inteligência, comunidade e, 115-120
Europa, 254-255
Exame Nacional de Professores, 263-264
Experiência escolar

estrutura profunda da, 88-89
ideologia e, 55-56, 63-64
significado da, 84-85, 88-89

Feinberg, Walter, 47-48, 51-52, 86-87
Filhas da República Americana, 223, n. 25
Financiamento, 161-163
e controle, 161
política e, 162-163
Finney, Ross L., 107-108, 112-117, 211, n. 38
Florida, 264-266
Flude, Michael, e John Ahier, 50-51
Foster, Michelle, 247-248
France, 63-64, 67-68, 250-251
Franklin, Rosalind, 133-134
Fraser, Nancy, 256-257
Freire, Paulo, 12-13
Friedenberg, Edgar Z., 126-127
Friedrich, Robert W., 199-200
Função histórica da escolarização, 105-108
Funcionalismo econômico, 86-88
hierarquias, 41-42, 67-68, 193-194
instituições, 37-38, 77, 216-217
justiça, 46-47
mercado de trabalho, 71-72
práticas, 37-39
sistema, 70-71, 183-184
Fundamentalistas cristãos, 243-244, 257-258

Gandin, Luis Armando, 245-246
Garvey, Marcus, 139-140
Gays e lésbicas, 255-257
Geertz, Clifford, 53-54
Gênero, 255-256
desigualdade, 22-23
política, 22-23
Gillborn e Youdell, 267-268
Giroux, Henry, 28-29
Globalização
efeitos negativos da, 226-227, 245-246
Goffman, Erving, 184-186
Goldmann, Lucien, 211-213
Gouldner, Alvin, 136-138, 162-163, 196-197
Gramsci, Antonio, 38-39, 43-45, 61-62, 95-96, 144-145
hegemonia e, 66-67, 173-174, 209-210, 220-221
Greene, Maxine, 22

Habermas, Jürgen, 41-42, 216-217, 250-251
Hall, Stuart, 233-234, 243-244
Harris, Nigel, 217
Hegemonia, 39-40, 43-44, 151-152, 214-215
agentes da, 201-202

análise da, 36-37-41-42, 45-46
contra- (ver trabalho contra-hegemônico)
controle do significado e, 209-210
controle econômico e poder e, 128-129
cultural, 39-40, 105-106
ideologia e (ver ideologia)
ideológica, 39-40, 43-44, 81-82, 101-102, 126-127
intelectual (ver intelectuais)
manutenção da, 66-67, 215-216
natureza da, 44-45, 70-71
papel da escola na criação da, 56-57, 201-202
reprodução e, 73-77, 211-212
U.S., 224-225
Hegemônico
  Aliança, 233-234, 246-247, 257-258
  bloco, 242-243
  relações, 43-44, 223-225
Henry, Jules, 126-127
Heritage Foundation, 268-269
Herrnstein and Murray
  The bell curve, 261-263, 268-270
Hextall, Ian, 179-180
Higham, John, 212, n. 53
Highlander Folk Escola, 22-23
Hirsch, E. D., 243-244
História do currículo
  ciência e tecnologia na, 117-119
  discurso da, 162-163
  significado e controle na, 84-88, 116-117
Hofstadter, Richard, 210, n. 18
Hook, Sidney, 181-182
Hooks, Bell, 256-257
Horkheimer, Max, 250-251
Huebner, Dwayne, 22-23, 118-119, 154-155
Humanismo
  retórico, 95-98

Ideologia tecnocrática, 157-158
Ideologia, 40-41
  argumentação educacional e, 46-47
  características da, 54-55
  controle da, 166-167
  ética e, 173-177
  função da, 53-54
  gerenciamento da, 57-58, 166-167
  hegemonia e, 8, 55-56, 128-129
  natureza da, 53-59
  realidade social e, 53-54
  teoria do interesse da, 53-54
Ideológico
  análise, 62-63
  configurações, 175-176

dominação, 7, 62-63
estabilidade, 66-67
pressupostos, 128-129
reprodução, 11, 15-16
significados, 84-85
Imigração
  problema da, 110-113
  restrição a, 112-118
Imigrantes
  aculturação dos, 112-113, 212, n. 53
  classe média e, 112-114
  classe trabalhadora, 113-114
  como fonte de mão-de-obra barata, 117-118
  culpando os, 269-270
  Do leste e do sul da Europa, 110-120, 212
  em centros urbanos, 110-111
  filhos de, 105-107
  industrialização e, 113-114
  medo dos, 113-118
Individualismo, 28-29, 234, 254-255
  possessivo, 269-270
Industrialização, 110-113
  currículo e, 109-118
  ordem econômica e social e, 117-118
  Inglaterra, 63-64, 253-254, 267-268
Institucional(is)
  culpabilidade, 183-185
  estruturas, 50-54
  linguagem, 182-189
  reificação, 181-182
  relações, 165-167, 176-177
  rótulos, 184-185
Instituições
  controle e, 193-194
  dominantes, 153-154
  funções ideológicas das, 47-48
  modelo das, 183-184
  preservando e produzindo, 61-63
  regularidades comportamentais das, 40-41
Instituições culturais, 77, 216-217
  conexões entre significado e controle nas, 63-64
  controle das, 48-49
Instituições educacionais
  funções das, 36-37, 48-49
  hegemonia e, 38-40
  inadequações das, 184-185
  poder e, 7
  princípios organizadores, 200-201
Intelectuais
  hegemonia e, 56-57, 101-102, 174-175, 195-196
  ideologia e, 136-137
  imigrantes e, 112-113, 116-117

orgânicos, 220-221
reprodução das relações de classe, 213-214
Intelectual
  conservadorismo, 177-178
  estratificação, 191-192
Inteligência
  definições de, 200-201
  diferenças na 114-120
  etnicidade, comunidade e, 115-120
Interacionismo simbólico
  rotulação e, 188-190
Internet, a, 272
Iraque
  embargo, 229-230
  invasão do, 223-224

Jackson, Philip, 86-87, 126-128
Jardim de infância
  ambiente da sala de aula no, 88-89, 95-96, 126-127, 158-159
Jencks, C., 73-74,
Jensen, Arthur, 268-269
Johnson-Reed Act, 212
Juramento à bandeira, 230-236, n. 25
Justiça social, 46-47, 212-213, 245-246, 255-256
  educação e, 12-13
  teoria da, 44-46, 215-216

Kaestle, Carl, 47-48, 105-107
Kallos, Daniel, 83-84
Karier, Clarence, 47-48
Katz, Michael, 10-11, 47-48
Keddie, Nell, 88-89
Kelly, Aileen, 216-217
King Jr., Dr. Martin Luther, 244-245
Kliebard, Herbert M., 201-202

Ladson-Billings, Gloria, 247-248
Latinos, 119-120, 246-247, 272
Lauder, H., e D. Hughes, 267-268
Lazerson, Marvin, 106-107
Levin, Henry, 75-76
Liberal
  elites, 234
  políticas, 24, 51-52, 176-177
  reformadores, 215-216
  teoria da educação e prática, 51-55, 176-177, 190-191
  urgência em ajudar, 151-152, 175-176, 192-193
Liberalismo
  como forma de melhoria social, 51-52
  crítica do, 24-26, 52-53

direitos individuais e, 252
idealismo do, 52-53
Liberdade
  defesa da, 234
  linguagem da, 234
  narrativa da, 235-236
  senso coletivo de, 234
  significado da, 233-238
Limbaugh, Rush, 270-272
Linguagem
  clínica, 191-192, 200-201
  curricular, 199-200
  da distribuição, 215-216
  de relevância, 216, n. 34
  diagnóstico, 193-194
  do individualismo, 254-255
  ideologia e, 118-119
  institucional, 182-183, 188-189
  mercadoria, 182-183
  neutra, 178-179, 193-194, 219-220
  privada, 260-261
  psicologia da, 199-200
  significado da, 160
  sistemas, 178-179
  tratamento, 193-194, 218-219
  uso político da, 118-119
Linguagem do modelo sistêmico de gestão, 153-154, 160-163, 199-200
  como modelo de compreensão, 167-168
  responsabilidade final (accountability) e, 162-163
  usos do, 162-163
Lipman, Pauline
  High Stakes Education, 10, 11
Liston, Dan, 263-264
Livros-textos, 241-242, 257-258
  conteúdos dos, 265-266
  economia política dos, 257-258, 264-266
  editores dos, 264-265
  estupidificação dos dos, 257-258
  padronização, 264-265
  políticas de adoção, 264-266
  questões sobre, 263-266
  uniformidade e, 269-270
Lockheed, 160
Lógica
  reconstruída, 155-156, 158-159
Lukács, G., 212-213
Luke, Carmen, e Jenny Gore, 222, n. 13

Malcolm X., 139-140
Mann, Horace, 269-270
Mannheim, Karl, 46-47, 61-62
Marcuse, Herbert, 250-251

Marx, Karl, 46-47, 83-84, 140-141, 145-146, 209-211, 253-254, 220, n. 67
Marxismo, 180-181
Massachusetts
  escolas em, 106-108
Matrícula aberta, 71-72
McCarthismo, 223-224, 233-234
  novo, 225-226
McCarthy, Cameron, 247-248
McCarthy, Senador Joseph, 233-234
McClure, Helen, e George Fischer, 54-55
McNeil, Linda, 10
Medo vermelho, o, 113-114
Mehan, Hugh, 187-188
Mercer, Jane R., 185-188
Mills, Charles, 11
Minorias, 177-178
  categorias de desvio e, 188-189
  culpando as 269-270
  filhos da, 185-186
Modelo sistêmico de gestão na educação, 151-152, 168
  alternativas ao, 165-168
  aspecto determinista do, 156-157
  crença na neutralidade do, 155-156, 162-166
  fundamentos ideológicos para o, 153-154, 173-174
  lógica do, 155-156
Modelo sistêmico de gestão, semicientífico, 216-217
Moore, Michael, 272
Moral
  concepções de, 174-175
  culpabilidade, 184-185
  significados, 184-185
Movimento Black Power, 139-140, 246-247
Movimento eugênico, 85-86
Movimento feminino, 217-218
Movimentos sociais, 42-43, 105-106, 246-250, 255-257
  direitistas, 249-250, 256-257
Movimentos socialistas, 66-67
Mudança social
  educação e, 51-52, 249-250, 256-257
  ensino da, 146-147
  escolas como forças neutras para a, 52-53
Mulheres, 119-120, 142-143, 177-178, 246-247, 255-256
  história das, 254-255
  liberalismo e, 252
Multiculturalismo
  forma conservadora de, 246-248

Nativismo, 112-113, 117-118, 212, n. 53

racista, 252, 269-270
Navarro, Vicente, 214-215
NCATE (National Council for Accreditation of Professors), 267-269
Negros, 110-120, 139-142, 246-247, 272
Neoconservadores (*ver* conservadores;
  descentralização e, 258-259
  direita, a), 10, 24-26, 245-246
  esfera pública e, 224-225
  grupos de intelectuais e, 268-269
  hegemonia, 267-268
  movimentos, 14-15
  políticas, 11-13
  reestruturação da educação, 241-248, 257-259, 265-266, 268-271
  restauração cultural e, 243-244
Neoliberal(is), 245-246
  definições de conhecimento, 259-260
  grupos de intelectuais e, 268-269
  hegemonia, 267-268
  modernização econômica, 243-244
  movimentos, 14-15
  políticas, 11, 13
  pressupostos, 246-247
  reestruturação da educação, 241-244, 257-259, 265-269
Neoliberalismo, 10
  cidadania e, 255-256
  democracia e, 13-14
  discurso hegemônico do, 259-260
  esfera pública e, 224-225
  política educacional e, 242-243
Neutralidade
  conceito de, 165-166
  crença na n. do modelo sistêmico de gestão, 155-156, 162-166
  da ajuda, 219-220
  da estratificação cultural e econômica, 202-203
  da linguagem da mercadoria, 182-183
  justice e, 41-42, 46-47
Nisbet, Robert A., 110-111
Normalidade
  medidas de, 193-194
  pressupostos da, 103-104, 185-188
Normas e valores sociais
  abordagem de socialização e, 65-66, 82-83
  ensino das, 86-87, 129-130

Ódio branco, 271-272
Olby, Robert, 133-134
11 de setembro de 2001, 223-224
  a direita e, 236-237
  a mídia e, 226-227
  democracia e, 237-238

educação e, 15-16, 225-226, 228-231, 235-238
efeitos do, 15-16, 235-238
eventos domésticos que cercam o, 228-229
hegemonia dos Estados Unidos e, 224-225
liberdades civis e, 223-224, 226-227
patriotismo e, 225-226, 230-236
perfil racial e, 228-229
Oppenheimer, 142-143
Ordem social
conhecimento de alto *status* e, 76-77
desigual, 75-76
diversidade e, 116-117
estratificação econômica e política e, 66-67
estrutura da, 153-154
legitimação da, 136-137
regras e, 128-129
Outro, o, 246-247

Parks, Rosa, 22-23
Parsons, T., 53-54, 136-138
Passeron, Jean Claude, 202-203
Patriotismo
a bandeira nas escolas e o, 230-236
acrítico, 233-236
compulsório, 233-238, 260-261
crítica social e, 235-236, 260-261
discursos sobre o, 106-107
efeitos ocultos da raça no, 235-238
ensino do, 234
juramento à bandeira e, 230-236
política do, 225-227
Pauling, Linus, 132-133
Peca, Kathy, xv-xvi, 241-242
Pedroni, Tom, 242-244
Pensamento semelhante, 57-58, 113-114
comunidade e, 110
Pesquisa do currículo, 42-43, 48-49, 56-57, 154-155, 216-217
tradições da, 63-65
Pesquisa educacional, 51-52, 178-179, 183-186
alternativa, 217-218
análise ideológica e, 62-63
construção da, 8
financiamento da, 260-262
modelos de defesa da, 217-218
o ato de situar e, 46-47, 53-54
restrições à, 260-263
teorias da, 64-65
Pessoas de cor, 244-248, 254-256, 272
história das, 265-266
Peters, Charles C., 85-86, 107-108, 113-114
Platt, Anthony, 175-176
Pluralismo, 214-215, 219-220
Pobres, os, 71-72, 185-186, 258-259, 265-268

Pobreza, 28-29, 67-68
Poder
acesso ao, 65-66, 82-83, 162-163
análise do, 76-77
categorias dominantes e, 65-67
conhecimento e, 35-36, 212-213
controle e, 214-215
cultura e, 103-105, 188-189, 223-224
distribuição desigual do, 66-67, 115-116, 127-128, 157-158, 178-179, 195-196
econômico (*ver* poder econômico)
político, 64-65
questões de, 22-23
real, 209-210
relações de, 202-203, 224-225, 246-248
rotulação e, 188-189, 200-201
Poder cultural, 7, 103-104, 210-211
escolas e, 188-189
Poder econômico, 7, 64-65, 103-104
escolas e, 188-189
hegemonia e, 128-129
Polanyi, Michael, 130-131, 154-155
Política
da interrupção, 230-231
da marginalização, 229-230
populista, 25-27
Política educacional, 47-48
problemas sociais e, 75-77
restauração conservadora da, 242-243
Popham, W. James, 152-153, 164-165
Populismo, 233-234, 253-254, 256-257
autoritário, 23-25, 233-234, 243-246, 259-260
direitista, 259-260
Porto Alegre, 245-246
Preservação e distribuição culturais, 48-49
escolas e, 45-46, 104-105
meios de comunicação de massa e, 45-46
Pressupostos
compartilhados, 176-177
de homogeneidade, 193-194
de normalidade, 185-188
do senso comum, 217-218, 223-224
ideológicos, 144-146
modelo de, 183-184, 213, n. 10
padrões de, 143-144
políticos, 145-146
que se confirmam, 201-202
rótulos e, 193-194
tácitos, 128-131, 155-156
Privatização
aumento da, 267-268, 270-271
ética da, 28-29
Problemas disciplinares, 183-185

Procedimentos do modelo sistêmico de gestão, 160, 163
 centralização e, 161
 como retórica, 160-165
 consenso e, 161
 conteúdo do, 161
 objetivos comportamentais dos, 173-174
 questões sobre, 166-167, 173-174
Professores (ver educadores)
 educação, 263-264, 268-269
 humanistas, 97-98
 isolados, 97-98
Profissões de ajuda
 rótulos e, 193-194
 sistema de linguagem das, 191-192, 200-201
Programa *Leave no Child Behind*, 10, 245-246
Programa *No Child Left Behind*, 10, 245-246
Programas terapêuticos
 controle social e, 218-219
Progressive Education Association, 63-64
Projeto de americanização, 225-226

Queer theory, 250-251

Raça, 141-142, 197-198, 255-259, 262-263
 desigualdade, 22-23
 economia política da, 11
 patriotismo e, 235-238
 política da brancura e, 223, n. 26
 suicídio, 112-113
Racial
 contrato, 11
 minorias, 161
Racionalidade técnica, 162-163
Racionalidade, 127-128
 conceito de, 177-178
Raskin, Marcus, 22-23
Ravitch, Diane, 243-244
Rawls, John, 167-168
Reagan, Ronald, 265-266
Redução de custos, 242-243
Reforma educacional, 75-77, 105-106, 241-242
 escolarização em casa e, 244-245
 modernização conservadora e, 242-243
 movimentos pela, 175-176
 visando melhorias, 190-191
Reformas, 190-192, 215-217, 220, n. 3
Regras
 básicas, 128-131, 140-142, 176-177
 constitutivas, 129-130, 167-168
 de atividade, 129-130, 140-144, 164-165, 213
 de preferência, 128-129
 do jogo, 129-130

 do senso comum, 126-127, 139-140, 167-168
 noção de confiança e, 129-130
 sociais, 128-129, 179-180
 técnicas, 220, n. 69
Relações de classe, 25-26
 educação e, 41-42, 113-114, 180-181
 reprodução das, 48-49, 211-214
Relações estruturais, 104-105
 desiguais, 43-44
Relações sociais
 currículo informal e, 56-57
 na sala de aula, 37-38
 produtivas, 210-211
 questões éticas e, 183-184
 reprodução das, 23-24
Reprodução
 acadêmica, 28-29
 da desigualdade, 36-37, 52-53, 69-70, 213-214
 formas de, 75-76
 linguagem da, 215-216
 processo de, 75-76
Reprodução cultural, 61-65, 75-76
 conhecimento técnico e, 156-157
 das relações de classe, 41-42, 104-105, 211-212
 desigualdade da, 56-57
 escolas e, 41-45, 56-59, 201-203
Reprodução econômica, 61-65, 75-76, 201-202
 conhecimento técnico e, 156-157
 currículo e, 56-57
 das relações de classe, 41-42, 211-212
 educadores e, 44-45
 escolas e, 58-59, 202-203
Rethinking schools, 14-15, 245-247, 264-265
Revolução Russa de 1917, 113-114
Rose, Hilary, e Steven, 133-134
Ross, Edward A., 110-113, 212
rotulação (ver categorias)
 ajuda, 193-194
 alternativas a, 200-201
 análise da, 188-190
 classe e, 191-192
 clínica, 218-219
 como forma de controle social, 57-58, 176-177, 188-189, 200-201
 deficiência, 270-271
 desvio, 193-194, 202-203
 distribuição do conhecimento e, 189-190
 dos estudantes, 184-190, 197-198, 219, n. 60
 efeitos do desvio, 183-185
 estereótipos e, 193-194
 idealismo e, 189-190
 ideologia liberal e, 190-191
 na sala de aula, 50-51, 57-58, 184-185, 189-191

pressuposições e, 193-194
processo de, 188-189, 192-193, 201-202
retardamento mental e, 187-188
significação moral da, 184-185, 197-198
social, 191-192
teoria da, 178-179, 188-190
testes e, 187-188
Ryle, Gilbert, 154-155

Safia Mirza, Heidi, 247-248
Salas de aula
  abertas, 191-192
Sarason, S., 40-41
Schwab, Joseph J., 64-65, 152-153, 158-159
Science Research Associates
  Our Working World, 137-138
Secretaria de Educação de Madison
  juramento à bandeira e, 230-237
  o hino americano e a, 24, 230-231-234, 222, n. 14
Selden, Steven, 262-263
Sennett, R., 155-156
Senso comum
  categorias do, 174-175
  conceitos de competência, 200-201
  direitista, 271-272
  experiência de, 174-176
  interações do, 189-190
  papel do, 177-178
  pensamento de, 180-181
  práticas, 173-174, 213-214, 219-220
  pressupostos, 174-176, 217-218, 223-224
  realidade do, 143-144
  regras do, 126-127, 139-140, 167-168
  valores, 167-168, 179-180, 213-214
  visões sobre a escolarização, 166-167, 213-214
Sharp, Rachel, e Anthony Green, 50-51, 96-98, 188-192
Shaughnessy, Michael F., 15-16, 241-242
Siegel, Janna, 15-16, 241-242
Sigel, R., 127-128
Significados
  atrelados ao trabalho, 88-89
  controle e, 87-88, 103-104, 212-213
  escolares, 84-85
  ideológicos, 84-85
  negociação de, 89-90
  pessoais, 154-155
  sociais, 84-85
  tácitos, 161
Silberman, Charles, 82-83
Sistemas
  administração, 160

alternativas aos, 165-168
análise, 158-160, 165-166
ciência e consenso e, 164-166
de comunidade, 166-167
lógica, 154-155
metodologia, 161
neutralidade e, 161
projeto, 157-159
tecnologia, 154-163
teoria, 161-166
terminologia, 155-166
Snedden, David, 107-108, 116-117, 154-155, 224-225
Social(is)
  ativismo, 247-248
  capital, 248-249
  conflito, 113-114
  equilíbrio, 136-137
  estabilidade, 66-67
  fenomenologia, 188-190
  grupos, 48-49
  hierarquias, 67-68, 86-87
  instituições, 217-218
  medidas, 85-86
  pesquisa científica, 178-179
  políticas democráticas, 26-27
  políticas, 163
  práticas, 42-43, 189-190
  reconstrucionistas, 76-77
  reprodução, 76-77
  significados, 63-64, 82-85
  teorias, 137-138
Socialismo, 252
Socialização, 75-76
  currículo e, 136-137
  de alunos e crianças, 89-91, 125-126, 143-147
  escolas e, 64-65, 86-87, 89-90, 145-146
  modelos, 68-70
  paradigmas, 196-197
  política, 127-128, 143-144
  tradições, 64-66, 151-152, 216-217
  valores e, 137-138
Sociedade urbana, 110-111
Sociedades coorporativas, 177-178
  consciência ideológica nas, 209-210
  ideologia e instituições nas, 220-221
Sociologia
  área de, 199-200
  economia do conhecimento escolar e, 65-70
  pensamento sistêmico em, 162-163
Standford, Leland, 212, n. 52
Storer, Norman W., 133-134
Szasz, Thomas S., 197-198

Taba Social Studies Curriculum, 138-139
Taba, Hilda, 138-139
Tecnologia
  crescimento da, 117-118
  técnicas neutras da, 178-179
Teoria de Tyler, 157-158, 166-167
Teorias da anomia e do conflito, 53-54, 225-226
Terrorismo, 226-227, 233-234
Testes, 10, 11, 241-245, 260-261
  de alto nível, 245-246
  de desempenho, 243-244
  diagnósticos, 187-188
  do professor, 262-264
  mentalidade, 187-188
  movimento, 218-219
  nacional, 265-268
  notas obtidas nos, 73-74
  resultados, 258-259
  rótulos e, 187-188
Texas, 264-266
Thorndike, Edward L., 107-108, 113-117, 223-224
TINA (*There is no alternative –* não há alternativa), 11
Tomada de decisões
  ideologia e, 162-163
  racionalização e centralização da, 166-167
Torres, Rudolfo 247-248
Trabalhadores, 142-143
  especializados, 109-110
Trabalho
  currículo e, 109-110
  significados atrelados ao, 88-89
Trabalho (mão-de-obra)
  controle da, 160, 201-202
  divisão da (*ver* divisão do trabalho)
  história, 143-144
  mercados, 87-88
  movimentos, 253-254
  sindicatos, 234, 253-256
Trabalho contra-hegemônico, 26-28, 58-59, 224-234, 237-238, 272
Tradição seletiva, 39-41
Tratamento
  adequado, 184-185
  formas de, 184-185, 193-194
  linguagem, 193-194, 199-200, 218-219
  médio, 183-184

Urbanização, 110-113

Vallance, Elizabeth, 86-87

Valores, 42-43
  criação de novos, 137-138
  de classe média, 126-127
  dominantes, 65-66, 72-73
  reprodução de, 75-76, 137-138
  sociais, 65-66, 136-137
Velikovsky, E., 142-143
Vida da sala de aula
  construção social da, 189-191
  controle da, 190-191
  hegemonia intelectual e, 101-102
  recompensas na, 127-128
  relações sociais na, 24-25, 37-38, 75-76, 90-91, 190-191
  tarefas da, 129-130
  tradicional, 191-192
Vida escolar
  aspectos da, 47-48
  estrutura profunda da, 95-96
  grupos minoritários e, 162-163
  ideologia, poder e recursos econômicos e, 87-88, 127-128
  interações sociais e, 95-96
Vida social
  ciência e, 151-152
  justiça da, 41-42
  pressuposições sobre, 138-139
Von Bertalanffy, L., 158-159

Watson, 132-133, 142-143
Wexler, Philip, 47-49, 55-56
Whitty, G.; Power, S., e Halpin, D., 267-268
Whitty, Geoff, 62-63, 188-189, 267-268
Williams, Raymond, 28-31, 37-38, 41-42, 63-64, 75-76, 125-126, 144-145, 272
  comunidade e, 213-214
  estruturas de sentimentos, 224-225
  hegemonia e, 38-40, 44-45, 173-174, 209-210
  o indivíduo e, 182-183
  relações sociais e, 42-44, 62-63
  sobre educação, 50-51, 212-213
Wirth, Louis, 46-47
Wisconsin, 233-234, 259-260
Wong, Ting-Hong, 249-250

Young, Michael F. D., 50-51, 65-73, 82-83
Young, Michael F. D., e Basil Bernstein, 36-37, 50-51, 210-211

Zeichner, Kenneth, 263-264